I0596986

ŒUVRES

DE

CONDORCET.

ŒUVRES

DE

CONDORCET.

PARIS. — TYPOGRAPHIE DE FIRMIN DIDOT FRÈRES, RUE JACOB, 56.

ŒUVRES

DE

CONDORCET

publiées par

A. CONDORCET O'CONNOR,

Lieutenant-Général

ET M. F. ARAGO,

Secrétaire perpétuel de l'Académie des Sciences.

TOME DOUZIÈME.

PARIS.

FIRMIN DIDOT FRÈRES, LIBRAIRES,

IMPRIMEURS DE L'INSTITUT,

RUE JACOB, 56.

1847.

POLITIQUE.

—

TOME II.

SUR LA CONSTITUTION

CIVILE

DU CLERGÉ.

MAI 1790.

SUR LA CONSTITUTION

CIVILE

DU CLERGÉ.

L'Assemblée nationale a décrété (1) que la religion romaine est la seule dont les ministres et le culte doivent être payés aux dépens de la nation, et c'est par ce décret seul qu'elle a pu acquérir le droit de régler la constitution du clergé de cette religion.

Les ministres d'une religion quelconque ne doivent être soumis, dans leur hiérarchie, dans leur culte, qu'aux lois auxquelles sont soumises les sociétés libres et volontaires formées par les citoyens. Mais toute dépense publique doit avoir pour objet l'utilité commune, et par conséquent l'Assemblée nationale n'a pu légitimement mettre les frais du culte de la religion romaine au rang des dépenses, sans se réserver le droit de régler ce culte de manière à le rendre utile.

Ce n'est donc point dans la vue de le rapprocher des usages de la primitive Église (2), qu'elle doit s'oc-

(1) Le 2 novembre 1789.

(2) Le 8 mai 1790, un rapport fut présenté à l'Assemblée nationale sur la constitution civile du clergé : on y parlait de retour à la primitive Église.

·cuper de la constitution du clergé, mais dans celle de
la rendre le plus utile possible à ceux qui professent cette religion et à ceux qui ne la professent
pas; car tous sont également citoyens, et tous
payent également pour cette dépense.

Cette utilité se réduit à deux points : la paix et
l'enseignement d'une bonne morale.

L'habitude prise par la pluralité des citoyens français d'avoir des ministres de religion entretenus
sur les fonds nationaux, n'aurait pu être changée
actuellement sans causer des désordres. Il était sage
de conserver cette dépense au rang des dépenses
publiques ; mais il ne faut pas que ce qui a été fait
pour prévenir les troubles puisse en devenir une
semence, et on ne peut l'éviter qu'en empêchant
les ministres de la religion de former un corps reconnu par la puissance publique. Que l'on par-
coure l'histoire ecclésiastique, et l'on verra qu'il n'y
a pas une seule contrée de l'Europe où les assemblées de prêtres n'aient causé de grands maux.

Dans l'état actuel de nos mœurs, la morale de la
pluralité des citoyens est unie à la religion, non pas
seulement dans ce sens qu'ils puisent dans la religion
les motifs les plus puissants de remplir les devoirs
de la morale, mais dans ce sens que les ministres de
la religion se sont faits les juges de ces devoirs et
sont chargés seuls de les enseigner. Cet ordre de
choses est sans doute incompatible avec la raison,
avec l'intérêt général des hommes ; il est également
absurde et dangereux qu'une classe d'hommes se
croie en droit de décider de la morale ; mais cet

ordre existe, il ne pouvait être changé en un moment. Il était sage par conséquent que la nation, en
payant pour les dépenses religieuses, acquît le droit
d'empêcher le mal qui peut résulter encore longtemps de l'influence des prêtres sur la morale publique. Il faut donc bien se garder d'instituer, pour
les prêtres, des maisons particulières d'éducation
soumises *uniquement* à d'autres prêtres; ce serait le
moyen de perpétuer et d'introduire l'enseignement
d'une morale abjecte, perverse ou fanatique.

Mais en constituant le clergé de la manière la plus
propre à maintenir la paix, à éviter l'enseignement
d'une mauvaise morale, il est nécessaire de respecter
les droits de la conscience des prêtres; ils doivent
rester absolument indépendants pour les fonctions
purement religieuses, tant que, dans l'exercice de
ces fonctions, ils ne blesseront point les droits d'autrui; et par cette même raison, la constitution du
clergé ne doit rien renfermer de ce qui est contraire
au dogme de l'Église romaine.

Il est utile de déterminer d'abord quels sont les
droits de la conscience, après quoi on sera plus libre
de déterminer ce qui est le plus convenable pour le
maintien de la paix et la sûreté de la morale.

Il y a deux ordres d'ecclésiastiques, des prêtres
et des évêques (car les archevêques sont une institution de pure police, qu'il faut supprimer si elle
est inutile). L'ordination des prêtres et la consécra-
tion des évêques doivent être absolument libres. Tout
homme ordonné prêtre, tout homme consacré évêque, peut être légitimement évêque d'un diocèse

ou curé d'une paroisse, par le seul vœu des citoyens.

Les actes de la juridiction ecclésiastique doivent être absolument indépendants ; mais ils ne doivent avoir aucun effet temporel, ni directement, ni indirectement.

Ainsi, par exemple, un évêque, un curé peuvent excommunier; mais l'excommunication ne doit ôter aucun droit, et, si elle expose à des violences, l'excommunicateur doit être condamné à payer des dommages.

Ainsi, un évêque peut interdire un prêtre; mais si le prêtre continue de remplir ses fonctions, il ne doit être soumis à aucune peine.

Les électeurs d'un curé ou d'un évêque seraient astreints seulement à choisir, les uns, un prêtre ou un homme muni d'un certificat d'un évêque disposé à l'ordonner ; les autres, un homme consacré évêque, ou muni d'un certificat d'un évêque disposé à le consacrer.

Les coopérateurs qu'on voudrait donner aux évêques et aux curés seraient élus de même.

Les conditions de n'élire pour évêques que d'anciens curés; pour curés, que d'anciens vicaires, ne sont qu'un moyen d'établir dans le nouveau clergé un esprit de corps toujours dangereux. Il semble que, par cette disposition du plan présenté, par l'établissement d'une éducation particulière aux ecclésiastiques, par l'espèce de vie commune à laquelle on veut les obliger, par des synodes multipliés, on ait voulu rendre au clergé la partie de son crédit qu'il va perdre avec ses richesses, et en faire, dans l'État, un corps à part pour le dédommager de n'être plus *un corps de l'État.*

Si on croit qu'un clergé peu riche ne puisse être dangereux, on se trompe ; les moines de l'Égypte étaient pauvres, quand ils excitaient tant de séditions sanglantes dans Alexandrie. Le clergé presbytérien était pauvre en Écosse, et jamais l'intolérance et l'esprit de domination n'a été porté à un plus haut degré ; le clergé de Genève était pauvre, quand il fit brûler Servet. Ce n'est point parce que le clergé était riche qu'il est devenu puissant, mais c'est parce qu'il était puissant qu'il est devenu riche.

Ainsi, point de synodes, point de séminaires, point d'invitation à la vie commune, point de condition inutile d'éligibilité. L'élection libre des citoyens peut se faire d'autant plus, qu'on peut les obliger à à choisir entre des candidats, et qu'on peut exiger une promesse d'accepter. Cette promesse n'est pas contraire à l'esprit ecclésiastique ; il est permis de promettre d'accepter, si on est élu, ce qu'il est permis d'accepter après l'avoir été.

Je sais qu'autrefois de saints personnages ont fait de grandes difficultés pour se laisser élever à l'épiscopat ; qu'un d'eux même, qui était gouverneur de sa ville, s'avisa, le jour de son élection, de faire donner la question à des accusés, et d'amener des courtisanes dans son palais, pour que le peuple, le croyant cruel et débauché, ne s'obstinât plus à le faire évêque ; mais cette humilité n'est plus dans nos mœurs, et celui qui refuserait de dire : J'accepterai si vous me choisissez, passerait aujourd'hui pour plus hypocrite que modeste.

Tout l'examen du plan proposé ne doit-il pas se borner à en retrancher :

1° Tout ce qui tend à faire du clergé un véritable corps.

2° Tout ce qui tend à lui donner un esprit particulier.

3° Tout ce qui tend à introduire une juridiction ecclésiastique qui ne soit pas rigoureusement bornée au spirituel, et par conséquent tout ce qui tend à donner à la puissance civile quelque autorité sur le spirituel ; car ces deux choses, qui paraissent contradictoires, sont étroitement liées.

SUR LA NÉCESSITÉ

D'OTER AU CLERGÉ

L'ÉTAT CIVIL DES CITOYENS.

OCTOBRE 1791.

Une longue et mémorable discussion eut lieu à l'Assemblée législative, du
7 octobre au 3 novembre 1791, au sujet des troubles religieux. Le projet de
décret, renvoyé alors au comité de législation, après avoir été plusieurs fois
ajourné, fut définitivement adopté le 20 septembre 1792.

SUR LA NÉCESSITÉ

D'OTER AU CLERGÉ

L'ÉTAT CIVIL DES CITOYENS.

Tout le monde convient que la liberté du culte religieux, garantie à tous les habitants de la France par la constitution, doit être établie, et qu'aucun de ces cultes ne doit être excepté.

On convient également que les troubles causés par le fanatisme religieux doivent être punis comme ceux qui auraient une autre cause, et qu'un crime, pour être commis au nom de Dieu, ne change pas de nature.

Mais, lorsqu'une classe d'hommes fait servir un système religieux de prétexte à un plan de conspiration contre la tranquillité publique; lorsque le nombre de ceux qu'ils séduisent forme une masse considérable dans une nation, cette classe d'hommes ne peut-elle pas devenir l'objet de lois particulières?

Ne peut-on pas leur dire : La loi, non-seulement protége vos personnes et vos propriétés, mais elle vous a donné une indemnité, une pension à toucher sur le trésor public, et cette pension est un bienfait, parce que la chose qu'elle remplace en était un. Votre conduite a excité de justes inquiétudes ; ne soyez donc pas étonnés que l'on exige de vous un acte qui assure votre obéissance à la loi ; et que, si vous le refusez, on vous regarde comme suspects de tramer quelque complot contre la paix publique. Ne vous plaignez pas si, étant une fois déclarés suspects, on vous prive de cette pension, on vous éloigne des lieux où l'on craint votre influence, sans attendre que vous vous soyez rendus coupables, et que votre crime soit prouvé.

Supposons que la France soit en guerre avec l'Angleterre, que dans une ville française à portée d'être attaquée, il existe un certain nombre d'Anglais qui aient, sur une portion considérable des citoyens, une autorité presque sans bornes ; supposons qu'on impose à ces étrangers l'obligation de s'engager à ne rien tenter contre la France, et qu'ils refusent de prêter ce serment ; supposons ensuite que la ville paraisse menacée, croit-on que personne regardât comme tyrannique l'ordre donné à ces Anglais de sortir de ses murs ?

Ne doit-on pas juger d'après le même principe la question des prêtres non sermentés ?

N'appartiennent-ils pas à une nation ennemie dès qu'ils refusent le moyen qu'on leur offre de se réunir à la nôtre ? N'ont-ils pas sur une portion du peuple une autorité qui les rend dangereux ? Ne doivent-ils pas être également éloignés du lieu où ils peuvent nuire ?

Tel est l'esprit de la loi proposée contre eux.

La suppression du traitement est-elle juste? Je le crois : même en le regardant comme une indemnité du bénéfice qui a été supprimé. En effet, supposons que la révolution n'eût pas eu lieu, et que le Roi, engagé dans une querelle avec la cour de Rome, ait exigé des ecclésiastiques du royaume un serment d'obéissance à la loi. La confiscation du bénéfice en cas de refus n'eût-elle pas été prononcée? Personne n'aurait réclamé; on aurait regardé le vœu d'obéissance aux lois comme une condition du bienfait reçu de la nation. Elle peut donc être également une condition de la conservation de la partie de ce bienfait qui n'a pas été révoquée, de la pension que l'on y a substituée. Tels sont les principes de la plus rigoureuse justice, et l'Assemblée nationale ne s'en est pas écartée.

D'après ces maximes, je propose le décret suivant : L'Assemblée nationale, pénétrée de la nécessité de faire cesser tous les obstacles qui s'opposent à l'exercice de la liberté religieuse établie par la constitution, et convaincue que cette liberté peut seule détruire l'esprit de fanatisme et confondre les projets coupables de ceux qui osent employer leur pouvoir sur les consciences, pour troubler la paix publique, décrète ce qui suit :

I. Le comité de législation présentera incessamment un projet de loi sur les formes qui constateront, d'une manière uniforme et indépendante de tout culte religieux, les naissances, les mariages et les morts de tous les citoyens.

II. En attendant que cette loi ait pu être votée,

les citoyens seront tenus de constater ces actes, soit devant le curé reconnu par la loi indépendante de tout système religieux. Car si des scrupules de conscience pouvaient éloigner quelques citoyens de s'assujettir à la forme de ces actes, et d'envoyer leurs enfants aux écoles publiques, comment pourrait-on dire que la loi est égale pour tous, que la même éducation est offerte à tous?

La loi ne peut reconnaître aucun délit religieux; les violences à l'égard d'un prêtre, de quelque religion qu'il soit; les violences exercées pour empêcher les citoyens de pratiquer leur culte, ou les forcer d'en prendre un autre, doivent être punies comme les autres atteintes à la liberté; toute distinction de personne blesserait les droits de l'égalité.

SUR LE DÉCRET DU 26 AOUT 1792,

RELATIF AU SERMENT

IMPOSÉ PAR

LA CONSTITUTION CIVILE DU CLERGÉ.

SEPTEMBRE 1792.

Dès l'ouverture de sa session, l'Assemblée législative avait été saisie de plaintes très-graves sur les troubles excités par les prêtres réfractaires au serment constitutionnel.

La discussion s'engagea le 7 octobre 1791 ; elle continua les 17, 19, 22, 24, 25, 26, 27 et 29 du même mois, et se termina le 3 novembre 1791 par un renvoi au comité de législation. Des mesures très-sévères (même la déportation) avaient été proposées.

La discussion fut reprise le 19 août 1792, à l'occasion de la déportation de plusieurs prêtres, effectuée par les autorités du département du Var. La question fut renvoyée de nouveau à l'examen de la commission extraordinaire, dont Condorcet faisait partie.

Le débat fut repris le 23 août 1792, et quoique la déportation eût été d'abord arrêtée en principe, elle fut rejetée par le décret définitif du 26 août 1792, dont Condorcet fait ici l'apologie.

SUR LE DÉCRET DU 26 AOUT 1792,

RELATIF AU SERMENT

IMPOSÉ PAR

LA CONSTITUTION CIVILE DU CLERGÉ.

———❦———

Les philosophes ont étendu la liberté des opinions et des cultes, même aux systèmes religieux dont les maximes intolérantes ou dominatrices sont contraires aux droits des hommes, aux principes de la nouvelle société. La force des lois ne peut être employée légitimement contre les sectateurs, les apôtres de ces maximes, tant qu'ils ne les réduisent pas en pratique, et que leurs pensées ne sont pas devenues des actions.

Ces principes sont justes, sont incontestables à l'égard des individus ; mais doivent-ils s'appliquer sans restriction aux communions des fidèles, aux colléges des prêtres ?

Si tous les sectateurs d'une religion conviennent des mêmes principes de morale ; si surtout les prêtres d'un même rit professent une doctrine unique dont ils soutiennent qu'on ne puisse, sans crime, changer ou retrancher une seule partie, n'est-il pas évident que si l'un d'eux viole la loi d'après un de ses principes de conscience, on est en droit de croire ses confrères disposés à se rendre coupables des mêmes violations, lorsqu'ils en auront les mêmes motifs et qu'ils trouveront la même espérance de succès?

Quelques hommes ont formé entre eux une société intime; ils ont, par un goût particulier qu'ils avaient droit de suivre librement, choisi pour retraite d'anciennes carrières abandonnées, éloignées des habitations et voisines d'une grande route. Un d'eux s'est permis d'arrêter, de dépouiller des voyageurs, et il est revenu tranquillement auprès de ses amis qui l'ont souffert auprès d'eux. Dira-t-on que ces hommes soient des citoyens honnêtes, qu'en vertu des droits naturels de l'homme on doive laisser continuer paisiblement leur association?

Dira-t-on que pour prendre des précautions contre eux, il faille attendre que chacun d'eux ait été personnellement convaincu? Non sans doute.

Je suppose qu'un de ces hommes dise : Il est vrai que nous professons sur la propriété des principes qui vous paraissent dangereux ; il est vrai que c'est par une application fausse de ces principes, qu'un de nos associés s'est trouvé coupable ; il est vrai qu'excusant son erreur, nous l'avons laissé parmi nous; mais examinez notre vie, nous ne l'avons jamais souillée par aucun crime, nous avons donné des preuves de notre bienfaisance, de notre fidélité à nos engagements.

Qu'alors on leur dise, au nom de la société générale : Déclarez du moins que vous obéirez à toutes les lois, et à ce prix vous restez libres, et à ce prix nous vous laissons l'exercice de tous vos droits. Ne dirait-on pas alors que la société a épuisé envers ces hommes toutes les mesures d'indulgence compatibles avec la sûreté générale ?

Et s'ils répondaient : Nous ne voulons pas jurer d'obéir à vos lois, parce qu'il y en a quelques-unes qui blessent nos principes, ne devrait-on pas leur dire : Vous êtes ou des ennemis de la société, ou des insensés ; nous ne vous punirons pas ; mais nous vous ôterons tous les moyens de nuire, et tout ce qui est nécessaire pour vous les ôter devient légitime contre vous.

Telle était précisément la position de l'Assemblée nationale à l'égard des prêtres attachés aux formes de l'ancien clergé. Leurs principes antisociaux ne pouvaient être révoqués en doute.

L'application que plusieurs d'entre eux en ont faite était prouvée. Le silence ou l'approbation des autres permettait de leur croire la volonté de les imiter, et d'en attendre les occasions.

Les précautions devenaient donc légitimes : elles l'étaient d'autant plus, que si ces prêtres n'avaient été que des hommes égarés de bonne foi, et non des intrigants coupables, ou des instruments insensés du machiavélisme de leurs chefs ; si la répugnance à prêter le serment n'eût été que le sentiment d'une conscience égarée, rien ne les empêchait de désarmer la défiance par des explications claires.

La nation leur disait : La loi établit la liberté des

opinions et des cultes ; promettez de ne pas la troubler, et continuez à croire que des lois d'intolérance eussent été plus utiles. La loi dit que les sectateurs de chaque culte nommeront leurs ministres. Eh bien, si les sectateurs du vôtre veulent qu'ils soient nommés par des évêques, par le pape, cette même loi leur en laisse la liberté. Si la loi fixe la forme de l'élection des ministres du culte payés par le trésor public, elle ne vous oblige ni d'approuver cette forme d'élection, ni de vous servir de ces ministres.

Elle ne reconnaît pas les vœux religieux ; mais vous êtes libres d'en former ; seulement vous ne pourrez plus ni tourmenter, ni punir ceux qui voudraient les rompre. Rien ne vous empêche donc de promettre d'obéir à ces lois.

Vous ne pouvez, dites-vous, jurer de les maintenir. Eh bien, c'est encore une équivoque ; car, maintenir une loi, signifie seulement empêcher qu'elle ne soit révoquée autrement que suivant les formes autorisées par la constitution du pays, et vous ne prétendez pas sans doute avoir le droit de faire prévaloir vos opinions à main armée ; vous ne voulez ni conseiller, ni souffrir qu'on les établisse par des moyens coupables.

S'ils ne trouvaient point ce langage dans la constitution ; si elle paraissait leur offrir un autre sens, pourquoi ne pas se hâter de prévenir à la fois et le reproche de trahir leur conscience et celui d'être les ennemis de leur patrie ?

Ainsi, lorsque l'Assemblée nationale s'occupait des

moyens de dissiper les troubles dont la religion est le prétexte, les prêtres papistes n'étaient pas les ministres d'un culte religieux, mais un corps dont les principes, dont la conduite menaçaient la tranquillité publique. Il ne s'agissait point de la liberté des opinions, ni même de celle des cultes, mais de reconnaître les intentions d'une association ennemie, et de lui ôter les moyens de nuire.

Il faut avouer cependant que la liberté religieuse n'était pas totalement établie, et par conséquent que ce défaut de liberté avait pu être aussi une cause de troubles.

Mais aurait-il suffi de détruire cette cause pour faire disparaître le danger? Était-ce bien cette liberté, et cette liberté seule que voulaient les prêtres perturbateurs?

Tout observateur attentif apercevait cette chaîne s'étendant de Coblentz au château des Tuileries, et tous les départements de la France liaient entre eux tous les fanatiques.

On voyait également dans les actions, dans les discours, dans les ouvrages des prêtres dépossédés, le désir de reprendre l'empire, de redevenir les ministres d'une religion exclusive : la liberté de leur culte, ils en appelaient hautement la destruction.

Avoir rendu aux citoyens le droit d'en exercer un autre, était, à leurs yeux, le comble de l'impiété.

Il est donc ici imprudent d'établir une liberté entière, sans renoncer à des précautions évidemment nécessaires.

Mais il fallait que ces précautions ne portassent

point atteinte à la liberté reconnue par la constitution. *Tout citoyen*, suivant l'acte constitutionnel, *a le droit d'exercer son culte, et d'en nommer les ministres.*

Mais en résulte-t-il que l'on ne puisse l'assujettir dans ce choix à quelques conditions ?

J'ai droit de louer une maison et de choisir tel locataire que je voudrai ; mais les lois de police ne seront pas injustes en m'empêchant de la louer à un homme qui se proposerait d'y exercer un métier dangereux pour les maisons voisines. Ce n'est pas même ici restreindre le droit ; l'expression serait impropre ; car le droit cesse lorsqu'il anéantit dans un autre un droit plus sacré.

On pourrait donc exiger des conditions de ces ministres et la promesse d'obéir aux lois ; l'engagement de ne pas troubler la tranquillité publique devra être une de ces conditions.

Une autre difficulté compliquait encore cette question :

L'Assemblée constituante avait fait une *Constitution civile du clergé*. Le clergé, élu suivant des formes réglées par la loi, formant une hiérarchie établie par elle, ayant des fonctions qu'elle avait déterminées, payé, enfin, par la nation, avait pu espérer devenir celui d'une religion nationale et dominante. Déjà l'habitude d'en appeler les membres des évêques, des prêtres constitutionnels, s'était introduite, déjà ils se mêlaient à toutes les cérémonies publiques. Le grand nombre de citoyens attachés aux anciens prêtres mettait un obstacle au succès de ce projet. Trois millions à peu près de protestants n'auraient été que des dissidents, des non-conformistes qu'on aurait *tolérés*.

Mais la liberté d'un autre culte catholique détruisant toute idée de domination religieuse, nécessitait d'enlever aux prêtres toute influence et sur l'instruction publique et sur les actes nécessaires à la liberté des citoyens.

Séparé absolument de l'établissement politique de la société, un prêtre n'était plus un citoyen. Ainsi, tandis que ces prêtres désiraient des lois de rigueur qui pussent leur assurer l'empire, on pouvait craindre de raffermir par ces mêmes mesures ce pouvoir dangereux de la superstition ébranlé avec tous les autres despotismes, et que les intérêts du genre humain ordonnent de détruire. Il est également dangereux pour la liberté, et de s'imposer l'obligation de favoriser un culte plutôt qu'un autre, ou de se servir de l'appui d'un de ces cultes. Il fallait réprimer les prêtres ennemis de la constitution, mais ne pas donner de nouvelles forces aux prêtres ennemis de la liberté et de l'indépendance des esprits.

Et ce milieu était difficile à tenir.

L'Assemblée nationale a d'abord exigé de tous les ministres du culte catholique le serment civique, et interdit partout l'exercice public de ce culte, si les prêtres n'avaient pas rempli cette condition.

Comme ce serment est précisément celui que l'on exige de tout citoyen actif; comme la constitution y attache le droit de n'obéir qu'aux lois qu'on a faites par soi-même ou par ses représentants; comme

ce serment est celui que tout honnête homme, domicilié dans un pays, a prêté au fond de son cœur
quand sa bouche n'en a pas prononcé la formule, il
serait impossible de trouver la moindre violation de
la liberté religieuse dans cet article de la loi.

D'ailleurs la loi, en déclarant que ce serment était
indépendant de toute opinion religieuse, avait levé
tous les scrupules pour les hommes de bonne foi,
pour tous ceux qui se servaient de leur raison : car
un serment doit être entendu dans le sens de celui
qui en a rédigé la formule et qui en avait l'autorité.

Autrement tout engagement commun, pris individuellement serait absolument illusoire. On y joignit ensuite des précautions plus sévères : d'abord
la suspension des pensions données en remplacement des bénéfices.

En considérant ces prêtres comme annonçant, par
le refus de prêter serment, la résolution de troubler
la paix publique, il y avait d'autant moins d'injustice dans cette suspension, que ces traitements
remplacent des bénéfices dont la saisie, dans le cas
d'une conduite semblable, aurait été ordonnée d'après les plus simples principes du droit commun.
Mais ce refus de prêter le serment civique supposait-il cette résolution ? Et le serment d'obéir aux
lois établies par le pouvoir législatif, et de n'employer
pour en obtenir la révocation que des moyens autorisés par la constitution, n'eût-il pas été suffisant ?
On pourrait répondre que l'Assemblée ne devait pas
annoncer par un acte public, que le serment exigé
pour exercer le droit de cité renferme des expres-

sions dont la conscience pouvait s'offenser, surtout lorsqu'aucune demande d'être admis à des explications, aucune marque de disposition à l'obéissance, au respect pour la loi, aucune démarche annonçant que ce scrupule absurde était au moins sincère, ne pouvait excuser cette indulgence.

On donnait aussi aux corps administratifs une autorité de police très-sévère sur ces mêmes prêtres, lorsque les administrations en jugeaient la présence dangereuse pour la tranquillité publique ; et à cet égard la loi n'était pas injuste, car la conspiration n'était pas douteuse ; et ceux qui s'en étaient déclarés, sinon les complices, du moins les approbateurs, pouvaient légitimement être soumis aux précautions nécessaires pour les empêcher de jouer un rôle plus prononcé.

La seule disposition vraiment trop dure était celle qui, en ne donnant que huit jours pour prêter le serment, changeait en une véritable confiscation, une suspension malheureusement exigée pour la sûreté de l'État, ne laissait ni un temps suffisant pour délibérer, ni n'aurait laissé aucune ressource au repentir.

Le roi refuse la sanction, mais sans faire de proclamation. La première n'avait pas réussi. L'impulsion factice qu'on avait essayé de donner au peuple contre ses représentants commençait à s'arrêter ; on savait déjà, d'un bout de la France à l'autre, que le veto opposé à une loi temporaire était un véritable veto absolu ; on commençait à sentir qu'en bornant le corps représentatif à faire des lois générales, on changeait la nature de la constitution ; on était insensiblement ramené à l'ancienne constitution française, où on consultait seulement sur les impôts et sur les ordonnances générales les États généraux, laissant au roi une autorité absolue sur tout le reste.

Il est impossible d'ailleurs de ne pas soupçonner, dans la conduite des ministres, le projet de placer le roi à la tête d'un des deux partis catholiques. Le soin qu'ils avaient pris de lui donner pour conseil de conscience, des théologiens machiavélistes ennemis de la révolution ; leur partialité pour les prêtres non sermentés ; leur affectation à cacher, à déguiser les manœuvres ; l'ignorance où ils tenaient l'Assemblée sur les troubles religieux ; ces moyens adroits de solliciter une loi trop sévère, à laquelle on pût refuser la sanction sans exciter de murmures violents ; les tentatives pour faire demander au roi et élever contre l'Assemblée une espèce de vœu des corps administratifs, tentatives qui ne réussirent qu'à Paris, et qui furent arrêtées par la prompte indignation du peuple ; leur inertie absolue quant aux moyens conciliatoires ; tandis qu'entre le décret et le moment où le roi est forcé de s'expliquer, un espace de deux mois leur donne le temps d'agir et le crédit de se faire écouter : tout annonçait leur projet ; et si on le rapproche de la nullité absolue des négociations, de la conduite plus que faible à l'égard des émigrés, de l'anéantissement où l'on faisait tomber l'armée, de ces places toujours vacantes qu'on y réservait aux héros de Coblentz, d'Ath, et de Mons ; du système absolument semblable suivi dans le département de la marine, on y verra de quels dangers l'Assemblée nationale et le bon sens du peuple ont préservé l'empire. Les intrigants furent trompés; l'opinion produisit les effets d'une loi, sans qu'on fût obligé d'en exécuter les dispositions rigoureuses.

LETTRE

DES ADMINISTRATEURS

DE LA TRÉSORERIE

A

L'ASSEMBLÉE NATIONALE.

14 AVRIL 1791.

LETTRE

DES ADMINISTRATEURS

DE LA TRÉSORERIE

A

L'ASSEMBLÉE NATIONALE.

———◦———

Monsieur le Président,

Chargés de garder le dépôt des contributions que la volonté du peuple consacre au maintien de ses droits, nous veillerons sur ce trésor de la liberté, qui ne servira plus qu'à la conserver ou à la défendre.

Exécuteurs fidèles des décrets de l'Assemblée nationale, eux seuls régleront notre conduite. La limite qu'ils nous ont marquée nous sera toujours sacrée, et nous jurons entre vos mains de n'oublier jamais que le don du peuple qui, déposé dans la caisse commune, n'a pas cessé de lui appartenir, ne doit être employé que pour lui et par le vœu de ses représentants, seuls juges de ses besoins, seuls interprètes de sa volonté.

Nous ne perdrons jamais de vue que la certitude du bon ordre dans le trésor public, est le seul moyen de faire supporter à des hommes les privations que les contributions leur imposent, et de perpétuer cette confiance dans la foi publique, que la courageuse justice de l'Assemblée nationale a su créer au milieu d'une révolution, et maintenir dans le sein des orages.

Nous regarderons comme un encouragement honorable, la surveillance habituelle et immédiate qu'elle exercera sur nous. Nous mettrons notre gloire à nous montrer à elle, occupés sans cesse d'éloigner cette complication, cette obscurité qui amènent le désordre, en donnant les moyens de le dissimuler, et nous pénétrer de cette maxime, *qu'il n'y a d'utile que ce qui est juste, et d'honnéte que ce qui peut étre public.*

Le désordre dans les finances est, pour un peuple libre, le premier pas vers la corruption, qui n'est qu'un esclavage déguisé. Le monstre de l'inégalité se nourrit de ces richesses égarées qu'entassent des mains avides. C'est avec l'or des nations que la perfidie forge leurs fers, que la tyrannie achète ses armes ; et ces arides détails de nos fonctions s'ennoblissent à nos yeux, par l'idée que les gardiens du trésor public sont aussi les soldats de la liberté.

Nous vous demandons, d'après vos propres décrets, de donner à l'établissement destiné pour la

réunion de toutes les recettes et de toutes les dépenses, le nom de TRÉSORERIE NATIONALE. Il
rappellerait à tous les citoyens le fondement sacré
sur lequel doit reposer leur confiance.

INSTRUCTION

POUR LE

PAYEMENT DES ANNUITÉS

ET LEUR REMBOURSEMENT.

1791.

INSTRUCTION

POUR LE

PAYEMENT DES ANNUITÉS

ET LEUR REMBOURSEMENT.

L'Assemblée nationale a autorisé les acquéreurs de domaines nationaux à ne payer comptant qu'une partie du prix, à condition qu'ils acquitteraient le reste en douze payements égaux, faits d'année en année, le premier payement devant avoir lieu un an après le jour de l'adjudication.

L'acquéreur devant payer l'intérêt de la somme dont il reste débiteur, les douze payements égaux doivent être déterminés de manière que chacun de ces payements renferme d'abord l'intérêt qui est dû, et de plus une partie du capital. Le taux de cet intérêt est fixé à cinq pour cent sans retenue.

L'on sait que l'on appelle, en général, *annuités*, des payements égaux, destinés à répartir également, sur un certain nombre d'années, l'acquittement d'un capital et de ses intérêts; l'Assemblée nationale a donc converti la portion du prix que l'acquéreur ne paye pas comptant, en une annuité payable pendant douze années.

On trouvera dans ces tables que l'intérêt étant à 5 pour cent, une annuité de cent livres payable pendant 12 ans, équivaut à un capital de 886 l. 6 s. 5 d. ou 886 $\frac{326}{1000}$; d'où il est aisé de conclure par une simple règle de trois, que pour un capital de 100 l. l'annuité au même intérêt est de 11 l. 5 s. 7 d.; ainsi un acquéreur doit, pendant douze années, autant de fois 11 l. 5 s. 7 d. qu'il lui restera de fois 100 liv. à payer.

L'Assemblée nationale, voulant de plus donner aux acquéreurs la facilité de se libérer quand ils le désirent, a décrété qu'ils pourraient rembourser leurs annuités à volonté; mais seulement un an avant l'époque de chaque échéance, afin d'éviter les fractions d'année dans le calcul des intérêts.

Pour leur faciliter cette opération, on joint ici deux tableaux :

Le premier montre quelle somme le débiteur d'une annuité de 11 l. 5 s. 7 d., qui correspond à un capital de cent livres, doit payer, suivant le nombre d'années de cette annuité qu'il veut rembourser, en partant d'une année avant la première échéance.

PREMIÈRE TABLE.

Pour le remboursement des douze échéances d'une annuité de 11 liv. 5 sous 7 d.,.. 100 l.   s.   d.
Pour onze années......... 93   14   5
Pour dix années.......... 87   2   5

Pour neuf années.........	80 l.	3 s.	11 d.
Pour huit années.........	72	18	5
Pour sept années,........	65	5	9
Pour six années..........	57	5	4
Pour cinq années........	48	17	»
Pour quatre années.......	40	»	2
Pour trois années........	30	14	6
Pour deux années........	20	19	7
Pour une année..........	10	14	11

En jetant les yeux sur cette table, chaque acquéreur voit, suivant le nombre d'années qu'il veut rembourser, quelle somme il doit payer pour chaque annuité de 11 l. 5 s. 7 d.; il doit payer autant de fois
cette somme qu'il devait payer de fois une annuité
de 11 liv. 5 s. 7 d., ou, ce qui revient au même, qu'il
lui restait à payer de fois 100 livres sur le prix de
son acquisition.

Comme il peut être commode aux acquéreurs, et
qu'ils peuvent préférer de payer une annuité d'une
somme exprimée en nombre rond, comme de 100 liv.,
par exemple, et que dans ce cas il est convenable
qu'ils connaissent précisément la somme dont ils s'ac-
quitteront en capital, en se soumettant au payement
d'une annuité de 100 liv., la table suivante présentera
cette indication, ainsi que celle des sommes qu'un
acquéreur devra payer, lorsqu'il voudra également
rembourser une annuité de 100 livres.

La somme représentée par une annuité de 100 liv·
(laquelle comprend le capital et l'intérêt) est de
886 l. 6 s. 5 d.

Ainsi, un acquéreur acquittera, sur le prix de son acquisition, autant de fois la somme de 886 l. 6 s. 5 d., qu'il sera soumis à payer d'annuités de 100 liv.

Et lorsque le débiteur d'une annuité de 100 liv. voudra la rembourser, il aura à payer les sommes indiquées par la table suivante, d'après le nombre d'années pour lequel il s'agira de la rembourser.

SECONDE TABLE.

Un an avant la première échéance, c'est-à-dire, aussitôt après l'acquisition, il faut payer :

Pour les douze années....	886 l.	6 s.	5 d.
Pour onze années........	830	12	10
Pour dix années.........	772	3	5
Pour neuf années........	710	15	8
Pour huit années.........	646	6	5
Pour sept années........	578	12	11
Pour six années.........	507	11	5
Pour cinq années........	432	18	10
Pour quatre années.......	354	11	11
Pour trois années........	272	6	5
Pour deux années........	185	18	10
Pour une année.........	95	4	8

Par le moyen de ces deux tables et de l'observation qu'une annuité de 11 l. 5 s. 7 d. répond à 100 l. de capital, et 886 l. 6 s. 5 d. de capital, à une annuité de 100 liv., on n'aura besoin que de calculs très-simples pour appliquer à chaque acquisition particulière les clauses du décret.

Il peut être utile d'avertir ici, 1° que l'annuité qui, payable pendant douze années, équivaut à 100 liv., n'est pas rigoureusement de 11 l. 5 s. 7 d., mais de 11 l. 5 s. 7 d. et $\frac{65}{100}$ de denier, si on calcule jusqu'à six décimales.

2° Que la valeur d'une annuité de 100 l. payable pendant douze ans, n'est pas rigoureusement de 886 l. 6. s. 5 d., mais de 886 l. 6 s. 5 d. $\frac{24}{100}$, si on calcule jusqu'à six décimales.

Mais comme on exige des acquéreurs qui retardent leurs payements ou qui veulent racheter leurs annuités, un intérêt de 5 pour cent sans retenue, on a cru devoir ne calculer que 5 décimales, et leur accorder en diminution les deniers ou fractions de denier, qu'un calcul plus approché aurait pu donner.

3° Que le premier tableau, calculé d'après le second qui est donné par les tables, est un peu moins avantageux à ceux qui le prendraient pour base de leurs payements.

Mais ils peuvent, suivant leur volonté, prendre l'un ou l'autre, et de plus, le premier répondant plus exactement que le second à la vraie valeur de l'annuité qui est 11 l. 5 s. 7 d. $\frac{65}{100}$, et non 11 l. 5 s. 7 d., il s'ensuit que ceux qui payeraient suivant le premier tableau, n'essuieraient aucune injustice.

Il aurait été très-possible de calculer ces annuités de manière que pour une somme quelconque on n'eût jamais négligé que des valeurs au-dessous de la plus petite monnaie courante; mais comme il s'agit ici d'un marché, et non de l'exécution d'une convention, on a cru pouvoir se contenter d'une moindre exactitude, et ne pas avoir égard à une erreur qui est au-dessous d'un vingt-quatre-millième.

MÉMOIRE
SUR LES EFFETS

QUI DOIVENT RÉSULTER DE L'ÉMISSION DE LA

NOUVELLE MONNAIE DE CUIVRE,

PRÉSENTÉ AU COMITÉ DES FINANCES DE L'ASSEMBLÉE NATIONALE, AU NOM DES COMMISSAIRES DE LA TRÉSORERIE.

1791.

MÉMOIRE
SUR LES EFFETS

QUI DOIVENT RÉSULTER DE L'ÉMISSION DE LA

NOUVELLE MONNAIE DE CUIVRE,

PRÉSENTÉ AU COMITÉ DES FINANCES DE L'ASSEMBLÉE NATIONALE, AU NOM DES COMMISSAIRES DE LA TRÉSORERIE.

On a proposé de fabriquer cette monnaie dans les mêmes proportions que l'ancienne, et c'est sur les suites de cette opération qu'il est important d'arrêter les regards de ceux qui veillent à la prospérité publique.

Le haussement de valeur attribué au cuivre, dans la petite monnaie, n'influait pas sur celle de la livre nominale, parce que cette dernière valeur se réglait sur celle, non d'une livre payée en monnaie de cuivre, mais d'une livre payée en métaux précieux.

Car c'était avec ces métaux que se soldaient toutes les opérations de commerce, et la monnaie de cuivre n'y entrait que comme appoint.

Cette monnaie de cuivre ne perdait pas contre l'argent, parce qu'il n'en existait qu'une quantité suffisante pour les besoins journaliers; et c'était cette commodité que l'on payait lorsqu'on achetait la monnaie de cuivre au-dessus de sa valeur intrinsèque.

Mais en sera-t-il de même si, en donnant à la monnaie de cuivre une valeur supérieure de 40 pour 100, par exemple, à sa valeur réelle, on en fabrique une quantité quatre ou cinq fois au-dessus de ce qu'exige la circulation de détail? Si c'est contre cette même monnaie que l'on échange le papier national, et si, en même temps, elle devient, avec ce papier, presque la seule monnaie en circulation?

Lorsque l'assignat de 1,000 livres a été créé, cette expression, *mille livres*, désignait une valeur équivalente à environ dix-huit marcs d'argent fin : ainsi la nation attribuait alors à cet assignat une valeur égale à ces dix-huit marcs. Mais si ce même assignat n'est réalisable qu'en mille marcs de monnaie de cuivre (qui valent tout au plus dix à onze marcs d'argent), la valeur de la livre nominale n'en sera-t-elle pas diminuée dans la proportion de 11 à 18?

L'or et l'argent ne restant qu'en très-petite quantité dans la circulation, ne seront plus considérés dans le commerce que comme *matière*. La véritable masse de monnaie circulante sera celle de cuivre; et c'est avec elle ou avec l'assignat échangeable contre elle seule, que se feront toutes les transactions commerciales, que se solderont tous les marchés; c'est donc sur elle que la livre nominale devra se régler.

Ainsi tous les prix augmenteront nominalement en proportion, et augmenteront en réalité pour ceux qui payeront en monnaie de cuivre, parce qu'étant multipliée au delà de ce qu'exigent les besoins, elle prendra le niveau de sa valeur réelle.

Les changes suivront la même marche. Si la monnaie de cuivre est portée à 3o pour 100 au-dessus de sa valeur intrinsèque ; si la valeur de la livre nominale baisse de 3o pour 100, le pair réel du change sera à 3o pour 100 au-dessous du pair ordinaire ; et comme des causes étrangères au prix des métaux le tiennent dans ce moment à 8 pour 100 au moins au-dessous du pair réel, calculé d'après le prix des métaux, il pourrait tomber à 38 pour 100 de perte.

Cette opération aurait un autre inconvénient : l'avilissement de la livre nominale paraîtrait aux yeux de tous les négociants de l'Europe une diminution proportionnelle de la valeur des assignats. Ils regarderaient cette valeur attribuée à la monnaie de cuivre, la seule contre laquelle le papier serait réalisable, comme équivalente à une dépréciation de 3o pour 100, qui serait prononcée par la loi ; et d'après ce jugement rigoureux, mais juste, quelle confiance pourrions-nous en attendre ?

Enfin, les métaux précieux disparaîtraient presque en entier de la circulation ; ou bien on serait obligé de donner de 80 à 100 sous de cuivre pour l'écu en argent.

La nation a été forcée d'acheter de l'or et de l'argent chez l'étranger : elle le paye au taux du commerce ; elle le frappe en monnaie, d'après le règlement ancien, et elle essuie une perte considérable. On lui propose aujourd'hui d'acheter du cuivre aussi chez l'étranger, également au prix du commerce, et au prix du commerce augmenté de la perte du change; mais on voudrait qu'elle gagnât encore 20 pour 100 en le fabriquant. Pourquoi cette différence, lorsqu'on ne peut plus dire que la valeur attribuée à la monnaie de cuivre n'a point d'influence dans le commerce ?

Si l'on préfère la monnaie de cuivre que l'on est obligé d'acheter au prix du commerce, et en supportant la baisse actuelle du change; si on ne veut pas consentir à perdre sur cette fabrication comme sur celle de la monnaie d'argent, alors il faut du moins renoncer à tout profit.

Mais il en résultera encore une baisse très-réelle de la valeur de la livre nominale, de celle de l'assignat et du pair du change, baisse presque égale à la perte actuelle. Cette opération serait encore injuste et dangereuse; mais elle le serait moins.

Si l'on préfère *la monnaie coulée du métal des cloches*, en se contentant de retirer les frais de fabrication, et très-peu au delà, on ne court pas les mêmes risques, on n'avilit ni la livre nominale, ni l'assignat.

Car, pour ce qui regarde cette monnaie, l'impossibilité de gagner sur des métaux d'un prix très-bas, à moins de faire des opérations très-en grand, et la difficulté du transport, permettent de laisser subsister une différence de 10 pour 100 environ entre la valeur du métal brut et celle du même métal fabriqué en monnaie.

L'effet qui pourrait en résulter sur la valeur des assignats ou sur le change, ne serait pas assez grand pour nuire aux opérations qui tendraient à ramener

l'équilibre; ces 10 pour 100 suffiraient pour empêcher la fonte de ces espèces, et les contrefaçons ne
pourraient commencer que quand la perte sur le
change serait au-dessous.

Si on fabrique de la monnaie de cuivre, en suivant le même principe, c'est-à-dire, en ne lui donnant tout au plus que 10 pour 100 de valeur au-dessus de sa valeur réelle comptée en argent, et non en
assignats, et sans y comprendre l'augmentation causée par le change, il se présente une difficulté: les
sous nouveaux seraient plus forts que les anciens;
mais on évitera cet inconvénient, en frappant seulement des DEUX SOUS, d'après la nouvelle taille. Alors
le sou, les deux liards, le liard ancien, quoique
n'étant pas en proportion avec les *deux sous* nouveaux, n'en conserveront pas moins leur valeur,
parce qu'ils continueront d'être également nécessaires pour le détail.

Nous n'ajouterons qu'un mot. Cette baisse du
change, cet avilissement de la livre nominale (qui
résulteraient de la fabrication de la nouvelle monnaie de cuivre, dans les mêmes proportions que
l'ancienne) ne seraient plus l'ouvrage de la défiance,
de la nature, ou des circonstances, mais celui de la
loi. Ce ne serait pas seulement un grand malheur,
mais une véritable injustice. On ne pourrait même
répondre que l'opinion ne vînt encore aggraver le
mal : et qui oserait marquer le point où s'arrêterait
le discrédit d'un effet frappé d'une dépréciation légale déjà si effrayante?

<table>
<tr><td>XII.</td><td>4</td></tr>
</table>

DISCOURS

SUR LA NOMINATION

ET LA DESTITUTION

DES

COMMISSAIRES DE LA TRÉSORERIE NATIONALE,

ET DES MEMBRES DU BUREAU DE COMPTABILITÉ,

PRONONCÉ A L'ASSEMBLÉE NATIONALE LE 3 FÉVRIER 1792.

4.

DISCOURS

SUR LA NOMINATION

ET LA DESTITUTION

DES

COMMISSAIRES DE LA TRÉSORERIE NATIONALE,

ET DES MEMBRES DU BUREAU DE COMPTABILITÉ.

Messieurs,

L'objet qui vous occupe en ce moment intéresse à la fois et l'ordre des finances, et le maintien de la liberté, la fortune publique et la constitution. Mais c'est dans toute son étendue qu'il vous convient de l'envisager. Ainsi, en vous parlant de la destitution des membres du comité de comptabilité, je discuterai le mode de leur nomination ; je vous parlerai même de la nomination et de la destitution des commissaires de la trésorerie, gardiens plus immédiats encore de la fortune publique ; je ne séparerai point ce qui, par la nature des choses, doit être décidé par les mêmes principes et dans une même loi. Pour le bureau de comptabilité, le mode de la destitution et celui de la nomination ont été réglés par l'Assemblée constituante; mais elle n'a statué que sur la nomination des commissaires de la trésorerie, et vous a laissé à prononcer sur leur destitution.

Dès l'instant où la déclaration des droits a été reconnue par l'Assemblée constituante, où les articles fondamentaux de la constitution, décrétés par elle, ont été acceptés par le roi, il a été aisé de voir que la France aurait une constitution libre, et qu'aucune force ne pourrait plus l'en priver.

Mais aussi, dès ce même moment, les observateurs attentifs ont pu voir éclore le projet de substituer l'empire de la corruption à celui de la force, et ils ont senti que c'était le véritable ennemi contre lequel les défenseurs de la liberté, de l'égalité, allaient avoir à combattre.

Sous l'empire de la corruption, on perd la liberté, mais on en garde l'apparence. Au lieu du droit de se gouverner, on conserve le privilége de se vendre. Les pouvoirs établis n'attentent pas audacieusement aux droits des hommes, mais ils leur en retirent peu à peu l'exercice réel.

On a toute la liberté dont ceux qui se vendent ont besoin, et ce n'est pas beaucoup dire; mais cet état honteux est cependant le plus commode de tous pour les hommes qui ont des richesses, de l'intrigue et des talents sans vertus.

Un penchant nécessaire y entraîne avec plus ou moins de force toute nation libre, mais riche. L'hérédité du chef du gouvernement rend cette pente plus glissante.

Un parti caché s'efforce de nous y précipiter, et un des premiers devoirs des représentants du peuple est d'opposer de généreux efforts à cette tendance dangereuse. Ne croyez pas, Messieurs, qu'il soit ici seulement question de cette pureté de principes si ridicule aux yeux du machiavélisme, et de prévenir des périls qui menaceraient la liberté des générations futures. Il s'agit du salut de la chose publique; il s'agit pour nous-mêmes de rester libres, ou de cesser de l'être. Gardons-nous d'espérer que nous pourrions nous arrêter au point où la corruption a conduit quelques autres nations. Lorsqu'elle se glisse dans une constitution déjà fortifiée par l'habitude, chez un peuple dont les opinions politiques sont formées, son action est paisible: son influence, presque insensible, ne porte à la prospérité publique que de sourdes atteintes. L'État paraît fleurir lors même qu'il a déjà dans son sein le principe de la dissolution; et ce n'est qu'après avoir épuisé le crédit par une dette immense, et attaqué, par les impôts, les sources de la reproduction, que le mal frappe enfin les yeux inattentifs de la multitude. Mais, dans une nation où la liberté commence, où la constitution naissante, après avoir excité l'enthousiasme, a besoin de conquérir l'opinion, le système de la corruption enfanterait bientôt de nouveaux orages. En jurant de maintenir la constitution, nous avons juré de veiller sur tous les dangers qui peuvent la menacer, et la corruption est le plus grand de tous; nous avons juré de la maintenir tout entière, et la corruption détruirait cette douce, cette juste égalité qui en est le caractère distinctif, cette égalité qui la rend si chère à toutes les âmes élevées et pures. Pensez-vous que le peuple voulût se soumettre à des pouvoirs dégradés par la corruption ? Pensez-vous qu'il obéît à des lois que ce souffle impur aurait infectées ? Après une révolution à laquelle le peuple entier a pris part, et sous une constitution dont il a dicté les principales dispositions, laisser la corruption s'introduire, c'est vouloir une révolution nouvelle.

Tant que les moyens de corruption sont bornés, qu'on sait sur quelle masse d'argent, sur quelles nominations de places elle fonde ses espérances, dès lors, comme tout ennemi dont on connaît bien les forces, elle devient moins dangereuse. Mais les moyens de corruption qui naissent de l'obscurité et du désordre des finances ont une force toujours croissante ; car c'est alors que l'on corrompt pour obtenir de l'argent, et que l'on obtient de l'argent pour corrompre ; c'est alors que chaque surcharge, mise sur le peuple, devient la faculté d'acheter le droit de lui faire supporter une charge nouvelle.

Mais quel sera le moyen de rendre impossible ce genre d'influence secrète, de prévenir ce désordre des finances, avec lequel on ne peut avoir qu'une liberté incomplète, incertaine, orageuse, avec lequel il est impossible d'assigner des bornes au pouvoir de corrompre ? C'est de séparer absolument du pouvoir exécutif l'administration du trésor public ; c'est de la soustraire entièrement à son autorité. Les hommes les plus éclairés de l'Assemblée constituante l'avaient senti : cette idée, développée par quelques-uns, frappa tous les esprits sains, toutes les âmes justes; et c'est sous la surveillance immédiate du corps législatif que la trésorerie nationale fut mise par la loi.

Cependant, le plan proposé par la raison et l'amour de la liberté ne fut exécuté qu'en partie, et c'est de la nécessité de le compléter que je viens ici vous parler.

La loi a établi que les hommes chargés en chef de la trésorerie nationale seraient nommés par le roi, et elle n'a rien prononcé sur leur révocation, ce qui les rend inamovibles de fait : car, comment et par qui seraient-ils destitués, si la loi n'en donne le droit à personne? Or, quand bien même (ce que je suis très-éloigné de croire) cette inamovibilité serait la meilleure institution possible, encore faudrait-il que la loi l'eût prononcée, et qu'elle ne résultât point uniquement de son silence.

La loi qui donne au roi la nomination des commissaires de la trésorerie n'est pas constitutionnelle; leur nom ne se trouve pas dans la liste des places auxquelles la constitution accorde au roi le droit de nommer, et cette omission n'a point été l'ouvrage du hasard.

On n'avait pas oublié, à l'époque de la révision, qu'au moment où la loi avait été portée, on avait proposé à l'Assemblée constituante, ou de donner ce choix au roi, ou de le confier, soit aux assemblées nationales, soit à des électeurs pris dans leur sein. Au lieu de prononcer d'abord la nécessité de ne laisser, sur cette nomination, aucune influence au

pouvoir exécutif, et de chercher ensuite la meilleure forme d'élection nationale, on se contenta de
choisir entre les deux moyens proposés ; des raisons
plausibles firent rejeter le dernier, d'autant plus aisément, qu'elles étaient fortifiées par ce sentiment
de générosité personnelle, qui a tant de pouvoir
sur les assemblées nombreuses, et dont il serait si
important qu'elles sussent se défier. L'Assemblée
constituante avait si peu l'intention de confier irrévocablement ce choix aux ministres, que, dans tous
ses décrets, ces fonctionnaires publics sont nommés
commissaires de la trésorerie nationale, tandis que
ces mêmes décrets ont constamment attribué le titre
de commissaires du roi à tous les autres fonctionnaires civils nommés par lui. L'Assemblée constituante a laissé au corps législatif le droit de prononcer sur le mode de ce choix si important, puisqu'il
s'agit de décider si c'est aux hommes de la nation,
ou aux agents du pouvoir exécutif, que le dépôt de
la fortune publique doit être confié. En distinguant
ces places de toutes les autres qui sont nommées
par le roi, elle a prononcé, en quelque sorte, qu'elle
ne regardait que comme provisoire la loi qu'elle avait
faite.

La loi sur la nomination des membres du bureau
de comptabilité est postérieure à la révision de la
constitution ; elle peut, elle doit être soumise au
même examen que la première.

En effet, pourrait-on concevoir que, chez une
nation libre, et la disposition des deniers publics, et
l'examen de la manière dont on en aurait disposé,

restassent confiés à des hommes nommés par les ministres ? Les représentants du peuple n'exerceraient-ils, sur cet emploi de ses deniers, qu'une surveillance tardive, que cette chaîne de pouvoirs étrangers à son choix aurait eu tant de moyens d'éluder ?

L'expérience l'a prouvé : ce ne sont pas des règlements minutieux, des lois sévères qui peuvent garantir la fortune publique ; c'est le choix des hommes à qui le soin en est remis.

Je vais donc examiner d'abord cette première question, celle de la manière dont on peut faire dépendre d'une élection populaire le choix des commissaires de la trésorerie et des membres du bureau de comptabilité.

En parcourant les divers modes d'élection établis par l'Assemblée constituante, on verra qu'aucun n'est applicable aux nominations de ces places.

Il était naturel d'attribuer à chaque département l'élection d'un certain nombre des membres de la législature. Ces départements sont en trop grand nombre, et chacun d'eux offre une masse de citoyens trop considérable pour qu'il puisse y avoir le moindre inconvénient à faire nommer les représentants de la totalité du peuple par chacune des grandes divisions de l'empire, et il en est de même pour les membres du haut jury. Les fonctionnaires publics, attachés aux différents ordres de divisions, pouvaient y être élus. Le tribunal de cassation est composé de quarante-deux juges, et on a pu, sans inconvénient, en attribuer alternativement la nomination à la moitié des départements ; car, pourvu que l'égalité fût conservée, il importait peu qu'ils fussent élus par un département ou par un autre : chacun pouvait fournir des hommes dignes de ces fonctions. Mais, s'il n'existe qu'un nombre de places trop petit pour établir l'alternat entre les départements; s'il faut, pour des places dont les fonctions s'étendent par tout l'empire, chercher des hommes qui aient besoin, pour les remplir, d'avoir acquis certaines connaissances que l'habitude de vivre dans le centre général des affaires peut seule donner, pour lesquelles du moins il faut choisir dans toute la nation, parce qu'il n'est pas sûr de trouver dans chacune de ces divisions ceux que l'utilité publique commande d'y appeler, alors aucune des formes précédentes ne peut être adoptée, et l'Assemblée constituante n'a établi aucun mode d'élection pour ce genre de place. Car la forme instituée pour la nomination d'un régent, cette réunion d'un électeur par district, est trop dispendieuse, trop embarrassante pour l'appliquer à des élections ordinaires; très-bonne, sans doute, pour un événement qui ne doit naturellement se présenter qu'une fois dans le cours de plusieurs siècles, comme il serait aisé de le montrer en parcourant l'histoire des familles royales; on ne peut l'appliquer à des nominations qui peuvent se présenter chaque année. Cependant, si les places de commissaires de la trésorerie et celles des membres du bureau de comptabilité sont les seules, jusqu'ici, pour lesquelles nous ayons besoin d'un mode d'élection différent de ceux que la loi a établis, il est aisé de prévoir dans l'ordre des événements possibles,

dans le système des parties de l'ordre social qui restent à compléter, qu'il existe plusieurs genres de
fonctions générales et concentrées entre un petit
nombre de personnes, pour lesquelles le même besoin
peut se faire sentir. Quel doit être maintenant ce
mode d'élection ? Je ne proposerai pas d'en charger
l'Assemblée nationale, et quoique j'aie soutenu cette
opinion, quoique je ne voie dans cette mesure, ni
une confusion de pouvoirs, ni une source dangereuse
de corruption, cependant j'avouerai que, surtout
dans une constitution que l'habitude n'a pas encore
consolidée, il vaut mieux recourir à d'autres moyens.

Je proposerais donc que chaque département
nommât un électeur; si on n'établit aucune incompatibilité entre cette fonction et toute autre fonction
publique, si on n'exige point, pour condition d'éligibilité, d'appartenir au département par lequel on
est élu, alors il ne résulterait aucune dépense, aucun embarras de la formation de ce corps électoral;
il ne s'assemblerait dans la capitale qu'au moment
où le corps législatif lui indiquerait la nécessité d'une
élection. La loi fixerait les cas où, dans l'absence de
l'Assemblée nationale, le roi pourrait l'ordonner :
telles seraient les vacances par mort.

Or, il est aisé de voir qu'il n'y a pas un département dont les électeurs ne connaissent plusieurs
hommes résidant dans la capitale, et qui, attachés
à ce département par leur naissance, par leurs propriétés, par les places qu'ils y ont remplies, paraîtraient dignes de la confiance publique. Ils éliraient
de plus, à chacun d'eux, un suppléant en cas

d'absence. Dès lors, au moment même de la vacance d'une place, l'élection du successeur pourrait être indiquée, et l'élection suivrait à l'instant la création d'une place nouvelle; avantage sur l'importance duquel il est inutile d'arrêter les regards de l'Assemblée. Qui ne voit, en effet, combien, si une circonstance extraordinaire nécessitait une nouvelle institution, il serait précieux de pouvoir confier les choix à une élection populaire, sans être rigoureusement obligé, ou de la donner au roi, ou de l'attribuer à l'Assemblée même?

Ces électeurs seraient renouvelés chaque année au moment des élections générales; mais ils pourraient être choisis de nouveau. Ce corps, peu nombreux, présente de plus un grand avantage, celui de pouvoir plus aisément adopter une bonne forme d'élection.

Dans ce moment et jusqu'aux élections générales de l'année prochaine, les députés à l'Assemblée nationale de chaque département en désigneraient l'électeur et son suppléant, et il serait difficile de voir dans cette nomination d'électeurs, faite une seule fois, aucun des dangers qu'on a cru voir dans la cumulation de la fonction d'élire avec les fonctions législatives.

Je passe au mode de destitution. Le comité des finances proposa de décréter que les commissaires de la trésorerie ne seraient révocables par le roi, qu'avec le vœu du pouvoir législatif. On fit entendre que la destitution devait appartenir au roi seul; mais cette opinion servile n'osa se manifester ouverte-

ment; ceux qui la soutenaient bornèrent leur honteux succès à faire suspendre la décision. Quant au
bureau de comptabilité, pour lequel on n'avait pas les
mêmes raisons de ne pas prononcer, il faut que l'Assemblée nationale demande la destitution, mais le
roi peut la refuser.

Je ne m'arrêterai donc point à combattre le premier système, celui de la destitution par le roi seul;
je n'examinerai même pas si l'article proposé par le
comité des finances à l'Assemblée constituante, offrait
à la nation une garantie suffisante dans l'hypothèse
où la nomination resterait au roi; si alors le commissaire de la trésorerie, inamovible tant qu'il céderait
aux volontés de la cour, ne lui appartiendrait pas
bien plus qu'à la nation; si tout le danger ne serait
pas pour celui qui aurait défendu la cause publique,
puisque, marqué une fois du sceau de l'improbation
ministérielle, il ne faudrait qu'attendre ou faire naître
le moment où il inspirerait à l'Assemblée un mécon-
tentement passager, où le ministre dont il mérite la
haine se trouverait jouir d'une plus grande confiance.

Ne serait-ce pas assez pour enchaîner des hommes
qu'on aurait pu choisir d'avance, parmi ceux qu'on
croirait susceptibles d'être retenus par la crainte?

Le mode adopté pour le bureau de comptabilité
est moins défectueux, parce qu'il est plus difficile à
un ministre de faire demander une destitution, que
d'y faire consentir. Mais une différence de cette nature est-elle un moyen de sûreté digne des représentants d'une nation éclairée?

J'examinerai donc la question, seulement en supposant que les fonctionnaires publics sont choisis par une élection nationale, et je tâcherai de prouver que, même dans ce cas, la concurrence du roi pour la destitution n'est pas sans danger. En effet, du moment où son consentement est nécessaire pour la destitution, l'homme attaché à sa place sentira qu'il est de son intérêt de mériter la faveur du gouvernement. Sous le despotisme, les places sont sujettes à de fréquentes vicissitudes; mais dans une constitution libre, le gouvernement, obligé de se faire des partisans, cesse d'obéir à ses caprices; il se conduit d'après des vues systématiques; et tout homme qui aura l'adresse de se ranger du parti du ministère, sans trop s'attacher à aucun ministre en particulier, sera sûr d'y conserver sa place et son crédit.

La destitution des commissaires de la trésorerie et des membres du bureau de comptabilité doit donc appartenir à l'Assemblée nationale seule. L'acte législatif qui la prononcerait doit, par sa nature même, ne pas être assujetti à la sanction. Mais quelle sera la forme de cette destitution? Si elle est motivée, ces motifs doivent être graves, ils doivent être appuyés de preuves; autrement, la dignité de l'Assemblée serait compromise; autrement, ses décisions prendraient l'apparence de volontés arbitraires. Cependant, il ne suffit pas d'une destitution de cette espèce; elle équivaudrait à l'inamovibilité. En effet, soit que l'Assemblée renvoie à un tribunal le jugement d'un fonctionnaire public, soit qu'elle se soit réservé par les lois le droit d'en prononcer la destitution, si elle prononce par une décision rendue sur des motifs dont la gravité et la vérité sont l'objet d'une discussion, alors elle rend elle-même un véritable jugement, et la destitution n'a lieu, comme pour les places inamovibles, que pour forfaiture jugée.

J'oserai donc proposer le moyen suivant : après avoir fixé le temps de la durée de la gestion, qui doit être très-long, sans être cependant indéfini, ne pourrait-on pas statuer que chaque Assemblée nationale déciderait au scrutin, dans ses premières séances, si un ou plusieurs commissaires de la trésorerie, si un ou plusieurs membres du bureau doivent être remplacés? A cette époque il ne pourrait exister dans l'assemblée ni brigues, ni parti formé; les électeurs nouvellement nommés n'auraient pu être influencés d'avance; et cette forme de destitution n'aurait pas l'inconvénient qu'elle présente d'abord : celui de pouvoir être influencée par le désir de faire vaquer une place, afin d'en disposer. Les députés ne seraient alors que les dépositaires de l'opinion publique de leur département; ils ne prononceraient que les destitutions dictées par elle.

Je vous proposerai donc, Messieurs, de décréter;

1° Que le choix des commissaires de la trésorerie nationale et des membres du bureau de comptabilité, sera confié à des électeurs immédiatement ou médiatement choisis par le peuple ;

2° Que la destitution des mêmes fonctionnaires publics ne pourra être faite que par le corps législatif seul, indépendamment de toute proposition antérieure et de tout consentement postérieur du roi;

3° Qu'il vous sera présenté un projet sur le mode d'élection ou de destitution de ces fonctionnaires.

En vous proposant ce décret, je suis bien éloigné de croire porter atteinte à cette union qui doit régner entre vous et le pouvoir exécutif. Je suis persuadé qu'il y verra, non une diminution de puissance, mais une occasion précieuse de montrer, par un acte volontaire, combien il désire mériter la confiance du peuple, dissiper ses soupçons; combien il dédaigne les avantages qu'il pourrait tirer de la corruption. Mais si le chef de ce pouvoir se laissait égarer par des conseils qu'un intérêt perfide aurait dictés, nous ne devons pas laisser s'affaiblir dans nos mains ce pouvoir irrésistible et suprême, que la constitution accorde à la volonté uniforme de trois législatures.

Nous devons transmettre ce dépôt sacré à nos successeurs, dans toute son intégrité; nous devons au peuple de faciliter à ses représentants l'usage de ce droit, qui ne leur a été délégué que pour lui; de ce droit, garant précieux de la liberté et de la souveraineté nationales.

C'est par ce motif qu'il convient de séparer les règles générales qui sont l'essence d'un décret, des formes particulières qui en règlent l'exécution.

L'esprit public ne s'affaiblira point dans la nation française; nos successeurs aimeront la liberté comme nous, et autant que nous : ainsi, par exemple, ils sentiront, comme nous, la nécessité de rendre le trésor public absolument indépendant des ministres.

Mais nos successeurs peuvent avoir des lumières supérieures aux nôtres, ils peuvent voir dans les lois proposées par nous, des inconvénients graves qui nous auraient échappé ; convaincus de l'utilité des mêmes dispositions générales, ils peuvent voir dans les autres des dangers qui leur fassent préférer de retarder même l'admission de ces dispositions générales ; et la même loi ne serait pas présentée par eux à la sanction.

C'est par ce motif que je présente ici ces articles d'une manière assez générale, pour n'exclure aucun mode d'élection, aucune forme de destitution.

D'ailleurs, il est difficile de trouver des motifs pour refuser une loi qui n'est que l'application générale d'un principe incontestable, qui n'a pour but évident que l'utilité publique. Il est toujours facile d'en trouver contre des dispositions particulières, qui nécessairement offrent des imperfections et des inconvénients. L'Assemblée législative ne peut varier sur les principes une fois adoptés par elle ; elle peut changer à son gré les modes d'exécution. Cette séparation est donc nécessaire dans toutes les lois importantes. Sans ce moyen, vous accorderiez au refus de sanction une force que la constitution n'a pas voulu y donner. Vous le rendriez presque indépendant de l'opinion publique, puisqu'il suffirait de pouvoir trouver dans un décret quelque disposition incidente contre laquelle on pût s'élever avec une apparence de raison et de justice.

DISCOURS

SUR LES FINANCES,

PRONONCÉ A L'ASSEMBLÉE NATIONALE LE 12 MARS 1792.

IMPRIMÉ PAR ORDRE DE L'ASSEMBLÉE NATIONALE.

DISCOURS

SUR LES FINANCES,

PRONONCÉ A L'ASSEMBLÉE NATIONALE LE 12 MARS 1792.

MESSIEURS,

La situation de nos finances est le seul danger réel que nous ayons à combattre. Si les ennemis du dehors nous menacent, c'est qu'ils comptent sur ce désordre qu'ils exagèrent; il est le seul fondement des espérances coupables que les conspirateurs conservent encore. C'est en le fomentant, en l'augmentant, que jusqu'ici ils ont pu nous nuire; et, si on aperçoit un refroidissement momentané dans quelques portions de citoyens, si quelques autres ont pu laisser éclater des mécontentements, c'est encore là qu'il faut en chercher la cause unique.

Tous les Français connaissent cette vérité; tous nous pressent de changer enfin cette situation des affaires publiques qui les effraye, les irrite ou les afflige.

Mais, avant de chercher les remèdes, il faut bien connaître quelle est la véritable cause de ce mal, sur laquelle l'opinion publique flotte encore incertaine.

Nous avons aujourd'hui environ seize cents millions de papier-monnaie existants dans la circulation, hypothéqués sur plus de deux milliards de biens nationaux vendus, et non payés, ou mis en vente.

Un papier-monnaie est plus commode que l'argent, à quelques égards, moins commode à quelques autres. Il ne peut guère servir dans le commerce étranger; en général, on le thésaurise moins. Il reste donc employé tout entier dans la circulation intérieure la plus active. Ainsi, en supposant qu'il en excède les besoins, il doit en résulter une augmentation dans les prix des denrées, et l'échange contre l'argent doit être au-dessous du pair, jusqu'à ce que la circulation s'élève au niveau de la masse du papier. Pendant ce mouvement, cet excédant sert à développer l'industrie, qu'il maintient ensuite lorsque l'équilibre est rétabli.

Le défaut de confiance peut produire une baisse plus grande, et alors l'accroissement momentané d'industrie ne fait que diminuer le mal, mais ne peut le réparer, surtout quand des émissions souvent réitérées devancent continuellement ces effets de l'industrie, et empêchent d'en sentir les avantages. Il est évident, en effet, qu'il faut bien plus de temps pour employer une masse d'assignats à des spéculations utiles, que pour la répandre par des payements.

Mais la baisse, relativement à l'argent, doit être

plus forte que l'augmentation du prix des denrées ;
1° parce que le manque de confiance n'influe pas
sur les prix, tant que le danger paraît encore éloigné ; 2° parce qu'une partie de cette différence peut
tenir à des causes particulières. Ainsi, une mauvaise
combinaison dans les coupures de papier-monnaie
peut produire un besoin de monnaie métallique dis-
proportionné avec la masse d'argent qui reste dans
le commerce. Ainsi, des besoins particuliers qui exigent qu'on rassemble des fonds en métaux, comme
celui de faire des voyages au dehors, influent sur
le prix de l'argent, et non sur celui des autres denrées. Des hommes timides peuvent vouloir s'assurer
des ressources en argent plus ou moins étendues.

Il faut joindre encore au prix de l'argent le profit
nécessaire de ceux qui font le commerce particulier
de ces échanges ; profit d'autant plus grand, que ce
commerce a quelque honte et quelque danger. On
n'y emploie, dans un même temps, qu'une masse
de capitaux inférieure aux demandes ; les besoins
qui font acheter l'argent permettent rarement d'attendre. Enfin, ce commerce doit, par sa nature,
devenir un objet d'agiotage ; car l'agiotage s'empare
bientôt de toutes les choses dont la valeur, soumise
à l'influence des événements, est exposée à des variations fréquentes et rapides.

Ainsi, l'on se tromperait, si l'on jugeait de la
perte réelle des assignats par le rapport de leur valeur à celle de l'argent monnayé ; et c'est uniquement d'après les prix de certaines denrées, que, par
un calcul assez compliqué, et même auquel il serait

difficile de donner des bases certaines, qu'on pourrait déterminer cette dépréciation avec quelque exactitude. Mais il est important de remarquer qu'elle est bien au-dessous de ce qu'indique le prix de l'argent, et de détruire cette erreur que nos ennemis se plaisent à répéter.

Je réduis donc à trois points principaux les causes immédiates des embarras qui nous fatiguent : trop de papier-monnaie en circulation ; trop peu de confiance dans le papier-monnaie ; une cherté excessive des métaux précieux.

On voit, en effet, que, si la confiance était entière, on pourrait porter la masse de papier-monnayé au-dessus des besoins de la circulation, sans éprouver d'inconvénients bien graves, pourvu cependant qu'on n'excédât point les bornes de ces besoins d'une masse trop forte, et que les émissions nouvelles ne se succédassent pas avec une imprudente rapidité. De même, si ce papier n'avait que très-peu de confiance, et que la masse des billets fût sensiblement au-dessous des besoins de la circulation, ils se soutiendraient encore. On a vu, dans les premiers temps de l'émission des billets patriotiques, ces papiers gagner sur les assignats nationaux avec une confiance nécessairement moindre ; mais on en avait besoin pour la circulation. On ne les prenait point pour les garder, et alors le besoin l'emportait sur la défiance, ou même il n'existait pas de défiance dans un intervalle de temps si court pour chaque individu.

Enfin, la perte plus forte des billets comparés

aux monnaies métalliques, a des causes particulières, dont quelques-unes peuvent être attaquées; et
cet objet devient d'autant plus important, que l'état
de guerre nous obligerait à une dépense considérable en argent. D'ailleurs, cette différence fût-elle
absolument produite par des causes étrangères et à
la masse des papiers en circulation, et aux motifs
réels de la confiance, elle serait toujours un mal,
parce qu'elle serait un moyen d'appeler la défiance,
d'exciter des inquiétudes. Enfin, cette même différence, influant sur le prix des denrées et des matières
premières qu'on pourrait tirer de l'étranger, influe,
par une conséquence nécessaire, sur leur prix général et sur celui de presque toutes les autres.

La masse des billets excède les besoins de la circulation : cela est prouvé et par la rareté extrême
de l'argent, et par l'augmentation des prix. Existe-
t-il de la défiance? Il serait difficile de le nier. Ce
n'est pas, à la vérité, de cette défiance du moment
présent, qui anéantit, en quelque sorte, tout effet
public qu'elle a frappé, mais de cette défiance qui se
porte sur un temps plus éloigné, qui n'avilit pas un
papier, mais qui, en augmentant l'empressement de
l'employer avec quelque profit, en fait nécessairement baisser la valeur.

Quelle est la cause de ces deux maux? C'est que
l'Assemblée constituante n'a pas assez calculé ses opérations. Lorsqu'elle créa les assignats, elle devait se
dire : « Ils auront non-seulement pour hypothèque,
mais pour moyen d'extinction, la vente de telle masse
de biens nationaux; donc il faut régler l'émission

de ces billets sur les rentrées des ventes, afin de ne jamais excéder ces rentrées d'une somme trop forte. » En effet, ces assignats étant destinés à payer, 1° une dette inconnue, surtout alors; 2° à fournir des fonds pour une dépense extraordinaire non moins inconnue, il était donc indispensable de soumettre à un système régulier leur émission graduelle.

La dépense extraordinaire était forcée; une économie sévère pouvait la restreindre; mais, dans l'impossibilité absolue de la suspendre, ou d'y pourvoir autrement qu'avec de nouveaux papiers-monnaie, c'était dans l'ordre des remboursements de la dette liquidée qu'il fallait chercher le moyen de combiner les émissions et les extinctions d'assignats.

Il ne fallait pas laisser les titulaires de charges supprimées, et un grand nombre d'autres créanciers, se persuader qu'on leur devait, non une prompte liquidation et les intérêts du retard, mais un payement actuel. En effet, dans la plus rigoureuse justice, toute dette qui n'était contractée que par l'indemnité d'une suppression exigée, soit pour compléter la destruction d'un abus, soit pour rétablir les hommes dans leurs droits, soit pour perfectionner le système de l'ordre social, ne pouvait être regardée comme dette exigible; autrement toute nation qui n'aurait ni biens territoriaux à vendre, ni le crédit d'emprunter de très-grosses sommes, serait condamnée à conserver les abus qui la dévorent. Plus ces abus seraient grands, plus leur perpétuité se trouverait assurée.

D'ailleurs, on avait permis de ne payer que 12 pour

cent de la plus grande partie des biens nationaux; on exigeait un quart seulement pour le reste, et on laissait douze ans pour achever les payements; les reventes étaient exemptées pendant trois ans de toute espèce de droits; il était donc évident que beaucoup de capitalistes, de citoyens des départements, de fermiers de biens mis en vente, achèteraient à crédit; qu'ainsi les rentrées seraient fort au-dessous du produit réel des aliénations. Le désir de se défaire des assignats pouvait exciter à acheter de plus fortes parties, à payer plus cher, mais non à payer la totalité; car, après tout, si le crédit se rétablit, celui qui a employé ses assignats dans le commerce ou la banque, les retrouve augmentés de valeur; si les assignats, au contraire, continuent de perdre, il lui est aisé de s'en procurer pour acquitter ses domaines, même à meilleur marché. Dans toutes les hypothèses, il y avait donc de l'avantage à profiter des facilités accordées par la loi, ne fût-ce que pour améliorer ses acquisitions par des reventes partielles; et en général, on aime mieux, dans un moment d'inquiétude, être débiteur que créancier de la nation.

Ainsi, dans le fait, sur 1528 millions de biens vendus, il n'est rentré que 370 millions d'assignats (1).

Il est donc évident que l'on a commis une erreur,

____

(1) Il est bon d'avertir que la somme des assignats brûlés est plus forte; mais tous ne provenaient pas du payement des acquisitions de biens nationaux.

en n'assujettissant pas leur émission à une règle plus sévère. Mais, quelle a été la cause de cette erreur? C'est qu'on a voulu fonder, sur les biens nationaux, une double hypothèque, celle de la dette non liquidée et celle des assignats.

On n'a point dit : On émettra des assignats jusqu'à concurrence des valeurs affectées à leur extinction; on a fait entendre qu'on en émettrait à proportion, non-seulement de la dépense nécessaire, mais de la valeur de toute la dette. On a effrayé sur leur solidité, même lorsque leur gage était encore à peine entamé.

Ainsi, cette confusion, premier principe de l'augmentation de la masse des assignats, a été aussi la première cause du défaut de confiance.

Il faut donc d'abord détruire cette confusion; donner aux assignats une hypothèque bien clairement distincte; leur affecter une portion de biens nationaux irrévocablement séparée; ne les employer à payer que la partie de la dette qu'il est rigoureusement indispensable d'acquitter, et hypothéquer le reste sur les portions des biens nationaux dont la vente n'est pas encore décrétée, en prenant ensuite des mesures pour en accélérer les aliénations, dont le produit présumé servirait à régler l'ordre des remboursements. Après cette première opération, nécessaire, indispensable, si l'on ne veut pas voir la confiance s'altérer de plus en plus, il faut chercher à diminuer l'augmentation de la masse des assignats, causée par le retard des rentrées.

Le premier moyen est la vente des obligations des

particuliers ; ces obligations ont, 1° une hypothèque spéciale, avec privilége, sur un bien dont une partie du prix est acquittée ; 2° une hypothèque ordinaire sur tous les biens de l'acquéreur ; 3° la garantie de la foi publique.

Il est difficile de trouver des effets plus solides ; mais ces hypothèques sont dispersées sur un grand nombre d'individus, et de portions de biens répandues dans les divers districts ; les remboursements sont libres, et non à termes fixes ; ils peuvent être faits ou chez le receveur du district, ou à la caisse de l'extraordinaire ; la foi publique ne permet pas d'altérer les conditions premières de l'aliénation, et ces diverses circonstances obligent à établir un ordre particulier pour la vente de ces obligations.

D'ailleurs, il ne serait pas nécessaire de trouver des acheteurs pour la totalité ou la presque totalité de ces obligations ; que cette vente s'élève assez haut pour maintenir la masse des assignats en circulation, telle qu'elle est aujourd'hui, et l'empêcher d'augmenter malgré de nouvelles émissions, la circulation s'élèvera peu à peu au même niveau, et les prix reprendront leur équilibre.

On pourrait employer encore un autre moyen de diminuer la masse du papier-monnaie : ce serait d'établir des caisses de secours ou d'accumulation, en brûlant les assignats qui seraient versés dans ces caisses.

Qu'il me soit permis de m'arrêter ici un moment sur l'utilité politique de ces établissements.

Dans une nation qui occupe un grand territoire,

où la population est nombreuse, où l'industrie a fait assez de progrès pour que, non-seulement chaque art, mais presque chaque partie des différents arts soit la profession exclusive d'un individu, il est impossible que le produit net des terres, ou le revenu des capitaux, suffise à la nourriture et à l'entretien de la presque totalité des citoyens, et que le salaire de leurs soins et de leur travail ne soit pour eux qu'une sorte de superflu. Il est donc inévitable qu'un grand nombre d'hommes n'aient que des ressources, non-seulement viagères, mais même bornées au temps pendant lequel ils sont capables de travail ; et cette nécessité entraîne celle de faire des épargnes, soit pour leur famille, s'ils meurent dans la jeunesse, soit pour eux-mêmes, s'ils atteignent à un âge avancé.

Toute grande société riche renfermera donc un grand nombre de pauvres ; elle sera donc malheureuse et corrompue, s'il n'existe pas des moyens de placer avantageusement les petites épargnes, et presque les épargnes journalières.

Si, au contraire, ces moyens peuvent devenir presque généraux, les nécessiteux seront en petit nombre ; la bienfaisance n'étant plus qu'un plaisir, la pauvreté cessera d'être humiliante et corruptrice ; et, si on a une constitution bien combinée, de sages lois, une administration raisonnable, on pourra voir enfin sur cette terre, livrée si longtemps à l'inégalité et à la misère, une société qui aura pour but et pour effet, le bonheur de la pluralité de ses membres.

En même temps que ces établissements offriraient des secours et des ressources à la partie pauvre de la société; qu'ils empêcheraient la ruine des familles qui subsistent du revenu attaché à la vie de leur chef; qu'ils augmenteraient le nombre de celles dont le sort est assuré; qu'ils concilieraient la stabilité des fortunes avec les variations qui sont la suite nécessaire du développement de l'industrie et du commerce, et conduiraient à établir ce qui n'a jamais existé nulle part, une nation riche, active, nombreuse, sans l'existence d'une classe pauvre et corrompue, ils serviraient, dans le moment actuel, à diminuer la masse des papiers. On pourrait y admettre aussi, comme comptant, une partie de la dette à liquider, ce qui serait alors un moyen d'accélérer les remboursements de la partie la plus sacrée de cette dette, de celle qui appartient à la partie pauvre du peuple.

Après avoir fixé et séparé la portion des biens nationaux destinée à l'extinction des assignats, après avoir accéléré cette extinction par les moyens qui viennent d'être proposés, on hypothéquerait, au reste de la dette liquidée, la partie des biens nationaux réservés, que la nécessité de sauver la chose publique n'aurait pas destinée à des emplois plus sacrés; car nous indiquerons bientôt une autre réserve nécessaire. Cette hypothèque serait formée ensuite du produit, plus considérable qu'on ne croit, des droits que la nation peut réclamer sur les domaines aliénés, des créances du trésor public sur les particuliers, des domaines incorporels, enfin des forêts nationales.

Je n'entreprendrai point de traiter ici cette grande question de l'aliénation de ces forêts. S'il était prouvé que le prompt acquittement de la totalité de la dette liquidée est rigoureusement nécessaire ; si la vente de ces forêts était le seul moyen d'acquitter cette dette, sans discréditer le papier national par une émission trop abondante, alors, sans doute, il ne faudrait pas hésiter entre le salut public et les inconvénients qu'on croit voir dans cette aliénation. A-t-on, d'ailleurs, assez examiné si, dans le mode de ces ventes, si, dans quelques dispositions que la justice même peut demander en faveur de ce genre de propriétés, il n'y aurait pas des moyens de prévenir ces inconvénients, plus sûrement encore que par une conservation ruineuse pour la fortune publique, favorable à tout système de corruption, et dangereuse pour la liberté même?

Quelques personnes ont paru regarder comme indifférente, et presque comme utile, l'augmentation de la masse des assignats ; mais elles n'ont pas songé que, du moment où cette somme excéderait la valeur des biens dont la vente doit les éteindre, ces papiers changeraient absolument de nature, et ne seraient plus qu'un papier-monnaie ordinaire ; qu'alors une augmentation dans les prix, toujours croissante, deviendrait une conséquence nécessaire de cette multiplication d'un papier-monnaie dont l'extinction ne serait plus assurée ; que ce haussement dans le prix ne s'étendrait pas proportionnellement sur tous les objets ; qu'il serait accompagné de variations fréquentes ; que, cependant, tous les revenus exprimés en livres nominales resteraient les mêmes ; que, de ces circonstances combinées, résulterait infailliblement un déplacement de fortunes, qui entraînerait avec lui des changements, des incertitudes dans les moyens de subsister, toujours contraires au bonheur du peuple et à la tranquillité publique; que les mouvements dans les prix seraient alors livrés à l'opinion, aux événements divers; que cet ordre de choses, qui pourrait se soutenir dans un pays isolé et paisible, serait dangereux pour une nation encore agitée et entourée d'ennemis.

L'idée de voir, par ce moyen, une circulation toujours croissante animer le commerce et l'industrie, ne serait qu'une chimère dont l'expérience aurait bientôt détrompé. En accélérant trop rapidement le payement des créanciers, on serait donc injuste envers ceux qui ne recevraient pas leurs remboursements les premiers, puisque, par l'effet de la dépréciation de la monnaie employée dans le payement, on leur donnerait moins qu'on ne leur doit; puisque, pour des sommes nominativement égales à celles que les premiers auraient reçues, ils recevraient des valeurs réellement plus faibles. Un ordre dans les remboursements obligerait d'en mettre dans les liquidations; et, pour la masse générale des créanciers, un tel ordre n'est-il pas préférable à un payement immédiat, mais dépendant de liquidations incertaines et arbitraires quant à leurs époques?

D'ailleurs, à moins qu'on ne regarde comme utile, comme bonne en elle-même, la multiplication indéfinie du papier-monnaie; à moins qu'on ne croie qu'il n'existe pas un terme où elle devienne nuisible, la prudence exige de réserver cette ressource pour les besoins extraordinaires, au lieu de la prodiguer, de rester maîtres des opérations, et non de les abandonner au hasard. Ainsi, quelque opinion que l'on embrasse sur les bornes des émissions de papier-monnaie, il est également évident et qu'on doit toujours se conserver la faculté d'en poser les bornes, de les resserrer ou de les étendre, et qu'il n'est pas moins nécessaire de conserver aux assignats leur caractère distinctif, c'est-à-dire l'assurance qu'ils s'éteindront graduellement par la vente des biens nationaux; d'où résulte et la nécessité d'employer tous les moyens de réduire la masse des assignats, et celle de consacrer spécialement à leur extinction une partie déterminée des domaines de la nation.

Je passe maintenant à l'examen des moyens de diminuer la disproportion entre l'argent et les assignats, ou d'en rendre les inconvénients moins sensibles. Je proposerais d'abord l'établissement de payement par registre.

Cet usage est établi à la banque d'Angleterre pour les parties non échues de la dette publique; en Hollande, pour les sommes déposées à la banque. Le propriétaire d'une valeur quelconque se fait écrire pour cette valeur; s'il en veut transporter une partie à un autre, on écrit sur le même registre qu'il a retiré cette somme pour l'inscrire sous le nom de celui à qui elle est transportée. On aurait le droit de redemander à volonté les valeurs que l'on aurait déposées.

A Londres, les feuilles formées chaque jour sont

inscrites sur ce registre, et transportées ensuite à la Tour, afin que les propriétaires aient un double titre, et que leur sûreté soit entière. On pourrait, pour un établissement plus général, avoir ici deux registres outre les feuilles originales, ce qui augmenterait la sûreté.

Par ce moyen, on est à l'abri du vol et de l'incendie; on n'a point à craindre les faux billets; car, lors même que pour son usage on retire une portion de ce qu'on a déposé, on est sûr de ne recevoir d'une caisse que des effets dont la bonté est certaine. Il faudrait même, pour augmenter cette certitude, que les assignats déposés fussent brûlés, et les sommes qu'on redemanderait acquittées en assignats nouveaux. Ainsi, comme la crainte des faux assignats est un des motifs qui altèrent la confiance, cet établissement servirait encore à la ranimer.

Enfin, comme on peut transporter toute espèce de fraction de somme, quelle que soit la nature des assignats déposés, on voit que l'on est dispensé de tous les soins nécessaires pour se procurer des appoints.

Si l'on formait de pareilles caisses dans les grandes villes de commerce, il serait facile d'établir une correspondance entre leurs registres et ceux de la caisse de Paris; et dès lors on éviterait aux particuliers les frais et les dangers des transports; on diminuerait même ceux qui sont nécessaires pour le service public.

Ainsi, dans plusieurs des points sur lesquels les papiers les plus sûrs ont quelque infériorité sur l'argent-monnaie, on parviendrait non-seulement à la détruire, mais à donner à ces papiers plusieurs avantages sur l'argent même.

On peut transporter les sommes qu'on a déposées d'une manière simple, commode, et absolument sûre : il suffirait d'appliquer à cet établissement public ce que l'on fait à la caisse d'escompte pour les payements par registre, qui y sont en usage depuis longtemps.

Je proposerais ensuite l'établissement d'échanges, à bureau ouvert, d'assignats plus forts jusqu'à une certaine valeur, contre ceux de dix sous ; de ceux de dix sous, en monnaie de cuivre ou de métal de cloche.

Quelque utile que soit une distribution proportionnelle entre les départements, les échanges à bureau ouvert ont de plus l'avantage d'offrir l'assurance d'y trouver ce dont on aurait nécessairement besoin ; assurance qui dispense des précautions, et qui facilite les échanges particuliers.

Comme la loi de l'égalité oblige de n'échanger, à chaque porteur, qu'un billet à la fois, on voit que ces bureaux pourraient être ouverts en assez grand nombre pour être très-utiles, sans consommer cependant une grande somme de monnaie.

L'établissement de ces bureaux d'échange a un autre avantage qu'il ne faut pas perdre de vue. Un de vos comités a proposé de réduire à un moindre nombre les coupures d'assignats, d'échanger à bureau ouvert celles des coupures qui seraient supprimées, et au bout d'un certain terme, de déclarer que, toujours reçus dans les caisses publiques, toujours échangeables contre des assignats-monnaie, ces assignats supprimés ne seraient plus reçus que librement dans le commerce, qu'ils seraient billets de banque réalisables en monnaie nationale, et non plus assignats-monnaie. Or, par ce moyen, aussi simple qu'ingénieux, vous pouvez réunir l'avantage de conserver autant de papier qu'il peut être utile d'en avoir dans la circulation, et cependant ne pas trop multiplier vos assignats, ne jamais les porter au delà du gage qui leur doit être spécialement affecté, et préparer l'ordre constant et habituel par lequel doivent être remplacées les mesures qui ont marqué le passage de la servitude à la liberté.

Puisque, par l'un de ces établissements, la crainte des faux assignats, des dangers auxquels ces papiers sont exposés, n'existerait plus pour ceux qui y déposeraient des valeurs; puisqu'au moyen de l'autre, le besoin d'argent monnayé ne subsisterait plus pour aucun des usages communs, la disproportion de valeur entre l'argent et les assignats devrait nécessairement diminuer.

Mais, comme le trésor public a besoin de monnaies métalliques, surtout si la guerre a lieu; comme la possibilité prouvée de s'en procurer sans de trop grands sacrifices serait même le moyen le plus sûr de conserver la paix, ou de diminuer le nombre de nos ennemis, il faut chercher d'autres ressources. Les achats faits pour les dépenses nationales sont une des premières causes du haut prix de l'argent; et les établissements dont on vient de parler, très-

utiles pour diminuer le besoin que les particuliers
ont d'argent monnayé, ne serviraient que faiblement
le trésor public.

Avant d'examiner ceux que l'on peut proposer, il
faut d'abord réduire à sa juste valeur la répugnance
très-raisonnable en elle-même pour toute opération
par laquelle la puissance publique reconnaîtrait une
différence entre l'assignat et l'argent.

Quand la loi a dit que l'assignat de 3oo liv. équi-
valait à 5o écus de six liv., elle a entendu seulement ce qu'elle entendait lorsqu'elle a dit, qu'un
louis valait quatre de ces écus; c'est-à-dire que,
dans toutes les conventions, ils pouvaient être donnés et devaient être reçus indifféremment. Mais elle
n'a pas entendu que l'assignat de 3oo liv. et les 5o
écus, le louis et les quatre écus, étaient tellement
une seule et même chose que personne ne pût préférer l'un à l'autre.

Cette préférence peut même exister alternativement en faveur de l'une et de l'autre des deux valeurs égales.

Ainsi, par exemple, si le papier était très-rare, on
pourrait le préférer à l'argent. On préfère le louis
aux quatre écus si on doit voyager, et les quatre
écus au louis, si on a des payements de détail à
faire. Si les motifs de cette préférence sont assez
forts, et s'ils agissent dans un même sens sur un
grand nombre d'individus, on finit par payer le prix
de l'échange; mais cela ne nuit pas à l'égalité légale
des valeurs. Une guinée n'en a pas moins un rapport constant avec le louis de France, quoique, sui-

vant le prix du change, il faille à Londres un nombre plus ou moins grand de guinées pour payer une dette de cent louis de France. La différence entre l'argent et l'assignat, est précisément de la même nature que celle qui est produite par l'état du change, entre les monnaies qui seraient au pair.

Ainsi, acheter de l'argent pour le trésor public au-dessus du pair, parce que l'on a besoin d'argent en nature, ce n'est pas altérer l'égalité de valeur établie par la loi, reconnaître une inégalité qu'elle a proscrite, c'est en admettre une autre sur laquelle la loi n'a pas d'empire, parce qu'elle ne peut statuer que deux choses différentes soient les mêmes; qu'une monnaie, par exemple, qui pèse moins, ne soit pas plus facile à transporter; que le papier ne se détruise pas plus aisément qu'un morceau de métal; qu'un effet national ait cours dans les pays étrangers.

Ainsi, toute opération publique, qui aurait pour motif la nécessité d'un emploi pour lequel les différences naturelles ou physiques d'une monnaie de papier et d'une monnaie d'argent ne peuvent s'évanouir, ne nuirait pas à l'égalité légale reconnue entre ces valeurs.

C'est d'après ces principes qu'il faut d'abord examiner les moyens auxquels on peut avoir recours.

Il s'en présente de deux espèces : on peut chercher à diminuer le besoin d'argent; on peut chercher à s'en procurer à un moindre prix.

La dépense de l'armée est jusqu'ici une des

principales causes du besoin d'argent monnayé.

Quand tous les autres salaires sont payés en assignats, il ne peut y avoir que deux motifs légitimes d'exception : l'un est la difficulté de les employer aux petits échanges : ainsi, tant qu'il n'existe pas d'assignats au-dessous de cinq livres, ce n'est pas mettre une différence de valeur entre les assignats et l'argent, que de payer en monnaie métallique ceux dont les faibles salaires doivent être partagés ou employés en très-petites portions, et ne pourraient supporter la perte des échanges. Ce motif cessera lorsque l'émission des assignats de dix sous, et la distribution de monnaie de cuivre à bureau ouvert, rendra inutile le secours des monnaies métalliques. Le second motif serait la nécessité d'acheter dans un pays où les assignats n'ont point cours. Mais ce motif doit-il s'étendre jusqu'à payer encore en argent, lorsqu'on n'achète pas immédiatement dans ces pays, mais seulement de fournisseurs qui en ont tiré leurs denrées? Je ne le crois pas. Deux causes peuvent contribuer à la sortie de l'argent : l'une est la nécessité du commerce avec l'étranger, et rien ne peut s'opposer à cette cause naturelle; l'autre est le commerce même d'argent, lorsqu'il peut se faire avec profit : or, il peut se faire avec profit sur nos frontières, parce que nos émigrés ont des assignats à changer; d'où il résulte que toute masse d'argent, portée aux frontières sans nécessité pour un service public, est un moyen de plus d'en augmenter la rareté et le prix.

Il faut donc, à cet égard, chercher d'autres remèdes, et ne pas perdre de vue que dans le moment où l'on doit espérer de voir la monnaie métallique devenir presque inutile pour les particuliers, où la suspension des revenus des émigrés doit encore en diminuer les achats, où les thésaurisations particulières doivent se ralentir, il est très-important de ne pas laisser aux spéculateurs la ressource des besoins du trésor public.

Je passe aux moyens de se procurer, à un moindre prix, l'argent indispensablement nécessaire. Celui que je préférerais est un emprunt en matières d'or et d'argent, remboursable par la vente d'une portion distincte et déterminée de biens nationaux.

On donnera pour gage une masse détachée de biens ruraux estimés au denier dix-huit ; d'usines ou maisons, estimées au denier quinze : cette masse serait égale à la valeur des sommes prétées.

Il faudrait que les prêteurs formassent une compagnie, afin qu'ils pussent suivre l'ordre des ventes dans les divers districts.

On fixerait un intérêt et des époques graduelles de remboursements ; l'ordre des ventes et des payements serait réglé d'après ces époques.

On attribuerait aux prêteurs une portion dans la crue des ventes, au-dessus de l'estimation dont on fixerait les règles ; estimation qu'il ne faut pas confondre avec le denier d'après lequel on a calculé la valeur de l'hypothèque ; car il faut que celle-ci reste encore plus que suffisante, quelque dégradation que l'on puisse avoir à craindre dans une partie des biens.

La compagnie, et dès lors ses membres, pourraient enchérir, et par conséquent recevoir réellement leur remboursement en terres. On prolongerait pour cet effet jusqu'à un an ou deux ans après le terme du remboursement total, la faculté de revendre sans payer les droits d'enregistrement, etc.

On laisserait une certaine latitude dans l'ordre des ventes, pour que la compagnie pût chaque année en accélérer ou en retarder le progrès.

Les particuliers qui voudraient acheter, traiteraient avec les seuls districts, et n'auraient rien de commun avec la compagnie des prêteurs ; les conditions seraient fixées par la loi, elles se rapprocheraient de celles qui existent pour les autres biens, à l'exception seulement que les annuités seraient remboursables à des époques rigoureusement fixes, parce qu'autrement la compagnie des prêteurs serait sans cesse obligée à des revirements de parties, et que d'ailleurs elle ne pourrait traiter avec sûreté, si, dans un moment de discrédit du papier-monnaie, ses débiteurs pouvaient l'accabler de remboursements. La masse des biens destinés à cet emploi une fois déterminée, on ne les y affecterait cependant qu'à mesure des demandes ; le plus ou le moins de succès de cette opération ne pourrait produire aucun effet nuisible, ni empêcher le succès d'aucun autre moyen.

Que ce mot de compagnie n'effraye point : il serait à désirer qu'une grande partie des fonds fournis par des étrangers pût diminuer, ou du moins arrêter la baisse exagérée des changes; et il faut bien que ces étrangers aient des agents qui les représentent.

D'ailleurs, aucune grande opération de finance ne se fait en Europe par des hommes isolés; et il ne faut pas juger ces associations librement formées sous un régime libre, comme ces anciennes compagnies sur la formation, sur l'administration desquelles l'intrigue du gouvernement exerçait une influence dangereuse.

On faciliterait le succès de cette opération, en permettant les conventions où l'on stipulerait les payements en matières d'or et d'argent; et on doit les autoriser d'abord, parce que ces métaux ayant, dans le marché général de l'Europe, une valeur très-peu variable, toute stipulation où l'on vend métal pour métal porte un caractère de fixité et de précision qu'aucune autre nature de condition ne peut atteindre; ensuite, parce qu'il doit être libre à celui qui donne une chose quelconque, de stipuler qu'on lui rendra une autre chose quelconque; enfin, parce que cette liberté existant de fait pour les spéculateurs, il ne peut qu'être utile de l'étendre à tous les citoyens.

Mais l'accélération du payement de l'impôt peut seule assurer la réussite de quelque opération que ce soit; et le véritable moyen d'y parvenir, est de bien convaincre les citoyens, que, du prompt payement des contributions, dépend le salut public; que la conservation des avantages qu'ils ont obtenus par la révolution est attachée à l'exactitude avec laquelle ils rempliront ce devoir; que s'ils le négligent, les abus détruits depuis deux années, ou renaîtront, ou seront remplacés par d'autres plus difficiles à déraciner. En effet, il est évident qu'en vain présenterions-nous un milliard, ou même plus d'un milliard d'excédant entre nos ressources et les besoins ou les dettes, la confiance ne peut renaître, si l'on n'a pas la certitude d'avoir, dans le payement des impositions, un moyen annuel de subvenir aux dépenses.

Tel est le véritable mal de notre position : tant que les impôts ne suffiront pas aux dépenses ordinaires, tant qu'on payera une partie de ces dépenses en assignats nouveaux, on verra toujours un terme après lequel les ressources en capitaux seront épuisées. Cependant il ne faut ici rien exagérer : si les rentrées des impositions, si seulement l'état des rôles en mars, en avril, en mai, était tel que l'on puisse juger, avec une sorte de certitude, que l'année 1793 produira rigoureusement une somme égale à la somme imposée, on verra bientôt le crédit se rétablir. Car personne n'a jamais pensé que, dans la première année, le recouvrement dût être complet et régulier; mais on espérait, et on avait droit d'espérer que cette première année annoncerait que, pour la suivante, on atteindrait le terme désiré.

Tel est le véritable but auquel il faut tendre, en se défendant également, et de la confiance exagérée des amis plus ardents qu'éclairés de la chose publique, et de la terreur hypocrite des ennemis de la liberté ou des hommes intéressés au désordre.

Presser la confection, l'exécution des rôles, en réparer le défaut par des demandes d'à-compte, tels sont les seuls moyens directs que nous pouvons employer.

Il en est un autre dont il faut presser l'effet, c'est l'extinction des billets des caisses particulières. Les receveurs exigent pour ces billets la garantie des collecteurs; on ne pouvait négliger cette précaution sans exposer la fortune publique, et il est aisé de sentir jusqu'à quel point elle peut retarder la rentrée des impositions.

Je proposerais ensuite que l'Assemblée nationale choisît parmi les membres de l'Assemblée constituante, qui ont le plus conservé la confiance du peuple, qui se sont occupés dans cette assemblée des questions relatives à l'impôt, qui ont concouru au travail de son établissement, un petit nombre de commissaires qui, parcourant les départements, en commençant par ceux où cet établissement éprouve plus de difficultés, puissent diriger les opérations, résoudre les objections, chercher et indiquer des moyens de lever les obstacles.

Je dis des membres de l'Assemblée constituante; car où trouver ailleurs aujourd'hui des hommes connus de la France entière, des hommes que l'on puisse présenter à la confiance de toute la nation? Et en nommant ces commissaires, Messieurs, vous ne feriez qu'appliquer une loi antérieure; car celle du 20 décembre 1790, portant institution des corps

administratifs, prononce que la répartition des contributions directes se fera sous l'inspection immédiate du corps législatif.

Mais c'est dans la force de l'esprit public qu'il
faut placer nos plus fermes espérances. Que les sociétés populaires, bien convaincues de la liaison intime et nécessaire du payement des contributions et
du maintien de la liberté, continuent de faire à
leurs membres un devoir d'acquitter régulièrement
leurs impôts ; qu'elles donnent cet exemple à toutes
les réunions d'hommes, volontaires ou légales ;
qu'elles excitent, qu'elles récompensent par leur
estime les travaux de détail entrepris dans les diverses parties du royaume, pour faciliter la composition des rôles, pour aider les municipalités dans
leurs travaux, etc., elles acquerront de nouveaux
titres à la reconnaissance de la nation.

Entre la négation absolue d'esprit public qui existait sous l'ancien régime, où ceux qui s'avisaient
d'en laisser apercevoir quelques étincelles étaient
regardés, les uns comme des têtes exaltées, les autres comme des rêveurs imbéciles, et le moment
où les citoyens en seront individuellement animés,
il a fallu chercher des moyens d'exciter cet esprit
public, de le conserver, de le diriger ; et les sociétés populaires ont été, elles sont encore cet intermédiaire indispensable.

Qu'on ne s'étonne donc point de voir compter
ces premiers foyers de notre esprit public au nombre des moyens d'accélérer le payement des impôts ! Peut-on ignorer encore que, chez toutes les

nations qui ne sont point avilies par l'esclavage, le succès de la levée des impositions a toujours été gradué sur le plus ou le moins d'énergie du patriotisme, et que, chez un peuple libre, la plus grande force des lois est dans la volonté même de ceux qui doivent y obéir? Que votre opinion sur la nécessité de payer promptement les contributions, devienne celle des citoyens les plus occupés des intérêts publics ; que nos inquiétudes pour le salut de la patrie se communiquent à eux, et bientôt leur zèle les aura dissipées.

La fixation des dépenses doit être comptée à la fois, et parmi les moyens d'assurer le payement de l'impôt, et parmi ceux de relever le crédit. Dans une constitution libre, les deux secrets les plus sûrs pour faire payer les contributions, sont de prouver aux individus que les taxes sont réparties avec une exacte et impartiale égalité ; au peuple, que le produit de ces taxes est employé d'une manière utile pour lui. Aucune loi coactive n'aura jamais, sur des hommes libres, l'effet de cette persuasion.

Que le travail sur la dépense publique annonce donc un esprit, non de parcimonie, mais d'économie éclairée, de celle qui tend à faire le mieux possible avec le moins de frais, qui ne cherche pas à diminuer la dépense, mais à comparer, pour chaque partie, pour chaque degré de cette dépense, l'avantage que les citoyens en retirent, et la perte que cette même dépense leur fait éprouver. Car, dans celle dont l'objet est le plus nécessaire, il y a un point où elle cesse d'équivaloir au tort qu'elle produit. Plus elle augmente, plus ce

mal s'accroît dans une progression effrayante, et plus aussi l'utilité diminue ; et la véritable économie consiste à saisir, pour chaque objet, le point précis où l'utilité cesse d'être réelle, parce qu'elle est plus que compensée par le poids de l'imposition qu'elle nécessite.

La constitution a déterminé que la dépense serait fixée chaque année ; mais cette loi sage en elle-même n'empêche pas la raison de juger quelles sont les dépenses qui doivent être renouvelées, qui sont, à quelques changements près, toujours également nécessaires, toujours à peu près les mêmes ; et quelles sont les dépenses particulières à l'année courante, nécessitées seulement par les circonstances. Il faut donc, même en n'établissant les dépenses que pour une année, en séparer exactement ces deux classes.

Alors, d'un côté, l'économie excitera la confiance ; de l'autre, on pourra juger si le produit des impôts suffit ou non à des dépenses qui, devant se renouveler chaque année, ne peuvent jamais être acquittées par des moyens extraordinaires, et le crédit pourra s'appuyer sur une base vraiment solide.

Mais il ne faut pas se le dissimuler, tant que l'on verra le trésor public dans la dépendance du ministère, ou prêt à y retomber, on se flatterait encore en vain d'obtenir cette confiance, qui s'appuie sur l'ordre, sur la probité de l'administration.

L'indépendance absolue du trésor public de toute influence du pouvoir exécutif, est, pour tout homme qui a réfléchi, un élément nécessaire de toute constitution libre, qu'on veut préserver de la corruption et du désordre.

Or, cette indépendance n'existe pas en France, puisque les commissaires de la trésorerie et les membres du bureau de comptabilité sont nommés encore par le roi; puisque, d'après la loi pour le bureau de comptabilité, ses membres ne sont destituables qu'avec le consentement du roi. Si cependant on lit la loi d'organisation de la trésorerie nationale, on voit que les commissaires ont le droit et l'obligation, 1° d'exiger des ministres la citation du décret qui ordonne chaque dépense, et par conséquent d'examiner la conformité de la dépense avec le décret;

2° De n'accorder que jusqu'à concurrence des sommes fixées pour chaque dépense; ce qui assure au pouvoir législatif les moyens de prévenir les abus, en formant des états de dépenses détaillés et précis, qui ne permettent pas d'en changer arbitrairement les dispositions;

3° D'exiger que l'ordonnance du ministre porte l'objet particulier de la dépense, et même le nom de la partie prenante, ce qui est nécessaire pour éviter les distractions momentanées de fonds.

Ainsi les commissaires de la trésorerie, qui ne sont ordonnateurs de dépenses pour aucune partie, qui ne reçoivent que de fonctionnaires élus par le peuple, le montant des impositions, sont, d'un côté, les censeurs des dépenses que le pouvoir exécutif est chargé de faire; de l'autre, ils sont encore les surveillants de la négligence que ses agents immé-

diats pourraient laisser s'introduire dans la perception; et l'on doit s'étonner, sans doute, que l'on ait
trouvé des hommes assez habiles pour découvrir que
la nomination des surveillants doive appartenir à
celui qui est seul intéressé à rendre la surveillance
illusoire.

Il y a plus, les commissaires de la trésorerie ne
sont pas des ministres assistant au conseil, travail-
lant avec le roi : il ne faut pas les assimiler à un ministre des finances qui aurait, sinon la volonté, du
moins le pouvoir de défendre le trésor public contre
les déprédateurs, auprès du chef commun : ils ne
seraient pas même les hommes du roi, ils seraient
les créatures des ministres.

Les membres du bureau de comptabilité ont une
double fonction : ils sont juges de la validité des
pièces qui forment les comptes, et de plus, ils sont
les censeurs de la manière dont on a suivi les règles
établies par la loi, dans la recette comme dans la
dépense; les faire encore choisir par le pouvoir exécutif, c'est vouloir que non-seulement ceux qui sont
chargés de forcer les ministres à se conformer à la
loi, mais ceux même qui doivent juger si ces premiers défenseurs des intérêts du peuple ont rempli
leur mission, soient nommés d'après des intentions
presque infailliblement contraires à celles qui devraient diriger ces choix. On sait combien peu, en ce
genre, on peut compter sur une responsabilité si difficile à exercer, ou sur une surveillance insuffisante,
si elle n'est pas journalière, et qui cependant ne
peut l'être sans entraver toutes les opérations.

Il faut donc ou qu'une élection nationale choisisse ces agents publics, ou abandonner le trésor du peuple à la prodigalité ministérielle, ouvrir une source nouvelle de corruption, et se résoudre à ne voir jamais renaître la confiance.

Si, en Angleterre, elle a subsisté longtemps, quoique le trésor public y soit administré par des agents ministériels, c'est que cette confiance, née dans un moment où les engagements de l'État n'avaient aucune proportion avec ses ressources, a continué d'exister en vertu d'une impulsion première; c'est que rien n'y présage, n'y fait craindre la destruction d'une machine depuis longtemps en activité; tandis qu'en France, c'est au moment même où une nouvelle machine s'organise, où l'on n'a pu encore en observer le mouvement, qu'il s'agit de créer une confiance nouvelle.

Je sens tout ce que l'existence d'une élection nationale, quelle qu'en puisse être la forme, a d'effrayant pour des esprits serviles, tout ce qu'elle ôterait d'espoir à ceux qui n'ont vu dans la révolution que l'établissement d'un système corrupteur, utile à leur fortune; mais je sais aussi quels obstacles invincibles ce genre d'élection, une fois établi même pour une seule place, oppose au retour du despotisme. Je sais qu'il est rigoureusement nécessaire au maintien de la liberté, et je n'ai pas cru le devoir dissimuler aux dignes représentants d'une nation qui veut être libre.

Qui ne voit en effet que la possibilité de confier à des élus du peuple de nouvelles fonctions, devenues nécessaires par les circonstances, est un des moyens les plus sûrs de prévenir les projets contre la liberté, de rendre inutiles les ruses de ses ennemis? et par quelle coupable pusillanimité, lorsque tout nous parle de nos dangers, n'oserions-nous en laisser entrevoir le remède, et rejetterions-nous le seul qui puisse détruire un mal présent, sous prétexte qu'il servirait peut-être à guérir une partie de ceux qu'un avenir orageux peut nous cacher?

Non, ou le trésor public sera indépendant, ou la confiance fuira loin de nous; et c'est là que nous allons être enfin à portée de juger des intentions qui, trop longtemps, sont restées incertaines.

Je viens de tracer le tableau des opérations que je crois utiles au rétablissement des finances : chacune d'elles sera faible, si elle est seule; toutes sont nécessaires, et leur réunion peut sauver la chose publique.

Établir des échanges à bureau ouvert ; créer des bureaux de payements par registres ; séparer une masse de biens nationaux d'environ deux milliards, destinés dès ce moment à la seule extinction des assignats; en former une autre consacrée à un emprunt en métaux; offrir au reste de la dette liquidée, sur les forêts nationales, sur les produits des domaines aliénés, une hypothèque certaine et une assurance de remboursement, ou bien y employer immédiatement la vente de ces forêts; accélérer la rentrée du produit des ventes, et diminuer la masse des assignats par l'aliénation des obligations contractées par les particuliers; créer une caisse publique pour y placer les épargnes des citoyens pauvres; accélérer la rentrée de l'impôt, en excitant le zèle des sociétés patriotiques, au lieu de chercher, par de vains reproches, à l'égarer et à l'étouffer; employer, pour presser la confection des rôles, le zèle des membres de l'Assemblée constituante, dont le patriotisme et les lumières nous offrent une ressource; offrir à la confiance publique le tableau consolant d'un ordre de dépenses clair, à l'abri des abus, dicté par une sage économie; assurer l'indépendance absolue du trésor public de tout pouvoir qui n'émane pas de la volonté nationale : tels sont ces moyens.

Plusieurs ont été déjà présentés à l'Assemblée; quelques autres ont été proposés par M. Clavière : je n'ai cherché ici qu'à faire voir le bien qui résulterait de leur ensemble.

Mais parmi ces moyens, qui tous appartiennent au système des finances, ceux qui peuvent agir sur l'opinion ne seront pas les moins efficaces. Si la crainte, si les calculs de l'intérêt personnel conduisent les peuples esclaves, l'homme libre agit d'après sa raison et son patriotisme; il se plaît à unir sa fortune à la fortune nationale, quand celle-ci appartient vraiment au peuple; il ne sépare point l'une de l'autre, parce qu'il ne sépare point son bonheur de la prospérité de sa patrie.

PROJET DE DÉCRET.

ARTICLE PREMIER.

L'Assemblée nationale charge son comité des assignats et monnaies de lui proposer un projet d'établissement d'échanges, à bureau ouvert, d'assignats contre assignats, et d'assignats de dix sous contre la monnaie de cuivre ou de métal de cloches.

ART. II.

Elle charge son comité de l'ordinaire des finances de lui présenter le plan d'un établissement public de payements par registres, à Paris et dans les principales villes commerçantes.

ART. III.

Les comités de l'ordinaire des finances et des secours publics présenteront le plan d'une caisse d'accumulation, pour y placer les plus petites épargnes des citoyens, et leur assurer, par ce moyen, des secours pour leur vieillesse, ou des ressources pour leur famille.

ART. IV.

La masse totale des biens nationaux sera partagée en trois portions distinctes : l'une affectée spécialement à l'extinction des assignats émis ou à émettre, pour subvenir, soit aux dépenses extraordinaires, soit à la partie de la dette rigoureusement exigible;

La seconde, destinée à servir de gage à un emprunt qui sera ouvert en matières d'or et d'argent, et dont le plan et les conditions seront incessamment présentés à l'Assemblée;

La troisième, consacrée à l'extinction de la dette, suivant un mode régulier de remboursement graduel qui sera présenté à l'Assemblée.

ART. V.

Le comité des finances présentera incessamment un plan sur le mode d'aliéner les obligations contractées par les particuliers envers la nation, pour le payement des biens nationaux.

ART. VI.

L'Assemblée nommera cinq commissaires pris hors de son sein, et chargés par elle de parcourir les départements, pour y accélérer et y faciliter la confection des rôles d'imposition.

ART. VII.

Le comité central mettra incessamment à l'ordre du jour la discussion sur le rapport relatif aux nouvelles coupures d'assignats, et au mode de les échanger; la suppression des congrégations séculières, celle de l'ordre de Malte, et la discussion sur ceux des biens déclarés nationaux dont la vente peut être décrétée ; enfin, la discussion de cette proposition, que les commissaires de la trésorerie nationale et les membres du bureau de comptabilité doivent être choisis par une élection nationale, et qu'ils ne doivent être destituables que par l'Assemblée nationale.

LA RÉPUBLIQUE

FRANÇAISE

AUX HOMMES LIBRES.

1792.

LA RÉPUBLIQUE

FRANÇAISE

AUX HOMMES LIBRES.

Dans chaque État, le droit d'établir une constitution et de la changer, appartient essentiellement à
l'universalité du peuple, qui même ne peut aliéner
par aucun contrat, par aucune convention, le pouvoir de l'exercer.

Les hommes qui, réunis en corps de nation, occupent un territoire, ont donc le droit inaliénable d'y
établir les pouvoirs sociaux, et de retirer ceux qu'ils
ont conférés.

Aucun autre peuple n'a celui ni de méconnaître un
pouvoir qu'ils auraient établi, ni de continuer de reconnaître celui qu'ils auraient détruit, ni de limiter
leur souveraineté, ni d'intervenir dans l'exercice libre et indépendant qu'ils veulent en faire.

La souveraineté appartient aux nations esclaves
comme aux nations libres, et celles qui ont souffert
qu'elle leur fût enlevée peuvent légitimement s'en
ressaisir; elles peuvent, au jour, à l'instant qu'elles

le veulent, rompre les traités honteux que leurs tyrans leur ont fait souscrire.

Tel est le droit que la nation française tenait de la
nature même, qu'elle vient d'exercer dans toute son
étendue, et auquel jamais elle ne souffrira qu'il soit
porté la plus faible atteinte.

Elle respectera ce droit chez les autres nations,
et n'emploiera jamais ni la force, ni la séduction pour
obliger un peuple étranger à recevoir ou à conserver des chefs qu'il voudrait rejeter, à maintenir ses
lois s'il voulait les changer, à les changer s'il voulait
les conserver.

Amie de tous les peuples qui voudront recouvrer
leur liberté, elle n'oubliera jamais qu'eux seuls ont
droit de décider pour eux-mêmes en quoi cette liberté consiste, et comment ils veulent l'exercer. Si,
pour la conservation de son indépendance, ou pour
l'intérêt commun du genre humain, elle croit devoir
les aider à se donner une constitution libre, ce sera
celle qu'ils auront librement choisie.

Elle ne fera jamais de conquête, parce qu'elle sait
que, sur chaque territoire, la souveraineté appartient au corps de nation qui l'habite; et elle ne se
permettrait de consentir à une réunion, que dans
le cas où elle lui serait demandée par un vœu émis
avec une entière indépendance.

Dans les pays occupés par ses troupes, les peuples
qui voudront être libres deviendront ses amis et
ses alliés; elle plaindra ceux qui préféreront de rester
esclaves, et ne les soumettra qu'aux précautions nécessaires pour les empêcher de lui nuire. Si, enfin,

elle avait le malheur d'être obligée d'envahir le territoire d'un peuple déjà libre, elle exercerait, à son égard, cette générosité que se doivent mutuellement des hommes dont la nature avait fait des frères, et qu'une erreur passagère a rendus ennemis.

La nation française, en adoptant ces principes dictés par la raison et par la justice, a droit d'espérer que les peuples étrangers les respecteront à son égard.

Elle reconnaît leurs gouvernements, parce qu'ils exercent leurs pouvoirs avec le consentement exprès ou tacite, mais général et paisible, de chaque nation. Elle doit croire qu'aucune d'elles ne refusera de reconnaître celui que lui ont donné ses représentants, investis de ce pouvoir par le vœu unanime et formel des citoyens.

Dans leurs relations extérieures, les nations amies de la paix, celles dont la justice et non l'ambition dirigeaient les chefs, ont constamment reconnu les gouvernements que même, suivant leurs principes, elles regardaient comme illégitimes, et elles les ont reconnus d'après ce seul motif qu'ils étaient établis.

Cette conduite est une conséquence nécessaire de l'indépendance qui appartient à tous les peuples, et qui serait blessée si une nation étrangère se rendait juge de la légitimité des pouvoirs par lesquels ils sont régis.

Ainsi, les puissances de l'Europe ont reconnu la République des Provinces-Unies, aussitôt que, passant de l'état d'une généreuse insurrection à celui d'une association régulière, elle a formé un corps de nation.

Ainsi, ces mêmes puissances ont reconnu le gouvernement de Cromwell, lorsque la nécessité ou l'erreur eut soumis le peuple anglais à l'autorité usurpée d'un protecteur.

Ainsi, lorsque la convention de 1688 eut appelé le prince d'Orange au trône, et changé l'ordre d'hérédité, Guillaume et ses successeurs furent solennellement reconnus par l'Europe entière.

Ainsi, les diverses révolutions dans la constitution du Danemark, de la Suède, de la Bohéme, de la Hongrie, n'ont rien changé dans leurs relations extérieures.

Ainsi, aussitôt que les États-Unis d'Amérique, après avoir déclaré leur indépendance, ont été constitués en un corps de nation séparé de l'Angleterre, l'Europe s'est empressée de les reconnaître.

Enfin, lorsque Pierre a été précipité du trône de Russie par une conspiration ; lorsque ce trône qui, suivant les usages établis, devait appartenir à son fils, a été occupé par une princesse étrangère ; lorsque cette révolution, faite par un petit nombre de courtisans et les régiments des gardes, a été terminée ; lorsque les armées et la nation russe ont obéi aux ordres émanés de Catherine II, tous les princes ont traité avec elle ; aucune puissance ne s'est occupée d'examiner la légitimité de son titre ; aucun roi n'a pris les armes pour venger l'honneur des couronnes, qui, cependant, avait été un peu blessé dans la personne de Pierre III.

Ce n'est donc pas seulement l'exécution des principes les plus incontestables du droit public, c'est l'usage suivi depuis longtemps par toutes les puis-

sances de l'Europe, que la France réclame aujour-
d'hui pour elle.

Elle ne peut donc traiter avec aucune, si son indépendance absolue, dans son gouvernement intérieur,
n'est la base du traité ; elle ne peut accepter aucune
condition qui renferme le moindre sacrifice de cette
indépendance.

Enfin, par la même raison que la France a renoncé
à toute conquête, la conservation de l'intégrité de
son territoire est encore la condition préalable de
toute négociation avec une puissance qui en aurait
envahi quelques portions.

Les principes énoncés par les despotes ligués contre
elle, doivent frapper les nations les plus engourdies.
L'opinion que les rois peuvent réclamer une autorité
légitime, indépendante de la volonté du peuple, y
est formellement prononcée. On ne rougit point d'y
présenter le genre humain comme l'inaliénable patrimoine d'une douzaine de familles ; on y menace du
pillage et de la mort quiconque osera ne voir dans
ces races sacrées que des hommes soumis aux lois
émanées de la volonté nationale ; et c'est dans le dix-
huitième siècle que la tyrannie, fière des automates
qu'elle a pliés à une honteuse discipline, ose tenir cet
insolent langage ! Elle semble croire incurable cette
stupidité qui est son ouvrage, comme si les accents
de la liberté n'appartenaient pas à toutes les langues ;
comme si, dans leur énergique simplicité, ils ne devaient point frapper tous les esprits et réveiller tous
les courages.

Ainsi, ces rois ne se donnent même pas la peine

XII. 8

de dissimuler leur mépris pour les hommes ; ils ne cachent pas qu'ils ne veulent plus souffrir sur la terre que des cadavres ou des esclaves. Grâces leur soient rendues de cette imprudence qui, sans doute, ranimera, chez les peuples endormis dans l'esclavage, le sentiment de leur dignité première. Ce ne sont point les Français, ce sont les tyrans eux-mêmes qui ont sonné le tocsin de la liberté, et les écrits les plus ardents de cette propagande qu'ils ont fait semblant de craindre, ne vaudront jamais un seul de leurs manifestes. Mais quelle est donc cette guerre qu'ils viennent faire à un peuple libre ? C'est une guerre de faussaires, d'incendiaires et de traîtres.

Ils fabriquent de faux assignats, avec lesquels la horde émigrée trompe et ruine les négociants de leurs propres alliés. C'est par la corruption et le parjure qu'ils cherchent à pénétrer dans nos villes ; ils permettent, ils ordonnent des violences personnelles contre les patriotes vertueux qui leur sont indiqués par ces Français parjures dont ils ont accepté la honteuse alliance (1).

Sont-ils forcés d'attaquer une de nos places, ce n'est point aux murailles et aux soldats qu'ils font la guerre, c'est aux maisons et aux habitants ; ce

(1) Si trop souvent, par une politique coupable, on s'est permis d'employer, dans une guerre contre une nation, le secours de ces citoyens rebelles, les hommes d'État, dignes de ce nom, ont toujours senti l'injustice et le danger de ce honteux moyen.

Jean de Witt, cet homme qui réunissait à tant de vertus et de courage le génie des sciences et celui de la politique, ne voulut pas que, dans la guerre entre Cromwel et les Provinces-Unies, Charles II montât sur la flotte hollandaise.

ne sont point les armées qu'ils cherchent à vaincre ; ce n'est point la puissance nationale qu'ils veulent combattre, c'est l'espèce entière des hommes libres qu'ils dévouent à la destruction. Croient-ils les intimider ? Non, sans doute ; mais ils satisfont la soif de sang humain qui les dévore. Ils savent bien qu'ils s'exposeraient à d'horribles représailles, si la nation française était moins généreuse ; mais ce sont ces représailles mêmes qu'ils appellent : ils voudraient élever par là, entre leurs sujets et nous, une haine qui leur répondît d'une obéissance prête à leur échapper. N'ont-ils pas déjà fait brûler les faubourgs de Courtrai par un traître qui, depuis, a passé dans leur armée ? Ne se sont-ils pas opposés à ce que les victimes infortunées de cette trahison reçussent la réparation que leur offrait la France d'un dommage fait en son nom ?

Et c'est après tous ces crimes commis de sang-froid, c'est après avoir épuisé contre nous toutes les perfidies du machiavélisme, toute la férocité des conquérants sauvages, qu'ils osent reprocher au peuple français des excès dont nous gémissons et dont il se repent, mais où le ressentiment de leurs trahisons, le spectacle de leur férocité, l'indignation contre leurs insolentes menaces, l'ont entraîné malgré lui.

La nation française est juste ; elle ne confond point avec ses véritables ennemis un prince égaré par eux, au point de méconnaître ses intérêts les plus pressants. Elle ne confond point avec la maison d'Autriche, qui veut sa servitude ou sa ruine, le roi de Prusse, secrètement destiné par cette maison

à partager bientôt l'asservissement ou la chute de
la France. L'illusion de l'un doit cesser, mais la
haine de l'autre sera éternelle, parce que, sans
parler ici des humiliations auxquelles les trahisons
de Marie-Antoinette ont exposé l'orgueil autrichien,
le chef de cette puissance ne renoncera point à ses
projets contre l'Italie, contre la Suisse, contre le
Brandebourg, contre l'Empire, pour le succès desquels le dévouement servile de la France, ou la destruction de ses forces, sont évidemment une condition nécessaire.

L'Autriche sait trop que, si le peuple français reste
libre, elle sera forcée de respecter elle-même la liberté de l'Europe; elle sait que la guerre entre elle
et nous sera éternelle, tant qu'une révolution dans
la Belgique ne placera point entre Vienne et Paris
toute l'étendue de l'empire germanique; elle sait que
les États qui forment cet empire ne doivent qu'à nous,
ne peuvent conserver que par nous, ce qui leur reste
encore d'indépendance, et que la crainte, l'avarice ou
l'orgueil ne peuvent leur faire oublier longtemps.

La cause de la France est à la fois celle de la liberté
des hommes contre les rois, et de l'indépendance
des peuples contre les conquérants usurpateurs
ou copartageurs des nations; et cette cause doit
triompher.

Dans la guerre, l'enthousiasme est un signe constant et certain de la victoire. Cromwell avoua lui-
même à Ludlow, qu'averti par les premières défaites
des troupes du parlement, il se crut obligé d'exciter
le fanatisme de ses soldats, pour opposer la fureur

religieuse à l'honneur chevaleresque des défenseurs de Charles 1er. L'amour de la liberté, de l'égalité, est aujourd'hui la passion dominante des Français ; forts de cet enthousiasme, allumé au flambeau de l'éternelle vérité, ils n'ont besoin du fanatisme d'aucune erreur. Ils n'en auront même pas à combattre. On sait aujourd'hui, d'un bout de l'Europe à l'autre, que tous les hommes ont les mêmes droits ; que les rois n'ont de pouvoir légitime que celui qu'ils tiennent de la volonté ou de l'insouciance du peuple gouverné par eux ; que la conscience de l'homme devant être libre, chacun est le maître de choisir son dieu comme ses prêtres.

Nul homme de sens n'ose défendre ni les rois, ni la noblesse, ni l'établissement d'un culte exclusif, que comme des institutions politiques utiles à la paix, à la prospérité d'une nation trop ignorante ou trop corrompue pour s'en passer encore. On en est réduit à calomnier les hommes, à les accuser d'être indignes d'exercer, dans toute leur étendue, ces droits qu'ils tiennent de la nature et que l'on n'ose plus leur contester. Or, quel enthousiasme, quelle passion capable de grands efforts, quels mouvements dignes de commander les succès, peuvent naître de cette froide et fausse politique ! A quel imbécile persuadera-t-on de mourir pour défendre ce qu'on est obligé de lui donner comme une erreur, que, par mépris pour lui-même, on juge encore utile de conserver (1) ?

(1) Qu'on lise l'ouvrage de Burke, le plus éloquent ennemi des

C'est donc entre l'intérêt personnel, entre l'amour de l'argent et des distinctions, et les plus nobles, les plus énergiques passions du cœur humain, que se balance la victoire. Et pourrait-elle rester longtemps incertaine?

Un tyran fit brûler dans l'école de Crotone tous les disciples de Pythagore qui prêchaient la liberté et la destruction des rois. On prétend qu'Édouard Ier, roi d'Angleterre, ordonna le massacre de tous les bardes, parce qu'ils excitaient les Gallois à défendre contre lui leurs droits et leur indépendance. Mais aujourd'hui les vérités ne se transmettent plus seulement par la bouche des philosophes et des poëtes, et ne périssent plus avec eux. L'invention de l'imprimerie leur a conféré un caractère indestructible, et les tyrans réunis ne peuvent plus espérer d'en étouffer une seule dans le sang de ses défenseurs.

Les esclaves de quelques rois doivent, dit-on, se réunir à Luxembourg, pour y ordonner, au nom de leurs maîtres, l'éternelle destruction de la liberté du genre humain, et ils y prononceront sur la destinée de la nation française, dans une citadelle autrichienne, au milieu des baïonnettes de nos ennemis. Mais ce honteux projet, cette lâche et criminelle insulte à la

principes français, et on trouvera qu'il se réduit à ce peu de paroles : «Les hommes sont des sots, éternellement destinés à être trompés et gouvernés par des rois et par des prêtres, et c'est pour le plus grand bien de tous. Les gens d'esprit comme moi iront-ils se fatiguer pour éclairer les sots? Non : mais ils prendront, dans leurs dépouilles, la part que les rois et les prêtres voudront bien leur laisser.»

raison, à la justice, aux droits des peuples, n'ont pu
être imaginés que par les vils conducteurs de nos
stupides émigrés; et quelle nation, si elle a conservé
quelque sentiment de sa dignité, souffrirait que ses
chefs osassent y prendre part en son nom, et trafiquer avec les rois du sort de l'humanité entière, comme
d'un vil troupeau qu'ils peuvent égorger, dépouiller
ou partager à leur gré? Oui, sans doute, il se prépare
un congrès en Europe, et les despotes ligués travail-
lent à en accélérer l'époque; mais c'est celui où les
représentants des peuples libres prononceront sur le
sort de tous les rois.

AVIS
AUX ESPAGNOLS.

1792.

AVIS

AUX ESPAGNOLS.

L'Espagne est, peut-être, de tous les pays de l'Europe, celui qui doit retirer de la révolution française les avantages les plus prompts et les plus inespérés.

Au moment où la conquête de Grenade, où la réunion de la Castille et de l'Aragon, semblaient lui promettre un éternel repos, elle tomba sous une domination étrangère. Dès lors, ni les trésors du Mexique et du Pérou, ni la richesse naturelle de son sol, n'ont pu la préserver d'une dépopulation, d'un appauvrissement, qui ont formé un contraste frappant avec les accroissements de richesse réelle et de population, obtenus dans le même intervalle de temps par des nations que la nature avait moins favorisées. Jusqu'à cette époque, l'Espagne n'avait cédé dans les lettres et dans les arts qu'à l'Italie seule ; mais depuis, lorsque ailleurs tout se perfectionnait, tout chez elle a semblé se flétrir et s'éteindre.

La raison même n'y a-t-elle pas suivi, à quelques égards, une marche rétrograde, tandis que dans le reste de l'Europe elle faisait de rapides progrès ? Ce peuple est aujourd'hui l'esclave de Rome, et au concile de Trente Philippe II avait été obligé d'employer les menaces, pour empêcher son clergé de combattre la tyrannie papale et de réformer l'Église. Les seuls évêques espagnols s'y honorèrent à la fois par leurs mœurs et par leurs lumières au milieu de l'ignorance des Allemands, de l'intrigue des Italiens et de la politique des Français.

L'oppression des communes de Castille signala les premiers instants de la puissance autrichienne, et présagea ce que l'Espagne en devait attendre. Les fureurs de l'inquisition et la destruction des droits de l'Aragon marquèrent le règne désastreux de Philippe II. Les assemblées nationales perdirent toute espèce de pouvoir, et ne furent plus que de vaines cérémonies.

Le sang espagnol a coulé pendant deux siècles : il a inondé l'Italie, les Pays-Bas et la France, pour réaliser ce système de monarchie universelle, conçu par l'ambition de Charles V, et dont la maison d'Autriche n'est pas encore désabusée.

Après avoir ensuite acheté, par douze ans d'une guerre dévastatrice, *le bonheur* d'avoir un Bourbon pour maître, l'Espagne a vu ses soldats et ses trésors employés, d'abord, à former en Italie des établissements aux fils de son roi, et depuis, au soutien de cette conjuration des princes contre les peuples, connue sous le nom de pacte de famille.

Enfin, comme si le génie de la nation avait dédaigné de se montrer dans ces querelles étrangères, les généraux de Charles-Quint n'eurent point de successeurs. On ne peut citer aucune victoire navale remportée par un amiral espagnol, depuis celle de Lépante, qui fut surtout l'ouvrage du républicain Doria; et dans la guerre de terre, elle n'a eu de succès que sous les princes de Savoie, les Farnèse, les Spinola, les Berwick et les Vendôme.

Ainsi, cette nation qui, au commencement du seizième siècle, devait s'attendre à une longue, paisible et glorieuse prospérité, n'a éprouvé que des malheurs sous les races étrangères qui ont remplacé ses anciens rois. Et quelle en est la véritable cause? C'est que ces rois appartenant à des maisons ambitieuses et puissantes, se sont moins regardés comme les chefs du peuple espagnol, que comme des princes autrichiens et français, se sont occupés de la puissance de leur famille, bien plus que de l'intérêt de leurs États. La nature, pour consoler un peu la terre du malheur d'avoir des rois, a lié leur puissance à la prospérité de leur pays, de manière qu'un prince éclairé fait encore quelque bien à ses peuples, même par ambition et par orgueil : il favorise la population et l'agriculture, parce qu'il lui faut des soldats et de l'argent. Il craint de trop affaiblir sa nation, parce qu'il perdrait sa considération en Europe.

Mais tout change quand plusieurs princes d'une même famille, suivent de concert des projets d'agrandissement ou d'importance diplomatique. La politique d'un roi d'Espagne, Autrichien ou Bourbon, sacrifie sans regret le peuple qu'il gouverne aux intérêts de l'Autriche ou de la France; il sait qu'il affaiblit sa puissance en ruinant son pays; mais il rend le trône impérial héréditaire dans une branche de sa maison, mais elle acquiert une couronne de plus. Cette guerre est sans avantage pour lui, même d'après les calculs de l'ambition la plus commune. En vain serait-elle une suite de victoires, il n'en aura pas une ville de plus; mais il existe à trois cents lieues de lui un prince de son sang, à qui elle fera gagner une province; mais ce prince s'est fait une querelle avec un autre pour des chansons, ou pour le partage de quelques arpents de neige. Ainsi, le peuple est obligé de souffrir, non-seulement des crimes ou des vices de ses rois, mais de ceux d'une race entière.

Si nous n'avons pas éprouvé les mêmes effets de cet esprit de famille, c'est qu'au moment où Philippe V monta sur le trône d'Espagne, l'industrie, le commerce, les arts, les lettres, la raison même, avaient fait en France des progrès que le despotisme ne pouvait plus arrêter; c'est que l'opinion y avait acquis une force imposante; c'est que l'activité nationale a su réparer les pertes de la guerre de 1700, les désastres du système, etc., etc.

Telle est donc la véritable cause des longs malheurs de l'Espagne, dont nous venons de tarir la source par l'établissement de la République française.

Toute autre combinaison n'aurait été pour ce peuple qu'un mal de plus : si nous avions conservé Louis XVI avec la royauté constitutionnelle, l'Espagne aurait été contrainte de payer les intrigues tramées pour étendre le pouvoir royal; on l'eût épuisée par vingt années d'une guerre désastreuse, si un de ses ministres ou des nôtres, avait rêvé que cette guerre était favorable à l'augmentation de l'autorité du roi très-chrétien.

Un changement de dynastie eût exalté les prétentions de la branche espagnole au trône de France, et la nation eût encore été sacrifiée à un système de politique étrangère.

Éclairée par une funeste expérience, l'Espagne ne permettra point à son roi de l'entraîner dans une guerre contre la République française; elle ne s'exposera point à perdre l'indépendance que notre dernière révolution lui a rendue.

Elle ne combattra pas pour rétablir ce qui a fait tous ses maux. Elle ne répandra pas son sang pour que la branche française, replacée sur le trône, l'entraîne dans de nouvelles guerres au gré de son ambition.

Pourquoi les deux nations ne s'uniraient-elles pas, au contraire, pour précipiter la maison de Bourbon d'un trône d'où elle peut inquiéter la liberté française, en même temps qu'elle opprime celle de l'Espagne? Le peuple espagnol est digne de la liberté. Elle est encore l'objet du culte des Catalans; l'Aragon la regrette; les montagnes où Pélage trouva un asile ne l'ont jamais perdue. La Castille elle-même se souvient encore de ses cortès et des efforts de l'infortuné Padille. Un peuple, naturellement fier, ne souffre qu'avec impatience le joug d'un gouvernement scandaleux et dilapidateur; il rougit de voir une femme étrangère lui choisir des maîtres au gré de ses honteuses fantaisies.

Toute entreprise, pour conquérir la liberté, n'aurait été qu'une imprudence dangereuse, tant que la France a été soumise au joug des Bourbons. Nos trésors, nos armées, nos flottes, auraient rendu inutiles tous les efforts de l'Espagne pour sortir de la servitude; mais la chute du trône de Louis XVI a brisé les fers des Espagnols comme ceux des Français.

Séparée du reste de l'Europe, l'Espagne ne tient au continent que par nos frontières; si elle osait s'affranchir, la République française s'élèverait, comme une barrière insurmontable, entre elle et la tyrannie; et quand bien même notre liberté pourrait être anéantie, ses derniers défenseurs feraient encore flotter ses étendards sur les sommets des Pyrénées, et là viendraient se briser les derniers efforts de la tyrannie, fatiguée de ses triomphes.

L'Espagne ne serait point forcée d'acheter sa liberté par des secousses violentes. La féodalité y est presque nulle; la noblesse, qui n'y forme point un corps, n'est pas séparée du peuple par des priviléges oppresseurs; la grandesse n'est qu'une institution étrangère, ouvrage de la vanité ou de la politique autrichienne, qui voulait, par une simple distinction de cour, instrument de corruption entre des mains royales, remplacer ce qu'avait d'inquiétant pour le despotisme, l'orgueil indépendant de ces nobles aragonais et castillans, qui se disaient les égaux de leurs rois.

Aucun grand corps de magistrature n'y défend l'autorité du prince, en ayant l'air d'en arrêter les usurpations.

Le clergé n'y forme ni un ordre à part, ni même une corporation; son influence est plus religieuse que politique, et c'est seulement par son crédit sur le peuple qu'il exerce sur le gouvernement une puissance indirecte.

Mais ce crédit s'opposerait-il à la conquête de la liberté? Je ne le crois pas. La royauté, dirait-on, le despotisme même, conviennent mieux à certaines religions. Ceux qui veulent que l'homme reste superstitieux, ne veulent pas qu'il devienne libre; et, si l'on peut dire que la liberté de penser conduit nécessairement un peuple à une constitution libre, on peut dire également qu'une constitution libre conduit à la liberté de penser.

Le despotisme qui tyrannise les consciences, et celui qui enchaîne les volontés, ont pour ennemi commun la raison, qui ne peut frapper l'un sans que l'autre n'en reçoive un contre-coup dangereux. Les hommes éclairés de l'Espagne, et même les chefs des prêtres, sentent ces vérités; c'est pour les uns une raison de plus pour saisir avidement l'occasion de reconquérir leur liberté politique; mais c'en est aussi pour les autres d'empêcher le peuple d'en profiter; et n'est-il pas à craindre que le crédit qu'ils exercent sur lui ne leur en donne le pouvoir?

Cette crainte serait fondée, si l'on proposait à l'Espagne d'adopter tous les principes de la révolution française, et non de se donner la liberté qui s'accorde avec les opinions actuelles de la nation espagnole.

Or, ne serait-il pas très-possible que, dans la disposition générale où sont les esprits, les moines eussent besoin, pour maintenir leur crédit, de céder au mouvement du peuple, et de flatter ses opinions, au lieu de prétendre à lui imposer les leurs? N'aimeraient-ils pas mieux survivre au trône des Bourbons que de s'enterrer avec lui? Est-il pour eux d'une saine politique de mettre la docilité du peuple pour leurs conseils en concurrence avec ses intérêts les plus évidents, avec ce sentiment inné qui le porte à la liberté?

N'avons-nous pas vu, dans la révolution française, un moment où le clergé reprenait sur les esprits du peuple un pouvoir effrayant pour les progrès de la raison, où, si les ministres du culte avaient embrassé la cause de la liberté, à peine on eût osé réclamer pour les sectes non dominantes, quelques faibles lois d'une honteuse tolérance?

A qui le clergé anglais doit-il le crédit qu'il conserve encore? A l'adresse qu'il a eue de lier sa cause à celle de la révolution de 1688 : et comme la partie du clergé espagnol, vraiment puissante sur le peuple, tient plus à son autorité sur les consciences qu'à son existence politique, à ses reliques et à ses églises qu'à ses châteaux, au produit des offrandes et des fondations qu'au revenu de ses terres : comme d'ailleurs l'état des finances est bien loin d'exiger l'opération faite sur les biens du clergé français, pourquoi ces moines ne verraient-ils pas, au contraire, dans une révolution pour laquelle ils seconderaient l'impulsion du peuple, au lieu de la contrarier, un moyen de relever leur crédit, et dans une conduite contraire, le danger d'en accélérer la chute? Pourquoi s'exposeraient-ils à braver ce péril plus réel qu'on ne le croit en France, pour en éviter un autre plus éloigné, et qui ne peut tomber que sur leurs successeurs?

Ainsi, l'attachement du peuple espagnol à certains principes religieux, ne serait pas un obstacle à une révolution dans laquelle ces principes seraient respectés. Il les empêcherait d'imiter en tout la nôtre, mais non de faire celle qui leur convient.

Les Espagnols, dira-t-on, peuvent vouloir conserver la royauté et la noblesse.

Sans doute, un roi héréditaire et inviolable, quelque borné que soit son pouvoir; sans doute, des distinctions transmissibles, ou même personnelles, sont incompatibles avec l'égalité, sans laquelle il n'existe qu'une jouissance incomplète et précaire des autres droits de la nature. Ces vérités me paraissent rigoureusement démontrées; mais si les raisonnements sur lesquels je m'appuie ne paraissent pas des démonstrations aux Espagnols, quel droit aurais-je de vouloir qu'ils préférassent ma raison à la leur? Je ne leur dirai donc pas : Adoptez ce que je regarde comme nécessaire à l'existence d'un peuple libre; mais je leur dirai : Saisissez du moins ce qu'aujourd'hui vous croyez constituer la liberté; et puisque alors il vous sera du moins permis d'examiner, de discuter toutes les opinions, bientôt vous marcherez d'un pas plus ferme dans la route que votre courage vous aura ouverte : je ne demande point aux hommes d'aucun pays, d'aucune secte, qu'ils reçoivent telle ou telle vérité, quelque importante, quelque utile

qu'elle puisse être, je leur demande seulement de
la chercher, bien sûr que dans peu ils l'auront trouvée.

Dans ce passage de la servitude à la véritable liberté, les peuples, destinés tous à un entier affranchissement, doivent parcourir avec plus ou moins
de rapidité l'intervalle qui les en sépare. Une révolution qui trouvera peu d'obstacles sera difficilement
une révolution complète. Une révolution qui irait
au delà des idées du peuple, serait exposée à prendre bientôt après une marche rétrograde. Une révolution qui n'en serait une que pour une portion des citoyens, peut n'avoir qu'une courte durée.

Ce qui importe à l'Espagne comme à nous, à la
liberté générale comme à la nôtre, c'est que le peuple
espagnol s'affranchisse de la tyrannie étrangère des
Bourbons. C'est qu'il se donne une constitution libre, ou du moins regardée comme telle par lui-
même, et que, dans cette constitution, le pouvoir
ne soit confié qu'à des hommes qui ne puissent
avoir un intérêt de famille contraire à celui de la
nation.

Alors le peuple espagnol reprendra bientôt, dans
l'Europe, le rang où la nature l'avait appelé. Deux caractères semblent distinguer son génie, la grandeur
et la finesse. Une longue oppression l'a enchaîné;
mais elle n'a pu le détruire. Des hommes profondément instruits dans les sciences, dans les arts, s'y
montreront à la voix de la liberté. Le gouvernement les encourageait; mais c'était pour les condamner à une inutilité plus certaine, en ne leur

permettant d'agir que suivant ses vues étroites et fiscales. Ils n'attendent aujourd'hui que le moment de développer, pour la gloire de leur patrie, les talents qu'ils ont cultivés dans le silence et sous l'oppression.

Déjà les sociétés des amis du pays y ont fait naître l'esprit public, qui deviendra bientôt celui de la liberté. Un sentiment d'indépendance, qui a survécu aux conquêtes de vingt peuples divers, au despotisme de cent rois, anime les Catalans et les habitants des montagnes. Il a donné aux uns le courage de vaincre, à force d'industrie, les obstacles de l'avidité royale ; aux autres, la sagesse de conserver la pauvreté, comme une barrière contre les tyrans.

Mais il faut choisir. De plus grandes précautions, pour tenir le peuple dans l'ignorance et les hommes éclairés dans l'inaction, seraient bientôt le fruit des terreurs du despote capétien. La perte des colonies deviendrait ou la suite de ses entreprises pour venger l'orgueil de sa famille, ou le prix des traités honteux par lesquels il lui achèterait des défenseurs. Elle serait la conséquence nécessaire d'une rupture avec la France, soit que l'Angleterre consentît à la laisser agir, soit qu'elle vendît à l'Espagne un secours intéressé.

Espagnols, vous n'avez plus à délibérer : d'un côté la liberté et la prospérité publique ; de l'autre, l'esclavage et la misère vous menacent. Assemblez vos cortès ; oubliez, pour ne former qu'un peuple, ces vieilles rivalités que la politique de vos tyrans se plaisait à perpétuer ; déposez votre roi ; et, réunis alors aux Français dans une cause commune, donnez-vous, comme eux, les lois que vous croirez les plus propres à votre bonheur.

Je n'ignore pas que ces cortès sont plus aristocratiques que ne l'étaient nos anciens États généraux. Mais le gouvernement ne pourrait refuser de les convoquer, sans soulever la nation ; mais elles ne pourraient elles-mêmes refuser d'appeler une assemblée conventionnelle qui, représentant le peuple d'une manière plus légale, serait revêtue par lui de pouvoirs moins limités. Il est plus facile d'organiser, indépendamment des autorités établies, une réclamation qu'une assemblée de représentants. Il est plus aisé d'en faire partager la volonté à tout le peuple espagnol, et plus difficile d'y mettre obstacle. D'ailleurs, la réclamation d'une partie considérable de la nation obligerait à convoquer les cortès, et le vœu d'une portion même plus étendue pour une assemblée nationale, pourrait ne produire qu'une guerre civile. Pour s'accorder sur le premier point, il suffit de sentir la nécessité d'un grand changement ; mais, pour adopter de concert une mesure plus forte, il faudrait déjà être convenu d'un certain nombre de principes, dont aucun n'a pu encore être librement discuté.

D'ailleurs, la chaleur concentrée, la constante longanimité des Espagnols ne permettent pas de craindre qu'ils s'arrêtent après le premier pas, et que leur attention, une fois fixée sur leurs intérêts ou sur leurs droits, puisse facilement être détournée ou lassée.

Au reste, il y a un moyen bien simple d'organiser une grande réclamation, ou même une première convention, si le gouvernement espagnol refusait de convoquer les cortès.

Une commune de ville, de bourg ou de village, décidée à faire une réclamation, par exemple, enverrait un député dans deux ou trois communes voisines, pour leur proposer de se réunir à elle et de nommer aussi un député.

Lorsque l'on aurait obtenu par là une confédération de quelque étendue, ces députés se formeraient en une assemblée, qui députerait quatre de ses membres pour établir dans la province voisine une confédération semblable. Quand ces députés se verraient en assez grand nombre, ils formeraient une assemblée générale, correspondant avec toutes les assemblées particulières.

On voit comment, par ce moyen, il est possible d'aller jusqu'à une première convention nationale, qui en convoquerait une autre plus régulière, et pourrait établir un gouvernement provisoire : on voit aussi comment cette organisation, s'arrêtant au terme où elle commencerait à éprouver de la résistance, la portion déjà organisée pourrait discuter ses droits et les défendre, agir et gouverner d'une manière indépendante.

Si l'on craint, sous cette forme, d'accorder trop peu aux villes populeuses, alors on peut convenir d'un député par mille habitants, pour celles qui en ont au delà de ce nombre; et d'un député par dix mille, pour un second ordre d'assemblée, afin d'éviter de

donner trop peu aux confédérations d'une étendue
disproportionnée à celle des autres.

Par ce moyen, on n'aurait à redouter ni les tribuns, ni les dictateurs, ni le despotisme des villes,
ni les rassemblements tumultueux, ni l'incohérence
anarchique des volontés, ni aucune des causes qui ont
fait si souvent tourner au malheur des peuples
leurs tentatives généreuses en faveur de la liberté.

ADRESSE

AUX BATAVES.

1792.

ADRESSE

AUX BATAVES.

Généreux Bataves, entendez ces accents de la liberté qui tonnent autour de vous ; voyez ces drapeaux de vos tyrans, ces honteuses livrées des despotes de la Prusse et de l'Autriche fuir à l'aspect des saints étendards de l'égalité. Le moment de briser vos fers est venu. L'orgueil des soldats de Frédéric, que le génie de leur chef n'anime plus, s'est évanoui. Ce Brunswick, toujours prêt à se vendre aux oppresseurs des peuples ; ce marchand de votre liberté et de celle de la France, est effacé de la liste des guerriers. Déjà George III voit, avec une surprise inquiète, chanceler ce trône fondé sur des sophismes, et que les vérités républicaines ont ébranlé jusque dans ses fondements.

La France a proclamé la liberté du genre humain ; un écho sourd, mais terrible, lui a répondu des bords du Mançarenès aux rives de la Neva, et les palais des tyrans en ont tremblé ; et vous seuls garderiez un lâche silence !

Avez-vous oublié que, devançant les autres peuples dans la science de la liberté, vous avez longtemps partagé avec l'Angleterre l'honneur d'éclairer vos voisins asservis sur les vrais intérêts, sur les droits sacrés de l'humanité?

A l'époque de votre glorieuse révolution, il était naturel, sans doute, que, dans un siècle encore livré aux préjugés et à l'ignorance, des hommes qui n'avaient jamais connu que la servitude se contentassent de conserver leurs anciennes franchises, et d'opposer à leurs ennemis la force d'une fédération commandée par le besoin. C'était beaucoup encore que d'avoir pu la combiner, même grossièrement, au milieu de la guerre, entre les canons de Philippe et les bûchers de l'inquisition.

Aujourd'hui, les progrès de la raison humaine vous imposent d'autres devoirs. Rien ne pourrait vous excuser de souffrir plus longtemps au milieu de vous ce général, cet amiral héréditaire; comme si le talent de gagner des batailles et de conduire des flottes se transmettait aussi sûrement dans une famille de princes, que la soif de l'or et l'esprit de la tyrannie.

Songez que de tous ces Nassau, à peine un seul a servi votre liberté, et que tous les autres l'ont trahie.

Lorsque, lassés d'être libres sous l'administration de Witt, vous avez rappelé le machiavéliste Guillaume aux dignités de sa famille, quel service vous a-t-il rendu? Il a fui devant l'armée de Louis XIV. Mais c'est au prix de votre or, de votre sang, qu'il s'est élevé sur le trône d'Angleterre. Il n'a dû qu'à votre imprudente confiance ce pouvoir, dont il ne s'est ensuite servi que pour violer vos droits avec plus d'audace. Et quand , délivrés par sa mort de la race des ennemis de votre liberté, des assassins de ses défenseurs , fatigués de votre affranchissement, vous avez, après un demi-siècle , cherché de nouveaux tyrans dans les restes dégénérés d'un nom célèbre par vos victoires et par vos malheurs, quel a encore été le fruit de votre faiblesse? Ils n'ont reçu la puissance dont vous les avez revêtus, que pour la déposer entre les mains du maître auquel l'Angleterre et l'Autriche leur ordonnaient d'obéir, et elle n'a été retirée à Louis de Brunswick, que pour en investir une femme étrangère, aussi avide de vos trésors qu'ennemie de vos droits. Il semblerait que, pour vous punir d'avoir violé ses lois, en établissant un pouvoir héréditaire, la nature ait voulu vous condamner à en éprouver, en peu d'années, tout le danger et toute l'ignominie.

Quelle fatalité vous a donc entraînés deux fois dans ce piége, si funeste à votre liberté? Reconnus par les successeurs de Philippe II; obligeant la France, qui vous avait défendus, et la maison d'Autriche, qui vous avait opprimés, à vous prendre pour arbitres de leurs différends; devenus les rivaux en puissance navale de cette même Angleterre, qui, dans les premiers jours de votre liberté, vous avait vendu si cher ses orgueilleux et équivoques secours, vous avez cru que la même constitution, avec laquelle vous aviez exécuté de si grandes choses, conviendrait à votre nouvelle grandeur, et que, si elle vous avait conduits à cette étonnante prospérité, elle pourrait également vous la conserver.

Mais ces faibles liens, formés entre les sept provinces, suffisant pour réunir leurs volontés quand il s'agissait de combattre l'oppresseur commun, ou d'assurer la liberté des mers contre une puissance ambitieuse, se sont trouvés trop faibles quand il a fallu se concerter sur des intérêts moins évidents et plus compliqués; et au lieu de resserrer ces liens, au lieu d'abaisser ces barrières, qui séparent vos républiques, devant les principes d'une évidente identité d'intérêts et d'une généreuse fraternité, vous avez cherché, dans la restauration d'un pouvoir dangereux pour la liberté, cette unité politique dont vous éprouviez le besoin.

Lorsque vous combattiez pour votre liberté religieuse et pour votre indépendance, le peuple, occupé de ces grands objets, apercevait à peine que des priviléges de noblesse et de bourgeoisie lui laissaient seulement le nom de citoyen, et le reléguaient orgueilleusement dans la classe des sujets; mais, pendant la paix, cette inégalité humiliante se fit bientôt sentir, et le peuple voulut avoir un prince, parce qu'il était las de la domination héréditaire des magistrats et des nobles.

Tout peuple nombreux, pauvre, sans instruction, s'il est privé de ses droits politiques, se change bientôt en une populace à la fois séditieuse et vile, également prête à se soulever contre les lois, et à briser la main d'un tyran, toujours disposée à se reposer dans le despotisme d'un seul; de cette tyrannie inquiète et minutieuse de plusieurs, à laquelle, ni l'obscurité, ni l'indigence ne peuvent échapper.

Ainsi, vous avez eu des maîtres, parce que vous n'avez pas senti assez fortement le danger de conserver des sujets, et la douceur de n'avoir que des frères. Ce fut la seule erreur de Jean de Witt, et cette erreur lui coûta la vie comme à vous la liberté.

Ces fautes, qui, deux fois, vous conduisirent au stathoudérat, ont, bien plus que les armées prussiennes, arrêté le succès de votre dernière révolution. Il n'en est plus de possible en faveur de la liberté, si on ne l'offre égale et entière à la masse universelle du peuple; et l'exemple de la Pologne vient de l'attester encore. Si la diète eût appelé les paysans à la dignité d'hommes libres, toute la puissance de la Russie se fût brisée contre l'enthousiasme d'une nation rétablie dans la jouissance de ses droits, et Catherine eût bientôt craint pour elle-même cette contagion de la liberté, qui effraye aujourd'hui les despotes voisins de la France.

Bataves, voulez-vous être libres? Que vos sept républiques, confondues dans une seule, n'aient plus qu'une seule volonté, que tous les citoyens aient un égal intérêt à défendre des droits qui soient les mêmes pour tous; alors, vous verrez le peuple fouler aux pieds la honteuse couleur de la servitude pour arborer celle de la liberté. Ne craignez plus qu'il fatigue vos oreilles de son vil enthousiasme pour le nom d'Orange, quand il pourra prendre le mot d'égalité pour son cri de ralliement; c'est en séparant le riche du pauvre, le noble du paysan, le citoyen du magistrat; c'est en semant la jalousie entre des provinces inégales en puissance ou en richesses, que

les stathouders sont parvenus à vous rendre les instruments de votre propre servitude, à se jouer de
vos efforts, toujours partiels et mal combinés.

Citoyens bataves, qui, dans l'état actuel, jouissez
de tous les avantages de votre faible et trompeuse
liberté; qui, dans cette séparation de provinces,
trouvez de quoi satisfaire plus sûrement des vues
étroites d'une ambition municipale, hésiteriez-vous
à faire ce sacrifice? Croyez-vous aujourd'hui que le
droit de l'égalité, si hautement déclaré par la France,
puisse encore rester longtemps un secret? Croyez-
vous que les habitants d'Amsterdam ou d'Utrecht
aient plus de peine à le comprendre et moins d'envie de s'en ressaisir que ceux de Nice et de Chambéry? Croyez-vous que les cris qui proclameront l'é-
galité dans la Belgique ne seront pas entendus au delà
de l'Escaut? Croyez-vous que vos frères n'aimeront pas
mieux être Bataves et libres, que sujets de la seigneu-
rie de Groningue ou du comté de Hollande? Depuis
près de trois siècles, la Bretagne faisait partie de la
monarchie française, et les Bretons formaient encore
un peuple séparé. On n'eût pu essayer de changer un
de leurs usages, d'abolir une de leurs coutumes, sans
s'exposer à faire couler le sang; on leur a dit, au nom
de l'égalité : Ne soyez plus que Français! et ils ont volé
pour se confondre avec leurs frères. Il est naturel de
tenir aux usages locaux sous lesquels on a vécu, de
les croire les meilleurs, d'attacher une sorte d'orgueil
à ne pas les sacrifier à ceux d'un autre pays; mais il
est aussi dans le cœur de l'homme d'immoler ces fai-
blesses de la vanité et de l'habitude à l'enthousiasme

de la liberté. Il serait difficile de plier une de vos
provinces aux lois de la province voisine ; mais il sera
facile de leur persuader de se confondre toutes dans
une régénération universelle, surtout lorsque, par
l'effet de ce changement, la masse du peuple se trouve
appelée à de nouveaux droits, lorsqu'elle abandonne
des lois qui l'avilissaient, pour en adopter qui la rap-
pellent à la dignité première.

Qui pourrait vous arrêter aujourd'hui, vous qui,
presque seuls, avez bravé l'Espagne et l'Autriche réunies ? Ne trouverez-vous pas dans la France une
alliée qui ne vous abandonnera plus, quand vous
aurez, comme elle, tous les tyrans pour ennemis ?
Cette union intime des peuples libres va devenir le
premier de leurs intérêts et de leurs besoins, tant que
la terre sera souillée par l'existence d'un roi, par l'absurdité d'un gouvernement héréditaire, tant que cette
honteuse production de l'ignorance et de la faiblesse
ne sera point proscrite par le consentement universel du genre humain.

Vous êtes gouvernés par l'influence de l'Angleterre
et de la Prusse. L'une protége le perfide Nassau, à
condition qu'il la laissera paisiblement ruiner et opprimer votre commerce. L'autre exige de lui qu'il emploie vos trésors à soudoyer des troupes de terre, utiles
à ses projets funestes à votre liberté. Toutes deux
conspirent avec lui l'anéantissement de votre marine,
cette source de votre gloire aujourd'hui flétrie, cet
unique boulevard de votre indépendance. Hâtez-
vous de briser ce joug honteux. Déjà vos flottes ont
cessé de couvrir l'Océan ; déjà vos possessions loin-

XII.   10

taines, laissées sans défense, ne seraient plus à vous, si la rivalité de la France et de l'Angleterre ne les avait préservées d'une invasion facile. L'esprit du commerce s'est répandu chez un grand nombre de nations, et leur indolence ne paye plus à votre activité ces tributs qui vous ont si longtemps enrichis. Vous n'êtes plus dans l'Inde les rivaux de l'Angleterre ; le monopole des épiceries échappe de vos mains.

Plusieurs secrets dans les arts contribuaient à vous enrichir, et ces secrets sont aujourd'hui révélés ; votre imprimerie, votre librairie française étaient une source d'opulence que l'établissement de notre liberté vient de tarir.

Votre ancienne industrie, votre intelligence dans le commerce, votre économie dans les transports, vos immenses capitaux vous soutiennent encore, mais chaque jour voit vos ressources s'atténuer. C'est au moment où les révolutions du commerce vous ordonnaient d'en chercher de nouvelles, qu'un pouvoir oppresseur ne s'occupa que de dessécher celles qui vous restaient. Croyez-vous pouvoir conserver longtemps les avantages exclusifs de votre position à l'embouchure des rivières qui traversent la Belgique, la France et l'Empire ? Croyez-vous que les Belges, libres et alliés de la France, conserveront les conditions injustes imposées par vous aux citoyens d'Anvers ?

Bataves, voulez-vous demeurer riches ? osez enfin vous rendre libres.

Encore quelques années de stathoudérat, et vous

n'existez plus. Mais si vous sortez de ce long som-
meil, une nouvelle gloire, de nouvelles prospérités
vous attendent. Égaux et libres, vous saurez être
justes ; vous ne serez plus dans les Indes, pour les
nations asservies, ce que vos stathouders étaient pour
vous, des tyrans avides, astucieux et barbares. A
qui appartient-il d'établir, pour l'Europe, le commerce du sucre de la Cochinchine, si ce n'est aux
possesseurs de Java? Ceylan, défendu par vos vaisseaux, n'est-il pas un entrepôt naturel des denrées de
l'Inde, indépendant des révolutions qui peuvent l'agiter? N'est-ce pas au cap de Bonne-Espérance que doit
être transportée la culture des productions précieuses
qui naissent dans la partie tempérée de la Chine?

Cette terre si négligée par vous n'enfante-elle pas
d'utiles végétaux, qui doivent devenir un jour dans
vos mains les objets d'un commerce utile?

Ces pays bien gouvernés n'offrent-ils pas à vos capitaux d'immenses terrains qui n'attendent que la
culture? N'ouvriront-ils pas d'immenses marchés à
votre commerce? Les hommes, en s'entassant de plus
en plus dans l'Europe, doivent en chasser les productions qui exigent de grands espaces, et n'occupent
qu'un petit nombre de mains. Il existe des cultures
qui ne conviennent qu'à des pays nouveaux, où les
hommes manquent à la terre, comme il en est qui
ne sont propres qu'à ceux où la terre manque
aux hommes. C'est dans l'Asie, c'est dans l'Afrique
que vous pouvez vous créer le territoire que l'Europe
vous a refusé. Vous avez tout ce qui est nécessaire
au succès des grandes entreprises, l'argent, l'écono-

mie, l'industrie, la patience et le courage; il ne vous manque que la liberté; osez enfin la conquérir! Craindriez-vous ces soldats mercenaires de Nassau? Ne sont-ils pas à vous, puisque c'est avec votre or qu'il les paye? Craindriez-vous les despotes de Vienne et de Berlin, ou le demi-despote de Londres? Non, la France est là; et parce qu'elle veut être libre, elle ne souffrira pas qu'un peuple qui a brisé ses fers puisse être encore asservi.

AUX GERMAINS.

1792.

AUX GERMAINS.

Des rives du Rhin aux bords du Jenissée, soixante-dix millions d'hommes gémissent dans la servitude.

Un peuple serf, des bourgeois avilis, des nobles esclaves et tyrans, tel est le spectacle qu'offrent l'Allemagne, la Hongrie, la Russie et la Pologne. A peine un petit nombre de villes défendent-elles encore une faible portion de leurs droits contre les despotes dont leurs richesses excitent l'insatiable avidité. Là, les hommes naissent pour leurs seigneurs, comme des troupeaux pour leurs maîtres; là, les rois ont des soldats dans leurs garnisons pour le divertissement ou le commerce de la guerre, comme des bêtes fauves dans leurs parcs pour le plaisir ou le profit de la chasse.

Les amis de l'humanité se demandent si le mouvement que le réveil de la nation française a imprimé à la raison ébranlera cette masse immense?

Il ne se présente que trois combinaisons possibles. Ou les grandes monarchies, profitant des malheurs comme des succès de leur guerre contre la France, se partageront les pays dans lesquels des princes, des seigneurs, des villes, les fatiguent de leurs vieux priviléges et de leur demi-indépendance; ou bien, ces princes, ces seigneurs, les citoyens privilégiés de ces villes, sentiront la nécessité de se rapprocher du peuple; de l'appeler à la liberté pour conserver la leur; de lui sacrifier une partie de leurs priviléges, pour ne pas perdre tous leurs droits; de lui faire partager leur indépendance pour qu'il les aide à la défendre contre les rois; ou enfin, le peuple, fatigué d'être le jouet et la victime d'une hiérarchie de tyrans, instruit de ses droits par les Français, aura le courage de s'en ressaisir, et enveloppera dans une destruction commune toutes ces institutions, à l'aide desquelles on avait assujetti à des lois le partage de ses dépouilles, et fixé suivant quelles formes régulières il serait permis de le soumettre à tous les genres d'humiliations et de violences.

I. La première de ces combinaisons est la moins vraisemblable. Toutes les religions ont un terme; et celui de la superstition royale est arrivé.

Une religion est bien établie; le peuple entier la croit; quiconque oserait la nier serait un monstre indigne de vivre; on se cache d'un doute comme d'un crime. Cependant la raison fait des progrès; on se communique en secret ses objections; quelques hommes de courage élèvent la voix; rien n'est encore changé à l'extérieur; mais les esprits ne sont plus les mêmes : bientôt cette religion n'est qu'une fable qu'on respecte par habitude, qu'on soutient par politique. L'édifice est debout; mais la base a été sourdement minée; il survient une légère secousse, et ses débris sont dispersés sur la terre.

Ainsi, les hommes ont pu croire autrefois à la sainteté du pouvoir des rois, se persuader qu'ils seraient obligés à leur obéir d'abord par devoir, ensuite par honneur. Aujourd'hui la royauté n'est plus qu'une superstition politique, à laquelle on reste extérieurement fidèle, parce que, dit-on, un roi est nécessaire au maintien de la paix, parce que le peuple est trop ignorant, ou trop corrompu pour être libre, pour n'obéir qu'à sa raison. Mais partout aussi le peuple commence à savoir qu'on ne fait semblant de croire aux rois que pour le tromper, et chaque trône, placé sur un abîme, n'attend qu'une faible commotion pour s'y engloutir.

Une autre cause en doit hâter la chute. C'est la médiocrité personnelle, ce sont les vices des rois; secrets de cour qui, dans l'état actuel de la société, ne peuvent plus se cacher aux peuples.

On se lasse bientôt d'obéir à des hommes qu'on méprise; et par un heureux hasard, il n'existe en Europe aucun roi que ses mœurs, ses opinions, ou la faiblesse de son esprit n'ait avili aux yeux de la nation qu'il gouverne.

D'ailleurs, ils ne peuvent réussir dans leurs projets, sans irriter les peuples par l'augmentation des impôts, par les maux qu'entraîne la guerre, même la plus heureuse. Trouveront-ils du crédit quand ils auront épuisé leurs trésors? La chute de leur papier-monnaie, ou de honteuses banqueroutes ne doivent-elles pas amener des soulèvements dangereux? Croient-ils que leurs querelles avec les peuples libres ne serviront pas à éclairer plus rapidement ceux qu'ils appellent leurs sujets, et sur les crimes des rois, et sur l'absurdité de la royauté elle-même? Ignore-t-on à Vienne, à Berlin, à Madrid, à Pétersbourg, le secret des despotes, qui ne conspirent l'anéantissement de la république française, que pour opprimer leur pays avec impunité?

Si donc ces rois veulent conserver le sceptre prêt à se briser dans leurs mains, il faut que, renonçant à tout projet d'ambition, à toute conspiration contre la liberté universelle du genre humain, ils cherchent à établir dans leurs États une de ces constitutions demi-libres, comme celles de Suède, d'Angleterre, comme la constitution française de 1791. Il faut qu'ils aient l'art d'en combiner les parties d'après l'esprit général du peuple. Ainsi, par exemple, si, comme en France, un peuple est fortement occupé du droit de l'égalité naturelle, s'il met sa gloire à détruire les préjugés, on doit bien se garder de placer parmi les ressorts du gouvernement la majesté du trône et l'adoration de la royauté constitutionnelle.

Il faut surtout que, dans les premiers mois de cette constitution nouvelle, ils évitent avec soin de révéler au peuple, par des faits bien éclatants, ce qu'elle a de dangereux pour la liberté, ce qui peut la rendre vraiment impraticable. C'est par ces seuls moyens qu'ils peuvent espérer d'adoucir et de prolonger du moins l'agonie de la royauté.

Mais l'abandon sincère du système de partage serait alors leur première opération; et ils ne peuvent chercher à combiner avec la guerre française la conquête de l'Allemagne et de la Pologne, sans risquer d'accélérer une chute que trop de causes rendent inévitable.

II. Les villes libres, depuis Dantzick jusqu'à Francfort; les princes]indépendants, depuis le duc de Courlande jusqu'au margrave de Baden; les cités et les grands de la Pologne, ont un intérêt commun de se défendre contre cette conspiration des rois, d'éloigner la guerre de leur territoire, enfin d'éviter pour leur pays, et surtout pour eux-mêmes, les effets d'une révolution trop entière et trop rapide.

Ils le peuvent encore, s'ils s'empressent de se lier entre eux par une confédération nouvelle, et de l'appuyer de l'alliance de la Suisse, de la Hollande, de l'Angleterre, et surtout de la France.

Les cercles de Westphalie, de Souabe, de Bavière, de Franconie, de Basse-Saxe, de Haute-Saxe (les États de Brandebourg exceptés), du Haut et Bas-Rhin (même en retranchant ce qui est sur la même rive que la France), forment un espace d'environ cent cinquante lieues de long sur cent de largeur.

En examinant la position géographique de ces provinces, il est aisé de voir que la fédération qu'elles formeraient, ayant derrière elle la France, la Belgique et la Hollande, garantirait ces républiques des attaques de la Prusse, de l'Autriche, de la Russie; tandis que ces mêmes États couvriraient au midi et à l'ouest le territoire de la fédération nouvelle, déjà défendue par la mer du Nord.

Un canal qui unirait le Danube au Rhin par le Mein, et le Mein au Weser; un autre qui, de Lubeck à Hambourg, serait navigable pour les plus grands vaisseaux que reçoivent ces deux ports, et joindrait ensuite le Weser à l'Elbe, assureraient l'indépendance du commerce de la fédération, et faciliteraient les secours qu'elle pourrait avoir droit d'exiger des alliés dont elle serait le rempart. Par ce moyen, les troupes, les munitions de la France, de la Belgique, de la Suisse, se porteraient avec rapidité sur les frontières du Brandebourg et de l'Autriche.

Il faudrait substituer d'abord un congrès comme celui d'Amérique, avec un président, à la diète de Ratisbonne et à l'empereur, en remplaçant par des députés représentant les cercles, ces ambassadeurs particuliers de chaque État, qui ne peuvent voter qu'après avoir consulté leurs commettants. Ces changements très-faciles donneraient le temps de perfectionner et le plan de la fédération et la constitution de chaque cercle. La destruction de la servitude, l'admission du peuple dans les assemblées représentatives, soit des cercles, soit des États qui les composent, seraient les bases de ces constitutions particulières, et il resterait encore une part assez grande pour les préjugés ou les prétentions des princes, de la noblesse et des prêtres.

Je ne leur dirai point que cette combinaison pourra subsister longtemps, que ces préjugés ne seront pas rapidement détruits par le progrès des lumières; mais je leur dirai qu'elle durera plus longtemps que leur indépendance actuelle ne peut durer, et qu'ils s'assureront du moins d'une révolution plus lente et plus douce.

Dantzick, Thorn, la Courlande, renonceraient à une indépendance dangereuse, impossible à conserver, et s'uniraient à la Pologne, qui, appelant les députés des paysans dans ses assemblées nationales, les déclarant propriétaires de leurs maisons, leur rendant la liberté de changer à leur gré de domicile, deviendrait bientôt une république puissante. Il faudrait seulement y abolir la royauté, source presque unique de tous ses maux.

En effet, le titre de président du sénat eût-il excité l'ambition des princes étrangers, que la corruption ou la jalousie des grands nommait les chefs de la nation, mais en qui elle ne voyait jamais que des ennemis? Les familles puissantes auraient-elles eu pour un citoyen revêtu d'une grande magistrature, sous un nom modeste, cette haine que leur orgueil, blessé par celui du trône, vouait à un roi piast, le lendemain du jour où elles l'avaient choisi? L'élection de ce chef temporaire aurait-elle entraîné ces désordres, ces troubles, cette dépendance étrangère qui ont inspiré l'absurde idée d'un chef héréditaire?

La république de Pologne rétablirait alors la liberté de la Vistule, de manière à la rendre indépendante des caprices du gouvernement prussien.

Ces révolutions d'Allemagne et de Pologne sont moins difficiles à faire qu'on ne croit. Les princes qui voudraient former une fédération germanique, convoqueraient dans leur pays une Assemblée nationale, qui enverrait des députés à l'assemblée générale du cercle. Celle-ci, une fois formée, en enverrait au congrès général; et tandis que chaque pays, que chaque cercle s'organiserait, ce congrès réglerait provisoirement les affaires générales de la ligue, fixerait le nombre des troupes, le montant des contributions, nommerait les chefs de l'armée, et travaillerait ensuite au plan de fédération. Or, la volonté active d'une grande ville impériale, ou d'un prince puissant, aurait bientôt donné à un cercle le mouvement qui se communiquerait rapidement à tous les autres.

Il suffirait pour la Pologne de fournir des armes aux paysans, et de leur prouver que c'est pour eux-mêmes qu'ils vont combattre. .

' III. La troisième hypothèse est celle d'une entière révolution dont il n'est guère possible de prévoir les limites.

Qui sait si, parcourant rapidement ces peuples attachés par une chaîne de fer au sol qu'ils cultivent pour des maîtres, elle ne pénétrerait pas même jusque dans la Russie ? Cette terre peut aussi porter des hommes libres. Il ne faut qu'un léger mouvement pour rendre à leur indépendance première ces hordes de Tartares plutôt tributaires que sujettes, plutôt enchaînées qu'asservies. Une bien faible lumière suffit pour conduire à la liberté des hommes chez qui la crainte de la mort est inconnue.

Depuis longtemps Moskow s'indigne de recevoir de Pétersbourg les ordres d'une usurpatrice étrangère, et la cloche de Novogorod (1), après trois siècles de

(1) Novogorod, fondée dans le cinquième siècle, a conservé plus de mille ans sa liberté et ses formes démocratiques. Elle résista aux conquérants tartares pendant l'invasion des fils de Gengiskan. Cette république voulait bien avoir pour chefs les princes de la Russie; mais jamais elle ne reconnut en eux ni un droit héréditaire, ni une autorité supérieure à celle du peuple. Lorsque les

silence, peut sonner encore le réveil du peuple et l'heure de la liberté.

Cette entière révolution serait facile dans les villes d'Allemagne, qui toutes renferment des hommes éclairés. Elle le serait même dans les campagnes divisées en communes. La petitesse de la plupart des États faciliterait les réunions premières, tandis que les limites des cercles deviendraient celles d'un second ordre de réunion.

Qu'alors les peuples soient assez sages pour écarter d'eux cette jalousie, compagne utile, mais dangereuse de l'amour de la liberté; que, dans une première convention nationale, ils ne s'arrêtent pas à la disproportion de la représentation, à l'influence inégale des divers États; que la conviction intime de l'identité d'intérêts, de la difficulté d'introduire

citoyens croyaient que leur liberté était violée, ils sonnaient une cloche, appelée *vetchevoi*, du mot *vetche*, qui désignait anciennement en Russie des assemblées générales du peuple. Elles avaient lieu dans toutes les possessions de la nation russe.

L'usage s'en est aboli peu à peu; mais Novogorod le conserva. Au son de cette cloche, tous les citoyens se réunissaient, et le peuple en corps reprenait l'exercice de ses droits. La crainte de ce signal terrible contenait les despotes; mais Novogorod fut prise en 1475, et le *vetchevoi* transporté à Moskow, où il n'a plus été employé qu'à sonner la prière.

L'histoire de la liberté chez tous les peuples connus serait, dans l'époque où se trouve l'Europe, un ouvrage presque nécessaire. On y verrait que l'ignorance a bien plus contribué à établir la servitude, que les passions, la force ou la crainte, et par là on apprendrait à juger ces hommes qui, en dédaignant les lumières, en calomniant ceux qui peuvent les répandre, tendent à nous replonger dans l'ignorance, et par conséquent dans l'esclavage.

des vues particulières dans une constitution qui doit
être fondée sur la raison et sur la nature, efface
les préventions, éteigne les défiances, et que du
moins on laisse à une première assemblée le temps
d'appeler, de réunir sous les armes les défenseurs de
la liberté, et celui de préparer une convocation plus
régulière.

Quant aux armées, rien ne ressemble mieux à une
assemblée primaire qu'un régiment prussien, hon-
grois ou hessois : les révolutions de la Hongrie, du
Brandebourg et de la Hesse peuvent se faire dans
un camp.

Les troupes hessoises, par exemple, éliraient tant
de députés par régiment; ces députés indiqueraient
à Cassel, pour un tel jour, une convention nationale, composée de tant de membres, élus de telle
manière. Ils se nommeraient ensuite un général,
commandant en chef de cette garde nationale toute
formée, et sous sa conduite, marcheraient vers le lieu
de la convention, pour assurer la tranquillité des
élections, la paisible réunion de l'assemblée, et la
liberté de ses séances. Qui empêcherait l'armée hon-
groise ou prussienne d'indiquer la convention de
Berlin et celle de Presbourg? Les soldats qui composent ces armées ne sont-ils pas les enfants, les
frères des cultivateurs, des artisans de la Hesse, du
Brandebourg, de la Silésie, de la Hongrie?

Ils diraient à leurs concitoyens, à leurs parents :
« Ne nous reprochez point de nous être emparés
« d'un pouvoir que vous ne nous aviez point donné.
« Nous ne l'avons pris que pour secouer le joug de

«nos tyrans communs, pour vous rétablir dans vos
«droits; nous le remettons dans vos mains, après
«avoir brisé les chaînes qui vous empêchaient de les
«ressaisir et de les exercer. Ceux d'entre nous que la
«violence ou la trahison ont arrachés à leur famille,
«viennent s'unir à vous et partager vos travaux. Ceux
«que leur volonté retiendra sous des enseignes, de-
«venues celles de la patrie, y resteront pour vous dé-
«fendre. Refuserez-vous de donner volontairement à
«vos libérateurs ce que vous payez malgré vous aux
«satellites de vos rois?

«Mais bientôt vous n'aurez même plus besoin de sol-
«dats. Il ne vous reste plus qu'une seule guerre à sou-
«tenir, une guerre vraiment sainte, celle des hommes
«libres contre les tyrans, celle qui aura pour but la li-
«berté universelle et la paix éternelle du genre humain.

«Nous avons vu les soldats de l'égalité; notre va-
«leur, notre expérience, l'art de nos manœuvres, l'ha-
«bileté de nos généraux, n'ont pu résister au senti-
«ment qui les animait, et ce sentiment ils nous l'ont
«communiqué. Vaincus par eux, nous serons invin-
«cibles comme eux, quand nous combattrons aussi
«pour la liberté. Ils nous ont dit : Soyez des hommes,
«venez partager nos droits, recevez de nos mains une
«part dans la dépouille des tyrans. Mais nous avons
«refusé ces offres honorables. Quoi! nous serions
«devenus libres, et nos femmes, nos enfants, nos
«pères seraient restés dans les fers! nous aurions
«foulé une terre affranchie, et celle qui nous a nour-
«ris serait demeurée esclave! Non : nous avons
«voulu être libres, mais avec vous et pour vous. »

XII.   11

Croit-on que les troupes nombreuses qui restent dans les pays soumis aux despotes, ne s'uniraient pas à ces nouveaux soldats de la liberté? Croit-on qu'elles pourraient leur résister, si l'or des tyrans les avait corrompues, si elles avaient encore été séduites par leurs mensonges? Quel est le sort d'un soldat allemand? Traîné par force sous les drapeaux d'un maître, mal payé, dressé à l'exercice et à la manœuvre avec le bâton, soumis à une discipline tyrannique, maintenue par des traitements barbares, emprisonné dans ses garnisons, regardé comme un automate par ses généraux, comme un être d'une espèce inférieure par ses nobles officiers, ne pouvant espérer d'avancement, abandonné à la misère dans sa vieillesse, vendu par son prince aux puissances qui veulent trafiquer de son sang, il n'est qu'un gladiateur, ou plutôt il est réduit à l'état de ces animaux féroces que leurs maîtres tiennent enchaînés et qu'ils font combattre au gré de leurs sanguinaires caprices. Le soldat français, au contraire, ne prend les armes qu'inspiré par son courage, ne combat que pour lui-même, puisqu'il ne combat que pour sa patrie; et traité en homme libre, même dans les lois de la discipline militaire, la carrière des grades et des honneurs lui est ouverte avec une entière égalité.

Germains, le moment est venu, ne le laissez point échapper. Nous vous devons notre liberté; car c'est de vous que nous tenons l'invention de la poudre, qui a détruit la force de la chevalerie féodale; et l'imprimerie, qui a répandu, qui a rendu éternelle, ineffaçable, la connaissance des droits naturels.

N'est-ce pas encore à vous que nous devons Jean Hus et Luther, ces hommes qui, les premiers, ont ébranlé le colosse de la superstition?

C'est du sein de la Germanie qu'étaient sortis ces héros qui marquèrent un terme aux conquêtes de Rome ancienne, et c'est d'elle que sortirent aussi ces hommes, plus courageux peut-être, qui, bravant à la fois la férocité superstitieuse des tyrans et l'hypocrite cruauté des prêtres, arrêtèrent les conquêtes de Rome moderne, plus funestes encore. Et n'est-ce pas vous aussi qui avez révélé à la terre étonnée l'ordre du mouvement des astres, et les lois auxquelles ils sont assujettis dans leur marche éternelle?

Et dans le dix-huitième siècle, les compatriotes de Copernic, de Kepler et de Leibnitz, de Stahl et de Becker, seraient les stupides adorateurs des plus honteux préjugés qui aient avili l'espèce humaine! Ils chercheraient dans des diplômes ces droits que la nature a gravés dans le cœur de tous les hommes de courage! Au nom de la liberté, vous avez marché, avec Jean de Leyde, sous les drapeaux du fanatisme, et vous refuseriez de marcher avec nous sous les étendards de la raison!

Arrêtez vos regards sur les Français libres; cultivant une terre aussi libre qu'eux, leur travail n'appartient plus à un seigneur qui ait droit de les forcer à cultiver ses possessions, à transporter ses denrées, à rassembler des bêtes fauves, afin qu'il puisse les égorger avec une dégoûtante facilité. Le produit de leurs champs est à eux seuls, aucune loi ne les oblige de le partager avec les prêtres ou les animaux sauvages.

Aucune loi ne les enchaîne à la glèbe sur laquelle ils sont nés, aucun homme n'a le pouvoir de les vendre pour le service des rois. Aucune distinction avilissante ne les sépare d'une caste orgueilleuse qui se croit en droit de les mépriser, parce qu'elle a la force de les opprimer et de les piller. S'ils payent un impôt, c'est après que leurs représentants l'ont consenti en leur nom, et ils sont sûrs qu'il ne peut être employé que pour eux. Ceux qui font des lois suivant une forme immédiatement approuvée, par tous ceux qui exercent une autorité sur les choses ou sur les actions qui doivent être assujetties à des règles communes, non-seulement tiennent ces pouvoirs des citoyens, mais ont été nommés par eux; et si tous ont concouru à nommer ces magistrats, tous ont eu le droit à être choisis pour en remplir les fonctions.

Un Français, s'il est opprimé, ne demande point justice ou grâce à un maître qui pourrait encore le punir d'avoir osé se plaindre : il adresse, et sur ses griefs personnels, et sur les intérêts publics, ses libres réclamations à ses égaux, avec cette dignité modeste d'un homme qui connaît ses droits et sait respecter, dans les officiers du peuple, la nation au nom de laquelle ils agissent.

Chaque trait de ce tableau présente un de nos avantages et un de vos malheurs. Mais on vous dira: « Voyez ce que ces biens ont coûté aux Français! « Voyez combien peu ils ont servi à leur bonheur! « Les croyez-vous donc si sûrs de les conserver? Ils « crient à l'univers qu'ils sont libres, mais leur pros- « périté s'est évanouie. »

Je demande, à mon tour, quelles campagnes désertes sont demeurées en friche, quelles manufactures ont été abandonnées, quel art, quelle science restent sans culture? Notre théâtre ne s'est-il pas enrichi d'ouvrages dignes de la liberté? Les grands travaux nécessaires pour fixer une unité naturelle de mesure et de poids, n'ont-ils pas été conçus, entrepris, presque exécutés depuis la révolution? Eh! quand il serait vrai que nous eussions payé trop chèrement le bonheur inestimable d'être égaux et libres; vous, que nos fautes et nos malheurs auront instruits; vous, qui n'aurez à combattre ni les sourdes conspirations de princes parjures, ni le patriotisme hypocrite de vos nobles, ni la ligue des despotes réunis; vous, qui formez seuls les armées des derniers ennemis du genre humain, que pourriez-vous craindre? Dans quelle autre partie du monde la tyrannie trouverait-elle des soldats à vous opposer? Nos ennemis intérieurs avaient des complices dans toutes les cours de l'Europe et sur tous les trônes. Réduits à nous-mêmes, trahis partout avec impunité, ne trouvant nulle part une force qui pût nous défendre, si un moment d'erreur nous livrait à des traîtres, il nous a bien fallu tomber, par degrés, dans une défiance souvent exagérée et toujours funeste. Mais, vous, à qui il ne reste qu'à cultiver ce champ de la liberté que nous avons été forcés de défricher; mais vous qui, sans révolution, trouverez chez nous ce point d'appui que pendant la nôtre vous prêtiez à nos ennemis, vous balanceriez encore!

Je sais que la liberté du monde ne dépend plus

des rois, ni même des peuples; je sais que la force irrésistible de la raison, que l'influence nécessaire du progrès des lumières doit triompher également et de la perfidie des princes, et des erreurs ou de la faiblesse de la multitude. Mais la victoire peut être plus ou moins disputée, mais de longs malheurs peuvent faire acheter bien cher ces biens qu'il est impossible de nous ravir, mais dont la sagesse peut accélérer pour tous les hommes la douce et tranquille jouissance.

Germains, le sort de l'humanité est décidé, mais celui de la génération présente est en vos mains. Osez seulement prendre avec vos tyrans le sévère langage de la vérité, et l'Europe sera, dans quelques mois, libre, paisible et fortunée.

LETTRE A M***,

MAGISTRAT DE LA VILLE DE ***, EN SUISSE.

1792.

LETTRE A M***,

Permettez, Monsieur, qu'au moment où l'on cherche à jeter des semences de discorde entre nos deux nations, un Français, qui connaît depuis longtemps votre zèle pour la liberté universelle du genre humain, vous adresse quelques réflexions sur les véritables intérêts de votre patrie.

Vous auriez dû voir la révolution française avec plaisir : un peuple libre de plus dans la balance de l'Europe assurait la liberté de tous les autres.

Vous auriez dû, au premier signal de mouvement dans nos troupes, redemander vos régiments, non avec humeur, mais comme ne pouvant plus, sous la constitution nouvelle, exister tels qu'ils étaient sous l'ancienne.

Au lieu de vous effrayer de cette prétendue propagande à laquelle nos émigrés ont donné une importance ridicule, vous auriez dû nous faire sentir que la justice et l'intérêt commun de tous les peuples étaient de maintenir pour chacun d'eux le droit exclusif et indépendant de changer lui-même ses lois, et les Français vous auraient bientôt entendus.

Mais les intérêts particuliers de quelques familles accréditées l'ont emporté sur ceux de la nation suisse.

Depuis la constitution du 3 septembre 1791, il n'existait pas en France un homme éclairé qui ne sentît que l'obstination du roi à conserver un régiment de gardes suisses, malgré les dispositions expresses de l'acte constitutionnel, devait amener de grands malheurs. L'Assemblée nationale n'a rien négligé pour les prévenir.

Parcourez nos procès-verbaux, et vous verrez sans cesse les députés patriotes solliciter l'éloignement des gardes suisses. Nous ne pouvions pas tromper le peuple, en lui disant que vos compatriotes, que nous savions être séduits par leurs chefs, être travaillés par des émissaires de la cour, n'étaient pas dangereux pour notre liberté. Nous voyions la défiance et l'animosité entre eux et nos concitoyens, s'accroître chaque jour d'une manière effrayante. Nos efforts ont été rendus inutiles par la perfidie du château : au moment même où, la constitution à la main, nous demandions le départ de cette garde proscrite par elle, le roi en avait rempli secrètement son palais. Au moment où il l'abandonna pour chercher sa sûreté dans l'Assemblée nationale, il laissa aux Suisses l'ordre de faire feu sur les Français; et cet ordre fut exécuté à l'instant même où des paroles de paix étaient portées et reçues. Ce n'est donc pas au peuple français, Monsieur, c'est à une cour conspiratrice que vous devez imputer la mort de vos concitoyens. Elle est le crime, non de la nation, mais du roi.

Ces faits sont juridiquement prouvés, sont appuyés sur des faits authentiques. Une lettre trouvée sur un caporal, tué le 10, et écrite à sa fille, ne laisse aucun doute sur les suggestions employées pour tromper les soldats.

On a dit que vous ne reconnaissiez point le peuple français comme formant une nation, parce qu'il n'a plus de roi. Mais vous-mêmes vous n'en avez point, et le peuple français ne refuse point de vous reconnaître. N'avez-vous pas aussi détruit la noblesse dans presque tous vos États, il y a quelques siècles ? N'avez-vous pas, dans plusieurs cantons, chassé les prêtres de l'Église romaine et saisi leurs biens ? Et vous nous traiteriez en ennemis, parce que nous avons voulu vous imiter, parce que nous avons fait quelques siècles trop tard, ce que vous avez eu le bon sens de faire il y a longtemps ! Il est vrai que nos lois ont aboli toutes les distinctions, et que les vôtres en ont conservé de toute espèce. Mais qu'en résulte-t-il, sinon que nous avons suivi, comme vous, dans votre système politique, l'esprit du temps où nos lois ont été faites ?

Convenez, Monsieur, qu'un peuple a toujours le droit de se donner des lois et de les changer ; convenez qu'il a le droit de se délivrer d'un roi, d'un seigneur qui a violé ses serments. Montrez que vous regardez notre conduite comme légitime, ou bien l'héritier de la maison d'Autriche viendra, de vieilles chartes à la main, revendiquer les droits que vous lui avez ôtés, la souveraineté dont vous l'avez dépouillé.

N'oubliez pas que Joseph II faisait chercher ces titres dans vos archives, qu'il payait des traîtres pour les y voler.

Vous n'êtes plus ce peuple pauvre qui n'avait que du fer. D'immenses capitaux, produit de votre industrie, ont été versés sur ce sol jadis ingrat, aujourd'hui fertile; vous avez des villes riches, commerçantes; vos terres se vendent plus chèrement qu'en aucun pays du monde; vos citoyens ont de l'or, vos États ont des trésors, vous êtes devenus dignes de tenter l'avidité des despotes, et ils ne vous épargneront pas.

Comparez avec moi le résultat de deux systèmes, entre lesquels vous avez à choisir : celui de votre union intime avec la France libre et triomphante, celui où la France, abandonnée ou attaquée par vous, pourrait être subjuguée ou forcée de soumettre sa politique à celle du cabinet de Vienne.

Dans le premier, votre indépendance est assurée: une république de vingt-six millions d'hommes vous la garantit et par loyauté et pour l'intérêt de sa sûreté. Dans le système contraire, entourés de toutes parts par les possessions de la maison d'Autriche ou des princes soumis à sa puissance, vous n'aurez que l'indépendance qu'elle voudra vous laisser, vous ne serez libres que si elle aime mieux vous ruiner que vous conquérir.

Supposons que les rois se prêtent au délire de l'ambition de quelques Bernois; que Neufchâtel et la Franche-Comté soient le prix de la guerre que le canton de Berne ferait à la liberté : quel bien en résulterait-il pour vous? D'être, sous le nom d'alliés, les esclaves de l'orgueil d'un de vos co-États, ou d'être partagés entre la France et l'Autriche réunies contre vous.

L'exemple de la Pologne doit effrayer toutes les nations indépendantes; et il faudrait être aveugle pour ne pas voir que le système des partages est devenu celui des grandes monarchies.

Songez que vous êtes l'unique barrière entre la maison d'Autriche et l'Italie, où cette puissance règne seule en ce moment; songez qu'elle ne négligera aucun moyen d'assurer cet empire aujourd'hui précaire, qu'elle ne doit qu'à la faiblesse du roi de Sardaigne, à la corruption de Venise, aux trahisons de la reine de Naples.

Un traité entre nous est facile à faire. La garantie respective de l'intégrité de la France et des États suisses, la garantie non moins importante de leur indépendance en serait la base.

La condition serait, pour la Suisse, de fournir des armées pour défendre la France de toute attaque sur la frontière d'Italie et sur celle d'Alsace jusqu'à Landau. La condition, pour la France, serait de défendre la frontière de la Suisse du côté de l'Italie et de celui de la Souabe. Dans ces deux suppositions d'attaque, la puissance alliée se trouve sur le flanc des ennemis de la puissance attaquée.

Des intérêts aussi évidents, aussi puissants, ceux de votre liberté, ceux de votre indépendance, seraient-ils donc balancés par la crainte de l'introduction des principes français? D'abord, quel mal vous

feraient ces principes , si vous les adoptiez ? Ils dé-
placeraient les divers pouvoirs : mais comme vous
n'avez ni noblesse ni clergé à détruire ; comme vos
droits féodaux , librement conservés par d'anciennes
conventions , ne peuvent être chez vous l'objet d'un
mouvement général ; comme vos impôts sont légers,
vous n'avez à craindre aucune de ces agitations qui
soulèvent à la fois toute la masse d'une nation.

D'ailleurs, vos chefs se flatteraient-ils de faire croire
éternellement aux Helvétiens qu'ils tiennent leur liberté , non de la nature , mais de chartes écrites il
y a quelques siècles, et qu'ils doivent rester éternellement soumis aux gouvernements que ces chartes
ont établis ; que les hommes du quatorzième , du
quinzième, du seizième siècle avaient bien le droit de
se donner les lois les plus propres à faire leur bonheur, mais que ce serait un crime pour leurs descendants de vouloir exercer ce même droit dans le dix-
huitième siècle ; qu'alors les hommes étaient assez
éclairés , assez sages pour choisir la constitution qui
leur convenait, mais que depuis qu'ils savent lire,
depuis que les vérités fondamentales de l'ordre social
ont été analysées et discutées chez tant de peuples, ils
sont devenus incapables de faire ce choix ? Ces chefs
s'imaginent-ils faire croire encore longtemps à leurs
concitoyens que la qualité de bourgeois de telle ou telle
ville , transmise par héritage, ou acquise suivant une
certaine forme, donne sur les habitants d'un territoire
un droit de souveraineté éternel et irrévocable ?

Non sans doute ; le principe des constitutions amé-
ricaine et française, celui de la souveraineté inaliénable

du peuple, est maintenant une de ces vérités qu'il n'est plus possible ni d'obscurcir par des sophismes, ni de cacher aux hommes les moins éclairés ; et le moyen de faire haïr à un peuple son gouvernement actuel, serait de s'obstiner à lui dire qu'il n'est pas en droit de le changer. Il verrait qu'on veut le tromper pour l'asservir, l'aveugler pour le dépouiller.

Tout prince, tout sénat, tout corps de citoyens qui méconnaîtra cette maxime sacrée, se déclarera par cela seul, l'ennemi et le tyran du peuple qu'il veut gouverner malgré lui.

Voulez-vous conserver vos gouvernements tels qu'ils sont, n'irritez pas vos citoyens en leur contestant leurs droits, mais gouvernez avec assez de justice et de sagesse pour qu'ils craignent les changements au lieu de les désirer. Ne voyez-vous pas qu'en traitant les Français comme des ennemis, parce qu'ils professent les vérités que vous craignez, vous les obligez, pour leur propre sûreté, à faire tous leurs efforts pour les répandre ? Ne voyez-vous pas que les gouvernements, en se déclarant contre nous, nous forcent à chercher des alliés dans ces mêmes peuples dont leurs chefs trahissent et méconnaissent les droits ? Pour ceux qui sont persécutés, le prosélytisme devient une arme que le droit de la défense naturelle leur commande d'employer.

Ainsi, vous n'empêcherez point les vérités qui ont été le principe de notre révolution, d'être connues, adoptées parmi vous comme dans tout autre pays, et en vous unissant à nos ennemis, en paraissant les favoriser, vous ne ferez qu'augmenter en nous le désir de répandre ces opinions parmi vous. Vous ne ferez que montrer à vos citoyens la nécessité de mettre en pratique ces maximes ; car ils sentiront aisément que vos chefs ne haïraient pas tant ces principes, s'ils n'avaient pas le désir coupable d'abuser d'un pouvoir qu'eux-mêmes en secret regardent comme illégitime.

Le temps de tromper les hommes est passé, et les gouvernements, quels qu'ils soient, qui voudraient encore fonder leur pouvoir sur l'ignorance et les erreurs des peuples, doivent s'attendre à voir le colosse de leur puissance s'écrouler bientôt sur sa base trompeuse et fragile.

Enfin, vous avez des cantons, des États alliés purement démocratiques ; espérez-vous les aveugler au point de ne pas voir que notre cause est la leur, de ne pas sentir qu'il vaut mieux pour eux devoir leur sûreté, leur indépendance, à la noble amitié d'une démocratie de 26 millions d'hommes, qu'au mépris des tyrans de la Germanie ? Les frères, les descendants de Guillaume Tell rougiraient d'accepter cette honteuse protection. Les successeurs d'Albert d'Autriche, les héritiers de Charles le Téméraire sont encore à vos portes ; ils y sont avec l'insolence héréditaire des brigands couronnés ; ils sont là pour exercer sur un peuple libre ces fureurs auxquelles vos ancêtres ont su échapper. C'est entre des tyrans sans pudeur et des hommes libres, c'est entre les successeurs de Geisler, et les imitateurs de Tell, que les Suisses encore dignes de ce nom, que ceux qui n'ont point plié la tête sous le joug de l'aristocratie, ont à choisir aujourd'hui. Croyez-vous qu'ils puissent hésiter? Non: les d'Erlac, les nobles despotes de Berne, peuvent trahir leur pays, peuvent trafiquer de sa liberté contre l'or de l'Autriche; mais les braves paysans des montagnes de l'Helvétie ne se laisseront pas séduire par ces vils esclaves, accoutumés depuis tant de siècles à vendre aux rois le sang de leurs frères. C'est à Berne que sont aujourd'hui les Geisler: c'est là que, s'il reste encore dans les veines des Suisses quelques gouttes du sang de Tell, ils doivent aller combattre la tyrannie.

SUR LA LISTE CIVILE.

JUIN 1792.

AVERTISSEMENT.

Ce discours était préparé pour la discussion du budget des dépenses de 1792. La loi du 26 mai 1791 contenait six articles relatifs à la liste civile de Louis XVI. Condorcet se proposait de faire valoir de graves considérations pour obtenir la révision d'un vote qui engageait toute la durée du règne. Mais l'Assemblée législative, préoccupée d'autres objets et de la crainte de mettre à nu l'état des finances, passa à l'ordre du jour sur la proposition de Condorcet (1). La liste civile ne fut donc pas discutée, et ce discours resta à l'état de projet.

(1) *Moniteur* du 1er juin 1792.

Condorcet : « Je propose que, dans la discussion qui va s'ouvrir sur la fixation générale des dépenses de 1792, on n'adopte que provisoirement les articles particuliers de dépense, afin qu'il s'établisse ensuite une discussion générale sur la totalité des dépenses, comparée à la totalité des recettes. Car, s'il y a beaucoup de dépenses rigoureusement nécessaires, il en est d'autres aussi dont l'utilité ne peut pas contrebalancer les inconvénients d'une surcharge dans les impositions. »

Plusieurs membres combattent cette proposition. L'Assemblée passe à l'ordre du jour.

SUR LA LISTE CIVILE.

La constitution prononce que la liste civile sera fixée, par le corps législatif, à chaque changement de règne et pour toute la durée du règne.

Une fixation antérieure à cette loi peut-elle en être regardée comme l'exécution ?

Telle est la question qu'il faut résoudre avant de placer les 25 millions de la liste civile au rang des obligations contractées au nom de la nation. La constitution n'a prononcé l'irrévocabilité que des décrets compris dans l'acte constitutionnel, et celui du 26 mai, qui fixe la liste civile à 25 millions, n'y a point été inséré.

On ne dit point dans cet acte que la fixation a été faite, mais qu'elle le sera.

Comment, si l'Assemblée constituante avait eu l'intention formelle de regarder l'article de la constitution comme exécuté d'avance, ne l'aurait-elle pas expressément déclaré ? Et cette déclaration était d'autant plus nécessaire, que la loi du 26 mai, présentée à la simple sanction, n'ayant aucun caractère qui donne le moindre prétexte de la croire irrévocable, n'annonce pas même une détermination qui s'étende à toute la durée du règne du roi.

Le 10 août 1791, deux propositions qui tendaient

à diminuer la liste civile, et dont l'une était le retranchement d'une partie de la somme accordée, ont été ajournées après la révision de la constitution; et cependant l'article sur la liste civile, tel qu'il a été adopté depuis, avait déjà été présenté à l'Assemblée, lorsqu'elle prononça l'ajournement. Elle distinguait donc alors la loi constitutionnelle sur la liste civile, de la loi qui n'avait encore réglé que provisoirement celle du roi régnant.

Ainsi, puisqu'elle n'a rien prononcé depuis, le droit qu'elle s'était réservé après la révision, a passé tout entier à la législature actuelle. Ainsi, puisque l'article de la constitution exclut tout changement comme toute fixation nouvelle, la réserve du droit de changer est incompatible avec l'idée d'une fixation définitive.

Dira-t-on que l'article ne se rapporte qu'à l'époque d'un changement de règne, et qu'il n'y en a pas eu? Mais il faudrait avouer en même temps que l'irrévocabilité de la fixation de la liste civile n'étant alors prononcée que pour cette même circonstance, elle ne s'étend point sur le règne actuel. Ne serait-il pas bien plus dans l'esprit de la constitution de dire : La liste civile doit être fixée une fois par règne. Cette loi est sage, elle conserve l'indépendance du roi, elle l'empêche d'abuser de son crédit sur les législatures, elle doit être exécutée; et pour l'exécuter, il faut que le corps législatif détermine définitivement cette liste civile.

Quelle époque doit-il choisir ? Celle du changement de règne. Or, pour la nation française, l'acceptation de la constitution est l'époque de ce changement. Le roi lui-même avait réclamé contre les décrets antérieurs, le corps constituant se croyait en droit de les changer.

Jusque-là, tout pouvait être regardé comme provisoire, puisque tout était révocable, et l'était sans que la révocation fût assujettie à des formes nécessaires, dont l'oubli ou la violation entraînât la nullité des actes.

Il y a donc eu réellement, non un changement de roi, mais un changement de règne au moment de l'acceptation.

La Convention nationale, qui reverra la constitution, ne peut-elle pas faire des dispositions qui rendent nécessaire de diminuer ou d'augmenter la liste civile; et alors la loi ne pourrait-elle pas dire encore que le montant de la liste civile sera fixé à *chaque changement de règne pour toute la durée du règne*, et cependant en ordonner une fixation nouvelle? Le mot *de changement de règne* doit donc s'entendre aussi des changements dans les conditions de la royauté.

Alléguera-t-on le décret constitutionnel qui défend de refuser, de retarder sous aucun prétexte, le payement de la liste civile? Non, sans doute. Cet article, qui place la liste civile au même rang que la dette publique, ne peut signifier autre chose, sinon que cette liste n'est pas une dépense que le corps législatif puisse modifier à son gré; qu'elle est, comme la dette, une véritable convention qu'il est tenu d'exécuter. Or, ce dont il s'agit ici, ce n'est pas de savoir si la convention doit être suivie, mais de déterminer quelle est véritablement cette convention, si elle a été faite, et, pour me servir de la comparaison adoptée dans la constitution même, si cette partie de la dette doit être regardée comme liquidée, ou si seulement elle a été provisoirement acquittée jusqu'ici, en attendant une liquidation définitive.

L'Assemblée législative ne peut, ni refuser, ni retarder le payement des rentes; et cependant le même corps constituant qui a fait cette loi, n'a pas cru la violer en défendant de payer les rentes des citoyens qui ne résideraient pas en France, qui n'auraient pas payé leurs contributions.

On ne violerait pas même cette loi si, d'après la connaissance d'un grand nombre de substitutions de personnes commises dans les rentes viagères, on en suspendait le payement jusqu'à vérification. On ne la violerait pas si on refusait un payement continué jusqu'ici, parce qu'on le croyait légitimement dû, et que l'on s'est aperçu qu'il ne l'était pas. Il y en a des exemples, et les propriétaires n'ont pas même songé à invoquer le texte de cette loi; ils se sont bornés à soutenir la légitimité particulière de leur créance. Cet article présume donc la légitimité du titre en vertu duquel on doit être payé, et ne la prononce point.

Enfin, la liste civile n'est pas une récompense donnée à un individu; c'est le salaire d'une fonction; c'est une dépense consacrée à un objet d'utilité publique. Or, quel est cet objet? C'est le maintien de la splendeur du trône; et la splendeur du trône est-elle autre chose que l'appareil dont on a cru devoir environner celui qui exerce la royauté constitutionnelle? Comment donc supposerait-on que la dépense nécessaire pour cet appareil eût été irrévocablement fixée avant que la fonction pour laquelle cette dépense est destinée, eût elle-même été instituée et réglée définitivement? L'ancienne liste civile était chargée du payement des gardes suisses, et d'après la constitution il ne peut plus y avoir de gardes suisses. Elle était chargée de pensions ou retraites accordées par le roi, avant la révolution; et il eût été injuste envers la nation de lui faire payer, pendant la durée entière du règne, ces pensions qui doivent graduellement s'éteindre; il eût été injuste envers le roi, envers ces pensionnaires dont quelques-uns ont des titres légitimes, de les faire payer par une liste civile réduite à ce qu'exige réellement la splendeur du trône. Ainsi, en rapprochant la constitution qui fixe l'objet de la liste civile, qui exclut toute garde étrangère, de l'emploi de la liste civile antérieurement fixé, on voit évidemment que cette fixation ne peut être celle qui est ordonnée par la même constitution.

Il est donc bien prouvé que la fixation définitive de la liste civile est un des objets dont l'Assemblée constituante a laissé la décision à la législature qui devait la suivre.

Mais comment la liste civile doit-elle être déterminée? La constitution nous l'indique, en nous disant quel en est l'objet: le maintien de la splendeur du trône.

Ainsi, 1° le payement des gardes suisses jusqu'au renouvellement des capitulations, jusqu'à leur suppression, comme faisant partie de la garde du roi, suppression ordonnée par la constitution, ne doit pas être à la charge de la liste civile, telle qu'elle sera fixée pour toute la durée du règne.

2° La dépense de l'éducation de l'héritier présomptif doit en être distraite. D'abord, parce que le pouvoir législatif devant régler par une loi le mode de cette éducation, il doit, par une conséquence nécessaire, en déterminer la dépense. Ensuite parce que le but de cette éducation est de placer la raison et les lumières sur le trône, et non de l'entourer d'une vaine décoration; parce que le but de cette éducation est de rendre le roi constitutionnel digne de l'estime des hommes éclairés, et non de frapper les imaginations faibles d'un respect superstitieux pour le mot de roi. Il n'existe donc nul rapport entre la splendeur du trône et l'instruction de celui que la nation destine à l'occuper. Dans l'opinion de ceux même qui croient cette splendeur nécessaire, elle doit être d'autant plus sévèrement bannie de l'éducation, qu'ils la croient plus capable d'éblouir les esprits.

3° Lorsque les personnes qui, soit pour des services domestiques, soit pour des motifs particuliers, avaient obtenu des pensions ou des retraites sur le trésor du peuple, alors confondu avec celui du roi, se présentèrent à l'Assemblée constituante, elle jugea que les pensions données au nom de la nation, supposaient nécessairement des services publics, et elle renvoya cette classe de créanciers à se pourvoir sur la liste civile, alors provisoire; mais ils ne doivent plus avoir rien de commun avec cette même liste civile devenue définitive. Par quelle singulière combinaison, puisqu'elle doit être invariable, la fixerait-on aujourd'hui trop haut, exprès pour la charger de pensions qui doivent s'éteindre graduellement?

La liste civile, ainsi délivrée de tout ce qui peut lui être étranger, pourrait être composée: 1° des domaines nationaux laissés au roi par la loi du 26 mai 1791; 2° d'un million de rentes viagères qui lui appartiennent; 3° de cinq millions payés par le trésor public.

Ce revenu de neuf millions environ peut sans doute suffire à la splendeur du trône. Quel monarque, même absolu, oserait en sacrifier davantage à sa dépense personnelle? Et en proposant cette fixation je craindrais bien plutôt d'avoir rendu aux préjugés un hommage peut-être coupable, d'avoir exagéré le sacrifice auquel le pouvoir qu'ils ont conservé sur l'opinion générale semble nous condamner.

Qu'on prenne garde qu'il ne s'agit ici que de la splendeur du trône; que toutes les dépenses auxquelles le changement de régime pourrait assujettir le roi doivent en être écartées; et alors, je demande à l'homme le plus ami de la magnificence, du luxe, de toutes les recherches de commodité ou d'agrément, de me proposer un état de dépense qui excède, ou qui même égale neuf millions, sans tomber dans l'extravagance ou sans consacrer de ridicules abus. Je demande encore par quelle ridicule

fatalité, lorsque le roi, pendant les quinze années
de son règne qui ont précédé la révolution, a montré la plus grande simplicité dans ses goûts personnels; lorsque la reine a détruit en France cette pom-
peuse étiquette de la maison de Bourgogne qu'on y
avait adoptée, on voudrait leur donner, aux dépens
de la nation, ce que les flatteurs des plus fastueux
monarques n'oseraient même proposer. Ce n'est donc
pas à la splendeur du trône, ce n'est pas même au
bonheur personnel du roi ou de sa famille, que le
reste serait donné. A qui donc l'accorderait-on ?

Il faut examiner maintenant comment la liste civile doit être administrée.

Ici la constitution peut encore nous servir de
guide; elle a fixé l'objet de la liste civile; donc, elle
a donné aux représentants de la nation le droit de
veiller à ce que cet objet soit rempli.

Elle a voulu qu'une somme égale y fût employée
chaque année, et c'est en quelque sorte en avoir
laissé au roi la libre distribution.

Il s'agit donc de concilier cette surveillance et
cette liberté, dont l'une est un devoir pour nous, et
dont l'autre paraît conforme au vœu de la loi.

On y parviendra si, pour la recette, l'intendant
de la liste civile est obligé de rendre compte, non
de la bonne ou de la mauvaise administration des
domaines conservés au roi, mais de leur produit
annuel.

On y parviendra pour la dépense, s'il est tenu, au
commencement de chaque année, de présenter le
tableau sommaire de cette dépense, le montant de

chacune de ses grandes divisions; l'état de toutes les personnes employées pour le service domestique, et celui de leurs appointements; de rendre ensuite le compte de l'exécution de ce projet de dépense, et des différences qui peuvent se trouver, qui se trouveront même nécessairement entre le projet et l'exécution; si, enfin il est obligé de rétablir au trésor public le salaire des places qui se trouveraient sur l'état, et qu'on aurait laissées vacantes. Il n'est pas moins nécessaire, qu'au tableau des personnes employées pour le service domestique du roi, on ajoute celui des individus qui auraient obtenu, sur cette liste, des traitements, des pensions, des retraites. En effet, une loi sage les déclare incompatibles avec les traitements, les pensions que paye le trésor national; et comment cette loi serait-elle exécutée, si aucune pièce publique ne constatait cet emploi de la liste civile?

Par ces moyens simples, la liberté resterait entière, et la surveillance serait assurée. La mauvaise distribution des dépenses ne serait pas réprimée, mais elle serait connue; et la censure de l'opinion publique suppléerait à la force de la loi.

Je ne m'arrêterai pas à combattre l'idée qu'il ne peut être dû aucun compte d'une liste civile. La seule qui existe d'une manière bien déterminée, celle dont nous avons voulu copier jusqu'au nom, la liste civile du roi d'Angleterre, est bien loin d'être arbitrairement disponible. Elle est chargée d'une portion considérable des dépenses publiques; elle est employée en appointements de places qui ne peuvent être supprimées, et à peine en existe-t-il une vingtième partie qui soit rigoureusement libre.

J'oserai vous le dire, Messieurs, cette diminution d'environ seize millions sur la dépense publique, à laquelle vous êtes autorisés par la loi, serait dans tous les temps pour nous un devoir rigoureux : les circonstances actuelles rendent ce devoir plus impérieux encore, et peut-être avons-nous à nous reprocher d'avoir tardé trop longtemps à le remplir.

La surveillance sur l'emploi, jusqu'ici secret, d'une somme si énorme, est un devoir d'une autre espèce, non moins indispensable. Nous avons juré de maintenir la liberté du peuple, et un peuple n'est pas libre tant qu'il reste à l'un des pouvoirs établis par lui, la possibilité de corrompre. Un peuple n'est pas libre, tant que ceux qui agissent en son nom peuvent être enchaînés, par l'espérance, à une autre volonté que la sienne. Un peuple n'est pas libre, tant qu'une portion de l'impôt peut être soustraite aux destinations réglées par la volonté nationale. Un peuple n'est pas libre, tant qu'il peut être plus avantageux de le trahir que de défendre ses droits.

Nous avons juré d'être fidèles au roi. Eh bien, remplissons ce serment en écartant de lui des soupçons injurieux, en détruisant tout ce qui pourrait éloigner la confiance publique. Ne l'outrageons point en supposant qu'un revenu de neuf millions ne suffise ni à ses besoins, ni même à ses désirs. Et, par une loi juste et nécessaire, délivrons à la fois le peuple des défiances qui le tourmentent, et le roi des intrigants qui le trompent.

PROJET DE DÉCRET.

L'Assemblée nationale, considérant qu'il est nécessaire de fixer la liste civile et de pourvoir à ce qu'elle
soit uniquement employée à la destination que la
constitution a déterminée,
Décrète ce qui suit :

ARTICLE PREMIER.

En conformité à l'article...de l'acte constitutionnel, la liste civile est irrévocablement fixée pour toute
la durée du règne du roi, 1° à la jouissance des domaines nationaux à lui accordée par la loi du 26 mai
1791; 2° à celle d'un million de rentes viagères constituées sur sa tête ; 3° à cinq millions payés par le
trésor public.

ART. II.

Les personnes qui ont été renvoyées à la liste civile pour des pensions, des retraites ou des indem-
nités, s'adresseront à l'Assemblée nationale, qui leur
accordera leur demande, si elle est fondée. La liquidation s'en fera sous les formes établies pour la liquidation générale, et l'intendant de la liste civile fera
les fonctions de commissaire du roi.

ART. III.

La dépense de l'éducation du prince royal et son

entretien jusqu'à l'époque où il entrera en jouissance de sa rente apanagère, sera prise sur le trésor public, et fixée par la loi qui, aux termes de la constitution, doit être faite sur l'éducation de l'héritier présomptif et du roi mineur.

Art. IV.

Il est accordé une somme annuelle de 500,000 liv. à . . . ., fille du roi, à compter du 1ᵉʳ janvier qui suivra l'époque où elle entrera dans sa quinzième année.

Art. V.

L'intendant de la liste civile sera tenu de justifier chaque année devant l'Assemblée nationale du produit des domaines conservés au roi.

Art. VI.

L'intendant de la liste civile présentera à l'Assemblée nationale le projet d'emploi pour chaque année. Ce tableau sera présenté avant le 1ᵉʳ décembre de l'année précédente, et pour cette année, avant le 1ᵉʳ juillet prochain. Il présentera aussi au commencement de chaque année le compte des dépenses de l'année précédente.

Art. VII.

Il sera tenu pareillement de présenter l'état des

personnes employées au service domestique du roi,
et de leurs appointements; celui de la solde de sa
garde et des dépenses qui y sont relatives; il rendra
un compte détaillé sur pièces de cette partie de la
dépense devant le bureau de comptabilité, et les sommes portées en l'état qui n'auraient pas été dépensées ou dont la dépense ne serait pas justifiée, seront
rétablies au trésor public.

Art. VIII.

Il présentera également un état nominatif des personnes qui obtiendront sur la liste civile des pensions, des gratifications annuelles ou de retraite.

Art. IX.

Les cinq millions sur le trésor public seront payés,
mois par mois, à commencer au premier juillet de
cette année.

RÉFLEXIONS

SUR

LA RÉVOLUTION DE 1688,

ET

SUR CELLE DU 10 AOUT 1792.

1792.

13.

RÉFLEXIONS

SUR

LA RÉVOLUTION DE 1688,

ET

SUR CELLE DU 10 AOUT 1792.

La révolution d'Angleterre, en 1688, comparée avec la révolution française de 1792, offre, dans les motifs qui les ont amenées, dans les principes qui les ont dirigées, des rapprochements qui, malgré la différence des temps, des lumières ou des circonstances, montrent que la cause du peuple français est celle de la nation anglaise, comme de tous les peuples libres ou ayant conçu l'espoir de le devenir.

Jacques II était roi constitutionnel comme Louis XVI : c'était par le vœu national que, malgré les justes répugnances des amis de la liberté, Jacques avait succédé à son frère, et que la crainte des discordes civiles l'avait emporté sur celle d'un roi papiste, infatué de ces idées d'autorité absolue qui avaient coûté si cher à Charles Ier. Le vœu du peuple,

déterminé par les mêmes motifs, avait aussi conservé Louis XVI, malgré les dangers auxquels le
regret de son ancien pouvoir devait exposer la liberté.

Jacques II employait, pour anéantir les droits du
peuple anglais, la perversité des juges et la servile
complaisance des autorités partielles. Il avait deux
conseils : l'un public, qui servait avec réserve ses
projets d'usurpation ; l'autre secret, qui le forçait de
précipiter, avec imprudence, l'établissement du papisme et de la tyrannie.

Louis XVI avait aussi deux conseils : l'un modéré,
qui voulait détruire la liberté par la constitution ;
l'autre, plus ardent, préparait les moyens de livrer
le peuple aux émigrés, et la France aux armées
étrangères.

Louis XVI avait aussi cherché, dans les tribunaux, dans les directoires de département, des alliés
utiles.

Jacques II avait protégé le parlement après
l'avoir trompé par de fausses promesses. Louis XVI,
qui n'avait pas ce droit dangereux, remplissait le
même but, en avilissant le corps législatif, en empêchant qu'il ne s'y formât une majorité constante.

Jacques II s'était donné une flotte et une armée
dont il se croyait le maître. Louis XVI avait formé
en secret une troupe de satellites, vendus à sa cause,
et croyait s'être assuré un parti puissant dans la
garde nationale et dans l'armée.

Jacques était secrètement uni à Louis XIV, regardé par la nation anglaise comme son ennemi le

plus dangereux. L'empereur et le roi de Prusse faisaient la guerre à la France au nom et pour les intérêts de Louis XVI, et les moyens de défense, prodigués par la nation, s'étaient comme anéantis entre
les mains du roi et de ses ministres.

Tous deux se croyaient sûrs d'avoir la force d'opprimer la liberté, tous deux croyaient avoir trompé
le peuple, et tous deux n'avaient réussi qu'à faire
sentir aux citoyens clairvoyants la nécessité d'une
révolution nouvelle.

La position des deux nations n'était pas la même.
En Angleterre, la masse du peuple, mécontente,
irritée, mais effrayée par le souvenir, encore récent,
des guerres civiles, engourdie par le règne corrupteur de Charles II, était disposée à embrasser la révolution, mais incapable de la faire. Le parlement
n'était pas convoqué, et rien n'offrait un appui aux
amis de la liberté. Il fallut donc qu'ils appelassent à
leur secours le prince d'Orange, dont un concours
singulier de circonstances avait lié les intérêts personnels à ceux de la nation anglaise.

Guillaume, à qui la flotte anglaise ne disputa
point le passage, vint à la tête d'une armée hollandaise. Celle de Jacques l'abandonna. Il prit la fuite,
fut ramené à Londres, en sortit par l'ordre de son
gendre, qui désigna le lieu où il lui était permis de
se retirer. Il s'enfuit une seconde fois, et Guillaume
ne chercha point à s'y opposer.

En France, le peuple, pour qui la liberté était une
jouissance nouvelle, et l'amour de l'égalité une véritable passion, ne pouvait, sans inquiétude, les voir

menacées par des complots qu'il ne pouvait pénétrer, mais dont les indices effrayants frappaient sans
cesse ses regards.

Il s'adressait à ses représentants, il en était écouté;
mais un grand nombre, servilement attachés à la
lettre de la constitution qu'ils avaient juré de maintenir, n'envisageaient qu'avec une sorte de terreur
les mesures dont la nécessité devenait, chaque jour,
plus sensible, mais qui supposaient une interpréta-
tion plus hardie de la constitution. Les citoyens se
crurent donc forcés d'agir par eux-mêmes.

Le roi alla chercher un asile au milieu de l'Assemblée nationale. Cependant, des troupes étrangères, conservées malgré les lois, et réunies aux
chefs, aux satellites de la conjuration, firent feu, du
château des Tuileries, sur les citoyens, au moment
où ceux-ci leur portaient et recevaient d'eux des
paroles de paix.

Le château fut forcé, les conjurés et leurs soldats
mis en fuite, et il ne resta plus que les citoyens,
réunis alors dans un seul parti, et les représentants
du peuple, dont l'autorité était respectée, et autour
de qui la confiance publique, que les événements
précédents n'avaient qu'altérée, pouvait encore rallier toutes les volontés.

Ici, les circonstances donnent tout l'avantage à
la nation française.

Une portion considérable du peuple, se réunissant par une impulsion spontanée, et s'adressant à
une assemblée légale de représentants du peuple
entier, s'éloigne bien moins de l'ordre commun de

la loi, qu'une association particulière de citoyens, s'adressant à un prince étranger ; et l'influence de cette portion du peuple, armée pour sa propre défense, était bien moins dangereuse pour la liberté que la présence d'une armée étrangère, dévouée aux volontés d'un seul chef.

Le roi des Français était dans une impossibilité de reprendre ses fonctions, aussi absolue, aussi réelle que celle où se trouvait le roi d'Angleterre après sa fuite, et les deux peuples se trouvaient de même sans aucun gouvernement.

Comme en Angleterre le parlement ancien n'était pas rassemblé, et ne pouvait être convoqué que par le roi ; comme Jacques l'avait dissous, et avait ensuite rétracté l'ordre qu'il avait donné pour en rassembler un nouveau, il n'existait aucun pouvoir représentatif.

Mais le parlement d'Angleterre était composé de deux chambres : l'une d'elles était héréditaire, et dès lors toujours subsistante. Ceux de ses membres, alors présents à Londres, se crurent investis, par la nécessité, du droit de s'emparer des pouvoirs. Ils s'assemblèrent, et remirent le gouvernement entre les mains du prince d'Orange. Guillaume accepta ; mais il sentit que cependant le peuple anglais devait être compté pour quelque chose, et que des sénateurs héréditaires ne représentaient qu'eux-mêmes : son premier soin fut de convoquer les membres des anciennes chambres des communes qui se trouvaient à Londres, et avec eux une partie des officiers de la cité. Cette représentation irrégulière et incomplète confirma le vœu des seigneurs, et le prince fut chargé par elle du gouvernement, dont, suivant la loi commune, le droit de convoquer les assemblées nationales faisait partie. Alors il s'empressa d'en appeler une sous le nom de Convention : c'était celui qu'avait porté l'assemblée qui rétablit Charles II, le nom de parlement étant rigoureusement réservé pour celles dont la convocation est faite au nom du roi. Mais cette convocation de 1689 devait, comme celle de 1660, avoir précisément la même organisation que les parlements, être, comme eux, divisée en deux chambres, dont l'accord était nécessaire pour former le vœu national. Ainsi, la volonté d'environ deux cents chefs de familles riches pouvait s'opposer à celle du peuple entier; et si quelques publicistes osent croire encore qu'une telle institution ne soit pas une de ces atteintes aux droits de l'égalité naturelle qui ne peuvent être légitimées par aucun pouvoir, du moins doivent-ils convenir qu'elle est absurde et tyrannique, quand il s'agit de prononcer sur ces questions fondamentales que les lois n'ont pas prévues, et sur lesquelles la volonté nationale n'est pas réellement interrogée, si elle ne l'est avec la plus entière égalité.

Dans la révolution du 10 août, l'existence d'une assemblée de représentants du peuple, et les principes reconnus aujourd'hui par la France tout entière, ont prévenu ces irrégularités.

D'abord, ce n'est pas à un prince étranger ayant une armée à lui, et personnellement intéressé aux décisions invoquées, que le pouvoir exécutif a été conféré, mais à des citoyens élus à haute voix par les représentants du peuple.

En convoquant une Convention nationale, loin de l'astreindre à des formes contraires à l'égalité naturelle, on n'a conservé, des formes établies pour les assemblées de représentants du peuple, que celles qui conservent cette égalité dans toute son étendue; on n'a pas même voulu les prescrire, mais on s'est borné à une simple invitation, de manière que les droits naturels et primitifs de l'homme ont été scrupuleusement respectés. Ainsi, la Convention française porte dès lors un caractère de légitimité que n'a pu avoir la Convention anglaise, sous l'empire d'une inégalité établie, à la vérité, par des lois antérieures, et sous l'influence d'un prince à la tête d'une armée, et intéressé dans la cause que l'on allait juger.

Deux opinions partageaient alors les amis de la liberté : les uns, mais en petit nombre, reconnaissaient le principe sacré de la souveraineté inaliénable, imprescriptible du peuple, quoiqu'il n'eût pas été encore rigoureusement analysé, que personne ne l'eût exposé dans toute son intégrité, et n'en eût développé toutes les conséquences.

Suivant cette opinion, toutes les autorités existantes émanaient du peuple, et pouvaient être légitimement destituées par lui, et rétablies sous de nouvelles formes. Les rois, comme les autres magistrats, n'étaient que les officiers des peuples qu'ils gouvernaient.

Suivant une autre opinion, il existait entre les rois et les peuples un contrat originaire qui les liait également, et que les peuples ne pouvaient dissoudre tant que les rois ne l'avaient pas eux-mêmes violé.

A une époque où l'on décidait par l'autorité ce qui ne doit l'être que par la raison, où les faits et les exemples tenaient lieu de principes, où l'on fondait les droits sur des titres, et non sur la nature, cette dernière opinion devait être la plus générale. L'histoire ne présentait aucun peuple qui se fût réellement donné une constitution; mais elle présentait un grand nombre de conventions faites entre les représentants d'une nation, ou la nation elle-même, et le gouvernement qui, par hasard, s'y était établi.

L'idée d'un contrat originaire entre la nation anglaise et le roi, dominait donc dans la Convention de 1689. Jacques II, ayant violé ce contrat, était censé avoir renoncé à son *droit*, et la Convention nationale avait celui de lui donner un successeur.

Mais cette opinion d'un contrat originaire présentait de grandes difficultés dans l'application.

D'abord, si cet acte liait toutes les générations des peuples à toute la descendance d'un premier chef, la forfaiture personnelle d'un roi pouvait-elle résoudre les obligations contractées par la nation envers toute sa famille, comme envers lui-même? En résultait-il seulement le droit de destituer l'individu coupable, avec l'obligation de suivre l'ordre de succession établi? Ce droit s'étendait-il jusqu'à choisir un autre chef, ou établir un autre ordre de succession? Enfin, pouvait-on même établir une autre forme de gouvernement?

Il paraît que dans l'examen de ces questions, la Convention anglaise s'est plus attachée à ce qu'exigeait l'intérêt du moment, qu'aux principes de droit public qui auraient pu servir à les résoudre.

La pluralité était attachée à conserver l'ordre de succession établi; mais cet ordre appelait le fils de Jacques II, alors au berceau et transporté en France, où il devait être élevé dans la religion *papiste*, et dans les maximes du despotisme. On avait répandu dans le peuple, que c'était un enfant supposé; mais les deux chambres de la Convention sentaient combien il serait et dangereux, et peu digne d'elles, de fonder le nouveau gouvernement sur le jugement d'un procès où, par la nature même des faits, les preuves seraient nécessairement incertaines, et les détails ridicules.

On imagina d'exclure du trône les princes papistes, et il faut avouer que l'application de cette loi à un enfant de six à huit mois avait déjà quelque chose d'irrégulier. Mais ce n'était pas tout : Marie, femme du prince d'Orange, devait remplacer son frère, suivant l'ordre de la succession, et le prince d'Orange ne voulait pas régner sous le nom de sa femme, et ne consentait, ni à tenir d'elle son pouvoir, ni à s'exposer à descendre du trône si elle venait à mourir avant lui. On avait besoin de son armée, de ses talents personnels, de son influence politique, pour défendre la liberté contre les nombreux partisans de Jacques, pour soumettre l'Irlande, où le parti du roi détrôné était dominant. Il fallut donc violer l'ordre de la succession, déclarer Guillaume roi, et lui attribuer l'autorité à lui seul, pour ne reprendre cet ordre qu'après sa mort.

Ainsi, la Convention s'attribua le droit d'ajouter une condition nouvelle au contrat originaire, et celui de sacrifier le droit héréditaire à l'intérêt national.

En appliquant à la Convention française, qui va s'assembler, non les principes de droit public, adoptés aujourd'hui par tous les hommes éclairés que l'or des rois n'a pas corrompus, mais ceux de la Convention anglaise, on trouvera qu'on ne peut, sans contredire ces mêmes principes, ne pas accorder à la nôtre l'autorité légitime de faire tout ce qu'elle croira nécessaire au salut public.

Ainsi, par exemple, le ministère anglais ne peut, ni regarder cette Convention comme illégitime, ni lui contester le pouvoir de réformer ce qui, dans l'acte constitutionnel, lui paraîtra nuisible à la liberté, sans attaquer en même temps, et la légitimité de la Convention de 1689, et celle des résolutions émanées de cette Convention. Les ministres qui conseilleraient une telle conduite, avoueraient par là : 1° que la maison d'Hanovre a usurpé le trône d'Angleterre, et qu'il appartient au roi de Sardaigne ; 2° que la nation anglaise n'a point le droit de rien changer à sa constitution, sinon par la volonté du roi ; 3° que le roi peut impunément violer la constitution, et que la nation n'a aucun moyen légal, ni de s'y opposer, ni de le réprimer ; opinion d'après laquelle un ministre ne pourrait agir sans se rendre coupable de haute trahison. On devrait en conclure que, certains de n'avoir rien à craindre pour la conservation du trône dans la maison d'Hanovre, ils veulent établir que cette maison possède la couronne par le seul droit d'hérédité; qu'elle ne l'a point reçue du peuple; que tous les droits, toutes les prétentions des anciens rois d'Angleterre à une puissance arbitraire, lui ont été transmis; et qu'ils veulent favoriser ces opinions du droit divin des rois, de l'obéissance passive, de l'autorité de dispenser des lois, etc.; en un mot, toutes ces maximes destructives de la liberté, professées autrefois par les Stuarts, et mises en pratique par les Tudors.

C'est aussi d'après la même opinion d'un contrat originaire, que les Provinces-Unies, que les Cantons suisses, ont secoué le joug de leurs anciens seigneurs, qui étaient des chefs héréditaires et suprêmes du pouvoir exécutif; c'est également la violation des chartes souscrites par ces seigneurs qui a été le motif de leur destitution, et, ni les Hollandais, ni les Suisses, ne peuvent refuser de reconnaître la légalité, la justice de la conduite du peuple français, sans avouer qu'ils veulent se soumettre aux héritiers de la maison d'Autriche.

Les hommes qui, comme les Français, aiment la véritable liberté, qui savent qu'elle n'existe point sans une entière égalité, qui reconnaissent la souveraineté du peuple, ne sont donc pas les seuls qui doivent approuver la révolution du 10 août. Elle doit l'être également, ainsi que la révolution d'Angleterre, par tous ceux qui ne reconnaissent pas, dans les rois, dans les princes, un pouvoir indépendant du peuple, et dont leurs usurpations ou leurs crimes ne peuvent les priver; c'est-à-dire, par tous ceux

qui ne veulent pas être esclaves. Ce n'est pas seulement par les hommes qui veulent conserver tous les
droits, que cette révolution doit être regardée comme
légitime ; c'est par ceux qui ne veulent pas les perdre
tous, qui sont attachés à cette portion de leurs
droits, conservée par les lois de leurs pays.

Les satellites des tyrans ont osé reprocher, comme
un crime, aux Français, d'appeler tous les autres
peuples à la jouissance des premiers biens de l'homme,
comme de ses premiers droits, la liberté et l'égalité;
ils les ont accusés de vouloir bouleverser la terre,
parce qu'ils voulaient y faire entendre la voix de la
raison ; et d'allumer partout le feu de la discorde,
parce qu'ils cherchaient à faire briller la lumière de
la vérité.

Aujourd'hui, ce n'est plus même de ce zèle, si
respectable et si lâchement calomnié, dont il peut
être question : nous ne demandons point aux nations étrangères de s'élever à la hauteur des principes pour lesquels nous avons juré de combattre
jusqu'à la mort; nous leur demandons de ne pas
abandonner ceux que des hommes dignes de ce
nom professaient il y a quatre siècles, au milieu de
l'ignorance et de la superstition.

Nous leur demandons de ne pas descendre au-dessous du quatorzième siècle, et de ne pas aiguiser ce
fer des tyrans, qui, aujourd'hui dirigé contre nous
va bientôt se retourner contre elles-mêmes.

Nous disons aux Anglais, aux Hollandais, aux
Suisses, aux Suédois, aux habitants des villes impé-
riales, à ceux des *sujets* des princes de l'Empire qui

ont encore conservé des franchises, aux nobles même qui siégent dans les États de la Hongrie, de l'Autriche, de la Bohême, que notre cause est la leur; nous leur disons qu'ils ne peuvent soutenir les maximes de l'empereur, du roi de Prusse, sans abjurer tous leurs droits, sans consacrer leur propre servitude.

Il existe deux espèces de constitutions libres, ou du moins ayant les formes de la liberté : les unes, comme celles d'une partie des États-Unis d'Amérique, ont un principe unique de *décision;* toutes les questions sur lesquelles il est indispensable de prononcer, toutes les affaires sur lesquelles le salut public exige de prendre un parti, sont nécessairement décidées.

Les autres, au contraire, comme la constitution anglaise, ont un double ou un triple principe de décision. Dès lors, l'accord seul des pouvoirs à qui le droit de prononcer est confié peut amener une résolution finale, et le défaut de ce concert entre des volontés indépendantes peut arrêter l'action du système social.

Si de telles constitutions ont été le résultat des anciens usages d'un peuple; si, au moment où elles ont pris une forme régulière, ceux à qui elles donnaient le droit de contredire le vœu du peuple, ont eu la sagesse de n'en pas user; si, à l'unité de principe, établie par la loi, leur politique en a substitué une autre, comme, par exemple, en Angleterre, la maxime de ne jamais résister à deux chambres des communes, et de n'en jamais contredire une seule,

XII.   14

sinon dans une circonstance extraordinaire, lorsque la majorité y est faible, et ne paraît pas d'accord avec le vœu national ; alors de telles constitutions peuvent durer longtemps sans occasionner des troubles.

Mais si, au contraire, l'habitude n'en déguise pas le vice essentiel et radical ; si, dans un premier essai, ceux qui exerçaient un droit négatif sur l'Assemblée des représentants du peuple, en ont abusé ; si la nation a été avertie des inconvénients et des dangers de cette nécessité d'un concert de volontés indépendantes ; alors de telles constitutions ne peuvent qu'être fatales au repos et à la liberté des citoyens ; alors l'unité de principe devient une condition essentielle d'un système social, même supportable, et un peuple serait exposé à marcher de révolutions en révolutions, jusqu'à ce qu'elles l'eussent conduit à cette unité nécessaire, parce qu'il ne pourrait plus se contenter de l'avoir dans le fait, comme aujourd'hui en Angleterre, mais qu'il ne pourrait s'en croire assuré, si elle n'était pas établie par la loi.

Ainsi, l'essai malheureux qu'on a fait en France d'une constitution à double principe, en a rendu la conservation impossible. Les hommes éclairés l'avaient annoncé d'avance ; mais on a refusé de les entendre. Celui à qui l'on avait confié le droit dangereux d'opposition, n'y a vu, comme on aurait dû le prévoir, qu'un moyen de suspendre l'action des pouvoirs, de trahir avec impunité, de détruire la liberté par la constitution même.

Les puissances étrangères peuvent donc, dès

aujourd'hui, regarder la France comme devant être dirigée, à l'avenir, par une volonté unique ; comme ne pouvant plus, dans ses relations extérieures, avoir d'autre motif d'agir que sa sûreté et sa prospérité. Tous les États, quel que soit leur gouvernement, depuis les rois de Sardaigne et de Naples jusqu'à la république de Bâle et de Zurich, depuis les ducs de Saxe et de Wurtemberg jusqu'aux villes de Hambourg ou de Francfort, doivent donc la considérer comme la seule barrière qu'ils puissent opposer, dans le continent, à la coalition des grandes monarchies, comme le seul garant de leur indépendance.

En même temps, ces idées d'une faction séparée de la nation même, d'une volonté du peuple de Paris, différente de celle des départements ; ces chimères accréditées, et par la cour des Tuileries, et par le parti des intrigants qui s'appelaient constitutionnels ; ces romans, à l'abri desquels Louis XVI conduisait sa double conspiration, ne peuvent plus tromper personne ; et l'Europe entière doit sentir que la Russie et l'Autriche seules ont intérêt à troubler la France ; que le roi de Prusse est la dupe de l'ambition qu'elles lui ont inspirée, et que sa sûreté comme celle du reste des États indépendants de l'Europe entière, est attachée à la conservation de la puissance française, qui ne pourrait être détruite, sans entraîner dans sa chute la souveraineté et la liberté de toutes les autres nations.

Tel est le point de vue sous lequel il faut, enfin, que la révolution du 10 août soit envisagée par tous

14.

les hommes capables de réflexion, quels que soient leur patrie et leurs principes.

Tout ce qui ne veut point baisser un front servile sous le bâton de Catherine, de François ou de Guillaume, tout ce qui aspire à conserver quelque propriété, quelque liberté, quelque honneur, indépendamment de leur gracieuse volonté, doit s'unir à la nation française; tous doivent se réunir contre ce vil ramas de brigands qui, sous le nom d'émigrés français, ont répandu dans les pays étrangers le mensonge et la corruption. Comment les héros qui ont servi sous le grand Frédéric, sous Daun, sous Laudon, peuvent-ils s'abaisser à être les vils satellites d'un Calonne, d'un Breteuil, d'un Bouillé, engraissé tour à tour, et des coups de fouet qu'il faisait donner à ses nègres, et des affaires dont il partageait le profit avec les maîtresses de nos ministres?

Comment la nation prussienne s'obstinerait-elle à faire la guerre au peuple français, qui regardait une alliance avec elle comme un moyen de déjouer les complots tramés à la cour de Louis XVI, et à la faire en faveur de cette même cour qui refusait cette alliance, et sacrifiait l'intérêt de la France et la sûreté de la monarchie prussienne à l'ambition de la maison d'Autriche? Pourquoi les puissances européennes, qui ont reconnu le prince d'Orange à la place de Jacques II, ne reconnaîtraient-elles pas le conseil électif substitué au roi des Français? Pourquoi la nation française ne pourrait-elle pas faire, à l'égard de Louis XVI, ce que les nations de l'Amérique ont fait à l'égard de George III?

Supposons que les Français se donnent une constitution fondée sur l'égalité la plus entière ; que cette constitution, proposée par une Convention nationale, dépositaire du vœu du peuple, soit encore expressément adoptée par lui ; qu'aucune hérédité, aucune inviolabilité personnelle, aucun grand pouvoir dangereux pour la liberté, n'y souille cette constitution, ne force à y placer ces contre-poids, ces oppositions de pouvoirs entre eux, si nuisibles à la simplicité, à l'activité des opérations du gouvernement ; que l'expression de la volonté nationale y soit une ; qu'aucune résistance ne puisse l'arrêter ; que le peuple y nomme immédiatement ses représentants ; que de sages combinaisons préviennent les inconvénients de ces deux dernières institutions, alors les puissances européennes refuseront-elles de nous reconnaître comme corps de nation, parce que nous aurions suivi, à la rigueur, les principes immuables du droit naturel ? Avoueront-elles, par leur conduite, que ces principes, vrais en Amérique, sont faux en Europe, et que la même maxime est vraie ou fausse, est crime ou vertu, suivant que l'exige leur insidieuse politique ?

SUR LA NÉCESSITÉ

DE L'UNION

ENTRE LES CITOYENS.

SEPTEMBRE 1792.

SUR LA NÉCESSITÉ

DE L'UNION

ENTRE LES CITOYENS.

Si nous demeurons unis, nous sommes sûrs de triompher de nos ennemis. On ne subjugue point une nation de vingt-six millions d'hommes qui veut rester souveraine et libre. Nous n'avons donc à craindre que nos divisions : et je ne vois qu'un moyen de les éviter, c'est que tous les citoyens se réunissent à la Convention nationale ; c'est que, s'adressant à elle avec confiance, ils la fassent dépositaire et juge de tous leurs soupçons contre les fonctionnaires publics, contre les individus.

On peut être assuré d'avance qu'elle ne placera point dans la constitution de chef héréditaire et inviolable du pouvoir exécutif, que cette institution si dangereuse ne menacera plus notre liberté. On peut être également certain, et qu'elle n'établira entre ses citoyens aucune distinction fondée sur la richesse ou sur la quotité de l'impôt, et qu'elle soumettra à l'acceptation libre et immédiate du peuple français, réuni dans ses assemblées primaires, la constitution rédigée par leurs représentants. Or, ces trois points convenus, quel motif d'inquiétude pourrait exister encore?

Que les citoyens s'unissent donc à elle; qu'ils l'appuient de leurs suffrages, qu'ils l'aident à détruire tous les obstacles qui pourraient l'empêcher de déployer avec une liberté entière pour la défense commune, pour le rétablissement de l'ordre, toute la force nationale.

Le pouvoir exécutif ne doit plus inspirer que de la confiance. La Convention nationale, comme l'Assemblée actuelle, saura le surveiller sans défiance. Si ses ordres excitent quelques inquiétudes, c'est à leurs représentants que les citoyens doivent s'adresser; mais l'obéissance préliminaire est un devoir impérieusement commandé par le salut public. Le refus d'exécuter un ordre peut, dans les circonstances actuelles, entraîner la prise d'une place importante, l'invasion d'un département, la perte de plusieurs milliers de nos frères.

Les citoyens doivent soigneusement se défendre contre ceux qui cherchent à semer entre eux la défiance, à les porter à des violences contraires à la loi, à ne pas respecter les règles établies par les Assemblées nationales pour le maintien de la propriété, de la liberté, de la sûreté. Non-seulement ces violences sont criminelles, non-seulement elles sont une violation du droit des hommes, une usurpation du pouvoir qui n'appartient qu'au peuple entier, et non à une seule section du peuple; mais rien ne peut être plus dangereux pour le salut public. D'abord, ces mouvements tumultueux entravent l'action des pouvoirs légitimes dans un moment où une défense que le nombre et la puissance de nos ennemis rendent difficile par elle-même, exigerait que ces pouvoirs pussent déployer librement toute leur activité. Ces mouvements effrayent tous les hommes amis de la tranquillité et de la paix., et les forcent à s'isoler, à chercher leur sûreté dans l'inaction. Enfin les violences, suite trop malheureuse de ces mouvements, nuisent à notre cause auprès des nations étrangères. Quelques-unes balancent entre nous et nos ennemis; nous pourrions diminuer la force des puissances qui se sont déclarées, en répandant parmi ceux qu'elles nomment leurs sujets, des principes révolutionnaires.

Mais pouvons-nous espérer quelque succès, si les désordres qui ont accompagné cette seconde révolution se prolongent encore? Les autres peuples, avant d'en commencer une, ne calculeront-ils pas ce que celle-ci nous a coûté? Les reproches auxquels nous nous exposons ne refroidiront-ils pas le zèle, ne diminueront-ils pas l'autorité de nos partisans; ne nous deviendra-t-il pas bien plus difficile de soulever en notre faveur la masse de l'opinion publique?

Mais, après s'être prémunis contre ces défiances que l'on sème entre eux, les citoyens des départements doivent aussi ne pas céder trop facilement à celles qu'on voudrait exciter entre eux et les habitants de Paris. Je n'ignore pas la conduite très-criminelle de quelques-uns des commissaires actuels de la commune de Paris; je sais qu'ils ont pu même égarer une portion du peuple ; mais la majorité est bien loin de partager ces fureurs ; elle les condamne, et elle en gémit.

Toute division, entre Paris et les départements serait funeste, en ce moment, à la sûreté de l'empire. Détestons les coupables, éclairons ceux qui sont égarés, restons unis avec des frères qui, comme nous, veulent l'égalité et la liberté. Tel doit être, à l'égard des habitants de Paris, le langage des citoyens des départements. La France a besoin d'être forte pour résister à tant d'ennemis, et pour être forte, elle a besoin d'un centre commun. Si, ce que je ne crois pas, il s'élevait des doutes sur la liberté, sur la sûreté des membres de la Convention nationale; si ces doutes agitaient les citoyens des départements, qu'ils s'adressent à leurs députés ; qu'ils leur offrent les forces nécessaires pour les défendre, mais qu'aucune démarche précipitée n'allume le flambeau d'une discorde, qui pourrait devenir fatale à la liberté.

C'est à cette liberté, c'est à cette égalité que nous avons fait tous les sacrifices ; aucun de nous ne s'occupe plus ni de ses intérêts, ni de sa vie, ni de son bonheur personnel, ni même de sa gloire.

Assurons-nous donc de laisser à nos enfants ce précieux héritage.

Mais le seul moyen, c'est que les citoyens prennent et expriment avec énergie la volonté de faire respecter la sûreté, la liberté, la propriété, et celle de se soumettre aux décrets de la Convention nationale, celle enfin de ne point souffrir qu'il soit porté aucune atteinte ni à son indépendance, ni aux droits des individus.

Alors nous aurons unité de force, alors nous serons sûrs de vivre égaux et libres.

PIÈCES EXTRAITES

DU

RECUEIL PÉRIODIQUE

INTITULÉ

LE RÉPUBLICAIN,

PAR CONDORCET.

Quel est le vil Romain qui veut avoir un roi ?
VOLTAIRE,
Mort de César. acte III, scène VI[4].

L'AN IV DE LA LIBERTÉ.

(SEPTEMBRE 1792.)

AVERTISSEMENT.

J'ai cru devoir aux citoyens qui ont bien voulu m'élire pour leur Représentant à la Convention Nationale (1), de faire réimprimer, sans aucun changement, ce que je publiais aux mois de juillet et d'août 1791.

Ce sera ma seule réponse à des hommes dont je mérite la haine, puisque j'ai voué un culte fervent à la vérité, à la justice, et professé toujours un profond mépris pour la médiocrité arrogante et vile. En m'adressant aujourd'hui à eux pour la première et la dernière fois, je leur dirai, comme naguère aux amis de la feue liste civile : Je dédaigne également vos calomnies et les poignards de vos satellites.

Je crois devoir avertir que le mode proposé

(1) Le 6 septembre 1792, Condorcet fut élu, par le collége du département de l'Aisne, député à la Convention Nationale, où il avait pour collègues de députation, Quinette, Jean de Bry, Thomas Payne, Carlier et Saint-Just.

pour la formation d'un conseil Électif (1), n'est peut-être pas celui que je préférerais aujourd'hui. Je pense, par exemple, qu'une élection immédiate pourrait être substituée, même avec avantage, à celle que je proposais de confier à des Assemblées électorales, et qu'il peut être utile d'établir un Président du Conseil.

La seule idée à laquelle je tienne, est celle d'une élection faite toujours d'avance, mais seulement déclarée et connue au moment où la place devient vacante. Je crois cette forme nécessaire dans toute Constitution où des places importantes et soumises à la responsabilité, sont conférées par les suffrages du peuple.

(1) Page 243.

DE LA RÉPUBLIQUE,

ou

UN ROI EST-IL NÉCESSAIRE

A LA CONSERVATION DE LA LIBERTÉ?

DISCOURS DONT L'ASSEMBLÉE FÉDÉRATIVE DES AMIS DE LA VÉRITÉ A DEMANDÉ L'IMPRESSION, EN VOTANT DES REMERCIEMENTS A SON AUTEUR ; LU AU CERCLE SOCIAL LE 12 JUILLET 1791.

Les Français n'ont plus besoin que l'éloquence les appelle à la liberté. Le courage ardent qu'ils ont déployé pour la recouvrer, et la fermeté tranquille avec laquelle ils ont contemplé le grand danger qui vient de la menacer, prouvent assez qu'ils seront fidèles au serment de vivre et de mourir pour elle.

C'est donc à leur raison seule qu'il faut parler des moyens d'assurer à la France une liberté paisible, fortunée, digne, en un mot, d'un peuple éclairé. Affranchis, par un événement imprévu, des liens qu'une sorte de reconnaissance leur avait fait une loi de conserver et de contracter de nouveau, délivrés de ce reste de chaînes que, par générosité, ils avaient consenti à porter encore, ils peuvent exami-

15.

ner enfin si, pour être libres, ils ont besoin de se donner un roi : car la nécessité seule peut excuser cette institution corruptrice et dangereuse.

Si le peuple se réserve le droit d'appeler une Convention nationale, dont les membres, élus par lui, soient chargés de prononcer, en son nom, qu'il veut ou qu'il ne veut plus conserver le trône; si l'hérédité se borne à suivre ce mode de remplacement pour le très-petit nombre d'années qui doit s'écouler entre deux Conventions, alors on ne peut pas regarder l'existence de la royauté comme essentiellement contraire aux droits des citoyens; et c'est à cette condition seule que l'on peut, sans crime et sans bassesse, se permettre de peser les dangers et les avantages du gouvernement monarchique. Les raisons qui peuvent engager des hommes à se créer un roi, pour l'intérêt même de la liberté, existent-elles ou n'existent-elles point parmi nous? Telle est donc la question qu'il faut resoudre.

I. Les amis de la royauté nous disent : *Il faut un roi, pour ne pas avoir un tyran; un pouvoir établi et borné par la loi, est bien moins redoutable que la puissance usurpée d'un chef qui n'a d'autres limites que celles de son adresse et de son audace.*

Mais cette puissance d'un usurpateur est-elle à craindre pour nous? Non, sans doute : la division de l'empire en départements suffirait pour rendre impossibles ces projets ambitieux; et ce qui aurait été imprudent, peut-être, avant cette mesure, si bien combinée, si utile, est aujourd'hui sans danger.

L'étendue de la France, plus favorable que contraire à l'établissement d'un gouvernement républicain, ne permet pas de craindre que l'idole de la capitale puisse jamais devenir le tyran de la nation.

La division des pouvoirs, fondée, non-seulement sur la loi, mais sur la différence réelle des fonctions publiques, est encore une autre barrière. L'armée, la flotte, l'administration des finances, celle de la justice, sont partagées entre des hommes dont l'éducation, les lumières, les habitudes, sont essentiellement différentes ; il faudrait avoir détruit, corrompu ou dénaturé tous ces pouvoirs, avant de pouvoir aspirer à la tyrannie.

Enfin, la liberté de la presse, l'usage presque universel de la lecture, la multitude de papiers publics, suffisent pour préserver de ce danger. Pour tout homme qui a lu avec attention l'histoire de l'usurpation de Cromwell, il est évident qu'une seule gazette eût suffi pour en arrêter le succès ; il est évident que si le peuple d'Angleterre eût su lire d'autres livres que la Bible, l'hypocrite protecteur, démasqué dès ses premiers pas, eût bientôt cessé d'être dangereux. Les tyrans populaires ne peuvent agir que sous le masque, et dès qu'il existe un moyen sûr de le faire tomber avant le succès, et de les forcer à marcher le visage découvert, ils ne peuvent plus être à craindre. Ne cherchons donc point à nous faire un mal réel pour prévenir un danger imaginaire.

II. *Un roi est nécessaire pour préserver le peuple de la tyrannie des hommes puissants.*

Mais je lis notre constitution, et je demande où

ces hommes puissants peuvent encore se trouver. Il n'existe plus de dignités, de prérogatives héréditaires ; le partage égal des successions, la publicité de toutes les opérations de finances, l'administration populaire de l'impôt, la liberté du commerce, ont opposé des limites suffisantes à l'inégalité des richesses.

En détruisant la noblesse, le clergé, les corps perpétuels de magistrature, le peuple français a détruit tout ce qui lui rendait utile la protection d'un monarque ; et ceux qui ont prétendu que la réforme de tant d'abus était l'anéantissement de la monarchie, ont dit plus vrai qu'ils ne le croyaient eux-mêmes.

III. *Un roi est nécessaire pour défendre les citoyens des usurpations d'un pouvoir législatif.*

Cette raison pourrait avoir quelque poids, s'il s'agissait d'un pouvoir législatif antérieurement établi ; car il serait possible que son action n'eût pas été renfermée dans de justes limites ; et, dans un pays où il existe un roi, il pourrait être dangereux de le supprimer, en conservant étourdiment tout le reste, sans examiner si cette suppression ne rend pas d'autres changements nécessaires. Aussi, qui jamais s'est avisé de le proposer ? Les ennemis de la liberté voudraient bien que ses défenseurs se livrassent à de pareilles absurdités.

Mais, en France, comment les usurpations du pouvoir législatif seraient-elles à craindre ? N'y est-il pas fréquemment renouvelé ? N'y existe-t-il pas entre les citoyens et lui des officiers publics, des exécu-

teurs des lois, choisis par le peuple? Les bornes de
ses fonctions ne sont-elles pas fixées par des lois
qu'il ne pourra changer? Des Conventions nationales, que le peuple aura le droit de demander, qui
de plus seront convoquées à des époques fixes, ne
veilleront-elles pas sur les usurpations des législatures? Quoi! la constitution n'est pas terminée; quoi!
le pouvoir constituant qui l'a établie est encore en
activité; et, au lieu de lui demander de ne donner
à aucun pouvoir une force dangereuse, on veut qu'il
donne à chacun d'eux des forces superflues, afin
d'avoir à craindre l'alternative de deux dangers; on
veut qu'il crée le mal pour avoir besoin du remède!

IV. *Un roi est nécessaire pour garantir de la tyrannie même du pouvoir exécutif, et il vaut mieux
avoir un maître que plusieurs.* Mais, pourquoi faudrait-il avoir des maîtres? Et comment un conseil
de gouvernement pourrait-il aspirer à l'être, si les
bornes de ses fonctions sont bien posées (car ici le
mot du pouvoir serait impropre), s'il est élu par le
peuple; si ses membres, nommés pour un temps,
ne peuvent avoir une grandeur individuelle; si,
soumis aux lois comme les simples citoyens, ils n'ont
pas, derrière eux, l'appui d'un pouvoir inviolable;
s'ils ont à craindre pour leurs usurpations, la surveillance des législatures, et pour l'excès de leur autorité, même légalement établie, la vigilance des Conventions; si, enfin, n'ayant point de liste civile, ils
ne peuvent corrompre? Comment un petit nombre
d'hommes, investis, pour un moment, d'un pouvoir
limité, pourraient-ils former le projet d'en reculer

les bornes après se l'être rendu personnel? Que pourrait-on craindre d'eux, sinon des oppressions particulières auxquelles il faut opposer, non un roi, mais des lois et des juges?

V. *Enfin*, dit-on, *un roi est nécessaire pour don-ner de la force au pouvoir exécutif.* Mais, dans un pays libre, il n'existe de force réelle que celle de la nation même; les pouvoirs établis par elle et pour elle, ne peuvent avoir que la force qui naît de la confiance du peuple et de son respect pour la loi. Quand l'égalité règne, il faut bien peu de force pour forcer les individus à l'obéissance, et l'intérêt de toutes les parties de l'empire est qu'aucune d'elles ne puisse se soustraire à l'exécution des lois que les autres ont reconnues.

On parle toujours comme au temps où des asso-ciations puissantes donnaient à leurs membres l'o-dieux privilége de violer les lois, comme au temps où il était indifférent à la Bretagne que la Picardie payât ou non les impôts; alors, sans doute, il fallait une grande force aux chefs du pouvoir exécutif; alors nous avons vu que même celle du despotisme armé ne suffisait pas.

Il a existé des abus, des dangers contre lesquels l'existence d'un roi était utile; et sans cela y aurait-il jamais eu des rois? Les institutions humaines les plus vicieuses sont-elles autre chose que des remèdes maladroitement appliqués à des maux imaginaires ou réels? Croit-on que des hommes se soient jamais fait du mal pour le plaisir de le souffrir? Croit-on que leur soumission, toujours volontaire dans l'origine, n'ait pas toujours eu pour motif une utilité présente, bien ou mal entendue?

C'est, au contraire, l'existence d'un chef héréditaire qui ôte au pouvoir exécutif toute sa force utile, en armant contre lui la défiance des amis de la liberté, en obligeant à lui donner des entraves qui embarrassent et retardent ses mouvements. La force que l'existence d'un roi pourrait donner au pouvoir exécutif ne serait que honteuse et nuisible; elle ne pourrait être que celle de la corruption.

Nous ne sommes plus au temps où l'on osait compter, parmi les moyens d'assurer la puissance des lois, cette superstition impie qui faisait d'un homme une espèce de divinité. Sans doute nous ne croyons plus qu'il faut, pour gouverner les hommes, frapper leur imagination par un faste puéril, et que le peuple sera tenté de mépriser les lois si leur suprême exécuteur n'a pas un grand maître de la garde-robe.

Des hommes qui se souviennent des événements de l'histoire, mais qui ne connaissent pas l'histoire, sont effrayés des tumultes, des injustices, de la corruption de quelques républiques anciennes. Mais qu'ils examinent ces républiques, ils y verront toujours un peuple souverain et des peuples sujets; ils y verront dès lors de grands moyens pour corrompre ce peuple, et un grand intérêt de le séduire. Or, ni cet intérêt, ni ces moyens n'existent quand l'égalité est entière, non-seulement entre les citoyens, mais entre tous les habitants de l'empire. Que le peuple d'une ville règne sur un grand territoire, que celui d'une province domine par la force sur des provinces voisines, ou qu'enfin des nobles, répandus dans un pays, y soient les maîtres de ceux qui l'habitent, cet empire d'une multitude sur une autre est la plus odieuse des tyrannies; cette forme du corps politique est la plus dangereuse pour le peuple qui obéit, comme pour le peuple qui commande. Mais est-ce là ce que demandent les vrais amis de la liberté, ceux qui veulent que la raison et le droit soient les seuls maîtres des hommes? Aux dépens de qui pourrions-nous satisfaire à l'avidité de nos chefs? Quelles provinces, conquises par un général français, dépouillera-t-il pour acheter nos suffrages? Un ambitieux nous proposera-t-il, comme aux Athéniens, de lever des tributs sur les alliés pour élever des temples ou donner des fêtes? Promettra-t-il à nos soldats, comme les consuls aux citoyens de Rome, le pillage des Espagnes ou de la Syrie? Non, sans doute : et c'est parce que nous ne pouvons être un peuple-roi que nous resterons un peuple libre.

Telles sont les raisons qu'on allègue en faveur d'un pouvoir héréditaire, et l'on voit qu'aucune d'elles n'est applicable à la nation française dans l'époque actuelle. Quant à ces motifs si rebattus de l'unité, de l'activité du pouvoir exécutif (privilége exclusif de la monarchie), de la nécessité, quand les mœurs sont corrompues, de conserver l'institution la plus propre à les corrompre davantage, et de l'impossibilité de constituer une grande république; quant à ces honteuses et perfides insinuations, qu'il

est de l'intérêt particulier de la capitale de conserver
un roi et une liste civile, à cette opposition que l'on
cherche à faire naître entre la capitale et les provinces, comme si la liberté et l'égalité n'étaient pas
aujourd'hui le premier de leurs vœux et de leurs besoins; quant à ce reproche de vouloir une république, après avoir juré de maintenir la constitution
monarchique; à cette maxime de la tyrannie et de
l'inquisition, qui, prêtant à un serment la force d'engager les pensées comme les actions, voudrait qu'on
eût promis, non d'exécuter la loi, mais de la trouver bonne, non d'obéir, mais de croire, nous ne ferons pas à ces objections l'honneur de les réfuter;
bien moins encore répondrons-nous à ces lâches calomnies que répandent contre nous cette foule de
parleurs ou d'écrivains mercenaires, qui ont de si
bonnes raisons pour trouver qu'il ne peut y avoir de
bon gouvernement sans une liste civile; et nous leur
permettrons de traiter de fous ceux qui ont le malheur de penser comme les sages de tous les temps
et de toutes les nations.

C'est à ceux à qui, dans ce moment, la nation
française a confié le droit de lui proposer une constitution, qu'il appartient de déterminer quelle
forme, après un événement qui a débarrassé le
peuple de ses engagements avec le monarque, il
convient de donner au pouvoir exécutif. Ils doivent
aux citoyens d'examiner cette grande question, avec
toute la liberté, toute la maturité que mérite une décision qui peut avancer ou reculer de quelques générations les progrès de l'espèce humaine.

Jusqu'à ce moment, ils n'ont rien préjugé encore. En se réservant de nommer un gouverneur au dauphin, ils n'ont pas prononcé que cet enfant dût régner, mais seulement qu'il était possible que la constitution l'y destinât; ils ont voulu que l'éducation effaçât tout ce que les prestiges du trône ont pu lui inspirer de préjugés sur les droits prétendus de sa naissance; qu'elle lui fît connaître de bonne heure, et l'égalité naturelle des hommes, et la souveraineté du peuple; qu'elle lui apprît à ne pas oublier que c'est du peuple qu'il tiendra le titre de *roi*, et que le peuple n'a pas même le droit de renoncer à celui de l'en dépouiller. Ils ont voulu que cette éducation le rendît également digne, par ses lumières et ses vertus, de recevoir avec résignation le fardeau dangereux d'une couronne, ou de la déposer avec joie entre les mains de ses frères; qu'il sentît que le devoir et la gloire du roi d'un peuple libre, sont de hâter le moment de n'être plus qu'un citoyen ordinaire. Ils ont voulu que l'inutilité d'un roi, la nécessité de chercher les moyens de remplacer un pouvoir fondé sur des illusions, fût une des premières vérités offertes à sa raison; l'obligation d'y concourir lui-même, un des premiers devoirs de sa morale; et le désir de n'être plus affranchi du joug de la loi par une injurieuse inviolabilité, le premier sentiment de son cœur. Ils n'ignorent pas que dans ce moment il s'agit bien moins de former un roi que de lui apprendre à savoir, à vouloir ne plus l'être (1).

(1) Je savais que plusieurs députés voulaient me donner leur

Les hommes qui ont brisé les fers de la féodalité et ceux de la superstition, qui nous ont affranchis de la tyrannie judiciaire et financière ; les rédacteurs de la première déclaration des droits dont l'Europe puisse s'honorer, seront fidèles à leur gloire. Ils ne renouvelleront point librement ces lois honteuses, ces lâches apothéoses que la crainte des prétoriens arrachait au sénat des empereurs. S'ils gardent encore le silence, c'est que, se regardant sur ces grands objets, non comme les arbitres, mais comme les interprètes de la volonté nationale, ils attendent, pour lui obéir, qu'elle se soit hautement manifestée.

suffrage pour la place de gouverneur, et j'étais bien aise qu'on sût d'avance dans quels principes je l'aurais élevé. Je connaissais assez l'Assemblée pour être certain que c'était un moyen assuré de ne pas avoir la pluralité.

LETTRE

D'UN JEUNE MÉCANICIEN

AUX

AUTEURS DU RÉPUBLICAIN.

16 JUILLET 1791.

— o○o —

MESSIEURS,

Un jeune homme, à qui on donne six livres par feuille pour travailler aux bons numéros de *l'Ami des patriotes*, disait hier, au café, que ces scélérats de républicains allumeraient infailliblement la guerre civile, si le zèle prudent des honnêtes amis de la liste civile ne parvenait à sauver la monarchie. Comme j'aime beaucoup la paix, ces discours m'ont empêché de dormir ; mais j'ai été assez heureux pour trouver un moyen de concilier tous les partis.

J'ai étudié la mécanique sous Vaucanson, sous l'abbé Mical, auteur des têtes parlantes, même sous le baron de Kempel, qui a fait le joueur d'échecs, et je puis promettre de faire sous quinze jours, au comité de constitution, un roi avec sa famille royale et toute sa cour.

Mon roi ira à la messe, se mettra à genoux dans les moments convenables. Il fera ses pâques suivant le rite national, et on aura soin de faire en sorte que cette partie de la mécanique royale, de même que celle du grand aumônier, se détachent, afin de pouvoir en substituer une autre, dans le cas d'un changement de religion. Il soutiendra aussi bien qu'un autre roi, une conversation avec ses grands officiers. Un chambellan automate lui présentera sa chemise, un grand maître de la garde-robe lui mettra le col. Mon roi sanctionnera les décrets à la pluralité des voix de son conseil; il signera les ordres que ses ministres lui présenteront. Si l'on décide qu'il est de l'essence de la monarchie qu'un roi choisisse et renvoie ses ministres, comme on sait qu'en suivant la saine politique, il doit toujours se déterminer d'après le vœu du parti qui a la majorité dans la législature, et que le président en est un des chefs, il est aisé d'imaginer une mécanique au moyen de laquelle le roi recevra la liste des ministres de la main du président de la quinzaine, avec un air de tête plein de grâce et de majesté.

Si quelqu'un doutait de la possibilité de cette machine, il n'aurait qu'à supposer madame de Maintenon à la place du président, et le cordon qui fait jouer l'automate royal, attaché d'une manière un peu différente : alors il aurait l'histoire des trente dernières années du règne glorieux de Louis XIV.

Pour que la cour fût un peu brillante, il ne faudrait

qu'environ deux millions de dépense première; on aurait difficilement à moins deux cents personnages de grandeur naturelle. L'entretien coûterait environ cent mille livres par an, ainsi la liste civile n'en passerait pas deux cent mille. C'est marché donné, et chaque Français ne payerait qu'environ un demi-denier par année pour le bonheur d'avoir un roi.

Il existe depuis longtemps, chez plusieurs nations, des rois héréditaires; qu'on en lise l'histoire, et qu'on ose dire ensuite qu'elles n'auraient pas beaucoup gagné à suivre ma méthode. Mon roi ne serait pas dangereux pour la liberté, et cependant, en le réparant avec soin, il serait éternel, ce qui est encore plus beau que d'être héréditaire. On pourrait même le déclarer inviolable sans injustice, et le dire infaillible sans absurdité.

SUR L'INSTITUTION

D'UN

CONSEIL ÉLECTIF.

23 JUILLET 1791.

Une nation de vingt-cinq millions d'hommes répandue sur une surface de vingt-sept mille lieues carrées, peut-elle former une république?

Les philosophes qui ont réfléchi sur la nature humaine, approfondi les principes des sociétés, examiné quelle action le gouvernement doit exercer sur les choses et sur les hommes, sont étonnés que l'on puisse même faire cette question. Quoi! disent-ils, il est impossible d'établir un bon gouvernement pour un grand peuple, sans le secours d'une institution dont l'absurdité frappe les esprits les moins éclairés d'une véritable superstition politique, dont chacun se moque pour soi, en la disant nécessaire pour la stupidité d'autrui! La nature aurait-elle donc attaché à une chimère le bonheur de l'espèce humaine? Quoi! une constitution n'est pas vraiment libre et légitime, si elle n'est soumise, à certaines époques, à la révision d'une assemblée chargée par le peuple de cette fonction ; si le vœu des citoyens, exprimé sous une forme établie par la loi, ne peut exiger la convocation d'un corps constituant ! Cette convocation, enfin, ne peut être retardée au delà de vingt ans, sans offenser le droit des citoyens, dont plus de la moitié serait alors forcée d'obéir à une constitution qu'elle n'a pu consentir ! et, cependant, on propose de créer un pouvoir héréditaire ! Ainsi, au moins tous les vingt ans, et peut-être à chaque dixième année, on mettra en question si ce pouvoir éternel sera ou ne sera pas conservé ! Sa prétendue force vient de son immutabilité, et la conservation en sera toujours incertaine. Ce pouvoir doit maintenir la paix, et, cependant, ses partisans et ses adversaires, occupés de le soutenir et de le combattre dans les conventions où il doit être périodiquement jugé, diviseront sans cesse le peuple en deux factions.

Un conseil électif n'a pas le même inconvénient : le nombre des membres de ce conseil, la distribution, la durée de leurs fonctions, la forme de leur élection peuvent être changés par les conventions ; mais ces changements n'auront sur l'ordre établi qu'une influence insensible. Un gouvernement monarchique est donc encore, sous ce point de vue, une institution hétérogène dans une constitution vraiment libre, un obstacle éternel à sa tranquillité, comme à son perfectionnement. Tous les hommes éclairés conviennent de ces vérités. D'autres, au contraire, accoutumés à prendre pour les principes fondamentaux de la politique, quelques phrases qu'ils ont entendu répéter, regardent comme absurde le projet d'une grande république; mais, jusqu'ici, aucun d'eux n'a encore daigné révéler en quoi consiste précisément cette absurdité.

On conçoit que la monarchie héréditaire a deux grands avantages. 1° Elle nécessite l'établissement d'un énorme revenu, dont la disposition, à peu près arbitraire, offre d'utiles espérances. 2° Il est difficile qu'à côté de l'hérédité d'une grande place, il ne s'établisse ou ne se conserve une hérédité de considération ou d'importance, très-propre à consoler de cette égalité désespérante d'une république bien constituée. Des esprits sévères ne voient là, sans doute, que des dangers; mais, comment ne sentent-ils pas qu'un peu de corruption est nécessaire pour tempérer l'ardeur du patriotisme, et qu'il est dangereux de trop désespérer la vanité, en réduisant les hommes à ne plus exister que par leurs qualités personnelles (1)?

Cependant, ceux qui ne seraient pas frappés de ces avantages, les seuls que j'aie pu découvrir jusqu'ici dans la royauté, ne peuvent voir dans l'institution d'un chef héréditaire inviolable, mais obligé

____

(1) L'hérédité et la liste civile, c'est-à-dire, les deux conditions qui rendent la royauté absurde, corruptrice, contraire à l'égalité des droits, incompatible avec une bonne constitution, sont précisément ce qui la rend si chère aux monarchistes. Ils ne feraient aucun cas d'un roi électif qui n'aurait que cent mille livres de rente, eût-il d'ailleurs les vertus de Julien et de Marc-Aurèle. Ce n'est pas la monarchie, le gouvernement d'un seul, qu'ils veulent : c'est la corruption et l'inégalité.

d'agir par l'intermédiaire de ministres responsables,
qu'un homme chargé d'élire et de destituer le conseil
qui doit gouverner. Pour que l'opinion des dévoués
à la monarchie pût donc avoir quelque force, il faudrait prouver qu'on ne saurait imaginer une méthode
de choisir moins absurde. En effet, cette impossibilité seule peut excuser la préférence donnée à une
institution qui abandonne les choix au hasard, qui
expose à tous les inconvénients de l'incapacité ou
des vices d'un individu placé sur le trône par le sort
de la naissance; individu qui, regardant le droit de
gouverner comme une propriété, doit avoir pour
but constant d'augmenter l'activité du pouvoir exécutif, aux dépens de la liberté individuelle. Aussi,
jusqu'au moment où la lassitude et la corruption
amènent l'indifférence, ce gouvernement ne pouvant
obtenir de confiance, doit-il rester sans force, sans
autorité pour le bien, et n'en peut-il reprendre que
pour opprimer. Il faut donc prouver qu'il n'y a de
choix qu'entre cette institution ou l'anarchie. Mais
les partisans de ce système peuvent soutenir que
l'impossibilité existe; et ils vous diront, avec une
sorte de raison : Ou montrez-nous un autre moyen,
ou ne nous reprochez plus de nous servir du seul que
nous connaissions.

Je vais donc, pour leur répondre, esquisser le plan
d'une méthode de former un conseil de gouvernement, en l'appliquant immédiatement à la constitution française; j'exposerai ensuite les motifs des principales dispositions, et j'indiquerai dans des notes
ceux de quelques autres. Alors, puisque cette forme

de gouvernement est plus conforme à la raison, qu'elle ne renferme aucune supposition absurde, qu'elle conserve aux hommes un exercice plus étendu de leurs droits, c'est aux monarchistes à prouver qu'elle expose à plus d'inconvénients que l'existence d'un électeur héréditaire.

Formation d'un conseil de gouvernement.

ARTICLE PREMIER.

Le conseil de gouvernement sera composé de sept personnes (1).

ART. II.

Elles seront choisies par les mêmes électeurs que les membres des législatures.

ART. III.

Les électeurs ne pourront nommer pour chaque place, que sur une liste d'éligibles, formée comme il sera ci-après expliqué.

(1) Il serait inutile d'entrer ici dans les détails des fonctions qu'elles doivent exercer en commun ou séparément. On pourrait en borner le nombre à cinq personnes; je préférerais qu'ils fussent égaux entre eux, et chargés chacun des affaires d'un département.

ART. IV.

Nul ne demeurera sur cette liste sans son acceptation préalable; et ceux qui y seront une fois placés, n'en seront rayés que dans le cas où ils demanderaient à l'être.

ART. V.

Les scrutins faits dans chaque département seront placés dans une boîte de verre ou de porcelaine, qui sera hermétiquement scellée, de manière à ne pouvoir être ouverte sans la briser.

ART. VI.

Ils se renouvelleront, chaque année, à une époque fixe.

ART. VII.

Lors de la vacance d'une place, le scrutin sera ouvert dans chaque département, le résultat entier envoyé, cacheté, à la législature, qui fera faire, par des scrutateurs élus par elle, le dépouillement de ces scrutins partiels; le résultat en sera proclamé; et si une nouvelle vacance arrive, elle sera remplie d'après cette liste et suivant l'ordre de la pluralité (1).

(1) Par ce moyen, le scrutin annuel suffira pour tous les événe-

Art. VIII.

La première élection sera faite de la même manière; mais le scrutin de chaque département sera envoyé, scellé, à la législature, où se fera le dépouillement général (1).

Art. IX.

Les places, dans le conseil du gouvernement, seront conférées pour dix ans : on pourra élire de nouveau les mêmes personnes à l'expiration de ce terme; et, pour cet effet, elles seront placées de droit sur la liste des éligibles (2).

Art. X.

Chaque législature, entrant en fonction, décidera,

ments. On ne doit pas craindre l'intrigue de ceux qui, par cette publication, sont destinés à succéder, pendant le temps qui s'écoulerait entre l'ouverture du scrutin et l'époque des élections ordinaires; parce que, pendant cet espace de temps, dont la durée moyenne est six mois, les ministres ne pourraient être destitués que par un jugement.

(1) On pourrait même suivre cette méthode pour toutes les vacances. Par celle de l'article précédent, chaque département ayant formé son scrutin, il existe une vérification du scrutin général; mais il y aura un espace de temps où le résultat futur ne sera plus absolument secret; et de plus, la vérification totale ne sera pas faite par des agents de la nation entière.

(2) Je ne crois pas très-utile d'établir cette rééligibilité; on le

par un scrutin personnel, pour chaque ministre, et sans aucune discussion préalable, s'il doit ou non rester en place; si elle décide qu'il doit sortir de place, on ouvrira le scrutin fait d'avance.

ART. XI.

Chacun d'eux nommera, sur la liste des éligibles pour sa place, celui qui, en cas d'absence nécessaire, de maladie, de mort, de suspension, etc., le remplacera dans ses fonctions, et en désignera de même un second pour remplacer le premier, en cas d'empêchement.

ART. XII.

Ces deux personnes seront employées dans le département auquel elles seront attachées, comme directeurs ou chefs de bureau.

proposé ici par ménagement pour l'opinion de ceux qui seraient frappés de l'inconvénient de changer de ministre au milieu de la guerre. D'ailleurs, l'exclusion que les législatures peuvent donner préviendrait les dangers de la rééligibilité. Je propose d'établir que cette durée de dix ans soit individuelle, de manière que le conseil ne se renouvelle pas en entier; c'est le moyen d'y conserver plus sûrement le même esprit; et le droit de destitution, donné aux législatures, empêcherait que cette perpétuité des mêmes vues ne devînt dangereuse. On avertirait des vacances, en plaçant, sur la liste des éligibles, ceux des ministres actuels qui doivent sortir dans l'année, de manière que l'ordre du scrutin serait toujours conservé.

Art. XIII.

Toutes les affaires se décideront, tous les ordres s'expédieront, toutes les nominations se feront au nom du conseil, qui sera toujours complet (1).

Formation de la liste des éligibles.

Article premier.

La législature formera séparément une liste de quinze sujets pour chaque place (2).

Art. II.

Dans la suite, chaque législature, avant de se séparer, nommera autant de personnes qu'il sera nécessaire pour compléter ce nombre, de manière

(1) Pour qu'il ne le fût pas, il faudrait que les trois personnes attachées à chaque département et chargées d'un travail journalier, fussent absentes ou malades à la fois, ce qui est presque impossible.

(2) On pourrait se borner à la faire de onze, même de neuf; mais, comme tous les deux ans on y place au moins trois nouveaux sujets, la fixation de nombre n'est importante que pour les premières fois : dans la suite, il se réglera naturellement sur le résultat probable de cette inscription annuelle.

seulement que, dans chaque élection, elle y ajoute trois nouveaux sujets (1).

Art. III.

Chaque membre de la législature, dans un premier scrutin, écrira un nom seulement, pris parmi tous les citoyens qui ne sont pas de cette même législature. Ceux dont les noms sont inscrits sur ces billets seront seuls éligibles pour le second scrutin (2).

Art. IV.

Dans ce second scrutin, chaque votant écrira trois noms; et parmi ceux qui seront inscrits sur les billets, on ne conservera, pour un troisième scrutin, qu'un nombre de noms double de celui qui doit être ajouté à la liste.

(1) Par ce moyen, on diminuera les intrigues pour se faire placer sur la liste; et dans le cas où l'esprit de la nation aurait changé, et se trouverait contraire à celui ou de la législature actuelle, ou des législatures précédentes, il se trouvera toujours sur la liste des hommes dont les opinions et les principes seront d'accord avec le vœu national. Il serait absurde de supposer qu'une législature, fréquemment renouvelée, fût constamment en opposition avec la volonté du peuple.

(2) Il serait possible que des membres de la législature présente eussent été anciennement placés sur la liste, ainsi que des membres de la nouvelle législature; mais il n'en résulte aucun inconvénient, pourvu que les places soient déclarées incompatibles.

Art. V.

Dans un troisième scrutin, chaque votant inscrira un nombre de noms égal à celui des places.

Art. VI.

Ceux qui auront le plus de voix seront élus.

Art. VII.

Si le nombre des noms du premier scrutin est moindre que le double des places à remplir, ou seulement égal à ce nombre, le second scrutin sera fait comme dans l'art. V, et sera définitif.

Art. VIII.

Si, dans le second scrutin, le nombre est moindre que le double, on passera au troisième, entre ce nombre de noms seulement.

Art. IX.

Si, dans le premier ou le second scrutin, il n'y a pas un nombre de noms plus grand que celui des places qui sont à remplir, ce scrutin sera définitif.

Art. X.

Si on n'a pas, dans les premiers scrutins, un

nombre de noms égal à celui des éligibles à placer sur la liste, on recommencera l'élection, mais seulement pour le nombre de noms qui resteraient encore à placer.

Forme d'élection.

ARTICLE PREMIER.

Les électeurs du département écriront sur une liste un nombre de noms égal à la moitié de celui des éligibles, augmenté d'une unité, si ce nombre est pair; à la plus forte moitié de ce nombre des éligibles, s'il est impair; c'est-à-dire, huit, si le nombre des éligibles est quinze, et aussi huit si ce nombre est quatorze.

ART. II.

Celui qui aura le plus de voix, dans les scrutins réunis de quatre-vingt-trois départements, sera préféré (1).

---

(1) Il est possible, en adoptant cette forme, que celui qui est élu n'ait pas au moins la majorité absolue des voix.

On s'assurerait de meilleurs choix, en n'accordant pas la préférence à celui qui serait sur le plus de listes, mais en ayant égard à l'ordre dans lequel les noms y seraient placés, et en préférant celui qui serait arrivé plus tôt à avoir plus de la moitié des suffrages. Par exemple, on préférerait celui qui aurait la majorité des premières voix; si personne ne l'obtenait, celui qui aurait la majorité

Plus un empire est étendu, plus on doit donner d'activité et de force à cette partie du gouvernement qui ne peut se partager entre les diverses portions du territoire, parce qu'elle doit les embrasser toutes à la fois : or, sept personnes, déclarées dignes chacune de la place qu'elles occupent par les représentants de la nation, préférées par les électeurs des départements à toutes celles qui avaient partagé le même honneur, doivent obtenir, dans l'opinion, cette considération, cette confiance qui, seule, dans un pays libre, peut donner de la force au pouvoir exécutif. Cette force serait d'autant plus grande, que cette autorité n'étant point, comme celle du conseil monarchique, dans une opposition d'intérêt avec l'autorité du corps législatif, elle inspirerait moins de crainte aux amis de la liberté.

La loi peut donner aux membres de ce conseil toute l'activité nécessaire, sans craindre qu'ils en abusent contre la liberté, puisqu'ils sont destituables par la volonté du peuple ; car ces représentants, lorsque, nouvellement élus par lui, ils n'ont pu encore, ni se réunir en partis, ni céder à des influences particulières, peuvent être regardés comme les véritables interprètes de cette volonté. Le corps législatif ne doit se changer en corps électoral, ou

dans les deux premières voix ; et entre les trois qui pourraient l'obtenir, celui qui aurait le plus de voix, et ainsi de suite.

Mais cette méthode rendrait le dépouillement des scrutins plus long et plus difficile ; d'ailleurs, elle obligerait les électeurs à placer les noms suivant l'ordre du mérite, et il y aurait de l'inconvénient à l'exiger d'électeurs peu éclairés.

exercer le droit d'exclure, qu'à l'ouverture ou à la clôture de ses fonctions; et il le peut alors sans danger, surtout quand on le renouvelle en entier. A la première époque, il n'a pu encore être corrompu; à la seconde, il est instruit par l'expérience, et n'a plus d'intérêt. La première est celle où ses membres, ayant pu souffrir, comme les autres citoyens, des vices de l'administration, doivent mieux juger les fautes des administrateurs; la seconde est celle où, placés au centre des affaires, ils doivent mieux connaître les hommes : c'est à la première qu'il convient de placer les destitutions; mais la seconde doit être celle des élections. En même temps, la crainte de cette destitution périodique n'ôterait pas aux ministres la force d'agir. Il est difficile d'imaginer qu'ils puissent être destitués pour une autre cause que la perte de la confiance publique. Je sais que cette opinion peut être injuste : mais l'homme vertueux voudrait-il continuer de gouverner une nation malgré elle? Enfin, si la crainte d'être destitué agit sur ceux qui gouvernent, ne vaut-il pas mieux qu'elle les porte à ménager l'opinion du peuple, plutôt qu'à flatter les passions ou les intérêts d'un roi?

On ne propose pas d'attribuer au corps législatif, en fonctions, le droit de destituer les ministres, parce qu'on ne pourrait l'accorder sans réunir les deux pouvoirs; réunion qui, sans doute, ne peut être très-dangereuse pour la liberté, si le corps législatif n'a qu'une courte durée; si une Convention nationale périodique peut arrêter ses usurpations, mais qui suspendrait l'activité du pouvoir exécutif, et nuirait à la maturité des décisions des législatures.

On parle de la majesté du trône! mais des hommes honorés du choix libre et pur d'un peuple entier, ne sont-ils pas plus imposants aux yeux d'un être qui n'a pas renoncé au bon sens, qu'un seul homme qui doit tous ses titres au hasard? Dans un pays qui n'est pas dominé par la superstition politique, le contraste de la dignité du trône avec les vices ou l'incapacité de celui qui l'occupe, avilirait bientôt cette majesté prétendue; le trône ne peut subsister longtemps sous les yeux de la raison publique, et il faut, ou que les chefs des nations continuent de se livrer aux préjugés, ou qu'ils cessent de vouloir leur donner des rois.

Si l'on veut que ces ministres aient un éclat qui frappe l'imagination, on le peut sans blesser l'égalité, sans affliger les regards du pauvre par le spectacle d'un luxe payé par lui. Que, réunis dans le même palais, ils aient chacun un appartement public où les arts déploient cette magnificence sévère qui convient aux peuples libres; que les statues des Aristide, des Caton, des l'Hôpital, des Turgot, y soient la leçon de l'homme public, et l'espérance de ceux qui sollicitent sa justice; que les salles où le conseil s'assemble montrent l'image des législateurs, des libérateurs, des précepteurs des nations; que les murs offrent partout l'exemple des vertus publiques; alors vous encouragerez les arts sans flatter la vanité du ministre, à qui tout rappellera que sa dignité n'est que celle du peuple.

XII.   17

Qu'un appartement particulier pour les ministres et pour leur famille, simple, mais commode, ne présente que des meubles modestes, fournis par la nation; que les chevaux nécessaires pour leur service ou pour leurs voyages, les domestiques dont ils ont besoin, comme fonctionnaires publics, soient aussi payés par elle, et qu'ensuite ils n'aient plus que de modiques appointements. Dès lors, à leurs yeux, comme à ceux du peuple, l'homme public sera séparé de l'homme privé; la magnificence plus ou moins nécessaire à l'un ne fera point contracter à l'autre des habitudes corruptrices. En quittant sa place, il n'aura point à en changer, à en faire changer sa famille, ce qui souvent est plus difficile et plus pénible. Il n'aura rien gagné en parvenant à une place, il ne perdra rien en la quittant.

Au moyen de ces élections, faites d'avance, dont le résultat est inconnu, les intrigues des hommes déclarés éligibles seront peu dangereuses. Si l'on craint que l'esprit des quatre-vingt-trois assemblées d'électeurs soit trop facile à connaître, si on juge qu'un intrigant ait assez de moyens pour calculer d'avance les résultats de ces scrutins secrets, rien ne serait plus facile que d'y remédier, en faisant les élections par district; et alors on ne craindra pas, sans doute, qu'un homme puisse avoir des émissaires dans chacun.

Quant à l'unité dans le gouvernement, elle est suffisamment assurée, en établissant que le conseil soit toujours complet, et que les suppléants soient nommés par les titulaires, tandis que la destitution

confiée au corps législatif remédiera aux inconvénients de cette disposition, et préviendra ou fera
cesser les divisions qui s'élèveraient entre eux.

Ceux qui croiraient trouver plus d'unité et de
promptitude dans le conseil d'un roi, seraient dé-
mentis par l'histoire bien connue de ce qui se passe
dans ces conseils, où l'on voit sans cesse le défaut
de suite et d'ensemble, et tour à tour l'incertitude et
la présomption, la lenteur et l'étourderie. Quant à
la constance dans les plans, croit-on que des
hommes placés pour dix années, révocables seulement une fois tous les deux ans, ne se regarderont pas
comme plus fixes dans leur place, que s'ils dépen-
daient des caprices d'un individu? Croit-on que la
durée moyenne de leur ministère ne sera pas plus
grande? Le mode de leur remplacement, que bientôt le sort des événements rendra successif, n'est-il
pas le meilleur moyen de prévenir l'instabilité du
gouvernement?

On parle avec mépris des choix populaires.

Mais consultons d'abord l'expérience. Nous con-
naissons assez l'histoire d'Athènes et de Rome, pour
savoir à quels choix une méthode d'élire très-gros-
sière a conduit des peuples où la majorité des citoyens, bien loin d'avoir des lumières, était livrée
à l'ignorance et aux plus absurdes préjugés. Or, on
voit que rarement ces choix tombaient sur des
hommes incapables; que plus rarement encore ces
erreurs étaient durables : on voit que, dans le temps
où le peuple marquait le plus d'aversion pour les
citoyens considérables par leur naissance ou leurs

richesses, il ne s'arrêtait guère qu'à ceux que leur première éducation, leurs premiers emplois avaient préparés à des fonctions importantes, ou que leurs actions en montraient dignes. A peine y remarque-t-on un petit nombre d'hommes médiocres ou avilis, élevés par le respect pour leur nom et l'influence de leurs richesses, et quelques indignes favoris du peuple.

Ni en France, ni ailleurs, il n'entrera dans la tête du peuple d'appeler à une place importante un homme sans réputation ; il n'imaginera pas de choisir un pilote pour ministre de la marine, ni de confier à un simple soldat le département de la guerre. D'ailleurs, on propose ici de diriger son choix d'après une liste formée par la législature, au moment de sa séparation, c'est-à-dire, par des citoyens qui, occupés des affaires les plus importantes, sont plus à portée qu'aucune autre collection d'individus de connaître les hommes ; par des citoyens qui, prêts à quitter leurs fonctions, à rentrer dans la classe des hommes privés, ne peuvent avoir d'intérêt à se déshonorer par de mauvais choix, surtout lorsque, bornés à la formation d'une liste d'éligibles, ce déshonneur serait presque toujours en pure perte.

Rien n'empêcherait enfin d'ajouter au nom de chaque éligible le tableau des places qu'il a déjà occupées, des ouvrages qu'il a pu faire, des travaux dont il a été chargé, sans jugement, sans blâme, sans louange, seulement pour donner aux électeurs les moyens de s'éclairer.

J'ai préféré le choix par les électeurs des départe-

ments, à la convocation d'un corps électoral,
1° parce que ce corps serait infailliblement dirigé
par l'intrigue, qu'il serait facile d'y introduire la corruption, que cette corruption coûterait moins que
ne vaut une place de ministre; 2° parce que les lumières acquises par ces électeurs, pendant leur séjour dans la capitale, ne les mettraient pas à portée
de faire de bons choix, de pouvoir juger par euxmêmes; 3° parce que la confiance nécessaire à tout
bon gouvernement exige que ceux qui le composent
soient choisis, non par un petit nombre d'électeurs,
mais par la totalité des électeurs de toutes les parties
de l'empire, lorsque l'élection immédiate, par les
citoyens, est impossible; 4° enfin, parce qu'on ne
pourra jamais reprocher à ces choix, faits à la fois
dans tous les départements, ni la corruption, ni l'intrigue.

Comment ceux qui croient qu'un roi donné par le
hasard, dirigé par des courtisans ou par un parti,
choisira des ministres dignes de leur place, peuventils soutenir que le corps législatif choisira moins
bien les éligibles, que les électeurs de département
ne prendront pas aussi parmi ces éligibles ceux que
leur réputation dans le parti dominant leur indiquera? N'est-il pas évident, au contraire, que le
même parti qui, dans une législature, porterait au
ministère nommé par un roi, l'homme le plus accrédité de ce parti, le plus habile, le plus propre à
en seconder les vues secrètes, sera obligé de placer
dans sa liste d'éligibles les hommes du même parti,
connus par des talents et des vertus; que si ce parti

a de l'influence sur les électeurs de département, il ne pourra agir sur leur vœu par une désignation exclusive, soit parce que la forme de l'élection s'y oppose, soit parce que ces petits secrets de parti, ces préférences pour certains chefs, s'affaiblissent quand il faut agir sur des hommes séparés?

Si la place de ministre exigeait des talents d'une nature déterminée, et dont il fût impossible de juger par des faits antérieurs, sans doute l'élection populaire ne donnerait aucune assurance d'un bon choix, et il faudrait chercher une autre méthode. Mais ce ne sont pas des talents de ce genre que ces places exigent; elles demandent de la probité, du caractère, des lumières; et l'opinion publique, sur les hommes connus, est ici un guide assez sûr. Où sont ces hommes connus? dira-t-on sans doute. Et c'est précisément pour répondre à cette question qu'on propose de former une liste d'éligibles, et de la former par trois scrutins successifs, dont le premier présente à tous les votants les noms de ceux que chacun d'eux en particulier juge les plus dignes; dont le second indique ceux qui, dans ce nombre, ont le plus frappé l'attention; dont le dernier désigne enfin ceux qui ont paru avoir, à un plus haut degré, les qualités qu'on peut exiger.

Remarquons qu'il y a une grande différence entre les hommes sur qui la pensée du grand nombre s'arrête, dès qu'il s'agit de remplir une telle place, et les hommes connus seulement, lorsqu'on les propose à l'opinion publique. Partout, dans tous les temps, les premiers sont en petit nombre; mais il n'en est pas de même des autres, et il n'y a personne qui ne se souvienne d'avoir souvent applaudi à des choix auxquels, de lui-même, il n'avait pas pensé.

Qu'il me soit permis de prier les partisans de l'impossibilité d'une grande république d'appliquer leurs principes à la situation du peuple romain, depuis la fin de la première guerre punique jusqu'à la défaite des Cimbres, et de me dire si un État qui avait des peuples barbares à quelques journées de sa capitale ; qui, d'un centre très-faible, dominait sur des provinces éloignées, dispersées, ayant des mœurs, des lois et une langue différente, sur des provinces où, dans le cas d'une invasion, on n'était pas sûr de trouver des ennemis plutôt que des alliés ; je leur demande si un tel État ne paraîtrait pas avoir plus besoin que nous de la royauté, si des consuls annuels, élus tumultuairement sur la place publique, devenant ensuite, par le sort, administrateurs absolus dans telle ou telle province, des juges, des ministres des finances, également annuels, élus de la même manière, à peu près, comme ils le seraient par le peuple de Paris, réuni dans la plaine des Sablons, et votant par sections ; je demande si un tel gouvernement ne leur paraît pas plus favorable à l'anarchie que le conseil dont nous avons tracé le plan ? Et, sans doute, l'insolence d'un sénat héréditaire, le *veto* des tribuns, l'habitude corruptrice de distribuer des terres au peuple pour les racheter à vil prix, et s'enrichir à ses dépens, n'étaient pas des moyens de diminuer cette anarchie.

Cependant Rome, pendant tout ce temps, fut une grande république ; et si on en excepte les tentatives malheureuses des Gracques contre l'aristocratie, Rome fut glorieusement et paisiblement gouvernée.

Jusqu'ici on avait dû garder le silence sur la possibilité, et, on ose le dire, sur la nécessité d'achever de donner à la France une constitution républicaine, parce qu'on se croyait lié par la reconnaissance à un roi qui, après cent soixante-quatorze ans d'intervalle, avait rappelé les assemblées de la nation, qui, par un arrêt mémorable, avait invité tous les citoyens à examiner la forme qu'il fallait donner à ces assemblées, et reconnu que le peuple tenait ses droits, non de l'usage, mais de la nature ; qui, trop timide, trop mal conseillé pour oser étouffer, dans une convocation sans distinction d'ordres, le germe de toutes les haines, avait du moins accordé aux citoyens non privilégiés une égalité dont leurs lumières et leur fermeté ont su faire un si digne usage. Les fautes multipliées qu'il avait faites depuis, semblaient devoir être effacées par ce serment librement prêté par lui dans le sein de l'Assemblée nationale, et celui par lequel la nation entière y avait répondu était devenu pour elle un véritable lien ; mais lui-même l'a rompu, mais sa fuite nous a dégagés de toute obligation (1). Libres aujourd'hui de

____

(1) Non-seulement on a été jusqu'à dire que le serment de maintenir la constitution nous obligeait envers le roi, après que, par sa fuite et par son mémoire, il a révoqué son acceptation ; comme

n'écouter que la raison, soyons dociles à sa voix, qui nous crie : « Abattez cette vaine idole du ma-
« chiavélisme moderne ; rejetez loin de vous ce hon-
« teux équilibre de la perfidie qui achète, et de la
« bassesse qui se vend ; n'essayez plus de soutenir,
« par de puériles fictions, l'alliance contre nature
« du trône et de la liberté ; songez que tous les mo-
« tifs allégués pour conserver la monarchie en
« pressent aujourd'hui la destruction. »

La majesté du trône, disait-on, en frappant l'imagination du peuple, assure son obéissance, et le trône est devenu aujourd'hui, pour le peuple, l'objet d'un tranquille mépris. L'hérédité était, disait-on, un moyen précieux de désigner d'une manière certaine le chef du gouvernement, et cette hérédité si vantée vous place aujourd'hui, entre un roi qu'il faut, ou mépriser, ou punir, un enfant qui ne peut gouverner, et des régents par qui personne ne veut l'être.

Ce prétendu remède contre l'anarchie ne serait plus qu'un moyen de la perpétuer. Entouré de la défiance et de l'opprobre, le trône ne peut plus qu'avilir les pouvoirs qui paraîtraient émaner de lui, et les énerver en appelant contre eux la défiance du peuple. Cet amour pour les rois, si longtemps reproché à la nation française, et que, dans le mé-

______

si une obligation n'était pas nécessairement réciproque ; mais on a prétendu que nous ne pouvions soutenir que la république est préférable à la monarchie, sans violer ce serment. Ces idées sont trop visiblement absurdes, pour qu'on puisse les croire de bonne foi, même quand on les lit dans le ci-devant *Ami des Patriotes.*

moire qu'ils ont fait copier au malheureux Louis XVI, d'infâmes flatteurs osaient encore appeler une *vertu*; cette vieille erreur de nos pères s'est évanouie comme un songe, dont le souvenir même s'efface au moment du réveil. La nation a rejeté loin d'elle les hochets de sa trop longue enfance. Politiques maladroits, elle ne les reprendrait de vos mains perfides que pour les briser encore! Elle a devancé ses timides précepteurs; et si vous aspirez à la conduire, ayez du moins le courage de l'égaler dans sa marche rapide.

OPINION

SUR LE

JUGEMENT DE LOUIS XVI.

NOVEMBRE 1792.

OPINION

SUR LE

JUGEMENT DE LOUIS XVI.

Dans une cause où une nation entière offensée est à la fois accusatrice et juge, c'est à l'opinion du genre humain, c'est à celle de la postérité qu'elle doit compte de sa conduite. Elle doit pouvoir dire : Tous les principes généraux de jurisprudence, reconnus par les hommes éclairés de tous les pays, ont été respectés. Elle doit pouvoir défier la partialité la plus aveugle, de citer aucune maxime d'équité qu'elle n'ait observée; et quand elle juge un roi, il faut que les rois eux-mêmes, dans le secret de leur conscience, soient forcés d'approuver sa justice.

Il importe au bonheur de l'espèce humaine, que la conduite de la France à l'égard de l'homme qu'elle a trop longtemps appelé son roi, achève de guérir les autres peuples de ce qui peut leur rester de superstition pour la royauté : il faut craindre surtout de l'augmenter chez ceux sur qui cette superstition règne encore. Tous les peuples ne reconnaissent pas les vérités éternelles, bases inébranlables de la république française; et tandis que nos philosophes et nos soldats les répandent chez les nations étrangères ; tandis que la tyrannie tremble également devant nos armées et devant nos maximes, il serait imprudent d'étonner, d'effrayer peut-être, par la hardiesse de nos démarches, ceux à qui nous pouvons en faire respecter la sévère mais impartiale équité. C'est donc aux lois de cette justice universelle, commune à toutes les constitutions, inaltérable au milieu du choc des opinions et des révolutions des empires, qu'il faut ici soumettre nos décisions.

Le ci-devant roi peut-il être jugé ?

On ne peut punir légitimement une action, si une loi antérieure ne l'a mise expressément au nombre des crimes, et elle ne peut être punie que d'une peine qui ait été aussi décernée par une loi antérieure. Cet axiome est dicté par l'humanité et par la justice.

Si cependant la loi n'a pas distingué, dans la liste des crimes, ceux que des circonstances aggravantes rendent plus atroces, on ne doit pas en conclure qu'elle ait voulu les soustraire à la peine, mais seulement que ces circonstances aggravantes n'ont point paru nécessiter l'établissement d'une peine particulière. Les lois de Solon n'en renfermaient aucune contre le parricide. En conclura-t-on que le monstre, coupable de ce crime, devait rester impuni ? Non ; mais qu'il devait être puni comme pour un meurtre.

Si donc les lois françaises ne prononcent rien en particulier sur un roi conspirateur, quoiqu'il soit

beaucoup plus coupable qu'un citoyen, il ne s'ensuit point qu'il doive être épargné, mais seulement
que les rédacteurs des lois n'ont pas voulu le distinguer des autres conspirateurs. Il doit donc être jugé
par la loi commune, si une loi particulière ne l'a
pas formellement excepté.

Cette exception a-t-elle été prononcée par la loi
constitutionnelle? Citoyens, si cette impunité avait
été décrétée; si l'Assemblée constituante avait commis ce crime envers le genre humain; si la nation
avait eu la faiblesse d'accepter, par son silence, par
l'élection de ses représentants, par les serments
qu'elle a exigés d'eux, cette loi déshonorante,
comme ami de la justice, comme ami de la liberté,
je dirais : Le roi ne peut être jugé et puni.

Mais cette scandaleuse impunité n'a point été prononcée.

Deux seuls articles pourraient le faire croire : dans
l'un, la personne du roi est déclarée inviolable et
sacrée; dans l'autre, on prononce que, pour les
crimes commis après son abdication légale, il sera
jugé comme les autres citoyens.

Il est donc nécessaire de discuter le sens de ces
deux articles; et quelque minutieuse que cette discussion doive paraître, j'espère qu'on me pardon-
nera de m'y livrer, si l'on songe qu'il n'y a point de
liberté dans un pays où la loi positive ne serait pas
la seule règle des jugements. Le pacte social ne con-
siste-t-il pas essentiellement dans le consentement
de soumettre à des règles antécédentes et communes,
ces relations morales avec les autres hommes, dont

le droit naturel a posé la base et déterminé les principes légitimes?

La loi positive ne doit être autre chose, dans une bonne législation, qu'une conséquence ou une application de ce droit, adoptée, consentie, ou du moins déjà connue par le peuple soumis à cette loi. Ainsi, la question ne serait pas de savoir si on doit prononcer d'après le droit naturel, ou d'après une loi arbitraire, mais de savoir si des actions doivent être jugées suivant ce qui était considéré comme juste quand elles ont été commises, et non suivant ce qui a été regardé comme juste dans un temps postérieur.

La personne du roi est déclarée sacrée : ou ce mot n'a aucun sens, ou il a celui qu'on lui attribue dans les principes religieux des différentes sectes. Dans les violences injustes, c'est un crime contre la religion, ajouté à un crime contre la société; dans les condamnations légales, la dégradation précède le jugement, afin d'inspirer par là plus de respect pour un caractère en quelque sorte surnaturel. Par cette expression, le roi constitutionnel était assimilé à un évêque, à un prêtre, dont les personnes étaient aussi sacrées, sans que pour cela ils fussent soustraits à la puissance des lois.

Les auteurs de la constitution qui, en instituant la royauté, créaient un pouvoir hors de la nature, ont cru nécessaire d'ajouter à la sûreté des rois par des terreurs superstitieuses : mais il résulte seulement de cette expression que, si la royauté n'avait pas été abolie, la déchéance aurait dû être prononcée par un jugement séparé.

Le mot *inviolable* n'est point défini par la constitution lorsqu'elle traite du roi; mais elle l'a défini
ailleurs, en parlant des représentants du peuple.

Leur inviolabilité renferme deux conditions bien
distinctes, toutes deux applicables au roi : l'une de
ne pouvoir être poursuivis pour ce qu'ils ont dit ou
fait en qualité de représentants; et dès qu'on établissait un roi, il était nécessaire qu'il participât à
ce caractère d'inviolabilité.

Cette prérogative, étendue à tous les actes du pouvoir exécutif, faits par le roi, avait des dangers que
celle des représentants du peuple ne présentait pas.

Aussi le roi était-il obligé de faire revêtir ces actes
de la signature d'un ministre, responsable de leur
légitimité : la nation n'était pas sans garantie; et si
elle n'avait pas toute celle que les principes d'une
justice rigoureuse ordonnaient de lui donner, on lui
accordait du moins tout ce qui était compatible avec
la bizarre institution de la royauté.

Ainsi, tout ce qu'a fait le roi comme dépositaire
d'un pouvoir national ne peut lui être imputé; mais
il est accusé, par la notoriété publique, de crimes
étrangers à ses fonctions royales. Ce n'est point
comme roi, qu'il payait des libelles pour détruire le
crédit national, qu'il soudoyait les ennemis de la
France, qu'il formait, de concert avec ses frères,
une ligue avec les ennemis de la patrie; ce n'est pas
comme roi, qu'au mépris des lois, approuvées par
lui-même, il armait contre les citoyens des satellites
étrangers.

Une autre condition de l'inviolabilité des repré-

XII.   18

sentants élus du peuple, est de ne pouvoir être poursuivis qu'en vertu d'un décret du corps législatif. Aussi, lorsque, dans l'Assemblée constituante, on discuta la question de l'inviolabilité du roi, on allégua pour motif, et avec raison, que, par la nature même et l'importance de ses fonctions, il ne pouvait être soumis à répondre devant un tribunal, d'après la réquisition des mêmes fonctionnaires dont il était chargé de surveiller la conduite. On prouva que l'homme qui avait l'autorité de suspendre la formation des lois, que le chef du pouvoir exécutif, celui de l'armée, de la flotte, ne devait point être exposé à se voir arrêté dans ces grandes fonctions par la volonté d'un tribunal particulier. On se servit en sa faveur, et avec le même succès, des raisonnements employés pour soustraire les représentants du peuple à l'ordre commun des poursuites judiciaires.

Il est vrai que, pour ceux-ci, on indiqua la marche que devait tenir la justice, et qu'on n'osa l'indiquer pour le roi ; mais jamais cette lâche maxime, qu'un roi incendiaire, assassin, parricide, serait impuni, n'a souillé les lois de la France, déjà plus qu'à demi libre. Croit-on que si ce principe servile y eût été textuellement inséré, la nation eût voulu adopter, ou du moins essayer l'acte constitutionnel, et le regarder comme une loi obligatoire? Aurions-nous osé le montrer aux étrangers comme une constitution moins défigurée par de grossières violations du droit naturel, que celles de la plupart des autres peuples?

Dira-t-on que l'inviolabilité d'un roi doit être entière, parce qu'il n'existe point, pour lui, de juges impartiaux ? On voudrait donc que la grandeur du crime devînt un titre d'impunité, que les attentats contre la sûreté de tout un peuple fussent placés hors de l'atteinte des lois? Ainsi, tout chef de conspirateurs qui aurait mis la patrie et la liberté en péril pourrait dire à une nation : Vous ne pouvez me juger, car je vous ai tous offensés, car il n'y a aucun de vous à qui je n'aie fait craindre pour ses droits, pour ses propriétés, pour sa vie. Et comme alors aussi le droit individuel de pourvoir à sa sûreté reprend toute son indépendance, dès que la loi cesse de la protéger, ce raffinement de justice deviendrait le signal du désordre et des vengeances arbitraires.

Citerait-on pour preuve de cette impunité absolue l'article d'après lequel le roi, dans le cas d'abdication légale, doit être jugé, pour les crimes subséquents, comme les autres citoyens? Mais, pour les délits subséquents au temps de leur mission, les députés, *inviolables*, des législatures, sont aussi jugés comme les autres citoyens.

L'inviolabilité du roi et des députés, exprimée par le même mot, doit s'entendre de la même manière, avec cette seule différence, que l'acte constitutionnel a prescrit, pour les uns, la manière de les juger, tandis qu'à l'égard du roi il garde le silence; et ce silence suffisait bien, sans doute, pour exciter l'indignation des hommes qui avaient dans l'âme le sentiment de la liberté et de l'égalité.

Ainsi, l'impunité du roi n'est pas décrétée par la

constitution; mais elle n'a pas établi le mode de le juger. Elle a prononcé que, s'il cessait d'être roi, il serait, pour les crimes subséquents, poursuivi et jugé comme les autres citoyens; mais elle n'a rien déterminé sur la manière de le juger et de le poursuivre pour les crimes antérieurs.

Ici, je pourrais terminer l'examen des articles de la constitution. En effet, si l'on doit s'en tenir strictement à la lettre de la loi pour prononcer qu'il faut poursuivre ou punir un individu; s'il ne peut être poursuivi ou jugé quand le texte de la loi ne s'exprime pas formellement contre lui, n'est-il pas également équitable, quand il s'agit, au contraire, d'exceptions, et surtout d'exceptions opposées à la justice commune, et fondées sur des considérations politiques, de ne pas étendre ces priviléges au delà du texte précis de la loi? Si les exceptions qui, embrassant l'universalité des individus, ne tombent sur quelques-uns en particulier que par l'effet d'un hasard égal pour tous, doivent être entendues dans le sens le plus favorable, en est-il de même de celles qui seraient établies en faveur d'une classe peu nombreuse? et la loi impérieuse de l'égalité ne prescrit-elle point alors de restreindre ces mêmes exceptions à ce qui est textuellement prononcé? Je vais cependant répondre à une conséquence indirecte de l'acte constitutionnel qui a frappé quelques esprits.

La constitution prononce une abdication présumée pour quelques délits commis par un roi; elle le confond, pour les crimes subséquents, avec les citoyens : donc elle a eu également intention, pour les autres délits, de ne le soumettre qu'à la déchéance, qui, dès lors, devient la seule peine par laquelle il puisse être puni.

Il suffit d'examiner les actions soumises à la déchéance, pour sentir toute la faiblesse de ce raisonnement.

En effet, elles sont toutes de la classe des actions nécessairement publiques, pour lesquelles une instruction judiciaire serait inutile, si la sûreté générale permettait la plus légère exception au principe de soumettre aux mêmes règles le jugement de toutes les accusations. D'ailleurs, parmi ces mêmes actions, les unes pouvaient être considérées comme ne devenant de véritables délits que par la conduite postérieure du roi, et les autres ne pouvaient être poursuivies que d'une manière illusoire.

Ainsi, par exemple, si, révoquant son serment; si, s'obstinant à rester hors du territoire national, il devenait coupable par la seule prétention de conserver son droit à la royauté, on pouvait supposer qu'il cesserait de l'être en se soumettant à l'abdication légale, prononcée par la constitution; on pouvait presque considérer sous le même point de vue la négligence à opposer un acte formel aux entreprises faites en son nom.

Enfin, pour le cas où il se trouverait à la tête d'une armée ennemie, la loi, en le confondant, pour les crimes postérieurs, avec les autres citoyens, ne pourrait être regardée, sans absurdité, comme une amnistie pour tout ce qui aurait précédé cet acte de rébellion ouverte, pour le crime d'avoir allumé la guerre civile. Quel motif a donc pu déterminer ce silence des législateurs? Sans doute ils ont senti que le roi était alors dans l'état de guerre déclarée, et qu'il ne pouvait être poursuivi qu'après avoir été vaincu en persistant dans sa rébellion, qu'après avoir ajouté de nouveaux délits à ceux qui avaient appelé sa déchéance.

Il est impossible d'entendre autrement ces lois. En effet, comment les mêmes hommes auraient-ils puni, par la déchéance, une absence opiniâtre, et auraient-ils voulu que des complots de proscriptions et d'assassinats restassent impunis? Comment auraient-ils puni plus sévèrement la rétractation d'un serment, que la violation de ce même serment, par des actes de trahison ou de tyrannie? Comment la négligence de faire un acte formel de résistance leur aurait-elle paru plus criminelle que cet acte de pure ostentation, démenti par une connivence perfide avec les mêmes ennemis qu'on aurait eu l'air de vouloir combattre?

N'est-il pas plus naturel de penser que les rédacteurs de la constitution se sont contentés de tracer une marche légale pour les cas où la notoriété évidente rendait inutile une instruction judiciaire, et qu'ils ont abandonné aux circonstances ceux qui exigeraient cette instruction? Ils ont cru, sans doute, qu'il serait difficile de tracer d'avance une forme qui pût convenir aux événements imprévus, extraordinaires, dont le procès fait à un roi devait être nécessairement précédé. N'est-ce pas encore assez d'être obligé d'accuser d'une réticence timide la majorité de cette même assemblée, dont les lumières et le courage ont de si justes droits à la reconnaissance nationale? Comment, sur de simples interprétations, pourrions-nous la juger coupable d'avoir contredit si ouvertement cette même déclaration des droits, qu'elle regardait comme le premier titre de sa gloire?

Pourquoi, entre deux manières d'entendre ces articles, choisirions-nous celle qui suppose, dans un même ouvrage, fait par les mêmes hommes, publié par eux le même jour, une contradiction si révoltante?

Enfin, si un homme ne peut réclamer les conditions favorables d'un acte qu'il n'a pas exécuté, ou qu'il a ouvertement violé; si, par exemple, un débiteur contre qui son créancier aurait promis de n'exercer aucune poursuite, à la condition que ce débiteur lui abandonnerait une maison et les meubles qu'elle renfermait, peut être légitimement poursuivi, dans le cas où, postérieurement à cet acte, il aurait enlevé une portion de ces meubles, pourquoi les membres de l'Assemblée constituante n'auraient-ils pas cru que le roi, en violant les conditions de la constitution, perdait le droit d'opposer aux poursuites judiciaires l'inviolabilité qu'il tenait de la constitution seule, qu'il pouvait être jugé pour le crime de violation de l'acte constitutionnel, en vertu des principes du droit commun, et qu'une énonciation expresse n'était pas nécessaire?

Comment, d'ailleurs, l'Assemblée constituante eût-elle pu placer dans la constitution le mode de juger le roi? Le corps législatif ne pouvait avoir, suivant l'esprit de la constitution, le pouvoir de l'accuser. A qui pouvait-il appartenir? à la nation seule, et dès lors à des représentants nommés par elle pour former une convention. Il aurait donc fallu que la constitution traçât, aux Assemblées nationales législatives, précisément cette même conduite que l'Assemblée de 1791 a suivie le 10 août; et si on se rappelle avec quelle timide circonspection l'Assemblée constituante a parlé du droit imprescriptible qu'a le peuple de changer ses lois constitutionnelles, on s'étonnera moins de voir qu'elle n'ait pas osé lui faciliter les moyens de l'exercer, en plaçant dans l'acte constitutionnel le mode suivant lequel, dans le cas d'accusations graves portées contre le roi par les citoyens, les législatures pourraient appeler une Convention nationale.

On a dit : Louis XVI ne doit pas être jugé; car, s'il n'avait pas compté sur une inviolabilité absolue, il aurait peut-être refusé la royauté. Quoi! il aurait refusé la royauté, si on ne lui avait pas dit : Vous pouvez impunément commettre tous les crimes, même celui de trahir une seconde fois le peuple qui vous a donné le trône pour récompense d'une première trahison? Mais Louis XVI, déjà déclaré inviolable, et dans les mêmes termes, avant cette première violation de son serment, se croyait-il à l'abri d'un jugement lorsqu'il a été ramené de Varennes? Mais Louis XVI ne savait-il pas que ses lâches serviteurs, malgré toute leur bassesse et toute leur puissance, n'ont pu, je ne dis pas faire adopter, mais seulement faire proposer cet article si clair et si simple : *Le roi, quelque crime qu'il commette, ne pourra jamais en être puni que par la déchéance ?* Et comment aurait-il pu croire que tel était le sens des articles de la constitution, puisque ceux qui l'ont établie n'ont pas même souffert que ce sens leur fût directement présenté ? Comment aurait-il pu regarder comme l'assurance d'une impunité absolue, le succès des moyens prodigués pour obtenir seulement un honteux silence ?

Il est temps d'apprendre aux rois que ce silence des lois sur leurs attentats est le crime de leur puissance, et non le vœu de la raison ou de l'équité.

La question se réduit donc maintenant à examiner si la règle de justice, qui exige qu'une loi antérieure ait déterminé le délit et la peine, demande aussi l'antériorité dans la loi qui établit le mode de juger.

Or, je ne crois pas que cette condition soit exigée par la justice. En effet, un seul motif pourrait faire regarder cette antériorité comme nécessaire : c'est que l'on doit aux citoyens l'assurance qu'ils ne pourront être arbitrairement soumis à une procédure injuste, à une procédure qui, établie pour un seul accusé, peut être combinée d'après des passions ou des préventions personnelles. Mais il ne peut être question ici d'instituer arbitrairement un mode individuel de jugement : il s'agit seulement d'appliquer à un individu qui se trouve dans des circonstances extraordinaires, le mode de jugement établi pour tous les autres.

D'ailleurs, invoquons encore ici la loi positive. Quel est le titre du délit? Un attentat contre la sûreté générale de l'État. Qui doit être accusateur? L'Assemblée des représentants du peuple. Qui doit juger? La haute cour nationale. Dira-t-on que, cette cour ayant été abolie, tous les crimes de trahison, antérieurs à cette abolition, ne peuvent être poursuivis? Que si la Convention nationale établissait un tribunal pour ces mêmes crimes, il ne pourrait juger que ceux qui seraient postérieurs à son institution?

Voilà, cependant, ce qu'il faudrait soutenir, si l'on voulait prétendre ou que le roi ne peut être jugé, ou que la Convention nationale ne peut fixer le mode du jugement.

Dira-t-on que l'on ne doit point former un tribunal pour un individu déterminé? Mais qu'en résulterait-il encore, sinon que le roi a droit de demander à être jugé par un tribunal ordinaire? D'ailleurs, il suivrait de cette maxime, que toute difficulté de forme qui arrêterait un jugement, assurerait l'impunité des accusés dont la poursuite aurait fait naître cette difficulté. Aussi, ce qu'exige véritablement la justice, c'est qu'alors, dans toutes les formes de jugements, comme dans le choix des juges, comme dans les actes de la procédure, les principes généraux de jurisprudence, favorables aux accusés, soient conservés, soient même étendus.

Les crimes imputés à Louis XVI, hors de l'exercice de ses fonctions royales, peuvent donc être jugés et punis comme les crimes de la même espèce, commis par un autre individu.

J'ajouterai qu'en supposant même l'impunité de ces crimes légalement établie, Louis XVI pourrait encore être jugé.

Il ne faut pas, en effet, confondre le droit de poursuivre et de juger, avec le droit de punir. Non-seulement ils peuvent être distingués dans la théorie, mais ils le sont par le fait, dans les pays où l'on exige, pour exécuter les jugements, le consentement d'un pouvoir étranger au tribunal qui les a prononcés, et où cependant ce même pouvoir n'est point autorisé à suspendre l'instruction des procédures. Telle est, par exemple, la loi de l'Angleterre, où le roi peut suspendre ou remettre la peine, et ne peut arrêter les poursuites. On punit le crime, pour que la crainte du châtiment le prévienne : on le punit, pour que les coupables ne puissent plus nuire à la société par de nouveaux forfaits. Il faut poursuivre et constater le crime, pour avoir droit de le punir. Mais est-ce là le seul motif qui puisse déterminer la poursuite et le jugement d'un délit? N'est-il pas encore utile à la société que les auteurs d'une action coupable, dussent-ils rester impunis, soient connus d'elle; et si le doute peut tomber sur l'existence même du délit, n'est-il pas utile de savoir s'il est réel ou imaginaire? La société n'a-t-elle pas le droit de connaître jusqu'à quel point elle a été offensée ; et combien ce droit n'acquiert-il pas de force, quand la sûreté d'un peuple entier a pu être menacée?

Là nation française a été trahie, et elle a droit de constater comment et par qui elle l'a été : cette connaissance ne peut-elle pas être nécessaire à la sûreté ; ne peut-elle pas influer sur les précautions qu'elle doit prendre pour sa défense ? Elle aurait donc le droit de poursuivre et de juger Louis XVI, quand bien même son inviolabilité absolue aurait été prononcée.

La royauté est abolie en France ; ce vœu de la Convention nationale est celui du peuple. Il n'a fait qu'user d'un droit inaliénable et imprescriptible. L'idée d'un contrat qui puisse lier une nation à un de ses fonctionnaires, et qu'elle n'ait pas le droit de briser, tant que ce fonctionnaire reste fidèle aux conditions du contrat, est une chimère que les ennemis de la liberté et de l'égalité des hommes osent seuls soutenir encore. Telle est l'opinion de tous les membres de cette Assemblée, et sans doute de tous les Français.

Mais elle n'est pas celle de tous les autres peuples ; et s'il en existait un où l'opinion contraire dominât, qui, pour juger légitime la déchéance de Louis XVI, eût besoin de le croire coupable, et que ce motif seul pût empêcher ceux qui le gouvernent de l'entraîner dans la cause de nos ennemis, combien alors ne deviendrait-il pas utile de constater les délits du ci-devant roi, quand bien même son inviolabilité empêcherait de le punir ? Enfin, s'il était possible que la conviction des crimes commis par Louis XVI eût influé sur le sentiment qui a fait recevoir avec transport, par les Français, le décret qui abolit la royauté, ne leur devez-vous pas de ne laisser s'élever aucun doute sur la réalité de ces mêmes crimes ? Vous serait-il permis, en ne faisant pas juger celui qui s'en est rendu coupable, de livrer les citoyens à cette incertitude qu'il est si facile de répandre, du moins pour un temps, sur les faits les plus indubitables?

Ainsi, quand bien même on donnerait à l'inviolabilité constitutionnelle l'étendue la plus contraire à la raison et à la justice, il resterait encore vrai que la nation française peut avoir un intérêt réel de constater les crimes de celui qui a été roi, et par conséquent qu'elle a droit de le juger.

Enfin, supposons que la Convention nationale regarde cette inviolabilité constitutionnelle comme une impunité absolue, il reste à savoir si Louis XVI a droit à cette prérogative. En acceptant la royauté, sous sa forme nouvelle, il a dû se soumettre à la constitution ; il a dû la regarder comme une loi obligatoire pour lui-même. S'il n'a fait que recevoir cette royauté, comme les restes dégradés de celle qu'il croyait lui appartenir par le droit absurde de sa naissance ; si les nouvelles conditions apposées à l'exercice de cette fonction, n'ont été à ses yeux que des usurpations auxquelles il a fait semblant d'adhérer, en se réservant de reprendre ses anciennes prérogatives ; s'il existe des preuves de cette perfidie, n'est-il pas évident que, jamais, Louis XVI n'a été légitimement roi constitutionnel, et qu'il n'a droit à aucune des prérogatives d'inviolabilité attachées à ce titre par la seule constitution?

Cette expression : *le roi a accepté la constitution*, était sans doute une absurdité politique ; la constitution n'était pas une convention entre lui et le peuple, dans ce sens que le roi eût pu ne pas s'y soumettre sans renoncer au trône, et que le peuple eût abdiqué le droit de la changer. Mais il n'en est pas moins vrai que, sous un autre rapport, tout citoyen qui accepte une fonction publique, contracte réellement avec la nation entière ; que l'un s'engage à un service, l'autre à procurer certains avantages, et que ce contrat est réciproquement obligatoire, tant que la loi qui établit cette fonction publique reste la même. La nation conserve le droit de changer la loi ; mais elle ne peut avoir celui de la violer.

Or, tout homme qui, avant de signer un contrat, aurait protesté d'avance contre les conditions qu'il jugeait lui être onéreuses, ne peut légitimement réclamer celles des conditions qui lui sont favorables.

Ainsi, quand même on pourrait dire que Louis XVI, après avoir manqué aux engagements contractés par lui, a conservé néanmoins son droit à l'impunité qui était un des avantages accordés pour prix de ces engagements, quand on prétendrait que l'acte constitutionnel le lui réservait, même après la violation de sa promesse, il est évident, du moins, que ce même acte ne lui réserve aucun de ces avantages, ni dans le cas d'une protestation faite d'avance, ni dans celui d'engagements antérieurs, contraires à ceux qu'il a contractés avec la nation, surtout s'il y a persisté après l'acceptation de la royauté.

Ainsi, Louis XVI peut être jugé, au moins sur ce fait, puisque le crime de cette protestation de ces engagements antérieurs, continués ensuite, est un de ceux dont il est accusé ; et qu'il est évident que pour ce délit, il ne peut prétendre à aucune espèce d'inviolabilité.

Il n'y a donc aucune hypothèse dans laquelle on puisse soutenir que le ci-devant roi n'est pas jugeable, excepté celle de son droit héréditaire à la couronne, hypothèse qu'aucun Français n'admettra sans crime, qu'aucun homme ne peut soutenir sans une vile et stupide démence.

Je proposerai donc de décréter que l'inviolabilité constitutionnelle, ne s'étendant point aux délits personnels de Louis XVI, il peut être jugé et puni.

Dans le cas où la proposition contraire serait adoptée, je me réserve de décréter, 1° que Louis XVI peut être jugé et puni pour le délit d'avoir protesté d'avance contre son acceptation de la couronne, et d'avoir formé antérieurement, et continué depuis, des engagements contraires à ceux que renfermait son acceptation ; 2° que pour les autres délits, il peut être jugé, quoique (par la décision que je suppose adoptée) il ne puisse plus être puni.

Comment Louis XVI doit-il être jugé ?

J'essayerai, d'abord, de prouver qu'il ne peut l'être par la Convention nationale ; et j'indiquerai, ensuite, quelle forme de jugement me paraît la plus propre à manifester la justice de la nation, en assurant l'impartialité du tribunal, en l'investissant de l'autorité d'opinion nécessaire pour prononcer la condamnation ou l'absolution, sans être exposé au reproche d'avoir cédé à la séduction ou à la crainte.

Des actions, qui portent directement atteinte aux droits, à la sûreté du peuple, semblent appeler un tribunal qui appartienne également à toutes les parties de la république. Les trahisons d'un officier public, dont les fonctions embrassaient l'État entier, semblent ne pouvoir être jugées par un tribunal restreint à une des portions du territoire. Ainsi, la Convention nationale, un tribunal choisi par elle, un tribunal élu par les départements, telles sont les seules combinaisons entre lesquelles on puisse balancer.

La Convention nationale peut-elle juger le ci-devant roi? Non, sans doute. D'abord, il ne peut être jugé que d'après un mode qui n'est pas encore établi. La Convention serait donc à la fois législatrice, accusatrice et juge : et, par cette cumulation de pouvoirs ou de fonctions, les premiers principes de la jurisprudence seraient violés. Des juges qui eux - mêmes ont déclaré qu'ils voulaient l'être, des juges qui ne sont assujettis qu'aux règlements qu'ils se sont donnés, aux formes qu'ils ont voulu s'imposer, des juges qui peuvent, au milieu d'une instruction, changer ou modifier ces formes, présentent un de ces pouvoirs dont une société, qui veut rester libre, doit éviter de donner des exemples.

Le principe non moins sacré, qui prescrit de mettre à l'abri de toute espèce de soupçon l'impartialité des juges, ne serait pas moins violé. En effet, ceux d'entre nous qui siégeaient dans l'Assemblée constituante, lorsque Louis XVI, rassemblant une

armée, menaçait à la fois et Paris et les représentants du peuple, peuvent-ils rester les juges du
tyran qui a conjuré contre eux? Ceux d'entre nous
qui siégeaient ici le 10 août, qui, si l'armée eût été
vaincue, étaient dévoués à la mort, peuvent-ils rester les juges de celui qui les a proscrits? Louis est
accusé d'une connivence coupable avec les ennemis
étrangers : et parmi les crimes qui lui sont imputés,
on compte cet accord perfide entre les projets des
princes émigrés et ceux du château des Tuileries.
Or, les hommes qui, d'après ces projets bien connus,
étaient marqués pour victimes aux tribunaux du
nouveau despotisme, les membres des deux Assemblées pourraient-ils rester les juges de celui qui
les avait déjà désignés à ses bourreaux? On dira que
tous les citoyens, tous les amis de la liberté étaient
également menacés, et qu'en adoptant ce raisonnement, il serait impossible de trouver des juges. Mais
un brigand qui, jetant la terreur dans une contrée,
en menace tous les habitants, est sans doute leur
ennemi, et tous ont intérêt qu'il ne soit pas impuni.
Cependant, on n'admettrait pas, au nombre de ses
juges, ceux dont il aurait dévasté les propriétés,
ceux qu'il aurait personnellement menacés; et on ne
proposerait pas d'en exclure le reste des citoyens.
C'est que l'impartialité exigée des juges est une impartialité personnelle, et l'absence de tout intérêt,
de toute passion privée. On ne craint point ces passions généreuses et universelles dont la masse entière d'un peuple peut être agitée, parce que, dans
les hommes éclairés et de sang-froid, ces passions

XII.   19

sont inséparables de l'amour de la justice, et se confondent avec lui.

Un autre principe doit nous éloigner encore des fonctions de juges.

On regarde comme légitimement récusable, celui qui a d'avance manifesté son opinion sur l'innocence ou sur le crime des accusés. On ne le considère point comme exempt de prévention, parce qu'il peut être arrêté par cette espèce de fausse honte qui nous attache à nos opinions.

Et cette fausse honte est bien naturelle ; car, enfin, l'intérêt, la légèreté, la faiblesse, les passions sont plus souvent la cause des changements d'opinion qu'une méditation plus longue, que des études plus approfondies, et rarement la censure publique pardonne ces changements. Quelle justice y aurait-il à donner pour juges, à un accusé, des hommes qui, forcés, pour le déclarer innocent, de renoncer à une opinion officiellement manifestée, seraient sûrs d'être accusés de perfidie ou de corruption, et ne pourraient s'en laver qu'en s'avouant eux-mêmes coupables d'une inexcusable légèreté ?

Or, non-seulement l'Assemblée législative, mais la Convention elle-même a hautement déclaré son opinion sur les crimes du ci-devant roi : l'Assemblée législative l'a prononcée dans plusieurs déclarations adoptées par elle et publiées en son nom. La Convention l'a prononcée dans une déclaration solennelle adressée à la nation helvétique.

Songeons enfin que nous sommes chargés de préparer la constitution qui doit être proposée au peuple; de terminer un assez grand nombre de lois civiles, nécessaires pour établir une véritable égalité, pour compléter l'affranchissement de plusieurs classes nombreuses; d'organiser l'instruction publique et les établissements de secours; enfin de veiller sur la défense, comme sur la tranquillité de l'État, dans un instant où nous avons à la fois une ligue puissante à combattre, les restes épars d'une ou de plusieurs grandes conspirations à étouffer, et le système social à régler jusque dans ses premières bases.

Pouvons-nous, au milieu de tant d'occupations, consacrer une portion de notre temps à la suite d'une procédure dont il faudra nous soumettre à suivre rigoureusement toutes les formalités? Comment pourrions-nous éviter à la fois le reproche, ou d'avoir prononcé avec trop de légèreté et de précipitation, ou d'avoir perdu, à juger un homme, un temps réclamé par la nation tout entière?

Quand bien même, dans ce moment, le peuple nous verrait sans peine nous charger de cette fonction, ne devons-nous pas craindre que la négligence forcée de ses autres intérêts, que des incidents qui lui feront apercevoir les inconvénients de cette cumulation de pouvoirs, que des discours, des mots échappés, des mouvements d'approbation ou d'humeur, qui jetteront des nuages sur notre impartialité, ne changent bientôt cette première approbation en reproches?

L'attitude d'un tribunal doit être plus sévère que celle d'une assemblée délibérante; et en changeant

d'un jour à l'autre de fonction , pourrions-nous nous
répondre de changer aussi nos habitudes?

Déjà, des frontières de la France, et bientôt des
extrémités de l'Europe, la voix de la calomnie se fait
entendre. Ce n'est point le peuple, dit-elle, qui veut
que Louis soit jugé, c'est une poignée de factieux
atrabilaires, qui ont égaré ou subjugué les esprits
incertains et timides. En vain l'Assemblée législative,
que de longs combats contre les complots de la
cour avaient irritée, s'est renfermée dans les limites
étroites que la constitution lui avait tracées; en
vain, dédaignant d'imiter l'ambition usurpatrice du
long parlement d'Angleterre, elle s'est empressée de
remettre au peuple des pouvoirs qui ne suffisaient
plus pour le sauver; en vain la Convention est-elle
formée d'hommes revêtus de la confiance nationale,
postérieurement aux événements qui ont précipité
Louis XVI du trône constitutionnel : les ennemis de
la république française n'en oseront pas moins présenter à tous les peuples, comme les ennemis d'un
roi détrôné, ceux qui exercent les pouvoirs dont il a
été dépouillé. Eh bien, imposons silence à ces cris
de la tyrannie inquiète, de la servitude effrayée par
la chute d'une de ses idoles! Que la nation entière
nomme les juges, et que son vœu ne puisse plus
être méconnu.

La plupart des motifs qui doivent nous éloigner
de remplir les fonctions de juges, nous interdisent
également de les choisir.

C'est à la nation seule que ce choix peut être réservé. Elle seule peut être regardée comme absolu-

ment exempte de tout intérêt différent de l'intérêt commun, de toute prévention particulière.

Je proposerai donc que Louis XVI soit jugé par un tribunal dont les jurés, dont les juges soient nommés par les corps électoraux des départements. Ce tribunal, d'après les principes que j'ai exposés, doit se rapprocher, autant qu'il est possible, des tribunaux ordinaires, et n'en différer que par une grande solennité, exigée par la nature même de l'accusation, et par des dispositions plus favorables à l'accusé, parce que la justice veut, qu'en lui enlevant le droit d'être jugé par le tribunal commun, sa situation ne puisse en paraître aggravée.

Les corps électoraux de chaque département éliraient un commissaire et un certain nombre de jurés.

Cette distinction est nécessaire, parce que les commissaires destinés à remplir des fonctions qui supposent la connaissance des lois et l'habitude des formes, doivent être choisis parmi ceux en qui les électeurs croiront trouver ces conditions.

Les jurés choisiront parmi ces commissaires ceux qui seront chargés de poursuivre l'accusation, ceux qui feront les fonctions de juges, ceux qui devront défendre l'accusé dans le cas où il ne répondrait que par des protestations, dans celui où il ne trouverait pas de défenseurs volontaires, dans celui enfin où les partisans de la royauté jugeraient important, pour leur cause, de faire croire qu'il n'a pu en trouver.

Ces contradicteurs seraient utiles pour empêcher

de céder trop aisément, dans l'examen des faits, à cette conviction intérieure, produite par le système entier de la conduite de Louis XVI. Car cette conviction pourrait rendre trop facile sur les preuves des faits particuliers, et cependant il importe d'en convaincre les nations dont les chefs nous combattent ou conspirent contre nous. Les partisans secrets du trône n'attendent que le moment de pouvoir ensevelir, dans le jugement précipité d'un roi, les crimes de la royauté. L'individu n'est rien pour eux, et ils le sacrifieraient volontiers, s'ils pouvaient, en reprochant à la république une condamnation irrégulière, acquérir à la cause du trône quelques amis de plus.

La loi accorderait à l'accusé le droit de récuser un certain nombre de juges.

Les récusations des jurés seraient plus étendues qu'elles ne le sont d'après la loi commune ; et il faudrait qu'après ces récusations, il en restât assez pour former un jury qui, par le nombre seul de ses membres, eût une imposante autorité d'opinion, qui représentât dignement, aux yeux des peuples étrangers, la majesté d'une grande nation, qui éloignât toute idée de séduction, de pratique secrète, de crainte ou de prévention.

La loi exige, pour prononcer une condamnation, la pluralité de dix jurés contre deux ; c'est-à-dire, celle de huit voix ; et sous un autre point de vue, celle des quatre sixièmes du nombre total.

Quoique, d'après la théorie abstraite, une pluralité de huit voix, quel que soit le nombre des jurés, donne au jugement une égale probabilité, cependant diverses considérations l'affaiblissent à mesure que ce nombre s'accroît.

Il faut donc exiger une pluralité plus grande. D'un autre côté, celle des quatre sixièmes devient beaucoup trop forte, à mesure que le nombre des jurés augmente. Si le même jugement sur la vérité d'un fait peut être influencé par des différences d'opinions étrangères au fait en lui-même, exiger, pour un nombre très-grand de jurés, une pluralité proportionnelle, aussi forte que celle de la loi commune, ce ne serait pas assurer la vérité d'un jugement, mais le dénaturer au point de ne plus en faire qu'un combat entre les deux opinions qui partageraient les esprits.

C'est donc entre ces deux extrêmes qu'il faut choisir, et on ne doit le faire qu'après avoir fixé le nombre des jurés.

On a proposé de rendre public, dans ce jugement, ce qui ne l'est pas dans les jugements ordinaires; mais ce changement est contraire à la nature même des décisions par jurés. Chargés de prononcer d'après leur seule conscience, elle doit conserver l'indépendance la plus absolue; non-seulement la puissance nationale, mais l'opinion du peuple ne doit pouvoir exercer sur elle aucune autorité; elle doit rester libre comme la pensée même.

Pourriez-vous, sans blesser ce principe, soumettre à l'opinion publique une décision dans laquelle on se rendrait coupable, si, en la prononçant, on se permettait de songer à la force, à l'existence même de cette opinion, fût-elle le jugement universel du genre humain?

Ce changement suffirait pour détruire, aux yeux de l'Europe, toutes les précautions prises pour mettre hors de toute atteinte l'impartialité nationale.

Et d'ailleurs, il donnerait un exemple dangereux: aucun intérêt, aucune considération ne peuvent nous permettre d'affaiblir un principe, garant sacré de la liberté, de la sûreté individuelle des citoyens.

S'il est violé à l'égard d'un homme qui a été roi, qui vous répondra que l'on ne proposera pas de le violer également à l'égard d'un chef de parti qui aura su se rendre dangereux, à l'égard d'un citoyen dont la cause, agrandie par ses talents ou sa renommée, partagerait l'opinion de la France entière? Qui vous répondra que bientôt on n'applique cette même distinction à un homme qui, sans être ni dangereux, ni obscur, n'en aura eu que la vaine prétention; à un homme à qui ses ennemis auront supposé ces avantages funestes pour le prendre avec plus de certitude?

C'est donc à un jury spécial que le jugement du roi doit être confié. Il doit être choisi par tous les départements, non parce que l'accusé a été roi, mais parce que le crime intéresse directement toute la nation. Il doit être nommé par les corps électoraux, parce qu'il s'agit d'élire pour une fonction particulière, et non de désigner successivement des citoyens pour une fonction commune, comme dans la nomination des jurés ordinaires.

Je passe maintenant à une troisième question.

Où le roi doit-il être jugé?

Cette question me paraît avoir une importance d'opinion, plutôt qu'une importance réelle. Les dangers pour cette tranquillité, qui doit accompager tous les actes de ce jugement solennel, sont partout les mêmes, s'ils existent.

Partout vous trouverez à combattre, ou les mouvements d'une grande masse de citoyens, ou ceux d'une force armée oisive et nombreuse.

Partout on aura les mêmes intrigues à déjouer, partout elles sauront trouver des moyens d'agir différents, suivant les circonstances, mais également dangereux.

Quant à l'importance d'opinion, elle s'affaiblit encore par cette seule considération que les objections se porteront toutes contre le parti que vous aurez adopté, quel qu'il puisse être, qu'il y aura toujours des intentions à supposer, et des projets à dénoncer.

Je me bornerai donc à deux observations : l'une, que si le jugement se fait, suivant l'ordre naturel, dans le lieu où le délit a été commis, où l'accusé avait son domicile, vous devez donner au tribunal les moyens de s'entourer d'une force indépendante qui assure la liberté de ses délibérations.

Si, au contraire, vous jugez qu'il doit pouvoir se faire ailleurs, alors vous devez laisser aux jurés le droit de choisir le lieu de leurs séances; et afin de leur assurer une indépendance entière, fixer une ville, autre que Paris, pour leur premier rassemble-

ment, avec la condition que cette ville sera seule
exceptée dans leur choix. Aucune autre ville que
Paris n'étant indiquée par des considérations antérieures, cette exclusion ne peut être regardée comme
une véritable limitation à la liberté de choisir; et
par ce moyen, la portion du peuple au milieu de
laquelle se ferait le choix serait entièrement désin-
téressée dans la décision.

Louis XVI doit-il être jugé? Le jugement qui
serait prononcé contre lui doit-il être exécuté, quel
qu'il puisse être? Ces deux questions sont essentiellement distinctes, et il est nécessaire qu'elles soient
séparément discutées.

Louis doit être jugé, parce que les précautions
que la nation aurait droit de prendre à son égard,
pour la sûreté générale, ne sont pas les mêmes s'il
est déclaré innocent par le tribunal, ou si, étant déclaré coupable, la peine seule lui est remise.

Louis XVI doit être jugé, parce que la révolution
qui nous a conduits à l'établissement de la république, a eu pour motif principal les trahisons de
celui à qui la constitution avait confié tous nos
moyens de défense.

Or, il importe de prouver à l'Europe, par une
discussion juridique et contradictoire, que ces motifs n'étaient pas chimériques, qu'ils n'étaient pas un
prétexte habilement saisi par un petit nombre d'hommes qui avaient envie de changer la forme de la
constitution.

Le droit national resterait le même sans doute.
L'abolition de la royauté serait également légitime;

mais il importe à la cause de la liberté, que ses défenseurs ne puissent être accusés d'avoir égaré le peuple pour l'amener à se ressaisir de ses droits légitimes; il importe à la nation de savoir si c'est en l'éclairant ou en la trompant, qu'on l'a conduite au moment où la convocation d'une Convention est devenue nécessaire.

Les accusateurs de Louis XVI ont droit d'exiger qu'un jugement solennel prononce entre eux et lui, et que la justice nationale décide s'ils ont été des accusateurs téméraires, des calomniateurs ou de dignes citoyens; s'ils ont rêvé, imaginé ou découvert une grande conspiration.

Enfin, si vous pesez toutes les opinions qui partagent la France, ses relations au dehors, sa situation intérieure, tout ne dit-il point que l'examen juridique de ces faits est nécessaire, non au salut de la liberté, mais à son prompt et paisible affermissement?

Ces preuves de trahison si multipliées ne sont-elles pas déjà combattues? N'oppose-t-on pas déjà l'oubli de quelques formalités à l'authenticité, à l'autorité des pièces sur lesquelles ces preuves sont établies? Une instruction solennelle, contradictoire, faite devant des juges étrangers aux discussions élevées entre Louis XVI et les défenseurs des droits du peuple, peut seule détruire ces objections aujourd'hui méprisées, mais qui, soutenues par l'or des rois, pourraient, en accréditant des calomnies contre la révolution française, retarder chez d'autres peuples les progrès de la liberté.

En un mot, vous vous devez à vous-mêmes, vous devez au genre humain le premier exemple du jugement impartial d'un roi.

Le jugement, quel qu'il soit, doit-il être exécuté sans consulter la volonté nationale, soit immédiatement, soit par l'organe des représentants du peuple?

Il ne s'agit point ici, sans doute, de discuter si la société a le droit d'établir la peine de mort, si cette peine peut être assez nécessaire pour jamais pouvoir être juste; mais cette question générale est d'une telle nature, que c'est presque un devoir d'énoncer son opinion du moment où elle a pu être agitée.

Je crois la peine de mort injuste toutes les fois qu'elle est appliquée à un coupable qui peut être gardé sans danger pour la société; et cette vérité est susceptible d'une démonstration rigoureuse. Je crois qu'à l'exception de ce cas unique, qui ne doit point se présenter dans une constitution vraiment libre, une fois bien établie, la suppression absolue de la peine de mort est un des moyens les plus efficaces de perfectionner l'espèce humaine, en détruisant ce penchant à la férocité qui l'a trop longtemps déshonorée. Je crois que l'exemple de meurtres ordonnés au nom de la loi, est d'autant plus dangereux pour les mœurs publiques, que la constitution d'un pays laisse aux hommes une plus grande portion de leur indépendance naturelle. Des peines qui permettent la correction et le repentir, sont les seules qui puissent convenir à l'espèce humaine régénérée.

Mais je reviens à l'objet de cette discussion. L'existence de Louis XVI est-elle favorable ou contraire aux partisans sincères ou simulés, étrangers ou français, de la royauté constitutionnelle ou de la royauté héréditaire? Est-il avantageux ou non pour leurs projets, que le trône qu'ils veulent relever puisse être occupé par un enfant, ou doive l'être nécessairement par un homme avili pour sa conduite, odieux pour ses crimes? Est-il de l'intérêt de la république française de diminuer l'intervalle qui sépare du trône les individus résidant dans les pays étrangers, où ils seront longtemps les instruments actifs et dociles de tous nos ennemis?

En un mot, comme l'existence de ces prétendants héréditaires est un mal nécessaire, les changements dans l'ordre de ces prétentions, dans les intérêts, dans les espérances, dans les moyens des individus appelés à cette absurde substitution, peuvent-ils avoir sur la conservation de notre liberté une influence réelle?

Notre sévérité effrayera-t-elle, irritera-t-elle les rois ennemis et les dévots à la royauté? L'opinion encore chancelante de plusieurs peuples sera-t-elle aliénée ou encouragée?

Ces questions, auxquelles il est difficile de répondre avant d'avoir pu observer l'effet que nos premières résolutions produiront sur la France et sur l'Europe, semblent exiger que la Convention nationale se réserve le droit de modifier le jugement du tribunal, ou de le remettre au peuple, en lui indiquant les moyens de l'exercer.

Si le jugement était favorable, ne resterait-il aucun droit à la nation sur l'homme qui a été roi? Supposons qu'en exerçant son autorité usurpée, un roi héréditaire et absolu n'ait commis aucune injustice, aucune violence ; supposons qu'aveuglé par son éducation, il ait cru de bonne foi son autorité légitime ; admettons ces deux hypothèses qu'aucun roi n'a peut-être réalisées Ne peut-on pas dire alors : l'erreur involontaire absout de la peine ? mais le droit de se précautionner contre les effets de cette erreur n'en subsiste pas moins. On ne punit point un homme en démence, mais on prend les moyens nécessaires pour l'empêcher de nuire : et si la liberté de Louis XVI, innocent, était dangereuse pour la sûreté de la nation, sans doute elle aurait encore le droit de l'en priver.

Mais comment pourrions-nous, sans injustice, réserver le droit de prendre des précautions de sûreté, dans le cas de l'absolution, sans réserver en même temps, dans le cas de condamnation, celui de modifier la peine ?

Ainsi, en donnant aux considérations politiques tout le poids qu'on peut leur supposer, on voit qu'elles sont étrangères à la question du jugement, mais qu'elles peuvent seulement influer sur la commutation de la peine prononcée, sur les précautions que l'intérêt national pourrait exiger. Juger un roi accusé est un devoir ; lui pardonner, peut être un acte de prudence ; en conserver la possibilité, est un acte de sagesse dans ceux à qui les destinées politiques de la nation ont été confiées.

Je proposerai donc d'ajourner jusqu'après la décision des autres questions, et immédiatement avant l'ouverture du tribunal, la question de savoir si et par qui le jugement pourra être modifié.

Telles ont été mes réflexions sur un objet qu'il était dans l'ordre des choses humaines que la philosophie pût traiter une fois d'après les principes de la justice, et avec le sentiment d'une froide impartialité.

Depuis longtemps les rois ne sont que des hommes aux yeux de la raison ; et le temps approche où ils ne seront aussi que des hommes aux yeux de la politique.

Mais le moment où les préjugés qui environnaient les trônes achèvent de disparaître, et où cependant l'influence des rois sur les destinées des peuples subsiste encore, doit être aussi le seul où il soit enfin possible, et où il soit encore utile de développer les droits qu'ont les peuples sur ces êtres entourés par l'erreur et la bassesse des fantômes de toutes les superstitions.

C'est quand il n'y aura plus en Europe qu'un seul roi à juger, que son procès, devenu une cause ordinaire, ne méritera plus de fixer les regards des nations.

OPINION

DE

CONDORCET,

PRONONCÉE

DANS LA SÉANCE DU SAMEDI 19 JANVIER 1793.

IMPRIMÉE PAR ORDRE DE LA CONVENTION NATIONALE.

OPINION

DE

CONDORCET,

PRONONCÉE

DANS LA SÉANCE DU SAMEDI 19 JANVIER 1793.

IMPRIMÉE PAR ORDRE DE LA CONVENTION NATIONALE.

—————— ❧ ——————

CITOYENS,

Quelque parti que vous preniez dans la question importante qui nous occupe, il exposera la patrie à de grands dangers. J'ai essayé de les peser, et j'avoue que je ne me suis pas senti la main assez ferme pour tenir cette balance ; il est cependant un danger qui se rencontre dans le parti d'une prompte exécution, et qui m'a paru mériter toute votre attention. C'est le seul dont j'aie été véritablement effrayé ; mais je crois qu'il est en votre pouvoir de le détourner : je ne vous parlerai donc que de ce danger et des moyens de l'éviter.

Jusqu'ici nous n'avons eu à combattre que des rois suivis de leurs armées, auxquelles l'habitude de l'obéissance et la chaîne d'une discipline sévère ne permettent pas d'examiner la justice de la cause pour laquelle elles combattent. Les nations restaient incertaines ou plutôt formaient pour nous des vœux secrets, que les événements pouvaient transformer en secours efficaces. Aujourd'hui les rois s'efforcent d'inspirer aux peuples qu'ils gouvernent leur haine pour la France, et de rendre nationale la guerre qu'ils lui ont déclarée. Le moyen qu'ils emploieront, c'est celui qui est si familier aux cours, la calomnie. Ils diront que la Convention n'a immolé Louis que pour satisfaire à sa vengeance; ils nous peindront comme des hommes avides de sang. Pour rendre la nation française plus odieuse, ils étendront sur elle les mêmes reproches; ils diront que vous avez cédé à la terreur que vous inspirait un peuple livré à l'anarchie et dominé par des sentiments féroces. Citoyens, c'est le seul moyen de nous nuire que les despotes aient entre leurs mains, je n'en puis craindre aucun autre; mais si nous sommes unis, si notre conduite devient digne de notre cause, nous pouvons aussi le braver.

Lorsque j'ai vu mes collègues monter à la tribune pour émettre leur vœu, j'en ai remarqué plusieurs, parmi les patriotes les plus ardents et les plus fermes, ne prononcer la mort qu'en gémissant. Eh bien! abolissez la peine de mort pour tous les délits privés, et réservez-vous d'examiner s'il faut la conserver pour les délits contre l'État. Cette question est différente. Des considérations qui sont sans force, quand il s'agit des délits privés, acquièrent alors une haute importance, tandis qu'au contraire les motifs les plus puissants d'abolir la peine de mort perdent une grande partie de leur poids.

Un prompt jugement est encore un devoir de l'humanité, et cependant à Paris on se plaint que les prisons sont remplies d'accusés; on cherche à répandre des terreurs sur leur sort; on parle des mouvements qui se préparent; quelle en est la cause? C'est qu'il n'existe pour Paris qu'un seul tribunal : la loi en a déterminé un pour chaque département; mais cette égalité apparente cache une inégalité réelle; car, où serait l'égalité si on laisse un seul tribunal ici pour huit cent mille hommes, là pour deux cent mille? Je demande donc aussi de porter à trois le nombre des tribunaux criminels de Paris.

Vous avez jusqu'ici témoigné une sollicitude active pour le maintien de la liberté; on vous a même accusés de l'avoir exagérée. Je ne vous propose pas d'y renoncer; mais je vous demande d'y ajouter une sollicitude de bienfaisance. Hâtez-vous de décréter les lois qui établissent l'adoption; hâtez-vous d'assurer le sort des enfants nés hors du mariage; faites en sorte que les noms d'enfants trouvés et de bâtards ne souillent plus une langue républicaine.

Les besoins de l'État obligent d'établir des impôts; mais il existe des moyens de faire en sorte qu'ils ne pèsent plus sur le pauvre; hâtez-vous de vous en occuper.

Un citoyen respectable qui cherche depuis longtemps à détruire les maux que la fureur du jeu entraîne après elle, Dusaulx a préparé un rapport sur cette loterie ci-devant royale, qui est à la fois un impôt onéreux, une source de misère et un foyer de corruption ; hâtez-vous de l'écouter, et ne craignez point de détruire, en abolissant cette loterie, une des sources du revenu public. On peut vous proposer des moyens qui, en réparant cette perte, loin d'être onéreux aux pauvres, leur offriraient de nouvelles ressources.

Soumettez à l'examen de l'humanité et de la justice ces lois inutiles et barbares, qui donnent à un créancier, sur la liberté de son débiteur, un droit que ni la nature, ni l'intérêt bien entendu du commerce ne peuvent avouer.

L'organisation des secours publics demande tous vos soins, mais l'humanité exige encore des mesures provisoires. En voyant nos places, nos promenades publiques couvertes d'hommes chargés de blessures, privés de leurs membres, réduits à l'impossibilité évidente de pourvoir à leurs besoins, peut-on reconnaître une nation où l'égalité a été solennellement proclamée ? Si la société veut que cette égalité ne soit pas un vain nom, ne doit-elle pas à ces hommes une retraite et la subsistance ?

Telles sont, citoyens, les lois dont la nécessité de repousser une calomnie dangereuse, vous fait un devoir de vous occuper ; alors, si les despotes osent encore vous reprocher le jugement de Louis, vous leur direz : Nous avons puni un roi, mais nous avons sauvé cent mille hommes.

Il existe en Europe une nation qui aime sincèrement la liberté, même en se trompant sur la nature de ce droit sacré, et sur les moyens de le conserver; là l'esprit public règne avec énergie. La justice et l'humanité de ses lois, l'ont fait respecter dans un temps où l'Europe entière gémissait sous une jurisprudence absurde et barbare. Aujourd'hui les ministres de l'Angleterre cherchent à exciter cette nation contre nous! Croyez-vous qu'ils osent continuer leur calomnieuses déclamations, lorsque vous pourrez leur dire : Nous avons aboli la peine de mort, et vous la conservez pour un vol de quelques schillings, et elle subsiste encore dans votre code pour des délits créés par la loi, pour des crimes imaginaires. Vous livrez les débiteurs à l'avidité, à l'humeur de leurs créanciers; et nos lois, plus sages et plus humaines, savent respecter la pauvreté et le malheur. Jugez entre vous et nous, et voyez auquel des deux peuples le reproche d'inhumanité peut être adressé avec plus de justice.

Citoyens, si vous prenez le parti le plus sévère, quelques dangers qui vous menacent, ils ne pourront vous atteindre, pourvu que, par des lois sages, humaines et justes, vous sachiez vous rendre respectables et chers à l'humanité partout outragée, et partout opprimée.

SUR LES TROUBLES

RELATIFS

AUX SUBSISTANCES (1).

27 DÉCEMBRE 1792.

(1) *Feuille villageoise*, 3ᵉ année, nᵒ 13.

Des troubles relatifs aux subsistances avaient eu lieu dans le département d'Eure-et-Loir. On criait à l'accaparement; on demandait l'égalité des biens; on avait résisté aux commissaires de la Convention, qui avait statué à ce sujet par plusieurs décrets, le 6 décembre 1792.

Les citoyens Gonchon et Fourcade firent une adresse aux habitants d'Eure-et-Loir. Condorcet y joignit ses conseils dans cette lettre.

SUR LES TROUBLES

RELATIFS

AUX SUBSISTANCES.

Lettre de Condorcet au citoyen Gonchon.

Citoyen,

Je ne vous ai pas assez dit quel bien m'avait fait la lecture de votre adresse. Il y a trente ans que je m'occupe du bonheur des hommes, que je médite leurs intérêts. Ne soyez donc pas étonné si je suis profondément affligé, quand je vois mes concitoyens se laisser tromper par des hommes qui, en exagérant leurs droits, les conduisent au malheur par l'injustice. Vous m'avez consolé quand j'ai vu que ceux à qui leurs services, leur courage, leur patriotisme, devaient donner le plus d'empire, prêchaient la doctrine la plus vraie, la plus utile.

Si l'on établit des écoles primaires bien entendues, si l'on se hâte de faire sur les successions, sur les bâtards, sur l'adoption, des lois qui favorisent l'égalité; si la propriété, l'industrie, le commerce sont vraiment libres, la génération qui s'élève aujourd'hui jouira des avantages de la seule égalité de fortune compatible avec une bonne organisation sociale; de la seule qui soit nécessaire au bien-être de la masse générale des individus.

Ceux qui ont étudié les lois de la distribution naturelle des richesses, savent bien que ce n'est pas en bornant l'étendue des propriétés territoriales, en faisant des distributions de terre, qu'on peut parvenir à cette égalité. Cette égalité consiste dans la faculté qu'aurait chaque père de famille d'acquérir, par son travail, au delà de sa subsistance ou de son entretien, un petit capital. Il faut donc que les salaires deviennent plus forts par rapport au prix des denrées, ce qui ne peut être le fruit que d'une augmentation d'industrie et de culture; et cette augmentation ne peut naître que par la liberté, la sûreté de toute espèce de propriété, et par le respect pour la loi.

Tous les hommes qui vivent, en tout ou en partie, de leur travail d'esprit ou de corps, sont dans le cas des possesseurs de rentes viagères, et même dans un cas plus défavorable; car la maladie ou l'âge peut les priver de leur revenu. C'est un malheur nécessaire attaché à toute société nombreuse et où les travaux sont divisés; mais il est à ce mal un remède, celui des caisses d'accumulation, soit particulières, soit publiques : or ces établissements ne peuvent exister que dans une société paisible, où la morale publique soit une sauvegarde certaine de tous les engagements.

Il serait très-possible de délivrer les citoyens pauvres de tout impôt direct; la proposition en sera faite à la Convention, soit par moi, soit par d'autres : je suis sûr des moyens d'y parvenir sans nuire en rien à l'économie nationale, à l'activité de l'industrie, ni même à la simplicité des moyens de perception. Mais ces opérations supposent encore la paix et la confiance.

Agréez, Citoyen, mes remercîments et les assurances de mon dévouement et de mon estime. Faites, je vous prie, passer au citoyen Fourcade l'expression des mêmes sentiments.

CONDORCET.

Paris, 27 décembre 1792.

LETTRE

DE

JUNIUS A WILLIAM PITT.

FÉVRIER 1792.

LETTRE

JUNIUS A WILLIAM PITT (1).

Qu'importe à un homme de bon sens les manifestes des rois contre d'autres rois ? Ils s'y accusent réciproquement d'avidité, d'injustice et de perfidie, et on n'a pas besoin de les lire pour savoir qu'ils ont tous raison ; mais celui que vous venez de publier, pour ou contre la nation française, a excité ma curiosité. C'est une chose si rare qu'un ministre fasse même semblant de défendre les droits du genre humain ! et j'ai voulu voir si vous aviez rempli ce rôle difficile avec probité ou avec adresse.

Je laisse à ceux que vous attaquez le soin de répondre au noir de vos pages ; c'est du blanc seul que je veux parler. L'abbé Galiani prétendait que c'est

---

(1) Dans un moment où les jacobins ont mis à l'ordre du jour la discussion des vices, non de la nation anglaise, mais de son gouvernement, nous croyons que l'écrit suivant, que nous savons avoir été composé par un Anglais, ne contribuera pas peu à jeter des lumières sur cette question. On peut le regarder comme une réponse au manifeste de Pitt : on verra que les Anglais sont loin de partager les vues et les sentiments dont Pitt est l'âme envers la nation française.

l'unique manière de lire les ouvrages quand on veut
les bien entendre.

Ce n'est point, dites-vous, à la nation française que
George III fait la guerre ; c'est à certains principes
destructeurs de toute morale, adoptés par cette nation, ou plutôt par ceux qui la gouvernent.

Est-ce dans sa constitution que vous les trouvez,
ces principes.....? Je l'ouvre, j'y cherche ce qui la distingue de celles des autres peuples qu'on est convenu d'appeler libres.

J'y vois 1° que le peuple, souverain de fait, comme
il l'est de droit ; conserve, en tous les temps, le pouvoir et les moyens de réformer toutes ses lois sans
aucune exception ;

2° Que tout homme parvenu à l'âge où l'on veut
supposer la raison entièrement formée, jouit de la
plénitude de ses droits, sans avoir à souffrir d'aucune de ces inégalités plus ou moins absurdes qui
souillent tous les autres codes.

Le reste est conforme aux principes que Sa Majesté Britannique veut bien tolérer dans quelques républiques suisses et dans les États-Unis d'Amérique.

Je ne parle point des articles qui ont pour objet
l'organisation des pouvoirs ; vous ne pensez sûrement pas que l'unité législative soit incompatible
avec la morale, et que, pour être honnête homme,
il faille absolument croire à la trinité parlementaire,
comme à celle de la liturgie.

Voici donc la traduction littérale du manifeste
de George III : « Je veux que les Anglais payent

« d'énormes taxes ; qu'ils exposent leur vie , de
« peur qu'à l'exemple des Français , ils n'aient un
« jour l'*immoralité* de se croire en droit de dé-
« ranger ma prérogative royale ; car je voudrais bien
« en faire un droit divin , quoique mon trisaïeul
« l'ait reçue de leur pure bonté. Je veux qu'ils se fas-
« sent égorger devant Toulon, pour prouver à l'u-
« nivers qu'ils ne doivent pas être aussi libres que
« leurs grands-pères. Je veux que ceux de mes su-
« jets qui ne sont ni pairs, ni francs-tenanciers, ni
« membres des bourgs à députation, soient forcés ,
« à coups de nerfs de bœuf, de monter sur mes
« flottes, pour m'aider à noyer quiconque ose les
« croire dignes de devenir des hommes libres. »

C'est donc aux droits des Anglais, que George a
déclaré la guerre en leur nom.

Regarderiez-vous l'autorité de la Convention française comme une usurpation immorale? Vous croyez
donc, que l'Assemblée législative n'a pas eu le droit de
suspendre le pouvoir royal et de consulter le peuple? Or, vous ne pouvez le croire , sans adopter l'o-
pinion qu'une constitution ne peut être réformée
que par des moyens antérieurement établis par elle.
Vous condamnez donc la révolution de 1689? En
effet, ou la suspension du tyran Bourbon a été légitime , ou l'expulsion du tyran Jacques était un
crime; ou les Français ont eu le droit de détruire la
royauté , ou les Anglais n'avaient pas celui de briser
l'ordre de la succession pour appeler la maison de
Hanovre.

Le roi sarde est donc votre véritable roi? Aussi lui

payez-vous de gros subsides aux dépens des Anglais,
et lui garantissez-vous , au prix de leur sang, le
le reste de ses États. A-t-il, en récompense, cédé
son titre à son cousin George, pour fortifier un
peu son droit héréditaire, et le débarrasser, à l'é-
gard de la nation britannique, d'une reconnaissance
qui commence à lui peser?

Mais vous en voulez à la Convention nationale
d'avoir osé punir un conspirateur qui s'était appelé
roi. Est-ce qu'un peuple perdrait le droit de punir un
magistrat infidèle et parjure, sous prétexte qu'on a
oublié d'insérer dans le livre des lois le mode de le
juger? Est-ce que la liberté de corrompre, de trahir,
d'ordonner le meurtre avec impunité, peut jamais
être un privilége légitime, attaché à une place ou à
un nom? Oseriez-vous soutenir une telle doctrine
en plein parlement, l'y soutenir sans restriction,
sans équivoque? Lisez les Lettres de Caton (1), vous
verrez qu'on prêchait publiquement celle de la
raison et de la vraie morale en Angleterre même,
il y a plus de soixante ans, sans que les ancêtres de
George III osassent s'en fâcher.

C'est évidemment en faveur d'un droit héréditaire,
indépendant du peuple, c'est en faveur de l'impunité des tyrans, que George fait la guerre à la
France. Ce sont les droits d'une nation trop confiante qu'il combat sur un territoire étranger, aux

______

(1) Ouvrage périodique devenu très-rare, publié par Gordon
et Trenchard dans les premiers temps de la domination hano-
vrienne.

dépens de cette nation même, pour les lui ravir ensuite avec plus de sûreté. Mais si George peut légitimement faire la guerre aux Français, parce que
les principes de leurs législateurs lui paraissent contraires à la morale, les rois de Hongrie, de Prusse
et d'Espagne pourraient aussi légitimement attaquer
l'Angleterre, s'ils s'avisaient d'avoir des scrupules
sur la morale de la chambre des communes, qui refuse à l'oint du Seigneur le pouvoir de mettre arbitrairement des taxes. Louis XIV, envoyant Tourville
rétablir chez nous le papisme et la tyrannie, eût pu
nous adresser votre manifeste. Mais, heureusement
pour la France, Tourville fut battu, comme heureusement pour l'Angleterre, vous venez de l'être à Toulon ; car les revers des rois, quelque cher qu'ils coû-
tent aux nations, ne sont pas toujours des malheurs
pour elles.

Direz-vous que les principes suivis par les Français à l'égard des puissances étrangères, suffisent
seuls pour justifier la ligue formée contre eux ?

Quand un prince cherche à opprimer la liberté
d'un peuple étranger, par la fraude ou par la violence, certes ce peuple a le droit de lui faire la
guerre. Aussi l'on a pu blâmer la nation française de
l'avoir trop tôt déclarée, mais aucun homme de sens
ne l'accusera de l'avoir déclarée sans motifs légitimes.
On peut lui reprocher d'avoir manqué de politique,
mais non d'avoir blessé la justice. Voudriez-vous
donc ériger en principe de morale, que les seules
guerres justes sont celles qui se font pour le plaisir
des rois ?

La conduite de la France, dans les pays conquis par ses troupes, paraît surtout avoir enflammé le zèle constant de George III pour le bonheur de l'Europe. Mais lorsqu'une nation occupe un territoire étranger, elle s'y empare exclusivement de la force publique ; c'est donc à elle seule qu'il appartient d'y assurer l'exécution des lois. Est-elle alors obligée d'employer cette force pour faire exécuter celles qui, suivant son opinion, blessent évidemment le droit naturel ? Vous ne trouveriez pas même dans l'université de Cambridge, qui vous nomme périodiquement membre des communes, un seul professeur qui osât faire une réponse affirmative à cette question. Vous-même, si vous envoyiez une flotte s'emparer de Goa, ordonneriez-vous à nos amiraux de maintenir les décrets de l'inquisition, quand même ces décrets les condamneraient à être brûlés comme hérétiques formels ? Or, les Français croient que le droit de souveraineté appartient, d'une manière égale, à tous les individus qui composent une nation ; que tout privilége héréditaire est, comme l'inquisition, une absurdité et une injustice ; que les biens consacrés à un culte quelconque ne sont pas la propriété des ministres de ce culte, mais celle du peuple qui en conserve la libre disposition. Il regarde ces maximes comme des conséquences évidentes, nécessaires, du droit naturel. Sont-ils donc si coupables de n'avoir pas soutenu, par la force, les lois qui les violaient ?

Cependant, l'impossibilité de maintenir toutes les lois des pays conquis obligeait de faire un triage, de pourvoir au remplacement indispensable de quelques-unes. Les Français se sont-ils attribué ce dernier droit, suivant l'usage des autres nations? Non : ils se sont contentés de le reconnaître dans ceux qui l'avaient reçu de la nature, dans la masse des habitants du pays même.

Mais pourquoi n'avez-vous pas témoigné le même zèle contre Frédéric-Guillaume, lorsque, occupant par hasard deux villes françaises, il y rétablit, malgré le vœu du peuple, et l'autorité royale que le peuple ne reconnaissait plus, et un clergé fanatique dont la volonté nationale avait irrévocablement détruit les usurpations? Pourquoi vous-même, maître de Toulon par une lâche trahison, vous êtes-vous empressé d'y établir une constitution et des lois rejetées par la nation française? Pourquoi y avez-vous fait reconnaître un fantôme de roi? Tout serait-il donc permis en faveur des tyrans contre les peuples, et n'y aurait-il *d'immoralité* qu'à soutenir la cause des peuples contre les tyrans?

Vous ferez la paix, dites-vous, avec la nation française, quand elle aura une constitution bien établie, un gouvernement fixe, dignes de la confiance des autres peuples. Sans doute, vous n'avez pas voulu dire que vous continueriez la guerre, tant que les troubles intérieurs de la France vous laisseraient quelque espoir. Cela serait trop niaisement machiavélique. Par ce gouvernement, avec lequel on pourra traiter solidement, vous entendez sûrement ce juste degré d'esclavage auquel vous voudriez réduire la nation anglaise. L'exemple d'une liberté

plus grande, chez une nation puissante et très-voi-
sine, déconcerte vos projets. Ce n'est pas la liberté
turbulente des Français, qui déchire votre âme phi-
lanthropique; c'est l'obstination du peuple anglais à
garder sa demi-liberté, qui fatigue votre tête hano-
vrienne.

Mettez-vous au nombre de vos griefs contre la
nation française, ou contre ses législateurs, les ouvrages, les discours de quelques individus? Mais,
pourquoi un Français se rendrait-il coupable en appelant à la vraie liberté les Anglais, les Bataves, les
Suisses, les Allemands, les Espagnols, etc., tandis que
votre soudoyé, votre ami Burke, pourrait inno-
cemment conseiller aux Français l'asservissement à
un roi, la conservation d'une hypocrisie nationale,
et la galanterie envers les reines, comme les seuls
moyens d'avoir des mœurs et de la vertu? Cette pré-
dilection pour les prédicateurs de l'esclavage; la persécution que vous avez suscitée contre l'auteur des
droits de l'homme, et que vous avez étendue au delà
des limites anglaises; votre zèle trinitaire pour faire
brûler les manuscrits, les livres et jusqu'aux machines
de l'unitaire Priestley; tout cela n'annonce-t-il pas
l'embarras d'un homme qui, chargé d'exécuter un
crime secret, s'irrite de n'avoir pu briser ou infu-
mer tous les réverbères?

La révolution française a certainement été beaucoup plus sanglante qu'il n'eût été à désirer pour le
bonheur et le prompt affranchissement de l'humanité. Les Français ont, quelquefois, souillé leurs
victoires par des vexations, par des brigandages;

c'est-à-dire, qu'il a existé parmi eux des hommes féroces et sanguinaires, des ambitieux avides, des tar-
tufes de patriotisme; c'est-à-dire, que des traîtres,
des ennemis du talent et de la vertu, des ennemis
de la félicité publique ont quelquefois égaré ce
peuple, et peut-être ses législateurs; mais croyez-
vous que, pour reprendre ses droits, un peuple soit
obligé d'attendre qu'il ne renferme plus dans son
sein d'hommes corrompus, qu'il soit entièrement
composé d'hommes vertueux? Oseriez-vous dire que
vous n'avez pas vous-même contribué, par votre or,
par vos intrigues, à multiplier, à perpétuer ces
excès, ces désordres, ces crimes contre lesquels vous
vous élevez avec une hypocrite humanité? Savez-
vous que les Français commencent à percer le qua-
druple masque du machiavélisme royal dont, je ne
sais trop pourquoi, vous vous êtes fait le représentant? Bientôt, derrière tous ces partis qui ont dé-
chiré, qui ont ensanglanté la France, on pourra
montrer l'instigateur étranger qui, souvent même à
leur insu, excitait ou dirigeait leurs fureurs, et nommer la main cachée qui désignait, qui frappait les
victimes.

Mais si les excès commis par quelques Français
excitent votre indignation, au point d'armer l'Europe contre leur patrie, comment pouvez-vous rester l'allié de ce roi de Hongrie, qui, du fond de son
palais, ordonne si lâchement à ses hordes d'assassins sauvages, l'incendie, le meurtre, les mutilations,
les tortures, et tout ce que l'ivresse du sang a jamais
inspiré de plus atroce à des brigands ou à des rois?

Quel est donc le but de vos tristes et pénibles déclamations? Le voici :

La révolution d'Amérique a été paisible, parce que le peuple n'avait à changer que la distribution des pouvoirs politiques, et que toutes les lois, toutes les institutions, presque toutes les formes ont pu être conservées. Il existe sur la terre une autre nation à qui le hasard a donné le même avantage, qui peut, par un seul acte de sa volonté, par une constitution de douze pages, se rétablir dans tous ses droits, dont elle n'a plus qu'une vaine apparence. Ce changement peut s'opérer en un jour, sans que l'ordre d'aucune affaire, le repos d'une seule famille, de simples citoyens, y soient un instant troublés. Or, ceux qui craindraient que ce peuple ne s'élevât à la liberté, à l'égalité républicaines; qui voudraient continuer de le corrompre et de le dépouiller; qui suivraient, de concert avec des tyrans étrangers, un plan combiné pour l'asservir, les ministres de son roi, par exemple, ne devraient-ils pas désirer d'inspirer à ce peuple l'horreur de la révolution française, de lui persuader que la sienne entraînerait les mêmes malheurs ? Ne devraient-ils pas chercher à le mettre en guerre avec la France, afin de la lui rendre odieuse? Ne devraient-ils pas employer, pour nuire à la nation française, toutes les ruses de la politique, et toutes les ressources de la corruption pour y perpétuer les troubles? Ne leur serait-il pas utile d'exagérer ensuite ces mêmes troubles, pour avoir un prétexte de traiter comme une troupe de séditieux, une société de citoyens paisibles, coupables d'avoir formé le projet de réclamer leurs droits? Ne serait-ce pas alors qu'ils oseraient se vanter de maintenir la paix, quand ils ne songent qu'à violer impunément les lois et à cimenter la tyrannie ?

N'est-ce pas là ce que j'ai dû lire dans le blanc de vos pages? N'est-ce pas le violent désir de distraire ou de dégoûter les Anglais d'une réforme parlementaire, qui vous rend si moral, quand vous soudoyez des traîtres; si humain, lorsque d'un bout de l'Europe à l'autre, vos émissaires achètent des assassins contre la France ?

Cependant je crains bien que, malgré sa sagesse prématurée, le jeune Pitt, devenu homme, ne reste un écolier étourdi. Vous avez cru mener les Français républicains, comme votre père menait les ministres de Louis XV. Je pourrais vous dire comme l'ambassadeur de Hollande à Charles II : *Ah ! sire, ce Cromwell était autre chose;* mais les Français sont aussi d'autres hommes. Vous êtes glorieux d'avoir été déclaré par la Convention française l'ennemi du genre humain. C'est une vérité triviale qu'il était au-dessous d'elle de prononcer. Dix autres noms pouvaient, avec autant de justice, se trouver au bout de la plume du rédacteur. Mais tremblez que la Convention de la Grande-Bretagne, plus prochaine que vous ne pensez, ne vous déclare dans peu l'ennemi de votre patrie. Croyez-moi, digne émule des Bute, des Grafton, des North, qui ont, avant vous, illustré le règne de George III, faites comme eux, retirez-vous à temps, et abandonnez à d'autres les rênes de la révolution britannique, que vous ne pouvez empêcher, ni même retarder ; et que vos mains incertaines n'auront, ni la force, ni l'adresse de tempérer, encore moins de diriger.

PLAN

DE CONSTITUTION,

PRÉSENTÉ A LA CONVENTION NATIONALE

LES 15 ET 16 FÉVRIER 1793.

EXPOSITION

DES

PRINCIPES ET DES MOTIFS

DU PLAN DE CONSTITUTION.

Donner à un territoire de vingt-sept mille lieues carrées, habité par vingt-cinq millions d'individus, une constitution qui, fondée uniquement sur les principes de la raison et de la justice, assure aux citoyens la jouissance la plus entière de leurs droits; combiner les parties de cette constitution, de manière que la nécessité de l'obéissance aux lois, de la soumission des volontés individuelles à la volonté générale, laisse subsister dans toute leur étendue, et la souveraineté du peuple, et l'égalité entre les citoyens, et l'exercice de la liberté naturelle, tel est le problème que nous avions à résoudre.

Jamais un peuple plus dégagé de tous les préjugés, plus affranchi du joug de ses anciennes institutions, n'a offert plus de facilité pour ne suivre, dans la composition de ses lois, que les principes généraux consacrés par la raison; mais jamais aussi l'ébranlement causé par une révolution si entière, jamais un mouvement plus rapide imprimé aux esprits, jamais le poids d'une guerre plus dangereuse, jamais de plus grands embarras dans l'économie publique, n'ont semblé opposer à l'établissement d'une constitution des obstacles plus multipliés.

Il faut que la constitution nouvelle convienne à un peuple chez qui un mouvement révolutionnaire s'achève, et que cependant elle soit bonne aussi pour un peuple paisible; il faut que, calmant les agitations sans affaiblir l'activité de l'esprit public, elle permette à ce mouvement de s'apaiser sans le rendre plus dangereux en le réprimant, sans le perpétuer par des mesures mal combinées ou incertaines, qui changeraient cette chaleur passagèrement utile, en un esprit de désorganisation et d'anarchie.

Toute hérédité politique est à la fois et une violation évidente de l'égalité naturelle et une institution absurde, puisqu'elle suppose l'hérédité des qualités propres à remplir une fonction publique. Toute exception à la loi commune, faite en faveur d'un individu, est une atteinte portée aux droits de tous. Tout pouvoir au-dessus duquel il ne s'en élève aucun autre, ne peut être confié à un seul individu, ni pour sa vie, ni pour un long espace de temps, sans lui conférer une influence attachée à sa personne et non à ses fonctions, sans offrir à son ambition des moyens de perdre la liberté publique, ou du moins de le tenter.

Enfin, ce respect pour un individu, cette espèce

d'ivresse, dont la pompe qui l'entoure frappe les imaginations faibles ; ce sentiment d'un dévouement aveugle qui en est la suite ; cet homme mis à la place de la loi, dont on l'appelle l'image vivante ; ces mots vides de sens, par lesquels on veut conduire les hommes comme s'ils étaient indignes de n'obéir qu'à la raison : tous ces moyens de gouverner par l'erreur et la séduction ne conviennent plus à un siècle éclairé, à un peuple que les lumières ont conduit à la liberté.

L'unité, l'activité, la force du gouvernement ne sont pas des attributs exclusivement attachés à ces dangereuses institutions. C'est dans la volonté ferme du peuple d'obéir à la loi, que doit résider la force d'une autorité légitime. L'unité, l'activité peuvent être le fruit d'une organisation des pouvoirs, simple et sagement combinée, et l'on espérait vainement s'assurer cet avantage en les réunissant dans un seul individu, que l'orgueil de sa puissance corrompt presque nécessairement, que l'accroissement de sa prérogative occupe plus que ses devoirs. Sans un de ces miracles sur lesquels on ne doit pas compter, tout homme revêtu d'une autorité héréditaire ou durable est condamné à flotter entre la mollesse et l'ambition, entre l'indifférence et la perfidie. Enfin, quand l'exemple des monarchies a prouvé qu'elles étaient constamment gouvernées par un conseil, il serait difficile de trouver quelque utilité dans l'institution d'un monarque.

Ainsi la royauté a dû être abolie.

Depuis une entière unité comme elle existe en

Angleterre, où cette unité n'est interrompue que par les divisions de territoire nécessaires à l'exercice régulier des pouvoirs, jusqu'à la confédération helvétique, où des républiques indépendantes ne sont unies que par des traités, et uniquement destinés à leur assurer l'avantage d'une défense mutuelle, on peut imaginer une foule de constitutions diverses, qui, placées entre ces deux extrêmes, se rapprocheraient davantage ou de l'unité absolue ou d'une simple fédération.

La disposition du territoire français, dont les parties rapprochées entre elles ne sont séparées par aucun obstacle naturel (1); les rapports multipliés, établis dès longtemps entre les habitants de ces diverses parties; les obligations communes qu'ils ont contractées; la longue habitude d'être régis par un pouvoir unique; cette distribution de propriétés de chaque province entre des hommes qui les habitent toutes; cette réunion dans chacune, d'hommes nés dans toutes les autres; tout semble destiner la France à l'unité la plus entière.

La nécessité de pouvoir employer avec activité les forces du tout à la défense de chaque frontière; la difficulté d'y faire concourir, avec un zèle égal, les portions fédérées qui, enfoncées dans l'intérieur, n'auraient point d'ennemis à craindre, ou celles qui

______

(1) En supposant à une surface égale à celle de la France une figure circulaire, celle de toutes où la distance la plus grande, entre deux points du contour, est la plus petite possible, cette distance serait encore de plus de cent quatre-vingts lieues; et en France elle n'est guère que d'environ deux cent quarante lieues.

n'auraient que des côtes à défendre; le danger de détruire un lien qui existe, pour en créer un plus faible, lorsque l'Europe entière emploierait toutes ses forces, toutes ses intrigues pour chercher à le briser; le besoin de la réunion la plus intime pour un peuple qui professe les principes les plus purs de la raison et de la justice, mais qui les professe seul, sont de nouvelles raisons d'écarter loin de nous tout ce qui porterait la plus légère atteinte à l'unité politique.

Mais il est même inutile de discuter toute l'importance de ces raisons. En effet, pour séparer en républiques confédérées un État unique, ou pour réunir en une seule république des États confédérés, il faut des motifs puissants d'intérêt public, comme pour tous les grands changements que la conservation de la liberté ou de l'égalité n'exige pas rigoureusement; et aucun de ces motifs n'existe pour nous. Nous ne pourrions vouloir ce changement que pour obéir à des vues systématiques de perfection, ou pour sacrifier le tout à quelques parties, la génération présente au bien-être incertain des générations futures; c'est au bruit des menaces d'une ligue d'ennemis puissants que nous exposerions la sûreté de l'État, en faisant une révolution nouvelle dans l'intérieur, pour établir un système dont un des effets nécessaires est d'affaiblir les moyens de défense de la nation qui l'adopte.

Suivons plutôt l'exemple d'un peuple digne de nous en donner. Ignorait-on, dans les États-Unis d'Amérique, combien la faiblesse de leur lien fédératif nuirait au succès de leur guerre contre l'ennemi de leur indépendance? Tous les hommes éclairés, tous les patriotes y gémissaient du peu de force du congrès général, du peu de concert des diverses républiques; et cependant personne, durant la guerre, n'a cherché à corriger ce mal, qui en contrariait pourtant le succès : tant on craignait l'effet d'un grand changement exécuté dans des circonstances si périlleuses. Ce que la prudence des Américains n'a osé tenter, lorsque les circonstances semblaient le demander, le tenterions-nous dans le moment même où elles s'y opposent avec le plus de force?

Ainsi, l'on a dû prononcer que la France formerait une république, une et indivisible.

L'étendue de la république ne permet de proposer qu'une constitution représentative; car celle où des délégués formeraient un vœu général, d'après les vœux particuliers exprimés dans leurs mandats, serait plus impraticable encore que celle où des députés, réduits aux fonctions de simples rédacteurs, et n'obtenant pas même une obéissance provisoire, seraient obligés de présenter toutes les lois à l'acceptation immédiate des citoyens.

Mais l'obéissance provisoire, exigée pour les lois faites par des représentants, ne doit-elle avoir contre leurs erreurs ou leurs projets d'autre remède que le prompt changement de ces représentants à des époques réglées, que les limites apposées à leur pouvoir par des lois constitutionnelles qu'ils ne peuvent changer? Les droits des citoyens auront-ils été suffisamment respectés, si ces lois constitutionnelles, faites par les délégués du peuple, exigent une obéissance provisoire pour un temps déterminé, indépendamment de toute sanction nationale? Suffira-t-il qu'elles soient soumises en masse à l'acceptation d'une autre assemblée de représentants du peuple, élus pour cette fonction seule?

Ou plutôt, faut-il que pour toutes les lois il soit ouvert au peuple un moyen légal de réclamation, qui nécessite un nouvel examen de la loi?

Faut-il que le peuple ait un moyen légal et toujours ouvert de parvenir à la réforme d'une constitution qui lui paraîtrait avoir violé ses droits? Faut-il, enfin, qu'une constitution soit présentée à l'acceptation immédiate du peuple?

Dans un moment où aucune loi n'a pour elle le sceau de l'expérience et l'autorité de l'habitude, où le corps législatif ne peut borner ses fonctions à quelques réformes, et au perfectionnement de détail d'un code de lois déjà cher aux citoyens; dans un temps où cette défiance vague, cette inquiétude active, suite nécessaire d'une révolution, n'a pu encore se calmer, nous avons pensé qu'une réponse affirmative à ces dernières questions était la seule qui convînt au peuple français, la seule qu'il pût vouloir entendre; que c'était en même temps le moyen de lui conserver, dans une plus grande étendue, la jouissance de ce droit de souveraineté, dont, même sous une constitution représentative, il est utile, peut-être, qu'un exercice immédiat rappelle aux citoyens l'existence et la réalité.

Deux seules objections se présentaient. On a dit

qu'un vœu commun, formé par la réunion du vœu d'assemblées isolées, n'exprime pas réellement la volonté générale de la masse des citoyens qui se sont partagés entre elles. On a dit que la réunion des citoyens en assemblées primaires pouvait causer des troubles.

En examinant la marche d'une assemblée délibérante, on voit aisément que les discussions y ont deux objets bien distincts. On y discute les principes qui doivent servir de base à la décision d'une question générale ; on examine cette question dans ses parties diverses, dans les conséquences qui résulteraient des manières différentes de la décider. Jusque-là, les opinions sont personnelles : toutes différentes entre elles, aucune, dans son entier, ne réunit la majorité des suffrages. Alors succède une nouvelle discussion ; à mesure que la question s'éclaircit, les opinions se rapprochent, se combinent entre elles : il se forme un petit nombre d'opinions plus générales, et bientôt on parvient à réduire la question agitée à un nombre plus ou moins grand de questions plus simples, clairement posées, sur lesquelles il est possible de consulter le vœu de l'assemblée ; et on aurait atteint en ce genre le point de la perfection, si ces questions étaient telles que chaque individu, en répondant oui ou non à chacune d'elles, eût vraiment émis son vœu.

La première espèce de discussion ne suppose point la réunion des hommes dans une même assemblée ; elle peut se faire aussi bien, et mieux peut-être, par l'impression que par la parole.

La seconde, au contraire, ne pourrait avoir lieu entre des hommes isolés, sans des longueurs interminables. L'une suffit aux hommes qui ne cherchent qu'à s'éclairer, qu'à se former une opinion; l'autre ne peut être utile qu'à ceux qui sont obligés de prononcer ou de préparer une décision commune.

Enfin, quand ces deux discussions sont terminées, arrive le moment d'arrêter une résolution, et, si l'objet des questions qu'on décide par assis ou levé, par adopté ou rejeté, par oui ou par non, est fixé, il est clair que la décision est également l'expression de l'opinion de tous, soit qu'ils votent ensemble ou séparément, à haute voix ou au scrutin.

Ainsi, le premier genre de discussion n'appartient pas plus à une assemblée délibérante qu'à des hommes isolés, à une assemblée de fonctionnaires publics qu'à une société particulière.

La seconde ne peut appartenir qu'à une assemblée délibérante, ne peut convenir qu'à une assemblée unique. Il serait presque impossible, sans une discussion faite dans une assemblée instituée pour cette fonction, de préparer les décisions, de les présenter sous une forme qui admette la décision immédiate, soit de cette même assemblée, soit de toute autre.

Enfin, la décision peut être confiée à des assemblées séparées, pourvu que ces questions posées de manière à être résolues par une simple affirmation ou un simple refus d'affirmation, soient irrévocablement fixées : alors toute discussion dans ces assemblées devient superflue; il suffit que l'on ait eu le temps d'examiner les questions dans le silence, ou de les discuter librement dans des sociétés privées. L'objection, qu'alors les citoyens n'ont pu prendre part à la totalité de la discussion, que tous n'ont pu être entendus de tous, ne peut avoir aucune force.

Il n'est point nécessaire, pour décider en connaissance de cause, d'avoir lu ou entendu, sur chaque objet, tout ce que les hommes chargés de cette même décision ont pu penser; il n'est pas nécessaire de les avoir entendus de préférence à d'autres qui auraient pu répandre plus de lumières; il suffit de n'avoir été privé d'aucun moyen d'instruction, et d'avoir pu les employer librement : c'est à chaque individu qu'il appartient de choisir la méthode de s'éclairer qui lui convient le plus, de proportionner l'étude qu'il est obligé de faire sur une question à ses lumières, à la force de son intelligence. Et certes, l'expérience a prouvé que les hommes qui voudraient avoir lu tout ce qui a pu être écrit sur un objet, écouter tout ce qui pourrait avoir été dit, finiraient par se rendre incapables de décider.

Mais pour former un vœu général du vœu particulier de plusieurs assemblées isolées, il est nécessaire que ce vœu tombe sur une question irrévocablement posée : et personne n'ignore à quel point la manière de poser une question peut influer sur le résultat des décisions.

L'on doit donc regarder comme illusoire le droit de décision, laissé à des assemblées séparées toutes les fois que la forme sous laquelle cette décision leur est demandée peut influer sur leur vœu, ou même le déterminer en quelque sorte. Cette méthode de décider ne doit donc pas être appliquée à toutes les espèces de questions, mais il faut la réserver pour celles où, de quelque manière qu'une proposition eût été posée, en prononçant qu'elle est acceptée ou refusée, on remplirait véritablement l'objet pour lequel la volonté de ces assemblées est interrogée. On ne doit donc y avoir recours, que pour des propositions simples et pour une suite quelconque de propositions, dans le cas où le refus d'acceptation s'étendant sur la totalité même, lorsqu'on en rejetterait seulement une partie, ce refus exprime encore le vœu que l'on a eu intention de connaître.

Maintenant, dans quelle vue, par exemple, propose-t-on à l'acceptation immédiate des citoyens un plan de constitution ? C'est afin que le peuple, n'obéissant provisoirement qu'à des pouvoirs établis par son consentement, conserve sa souveraineté tout entière ; c'est afin qu'aucun pouvoir contraire à ses droits ne puisse être établi, même momentanément ; c'est afin que ce consentement donne à ces lois l'autorité du vœu exprès de la majorité.

L'acceptation d'une constitution tout entière par la majorité des citoyens dans des assemblées séparées, dont les membres ont pu la soumettre à leur examen, exprime d'une manière certaine, qu'ils n'en croient l'établissement ni dangereux pour leur liberté, ni contraire à leurs intérêts ; qu'elle ne leur offre rien qui blesse leurs droits ; qu'elle leur paraît garantir ces droits dans toute leur intégrité, et opposer à l'ambition particulière des obstacles difficiles à éluder ou à détruire.

Le refus d'acceptation exprime, au contraire, que les citoyens ne trouvent point dans cette constitution cette garantie certaine, ou que même le plan qui leur est soumis viol leurs droits au lieu de les défendre.

Or, l'un ou l'autre de ces vœux, formé d'après l'examen même isolé du plan tout entier, exprime une opinion prise en connaissance de cause, une volonté déterminée d'après les motifs qui doivent la diriger.

Il ne suffit point, pour accepter, qu'une portion de ce plan mérite l'approbation générale, il est nécessaire que toutes les parties en paraissent dignes; pour le rejeter, au contraire, il suffit qu'aux yeux de la majorité, quelques-unes offrent des dangers réels, et que l'approbation ne puisse s'étendre à la totalité de l'ouvrage : ce vœu peut donc être émis avec une instruction suffisante; la forme sous laquelle il est demandé laisse une entière liberté. Le peuple n'a véritablement délégué que la fonction de rédiger la constitution, fonction qu'il ne peut exercer; et le refus, comme l'acceptation, exprime ensuite son véritable vœu.

Dans les autres circonstances où nous proposons de consulter le peuple, suivant la même forme, nous avons eu soin de nous conformer aux mêmes principes; il ne s'agit que de questions simples sur lesquelles la réponse est entièrement libre, et n'est point influencée par la manière de la poser, puisque cette forme n'est jamais appliquée qu'à des cas où le refus de ce qui est proposé exprime, autant que l'acceptation, le vœu que l'on a intention de connaître.

Mais si le peuple veut, dans ses assemblées séparées, exercer son droit de souveraineté, ou même la fonction d'élire, la raison exige qu'il se soumette rigoureusement à des formes antécédemment établies. En effet, chaque assemblée n'est pas souveraine; la souveraineté ne peut appartenir qu'à l'universalité d'un peuple, et ce droit serait violé, si une fraction quelconque de ce même peuple n'agissait pas, dans l'exercice d'une fonction commune, suivant une forme absolument semblable à celle que les autres ont suivie. Dans ces fonctions générales l'individu citoyen n'appartient point à l'assemblée dont il est membre, mais au peuple dont il fait partie. La majorité de l'assemblée où il vote n'a sur lui aucun autre pouvoir que celui qui lui serait conféré par une loi.

Si une constitution acceptée déjà par le peuple, règle les formes auxquelles ces assemblées seront assujetties, chaque portion du peuple n'obéit alors qu'à la volonté de la majorité immédiate du même peuple, autorité qui doit être aussi souveraine sur chaque portion séparée que sur un seul individu.

Si, au contraire, aucune constitution n'existe encore, alors chaque portion du peuple doit se soumettre aux règles tracées par ses représentants; mais on ne peut dire, dans aucun système, qu'il en résulte la moindre lésion du droit de souveraineté. En effet, l'uniformité dans le mode d'agir étant ici nécessaire, il l'est également de se soumettre pour le conserver à l'autorité qui remplace de plus près la volonté immédiate du souverain, tant que cette volonté immédiate n'a pu encore être recueillie.

La réunion des citoyens dans les assemblées primaires doit être considérée plutôt comme un moyen de concilier la paix avec la liberté, que comme un danger pour la tranquillité publique. Ces assemblées formées d'hommes occupés de soins paisibles, de travaux utiles, ne peuvent éprouver de troubles, si une trop longue réunion ne les réduit pas à n'être plus composées que d'hommes oisifs et dès lors dangereux, ou si, en les livrant à elles-mêmes, on ne les expose pas à se laisser égarer. Aussi n'avons-nous négligé aucun des moyens de conserver toute l'utilité naturelle de ces réunions, et d'en éloigner l'influence des partis ou de l'intrigue.

D'abord, ces assemblées où les citoyens exercent leurs droits de membres du souverain, en acceptant ou rejetant une constitution ; en répondant aux questions qui leur sont faites au nom de la représentation nationale ; en formant sur les lois des réclamations qui obligent le corps législatif à un examen réfléchi ; ces assemblées, où le citoyen qui en fait partie vote, non pour lui seul, mais pour la nation entière, sont absolument distinguées, et par leur forme et par leur distribution sur le territoire, de celles où les mêmes citoyens pourraient être appelés pour délibérer comme membres d'une des divisions territoriales. Dès lors, on ne peut s'y occuper que des questions pour lesquelles la loi prescrit de les convoquer.

Ces mêmes assemblées n'agissant point chacune pour elle-même, comme portion d'un tout, n'étant jamais convoquées que pour prononcer sur des questions déjà réduites, aucune discussion ne doit y être autorisée ; les citoyens qui les composent peuvent, à la vérité, dans l'intervalle entre la proposition d'une question et sa décision, discuter librement, dans le lieu des séances de l'assemblée, les objets qui sont soumis à leur jugement ; mais les officiers de l'assemblée n'exercent alors aucune fonction : cette discussion conserve le caractère privé qu'elle doit avoir, et ne peut, ni se mêler à la décision, ni la retarder, puisque la réunion volontaire, où elle peut s'établir, est absolument distincte de l'assemblée où la décision doit être portée.

Des réclamations partielles et spontanées, des réunions volontaires et privées, prenant à leur gré un caractère public, qu'elles ne tiennent pas de la loi, des assemblées municipales ou de section, se transforment en assemblées primaires ; voilà ce que nous avons voulu remplacer par des réclamations régulières et légales, par des assemblées convoquées au nom de la loi, et exerçant, suivant les formes légalement établies, des fonctions précises et déterminées.

Par la nature même des choses, lorsque des réclamations particulières se font entendre, lorsque le peuple agité d'inquiétudes inévitables, surtout dans la naissance d'une constitution, dans les temps voisins d'une révolution, ou forme des rassemblements, ou s'occupe de ces inquiétudes, dans des

assemblées convoquées pour d'autres motifs, les représentants de la nation se trouvent placés entre
deux écueils : une facilité qui, pouvant être prise
pour de la faiblesse, enhardit l'intrigue et les factions, avilit les lois et corrompt l'esprit national, et
une résistance qui peut conduire à des insurrections.
Ces insurrections, qui peuvent être dangereuses pour
la liberté, le sont toujours pour la paix, et entraînent
presque nécessairement des malheurs particuliers. Si
cet état d'inquiétude se conserve dans le peuple, les
mouvements qui se renouvellent, opposent à cette
tranquillité, si nécessaire à la prospérité publique,
des obstacles sans cesse renaissants ; et, au contraire, si le peuple se lasse lui-même de ses mouvements, bientôt les autorités établies apprennent à
braver ses froides et timides réclamations ; et ses pétitions tranquillement déposées sur un bureau, ne
servent qu'à prouver son indifférence, et encourager
le désir d'en abuser. Ces réclamations irrégulières
ont encore l'inconvénient d'entretenir, parmi les citoyens, des erreurs dangereuses sur la nature de
leurs droits, sur celle de la souveraineté du peuple,
sur celle des divers pouvoirs établis par la loi.

Enfin, il en résulterait une inégalité réelle entre
les diverses portions de la république ; en effet, et
les réclamations irrégulières, et les insurrections ou
les mouvements qui peuvent en être la suite, ont
une force plus grande, si le lieu qui en est le théâtre est celui où résident les pouvoirs nationaux, s'il
est plus voisin de cette résidence, si le foyer de l'agitation est placé dans une ville plus riche, plus im-

portante par sa situation, par les établissements nombreux qui y ont été formés.

Alors certaines portions du territoire, parce qu'elles renferment ces villes, parce que d'autres circonstances locales donnent un intérêt plus grand de les ménager, et font craindre davantage de les aliéner, exercent, sur la république entière, une influence contraire à cette égalité entre toutes les parties d'un même tout, dont le droit de la nature, la justice, le bonheur commun, la prospérité générale, exigent si puissamment la conservation la plus scrupuleuse.

La forme de réclamation proposée par le comité paraît prévenir tous ces inconvénients.

Un seul citoyen peut proposer à son assemblée primaire, de demander qu'une loi soit soumise à un nouvel examen, d'exprimer le désir qu'il soit pourvu par une loi nouvelle à un désordre dont il est frappé. On exige seulement que cinquante autres citoyens signent avec lui, non que sa proposition est juste, mais qu'elle mérite d'être soumise à une assemblée primaire.

L'assemblée primaire a le droit de convoquer pour examiner la proposition qu'elle a elle-même admise, toutes les assemblées d'une des divisions du territoire: si le vœu de la majorité dans celles-ci s'unit au sien, alors toutes celles d'une division plus étendue sont convoquées; et si le vœu de leur majorité est encore conforme, l'assemblée des représentants du peuple est obligée d'examiner, non la proposition en elle-même, mais seulement si elle croit devoir s'en occuper. Si elle refuse, l'universalité des assemblées primaires de la république est convoquée sur la même question, toujours celle, si un tel objet doit être pris en considération; alors, ou le vœu de la majorité dans les assemblées primaires se déclare en faveur de l'opinion des représentants, et la proposition est rejetée, ou cette majorité exprime un vœu contraire, et l'assemblée, qui parait dès lors avoir perdu la confiance nationale, doit être renouvelée. La nouvelle loi qui serait le fruit de la demande faite par les assemblées primaires, est sujette à la même réclamation, soumise à la même censure; de manière que jamais, ni la volonté des représentants du peuple, ni celle d'une partie des citoyens, ne peut se soustraire à l'empire de la volonté générale.

Les mêmes règles s'observent s'il s'agit de décider qu'il convient d'appeler une convention chargée de présenter au peuple une constitution nouvelle, qui peut n'être que l'ancienne, corrigée. Mais il faut que la convention, qui sera nécessairement dirigée par l'esprit national, ait, dans tous les cas, le pouvoir de donner même un plan nouveau. Il serait absurde qu'elle ne pût que réformer ou corriger un certain nombre d'articles; car la manière de les changer peut obliger à des corrections dans un grand nombre d'autres; et dans un ouvrage qui doit offrir un ensemble systématique, tout changement doit entraîner un examen général, afin de pouvoir accorder toutes les parties avec le nouvel élément introduit dans le système.

Si la majorité désire une convention, l'assemblée des représentants sera obligée de l'indiquer. Le refus qu'elle ferait de convoquer les assemblées primaires est donc le seul cas où le droit d'insurrection puisse être légitimement employé ; et alors le motif en serait si clair, si universellement senti ; le mouvement qui en résulterait serait si général, si irrésistible, que ce refus contraire à une loi positive, dictée par la nation même, est hors de toute vraisemblance.

Ces formes, qu'un intérêt pressant peut rendre très-promptes, assurent cependant une maturité nécessaire, et forcent à des délibérations régulières.

Les réclamations des diverses divisions du territoire auraient une égale autorité, puisqu'elles conduiraient avec une égale force, avec toute celle de la loi, à consulter l'universalité du peuple. Nul prétexte pour des mouvements, puisque ces mouvements ne pourraient se faire que d'une partie contre le tout, dont ils paraîtraient évidemment chercher à prévenir ou à rendre inutile la décision. Tout système d'intrigue qui n'embrasserait pas la république entière, ne pourrait espérer de succès.

Le corps des représentants, soumis à un renouvellement légal, ne pourrait, en cas de refus d'examiner, devenir l'objet du ressentiment ; car, ou le vœu national se déclarerait en sa faveur, ou ce corps cessant d'exister, il cesserait d'exciter des inquiétudes.

Enfin, l'exécution provisoire des lois garantit la tranquillité publique ; et si, d'un côté, la connaissance bien précise du vœu d'une majorité imposante anéantit toutes les factions, celle d'une faible majorité, en montrant le danger de ne pas y céder, suffit encore pour y rallier tous les bons citoyens, tous les vrais patriotes, pour les déterminer à s'y réunir par le sacrifice momentané du succès de leur opinion personnelle.

D'ailleurs, une déclaration des droits adoptée par le peuple, cette exposition des conditions auxquelles chaque citoyen se soumet à entrer dans l'association nationale des droits qu'il reconnaît dans tous les autres, cette limite posée par la volonté générale aux entreprises des autorités sociales, ce pacte, que chacune d'elles s'engage à maintenir à l'égard des individus, est encore un puissant bouclier pour la défense de la liberté, pour le maintien de l'égalité, et en même temps un guide sûr pour diriger les citoyens dans leurs réclamations. C'est là qu'ils peuvent voir si une loi est contraire aux obligations que la société entière contracte envers chacun d'eux; si une loi n'est pas un des devoirs des dépositaires de la volonté commune, si la constitution actuelle offre une garantie suffisante des droits reconnus par elle; car autant il serait dangereux que le peuple ne déléguât point la direction de ses intérêts, autant il le serait aussi qu'il abandonnât à d'autres mains la conservation de ses droits.

Après avoir ainsi exposé les garanties qui doivent assurer les droits du peuple et réglé ceux dont il a paru utile qu'il conservât l'exercice immédiat, après avoir déterminé sous quelles formes il peut les exercer, nous nous sommes occupés de l'organisation des pouvoirs qu'il doit déléguer.

Deux opinions ont jusqu'ici divisé les publicistes.

Les uns veulent qu'une action unique, limitée et

réglée par la loi, donne le mouvement au système social, qu'une autorité première dirige toutes les autres, et ne puisse être arrêtée que par la loi dont la volonté générale du peuple garantit l'exécution; contre cette autorité première, si elle tentait de s'arroger un pouvoir qu'elle n'a point reçu, si elle menaçait la liberté ou les droits des citoyens.

D'autres, au contraire, veulent que des principes d'action, indépendants entre eux, se fassent équilibre en quelque sorte, et se servent mutuellement de régulateur; que chacun d'eux soit, contre les autres, le défenseur de la liberté générale, et, par l'intérêt de sa propre autorité, s'oppose à leurs usurpations. Mais que devient la liberté publique, si ces pouvoirs, au lieu de se combattre, se réunissent contre elle? Que devient la tranquillité générale, si, par la disposition des esprits, la masse entière des citoyens se partage entre les divers pouvoirs, et s'agite pour ou contre chacun d'eux?

L'expérience de tous les pays n'a-t-elle point prouvé, ou que ces machines si compliquées se brisaient par leur action même, ou qu'à côté du système que présentait la loi, il s'en formait un autre, fondé sur l'intrigue, sur la corruption, sur l'indifférence; qu'il y avait, en quelque sorte, deux constitutions, l'une légale et publique, mais n'existant que dans le livre de la loi; l'autre, secrète, mais réelle, fruit d'une convention tacite entre les pouvoirs établis.

Au reste, un seul motif aurait suffi pour nous décider entre ces deux systèmes. Ces constitutions, fondées sur l'équilibre des pouvoirs, supposent ou amènent l'existence de deux partis, et un des premiers besoins de la république française est de n'en connaître aucun.

Ainsi, le pouvoir de faire des lois, et celui de déterminer ces mesures d'administration générale, qui ne peuvent être confiées, sans danger, à d'autres mains qu'à celles des représentants du peuple, seront remis à une assemblée nationale, et les autres pouvoirs ne seront chargés que d'exécuter les lois et les résolutions émanées d'elle.

Les représentants du peuple se réuniront dans une seule assemblée. Sans doute si, en la partageant en deux chambres, on composait chacune d'elles de membres également élus par tous, et parmi tous les citoyens, une telle institution ne serait pas contraire à l'égalité naturelle.

Mais on sait que si, par exemple, on exige le concert de deux assemblées séparées, le vœu d'une minorité très-faible suffit pour faire rejeter, par la forme seule, ce qu'une grande majorité a réellement admis. On sait que cette institution aurait le même effet que celle où l'on exigerait, pour adopter une proposition, une pluralité relative, plus ou moins forte, mais qu'elle ne conduirait au même but que d'une manière incertaine et bizarre. Aussi, cette combinaison n'est pas l'ouvrage d'une théorie politique, née dans un siècle éclairé ; car, sans parler de quelques constitutions fondées sur le préjugé que les hommes peuvent se réunir dans une même société pour y exercer des droits inégaux, que des classes particulières peuvent prétendre à conserver une volonté indépendante de la volonté générale ; cette institution doit en général son origine à des peuples qui n'avaient pour loi que d'anciennes coutumes ; où les dépenses publiques étaient payées, soit par des revenus territoriaux, soit par des redevances perpétuelles ; où tout changement était envisagé avec la crainte qui suit toujours l'ignorance ; où l'administration presque nulle n'avait pas besoin de prendre de déterminations nouvelles : dès lors on cherchait moins un pouvoir qui pût agir, qu'un pouvoir qui empêchât de changer. Cette peur des innovations, l'un des fléaux les plus funestes au genre humain, est encore le plus fort appui de ces mêmes combinaisons, et le motif sur lequel leurs partisans insistent avec le plus de confiance. Enfin, l'inertie naturelle à ce système ne peut être vaincue, dans les mesures administratives, que par la nécessité d'agir.

Il ne peut donc convenir à la république française, où la réforme des lois subsistantes, l'établissement d'un nouveau système de législation, est un des premiers devoirs des représentants du peuple ; où tant de pertes à réparer, tant d'institutions à créer, feront longtemps sentir le besoin d'une autorité sans cesse agissante.

Le renouvellement très-fréquent des corps législatifs, les réclamations que le peuple pourra faire contre les lois qu'il jugera contraires à sa liberté, le changement immédiat des assemblées qui refuseraient d'écouter sa voix, sont des préservatifs suffisants contre les projets d'usurpation de pouvoir, contre les systèmes destructeurs de la liberté que l'on pourrait craindre d'une seule assemblée, source unique de tous les pouvoirs sociaux.

L'emploi de ce dernier moyen oblige à distinguer les actes du corps législatif qui sont véritablement des lois, de ceux qui ne peuvent être regardés que comme des actes d'administration générale.

Les lois sont susceptibles d'une obéissance provisoire, comme elles le sont d'être abrogées ; il est de leur nature de durer jusqu'à ce qu'elles aient été révoquées par une autorité légitime ; et elles n'ont pas besoin d'être renouvelées à des époques marquées. Les actes d'administration, au contraire, n'ont qu'une exécution momentanée, ou une durée déterminée. Fixer la nature d'un impôt, établir sur quelles bases il sera réparti ou tarifé, déterminer le mode de le percevoir, sont de véritables lois ; mais déclarer quel sera le montant de cet impôt, appliquer les principes du tarif, de manière à former un tel produit, sont des actes d'administration générale.

Pour les actes de cette nature, une réclamation serait ou inutile, parce qu'elle serait tardive, ou dangereuse, parce qu'elle en suspendrait l'exécution nécessaire.

Ainsi, par exemple, la fixation de la dépense publique, la détermination de la quotité de chaque impôt nécessaire pour y subvenir, doivent être faites chaque année, mais ne peuvent donner lieu à des réclamations sans s'exposer à porter le trouble dans toute l'économie sociale. De même, si les résolutions prises pour ordonner une construction, pour former un établissement, étaient assujetties à des réclamations qui pourraient entraîner un examen nécessaire, le succès deviendrait presque impossible par l'incertitude éternelle qui serait la suite de ces réclamations. Enfin, elles tomberaient alors, non sur des droits auxquels on aurait porté atteinte, non sur des principes d'éternelle vérité, qui auraient été violés, mais sur des convenances passagères ou locales, sur des considérations d'intérêt public dont on ne peut croire raisonnablement que la masse entière des citoyens puisse être juge, sur lesquelles elle ne peut même avoir le temps de s'instruire.

Ainsi, le fréquent renouvellement du corps à qui la confiance publique a été donnée, le droit de réclamer le changement d'une mauvaise constitution, sont ici la seule garantie que l'intérêt des citoyens puisse exiger; et cette garantie est suffisante.

Mais si le peu de durée des fonctions, si les élections fréquentes, si ces diverses réclamations réglées par la loi, sont des moyens efficaces d'assurer la liberté, on ne peut craindre qu'ils ne le soient pas assez pour mettre la prospérité publique, ou les droits individuels, à l'abri des erreurs dans lesquelles une assemblée nombreuse pourrait être entraînée par la précipitation, par la prévention, ou même par l'excès de son zèle.

On a plus d'une fois proposé, pour remédier à ce danger qui a frappé tous les esprits, de partager une assemblée unique en deux sections permanentes qui délibéreraient séparément. Dans le cas où les opinions seraient divisées, ces sections se réuniraient pour prendre une détermination finale, ou bien on

obtiendrait le résultat du vœu général de la majorité, en comptant les voix, pour ou contre, dans
l'une ou l'autre section. On a proposé encore d'accorder à un corps séparé le droit d'examiner les
décisions de l'assemblée des représentants, et d'exposer les motifs de son refus d'adhésion dans un
temps déterminé, après lequel, sur une nouvelle
discussion, l'assemblée donnerait une décision définitive.

Ces moyens n'ont rien de contraire à la liberté, ni
même à l'unité entière du pouvoir. Chacun d'eux
présente des avantages et des inconvénients. Mais ni
l'un ni l'autre n'ont paru convenir à la nation française. En effet, ces sections permanentes, ce corps
d'examinateurs de lois, partageraient nécessairement
les esprits, deviendraient des points de ralliement,
des objets d'inquiétude pour les uns, d'enthousiasme
pour les autres. Le passage rapide du despotisme à
la liberté, le passage non moins rapide d'une royauté,
appelée constitutionnelle, à la république, l'agitation causée par ces révolutions successives, l'esprit
de défiance, suite nécessaire des erreurs et des
fautes où tant d'hommes ont été entraînés, tout
rend ces moyens impraticables pour nous; car des
dissentiments et des combats d'opinions entre des
corps investis de l'autorité publique, ne peuvent se
concilier avec la tranquillité des citoyens, si on ne
suppose dans le peuple assez de calme et de confiance
pour consentir à n'en être que le paisible spectateur
et à ne les juger qu'avec sa raison.

Il a donc fallu chercher des moyens de forme,

capables de mettre à l'abri des dangers de la précipitation, et cependant ne pas rendre impossible cette activité, cette promptitude dans les décisions, qui est quelquefois nécessaire, sans que néanmoins la loi puisse déterminer d'avance les cas où cette nécessité est réelle.

Il fallait en même temps que, dans les circonstances les plus impérieuses, ces formes préservassent encore des inconvénients d'une impétuosité trop grande; que les délibérations, prises avec rapidité, ne le fussent cependant pas sans réflexion; que même alors la généralité des membres de l'assemblée ne fût pas privée des moyens de former son opinion; qu'elle pût s'éclairer sur les motifs, sur les conséquences de la détermination qui lui serait proposée.

Trois modes de former la loi ont fixé nos regards. Tous trois nous ont paru satisfaire aux conditions exigées. Dans tous trois, l'unité du corps législatif reste dans son entière intégrité. Aucune action étrangère, en se mêlant à la formation de la loi, n'y offre le moindre prétexte de faire naître des divisions, de créer des partis, ni dans le corps législatif, ni dans la nation.

Dans l'un de ces modes, ceux des actes de l'assemblée législative qui ne sont pas purement relatifs à sa police intérieure, à l'ordre de ses délibérations, sont assujettis à deux discussions : l'une a seulement pour objet d'admettre à un examen ultérieur, de rejeter ou d'ajourner un projet proposé. Le projet, une fois admis, doit être renvoyé à un bureau chargé de l'examiner et d'en rendre compte, et c'est d'après ce rapport que commence la discussion définitive.

Tout projet admis doit être imprimé et distribué avant le rapport du bureau.

Des délais sont fixés pour chacune de ces opérations; mais l'assemblée peut les abréger, avec cette condition cependant que les délais qui séparent l'admission d'un projet de la dernière délibération, ne peuvent être réduits à moins d'une décision prise au scrutin.

Les actes porteront, dans leur intitulé, la date de leur admission, celle du rapport du bureau ; enfin, celle de la délibération au scrutin qui aurait abrégé les délais déterminés par la loi.

On voit que l'assemblée a la faculté de donner à ses délibérations toute la promptitude que les circonstances les plus extraordinaires peuvent exiger.

L'impression d'un projet, la délibération au scrutin, le rapport au bureau, seules formalités nécessaires, n'exigeront, dans ces circonstances, qu'un espace de temps très-court; et cependant, malgré cette promptitude, avant qu'une résolution ait été prise, chaque membre en aura lu le projet, et le bureau aura examiné s'il n'est pas en contradiction avec les lois générales, avec les résolutions précédentes.

Dans les circonstances ordinaires, l'examen et le rapport de ce bureau auront encore l'avantage de mettre plus d'unité dans le système des lois et des mesures d'administration, plus de clarté et de méthode dans la rédaction ; de prévenir l'abrogation trop fréquente des résolutions précipitées, et la multiplicité de ces interprétations, de ces incertitudes dans la marche d'un corps législatif, si nuisibles à sa dignité, si propres à diminuer la confiance du peuple.

La composition de ce bureau offrait des difficultés ; on l'a fait peu nombreux : il s'en formera tous les mois un nouveau. Chaque bureau restera chargé des rapports qui lui auront été une fois renvoyés ; et, dans toute la durée d'une assemblée, aucun membre ne pouvant être appelé deux fois à composer un bureau, chacun d'eux se trouvera toujours complet.

Dans le second mode pour la formation de la loi, l'assemblée peut également accélérer ses délibérations ; mais on ne peut se livrer à une discussion définitive avant de s'être partagé en deux grands bureaux, et avoir ouvert et fermé, dans chacun d'eux, une discussion préliminaire.

Cette discussion nécessaire s'oppose à la précipitation qui naîtrait de l'enthousiasme, et surtout à celle qui pourrait être la suite d'une combinaison formée par quelques membres ; car, la formation de ces bureaux ayant lieu à l'instant même, il est impossible de préparer d'avance les moyens de les entraîner.

Dans les cas où l'assemblée suit la marche ordinaire, ce moyen n'offre pas l'avantage de soumettre la loi à l'examen réfléchi d'un bureau peu nombreux ; mais cet avantage est remplacé par celui d'une discussion plus paisible, puisque, dans les bureaux séparés, où il ne se prend point de décision, où même on ne délibère point, elle ne peut être troublée par des propositions incidentes, par des motions d'ordre, par ces interruptions que la nécessité de pourvoir à des objets pressants amène si fréquemment dans une assemblée chargée de grands intérêts et de détails multipliés.

On dira peut-être que, dans le cas où le mouvement de l'assemblée peut faire craindre trop de précipitation, on ne discutera point dans les bureaux; mais cela suppose que la majorité, dans chacun d'eux, désire, et désire fortement une prompte décision; et c'est une raison de croire qu'alors elle serait exigée par l'intérêt public.

Dans le troisième moyen, on exige les deux tiers des voix dans un scrutin nominal, pour prononcer l'urgence et dispenser des intervalles exigés par la loi.

Ce moyen est le plus simple de tous : on lui reprochera de substituer à la majorité simple celle des deux tiers. Mais les objections qui ont été faites contre l'usage des divers degrés de majorité, ne peuvent avoir de force que contre ceux qui proposeraient d'appliquer ce moyen à des cas où il est nécessaire d'agir, où l'on ne peut agir que d'après une décision nouvelle, et où il n'existe point de motif de préférence pour une des décisions opposées. Les lois de tous les peuples civilisés exigent plus que la simple majorité pour condamner un accusé, parce que le mal résultant de l'erreur commise en condamnant un innocent, l'emporte sur celui de se tromper en absolvant un coupable. On pourrait, avec justice, exiger aussi cette pluralité plus grande dans les affaires importantes, qu'il serait dangereux de mal décider, et dont la décision peut être différée sans des inconvénients assez graves pour balancer ce danger. On peut l'exiger encore pour les cas où les motifs qui déterminent une décision doivent, s'ils sont réels, frapper tous les esprits, parce qu'alors une faible majorité est une raison de révoquer en doute l'existence de ces motifs. On peut l'exiger, enfin, lorsqu'il s'agit d'exception à une loi générale, dont la bonté est reconnue.

Or, ces quatre conditions se réunissent ici, puisque, si l'urgence est rejetée, et que de nouvelles raisons viennent l'appuyer, rien ne s'oppose à une délibération nouvelle. Ce sont donc les inconvénients du délai d'un seul jour qu'il faut mettre en balance avec le danger de multiplier les décisions précipitées.

Observons, d'ailleurs, qu'il ne s'agit point ici de soumettre la majorité à la minorité, mais d'obéir à la volonté de la majorité de la nation, qui, dans ce cas, aurait mis cette réserve à la légitimité d'une exception à la loi générale, adoptée par elle-même.

Cette majorité n'a-t-elle pas le droit de fixer les conditions de la soumission provisoire à laquelle son vœu seul a pu assujettir l'universalité des citoyens?

En plaçant ainsi le principe unique de l'action sociale dans une assemblée de représentants du peuple, qui ne trouverait dans les autres autorités que les exécuteurs des lois faites par elle, et les agents des mesures d'administration qu'elle aurait déterminées, nous croyons avoir saisi le moyen le plus sûr de conserver l'unité, de concilier la liberté et la paix.

Nous n'ignorons pas que des amis éclairés de la liberté n'ont envisagé qu'avec une sorte de frayeur l'institution d'un pouvoir unique, dont l'autorité, bornée seulement par des lois écrites, n'aurait d'autres limites réelles que la résistance du peuple : mais c'est qu'ils n'avaient envisagé qu'une résistance spontanée, et dirigée seulement par l'opinion du moment; au lieu qu'ici cette résistance s'exerce sous des formes que la loi elle-même a prescrites. D'ailleurs, dans tous les systèmes, dans celui de l'équilibre, comme dans celui de l'unité d'action, on se trouve toujours conduit à cette question, aussi difficile en politique qu'en morale, du droit de résistance à une loi évidemment injuste, quoique régulièrement émanée d'un pouvoir légitime. Car, si, d'un côté, on doit alors regarder une obéissance durable comme une véritable abnégation des droits de la nature, de l'autre, on peut demander qui sera le juge de la réalité de cette injustice. Ici, ce juge, dont l'action est réglée par la loi même, est la majorité immédiate du peuple, le premier des pouvoirs politiques, au delà duquel on ne peut aller sans altérer l'intégrité du pacte social, sans replacer l'homme dans l'état de nature, où il n'existe plus d'autorité que celle des lois immuables, mais trop souvent méconnues, de la raison et de la justice universelle.

Entre le corps législatif et les citoyens, qui doivent

obéir à la loi; entre ce corps et les fonctionnaires publics, qui doivent procurer immédiatement l'exécution des lois, ou diriger, dans leur détail, les mesures d'administration générale, le maintien de l'unité d'action et de principes exige que la constitution place un conseil d'agents nationaux, chargés de surveiller l'observation et l'exécution des lois; de disposer les détails des mesures générales d'administration, en sorte qu'elles puissent être immédiatement réalisées; d'agir d'après ce que la volonté nationale a réglé, d'instruire les représentants du peuple des faits qui peuvent exiger des déterminations nouvelles.

Ce lien, nécessaire à l'ordre social, ne doit pas être considéré comme un véritable pouvoir. Ce conseil ne doit pas vouloir, mais il doit veiller; il doit faire en sorte que la volonté nationale, une fois exprimée, soit exécutée avec précision, avec ordre, avec sûreté.

Il n'existait que deux moyens de conserver à ce conseil l'unité que doit avoir toute action politique.

Le premier, d'y placer un chef auquel tout aboutirait, dont la signature serait nécessaire pour toutes les opérations. Les autres membres, entre lesquels le travail serait partagé, n'agiraient qu'en concurrence avec lui; s'ils s'accordaient, leur action serait indépendante de celle de leurs collègues; s'ils différaient d'opinions, ou l'on donnerait la prépondérance à ce chef, ou bien le conseil prononcerait entre eux.

Le second moyen consiste à conférer au corps

seul de ce conseil toutes les opérations générales, à ne donner qu'à lui l'autorité de décider, à exiger que ses membres ne puissent agir séparément qu'en vertu de ses résolutions.

Quelque soin que l'on prenne dans l'emploi du premier de ces moyens, pour éviter tout ce qui pourrait effrayer la jalousie de la liberté la plus inquiète ou la plus scrupuleuse, il retiendra nécessairement quelque simulacre des formes royales; il présentera toujours à l'imagination l'idée d'un homme, lorsqu'il est si important de ne la frapper que de celle de la loi.

D'ailleurs, dans la nécessité de prendre des précautions contre une autorité trop grande, on serait nécessairement conduit à rendre ce moyen presque inutile à l'objet même qui aurait été le motif unique de cette institution.

Nous avons donc préféré un conseil formé d'agents égaux entre eux, et chargés chacun des détails d'une partie : toutes les résolutions générales, toutes les déterminations y seraient prises sur le rapport de celui des agents à qui l'exécution de ces résolutions devrait être ensuite confiée.

On aurait tort de craindre les lenteurs d'un conseil peu nombreux, composé d'hommes accoutumés aux affaires. Les délibérations y seraient promptes; elles se borneraient presque toujours à adopter, avec quelques modifications, les plans présentés par celui qui serait chargé, pour chaque département, de préparer les rapports, et de rassembler les motifs qui doivent déterminer les décisions.

D'ailleurs, ce n'est point pour les résolutions générales que les lenteurs sont à craindre ; c'est pour la
préparation de ces décisions et l'expédition des détails : or, l'un ou l'autre travail serait fait par un
seul homme.

Ce conseil sera renouvelé chaque année par
moitié, afin que, n'étant jamais composé d'hommes
entièrement nouveaux pour leurs places, le fil des
affaires ne puisse être interrompu, et que cependant
on n'ait pas à craindre de voir s'y former cette perpétuité d'opinions et de systèmes qui s'oppose aux
réformes utiles, et soumet tout à l'empire de la routine.

C'est une erreur de croire que l'unité de vues,
que l'activité dépendent exclusivement de la condition d'employer un agent unique ; la raison et l'expérience montrent également que ces avantages sont
attachés au petit nombre de ces agents. La difficulté
de rencontrer dans un seul homme, et la force de
tête nécessaire pour n'agir que d'après les mêmes
principes, et une activité qui s'applique à la fois
aux grands objets et aux détails, l'emporte beaucoup
peut-être sur celle de trouver plusieurs hommes en
qui ces qualités se trouvent réunies à un degré
moindre, mais suffisant pour des fonctions plus
bornées.

Ces agents doivent être essentiellement subordonnés aux dépositaires de la puissance législative,
ou le principe de l'unité d'action serait violé. Ce
conseil doit être la main avec laquelle les législateurs agissent, l'œil avec lequel ils puissent obser-

ver les détails de l'exécution de leurs décrets, et les résultats des effets que ces décrets ont produits.

Mais les institutions d'un peuple libre ne peuvent offrir l'image d'une dépendance servile. Si les membres du conseil sont les agents du corps législatif, ils ne doivent pas en être les créatures. Il doit avoir les moyens de les forcer à l'obéissance; il doit avoir l'autorité de réprimer leurs écarts; mais la loi, protectrice des droits de tous, doit pouvoir se placer entre eux et lui. Ainsi, les membres du conseil ne seront point élus par le corps législatif, puisqu'ils sont les officiers du peuple, et non ceux de ses représentants.

Une destitution arbitraire eût entraîné une trop grande dépendance. Les représentants du peuple, les membres du conseil eussent été fatigués sans cesse par les intrigues d'hommes qui, avides de parvenir à ces places, auraient cherché à y multiplier les changements.

Il était dangereux cependant de ne soumettre ces fonctionnaires à aucune destitution, tant que de véritables prévarications n'appelleraient pas contre eux la sévérité des lois.

La négligence, cette incapacité qu'aucune précaution dans le mode de faire les choix ne peut prévenir, cette perte de la confiance publique, qui peut être la suite de fautes involontaires, toutes ces causes peuvent rendre funeste à la patrie l'administration d'un homme que cependant il serait injuste d'accuser comme coupable. On se trouverait entre la nécessité d'exposer la chose publique à des dangers, et celle de la sauver par des injustices, ou par ce qui en est presque toujours une , par une rigueur exagérée. Nous avons cru trouver un moyen d'éviter ces deux inconvénients, en donnant au corps législatif le droit de mettre en jugement les membres du conseil, pour des faits sur lesquels un jury national prononcerait seulement si celui qui est soumis à son jugement doit ou non être destitué. Par là, les fautes involontaires ne sont point confondues avec les crimes ; mais aussi les défauts qui les ont fait commettre cesseront de menacer la sûreté ou la prospérité publique.

Cette espèce de censure exercée, au nom du peuple, par des hommes qu'il aura élus, par des hommes à qui aucune autre fonction ne peut donner d'intérêt politique, que le sort appelle à prononcer, dont on a eu le temps de préparer les opinions, cette censure paraît avoir l'impartialité que l'intérêt et la dignité de la nation peuvent exiger.

Le corps législatif n'est chargé que des fonctions qui lui conviennent : celles de la surveillance; et l'on écarte de lui jusqu'au soupçon même de l'abus de pouvoir, de tout ce qui peut atténuer cette intégrité de la confiance publique, premier besoin des représentants du peuple, base première de l'ordre et de la tranquillité.

Dans l'intervalle entre l'acte du corps législatif et le jugement, les membres du conseil seraient suspendus de leurs fonctions et remplacés par un de leurs suppléants tiré au sort, afin d'éviter le soupçon que l'intérêt de l'ambition d'un d'entre eux ait pu agir sur la décision de l'assemblée.

Ces premiers agents du gouvernement ont, partout et dans tous les temps, excité la défiance des amis de la liberté. L'étendue, la durée de leurs pouvoirs, l'influence qu'ils exercent sur l'individu ou sur le corps investi du pouvoir législatif ; le grand nombre de leurs partisans, suite nécessaire de celui des places lucratives et durables dont ils disposent : tels sont les motifs qui produisent et nourrissent cette défiance, et qui, en même temps, portent vers ces places l'activité de tous les ambitieux. Nous avons soigneusement écarté toutes ces causes, et ces fonctions honorables et pénibles ne pourront plus ni tenter l'ambition, ni alarmer la vertu.

Nous avons rendu la direction du trésor public absolument indépendante du conseil exécutif. Une longue et funeste expérience a prouvé que l'or, exigé des nations pour la défense de leur liberté, a trop souvent été employé pour les asservir ; que le désordre des finances a été la première origine des troubles qui ont détruit les républiques ; que la facilité d'abuser du trésor public y a été la cause de la corruption la plus active et la plus constante, et que jamais, enfin, ni les lois pénales, ni la nécessité de rendre des comptes, n'ont pu ni réprimer ni contenir l'avidité ou l'ambition des chefs du gouvernement.

Le moyen le plus sûr de prévenir ces abus, est de faire en sorte que les dépositaires des fonds publics, indépendants de ceux qui en disposent immédiatement pour le service de l'État, n'aient d'autre intérêt que de les conserver. Alors, celui qui aurait employé l'argent du peuple à des usages qui n'auraient pas été déterminés par la loi, n'aurait plus la facilité de couvrir sa témérité par des opérations financières, n'aurait plus la ressource de se servir de l'excédant d'une dépense décrétée, pour payer celle qui n'a point été ordonnée.

Cette indépendance une fois établie, le fréquent renouvellement, et des membres du conseil, et des commissaires de la trésorerie, mettrait à toute connivence un obstacle vraiment invincible; et cette combinaison la plus simple, la plus propre à éviter toute obscurité, est la seule qui puisse offrir une sûreté réelle et durable.

C'est par ces motifs que nous avons mis les commissaires de la trésorerie au nombre des fonctionnaires nationaux placés dans la dépendance immédiate exclusive du corps législatif, et que nous les avons soumis aux mêmes lois que les membres du conseil.

Il doit en être de même des chefs de la comptabilité. Ce dernier examen, nécessaire à la régularité, à la vérification de toutes les opérations, ne peut être confié qu'à des agents investis d'une entière indépendance.

Nous avons cru qu'un petit nombre d'hommes chargés de diriger les travaux pourraient suffire, si on remettait le jugement de chaque compte à des jurés, moyen qui permet de proportionner toujours le nombre des agents au travail exigé d'eux, et qui a, de plus, l'avantage précieux d'étendre aux comptables la jouissance d'un droit accordé à tous les citoyens : celui de récusation. Par là, enfin, toute idée de corruption, tout prétexte de défiance est écarté de cet établissement.

La liste de ces jurés sera formée, chaque année, par le corps législatif. Les motifs qui peuvent proscrire toute idée de confier aux assemblées nationales l'élection des fonctionnaires publics, ne peuvent s'appliquer à cette simple formation d'une liste de jurés ; et, d'ailleurs, vu la courte durée des législatures, ces jurés ne jugeront que des comptes antérieurs à l'existence du corps législatif qui les aura désignés.

Ces autorités générales agissent sur la république entière, intéressent à la fois toutes les parties du système social ; mais dans une grande nation l'ordre public ne pourrait être maintenu s'il n'existait des autorités inférieures et partielles qui, par leur nature, ne doivent s'étendre qu'à une portion du territoire, ou à une classe particulière d'objets ; et l'établissement de ces autorités suppose qu'on ait formé d'abord la division du territoire français.

En observant de quelle manière les divers travaux de la culture, de l'industrie et du commerce, les besoins des individus, les anciennes relations politiques ont distribué les hommes sur le territoire de la république, on aperçoit des réunions d'un petit nombre de familles, que le besoin d'un secours mutuel et celui de se rapprocher de quelques ouvriers nécessaires, ont réunies en villages. De distance en distance, des causes différentes ont placé des réunions plus nombreuses, des villes qui varient de population et de grandeur ; et, de là, on s'élève par degré jusqu'à

cette ville immense, longtemps la capitale d'un puissant empire, maintenant encore la résidence des
pouvoirs nationaux ; célèbre, autrefois, par la réunion
des lumières, l'éclat des arts, le luxe et les richesses ;
plus digne de l'être aujourd'hui par son amour
pour sa liberté, et par les efforts qu'elle a faits pour
la recouvrer, l'assurer et la conquérir tout entière.

Cette distribution, ouvrage de la volonté libre des
individus, fondée sur les dipositions des terrains,
la direction des fleuves, la nature du sol, le genre
des productions, et les habitudes de la vie, a répandu
les hommes sur le territoire avec une extrême inégalité. Là, une lieue carrée ne contient que trois
cents habitants ; ailleurs, une autre en renferme plus
de cent mille ; et malgré cette excessive disproportion, il faut chercher à rétablir, par la distribution
des pouvoirs sociaux, l'égalité que la justice exige ;
c'est-à-dire, toute celle que la nature même des choses
peut admettre.

Toute réunion de familles, dès qu'elle est isolée,
semble demander qu'un agent de la loi y veille à la
sûreté commune ; mais ses fonctions doivent être
resserrées dans les plus étroites limites ; on ne pourrait les étendre, sans s'exposer à ne pas trouver des
hommes capables de les remplir, sans enlever trop
d'individus à des travaux nécessaires.

Un certain nombre de ces réunions premières,
répandues sur un terrain dont les extrémités ne
sont séparées que par un chemin de quelques
heures, peuvent former des communes où le nombre
des citoyens permette de trouver des hommes en

état d'exercer des fonctions plus étendues. Ces communes deviennent alors des espèces de villes où seulement la population est plus dispersée ; il existe, entre elles et les villes d'une médiocre étendue, une sorte d'égalité de population et de richesses, et cet ordre de divisions est encore indiqué par la nature ; mais elle-même en a aussi déterminé les limites. Si la distance de l'habitation la plus éloignée du lieu où les pouvoirs sociaux s'exercent, est trop grande pour qu'un individu, même faible, ne puisse s'y transporter commodément, y suivre une affaire, et retourner dans son domicile pendant la durée d'un jour, on excède les bornes naturelles de l'étendue d'un pouvoir dont ceux qui en dépendent éprouvent habituellement le besoin.

Mais si l'on se renferme dans ces mêmes limites, et qu'on se borne à ce second ordre de divisions, il en résulte une inégalité trop marquée de population, de richesses, d'importance, et, par conséquent, d'influence politique entre ces communes et les grandes villes.

Une correspondance immédiate entre ces communes et le conseil national deviendrait trop compliquée, ou même presque impraticable : elle serait exposée à une confusion dangereuse. Il faudrait, ou donner une grande étendue aux autorités établies dans ces communes, ce qui multiplierait le nombre des agents, et ne permettrait pas d'en trouver d'assez instruits, ou conserver au conseil exécutif et à ses bureaux une action immédiate sur un trop grand nombre d'objets ; action qui ne serait sans danger, ni pour l'expédition des affaires, ni pour l'ordre public, ni même pour la liberté.

En effet, alors il n'y aurait aucune activité dans l'administration, ou bien la république entière se couvrirait d'agents du conseil national; et au lieu d'un nouvel ordre de divisions du territoire, établi par la loi, renfermant des fonctionnaires appartenant à la nation, on en aurait un qui serait arbitrairement établi, et d'après lequel la direction des affaires serait confiée à des agents immédiatement désignés par la confiance du peuple.

Ainsi, tout concourt à faire sentir la nécessité d'un troisième ordre de divisions, sans lequel les communes seules des grandes villes pourraient conserver une influence politique dont l'oppression des campagnes, et bientôt une révolution nouvelle, seraient la suite infaillible.

Tel est donc le système de divisions que nous avons cru devoir préférer.

De grandes communes, dont cependant l'étendue ne puisse être incommode aux citoyens, dont le chef-lieu leur soit facilement accessible, et là une administration municipale; si ces communes sont formées de plusieurs réunions d'habitations, chacune de ces réunions aura un agent de police municipale, un officier de sûreté; enfin, un certain nombre de communes formeront un département; et, dans ce système, nous trouvons l'avantage de conserver une distribution déjà faite, à laquelle celle des membres des assemblées nationales a été déjà attachée, sur laquelle la répartition des impôts directs a été formée, où, pour la justice criminelle, pour les travaux et les établissements publics, il existe déjà des centres de réunion, où même, par l'ordre établi dans l'administration, aboutissent les fonctions distribuées entre les districts, dont cette conservation de la division en départements empêche que la suppression, d'ailleurs utile, puisse entraîner des inconvénients, même momentanés.

En conservant les administrations de départements, nous avons cru devoir, d'abord, diminuer le nombre de ceux qui les forment, afin d'éviter jusqu'à l'apparence d'une représentation départementaire, si opposée à l'unité, à l'indivisibilité de la république. C'est encore dans cette vue, dans celle d'augmenter l'activité du gouvernement, d'en conserver l'unité plus entière, que nous proposons de substituer au procureur-syndic un agent choisi par le conseil exécutif, chargé de correspondre avec lui, révocable à sa volonté, mais pris nécessairement parmi les administrateurs qui ont réuni les suffrages du peuple.

Par ce moyen, c'est à un homme investi d'avance de la confiance de ses concitoyens, que le conseil exécutif peut seulement accorder la sienne. Sa place ne peut être stable, s'il ne s'attache surtout à conserver l'estime publique. Cette institution établit, entre les pouvoirs généraux et les administrations locales, un lien dont, par ces précautions, on a écarté tout soupçon de corruption ou de complaisance servile; et ce lien était nécessaire pour contre-balancer cette pente à s'isoler, à se conduire par des principes particuliers que contracteraient trop aisément des administrations séparées et indépendantes entre elles.

Nous avons cru devoir proposer quelques changements dans l'administration de la justice.

L'autorité nécessaire aux jugements semble ne laisser que le choix de trois moyens :

L'établissement d'un grand tribunal, imposant par le nombre de ses membres; ou une institution combinée de manière que la dignité, le crédit personnel des juges revêtus, pour un long temps, de fonctions très-étendues, suppléât à leur petit nombre; ou, enfin, le jugement par jurés, qui reçoit de la confiance une autorité plus juste et moins dangereuse. Les principes d'égalité, d'économie, de simplicité, qui doivent présider aux institutions républicaines, écartent les deux premiers moyens. Il ne reste donc que le troisième.

Nous avons cru devoir l'adopter pour les jugements civils, même dans l'état actuel de nos lois, dont ce changement peut encore accélérer et assurer la réforme. Un seul établissement judiciaire suffira par département, en imposant aux parties l'obligation de ne se présenter devant les jurés, qu'après s'être soumises à la décision d'arbitres qu'elles auraient choisis. Ce recours à l'équité, à la sagesse des hommes impartiaux, serait indiqué, par la nature même, à des individus qu'aucun lien social n'unirait entre eux, et la société a droit d'exiger que ce moyen ait été épuisé avant d'interposer, entre des intérêts purement privés, la sévère autorité de la loi.

Cette institution n'est pas nouvelle : établie dans la république d'Athènes, elle y a subsisté longtemps.

Le jury est choisi par les intéressés eux-mêmes. Ainsi, tant que le passage, encore récent, des institutions monarchiques aux institutions républicaines, exigera de confier la décision à des hommes pour qui nos anciennes lois et nos anciennes formes ne soient pas étrangères, les parties pourront choisir librement les jurés dans cette classe.

Par la même raison, les tribunaux particuliers pour le commerce deviennent inutiles, car les parties pourront elles-mêmes choisir les jurés parmi des commerçants.

Tout ce que la justice de paix offre d'utile est soigneusement conservé.

Les arbitres librement choisis, les jurés désignés par les parties, tendent, comme cette justice, à écarter des contestations malheureusement inévitables, ces haines opiniâtres auxquelles l'esprit de famille donne quelquefois une hérédité funeste. Or, si ces haines, nées des intérêts personnels, se multiplient, elles enveniment et dénaturent les divisions que produit nécessairement la lutte des opinions politiques. Ces partis de familles ont détruit de petites républiques ; mais dans les grandes, ils peuvent devenir une source de crimes, et y corrompre l'esprit public.

L'institution des jurés est dégradée et pervertie, si le droit d'en former la liste est confié à un officier public, quels que soient son titre ou ses fonctions ; car dès lors il devient l'arbitre de la vie ou de la fortune des citoyens : et s'il est le chef ou l'instrument d'un parti, ce parti, dès cet instant même, exerce une véritable tyrannie. La liste des jurés sera donc formée par le peuple lui-même, dans chaque assemblée primaire, en proportion du nombre des citoyens; chacun désignerait un juré, et la simple pluralité déterminerait le choix. Ce n'est pas là, sans doute, une véritable élection; mais aussi la formation de la liste des jurés ne doit pas en être une. Ils ne doivent pas appartenir à la majorité seule, parce que la majorité, toute-puissante, comme interprète de la volonté générale, ne peut, d'après les lois universelles de la justice, étendre son pouvoir sur le droit individuel d'un citoyen. Par la forme que nous adoptons, la totalité d'un jury ne peut, dans aucun cas, appartenir à un parti, ou même à une opinion politique; et par l'imperfection apparente du mode d'élire, nous assurons encore cette impartialité, qui forme le caractère distinctif et sacré de cette institution salutaire.

Si l'indépendance absolue des fonctions judiciaires est le bouclier le plus impénétrable de la liberté, puisqu'elle garantit la vie et les biens des citoyens contre les atteintes de tous les pouvoirs qui pourraient affecter la tyrannie, on doit également mettre la liberté à l'abri des dangers auxquels ceux qui exercent les fonctions judiciaires l'exposeraient, si les dépositaires des autres pouvoirs pouvaient, à raison de l'exercice de leurs fonctions, être appelés en jugement, soit par un citoyen, soit par un accusateur public. La même considération peut s'étendre

aux délits qui sont censés attaquer directement la liberté du peuple ou la sûreté de l'État. Ainsi, l'on ne
peut mettre en jugement, pour ces deux classes de
crimes, que sur un acte du corps législatif, et pour
les fonctionnaires municipaux, sur un acte de l'administration du département.

La conservation de l'unité de la république demande, non-seulement cette même précaution, mais
même exige encore que ces crimes soient soumis à
un jury national; autrement, celui qui aurait trahi
la république, pour servir le caprice d'une de ses
portions, resterait impuni, et celui qui aurait préféré l'intérêt de l'État entier à celui du lieu de sa
naissance, serait exposé à une condamnation injuste.
Autrement, lorsque ces intérêts seraient contraires,
en apparence, tout fonctionnaire public se trouverait
placé entre la crainte de la loi et celle de ses juges.

Le jury national serait formé d'hommes choisis
par les citoyens, dans chaque département; mais
les fonctions de juges seraient remplies par ceux
d'un département, ou déterminé par la loi, ou
choisi par le sort; ainsi, sans altérer en rien l'impartialité, on éviterait l'appareil et la dépense d'un
grand tribunal.

La justice due aux citoyens, la conservation d'une
jurisprudence uniforme, le danger de voir s'introduire, dans les départements, des usages différents,
et s'altérer, par là, l'entière unité de la république,
obligent de soumettre les jugements à une révision
qui puisse répondre qu'ils ont été conformes à
la loi, et qui détruise ceux dans lesquels les juges

l'auraient bravée. Mais on ne peut attribuer cette fonction à un tribunal sédentaire, sans rendre cette institution onéreuse à ceux des citoyens qui sont éloignés du lieu où il a été fixé. Cette révision sera donc confiée à des censeurs, qui siégeront successivement dans les départements.

La peine de mort est abolie pour les délits particuliers. Cet acte de respect pour la vie des hommes, cet hommage aux sentiments d'humanité, qu'il est si important de consacrer chez une nation libre, a paru devoir jouir de l'espèce d'irrévocabilité attachée aux lois constitutionnelles. Mais si, pour les crimes qui attaquent directement la sûreté de l'État, la tranquillité nationale, la liberté ou la souveraineté du peuple, la prospérité publique, il est nécessaire de conserver encore cette peine, il doit l'être également que chaque assemblée législative, juge naturel des intérêts nationaux, puisse étendre ou resserrer une rigueur qui ne peut être légitimée, aux yeux de la nature et de la raison, que par sa nécessité absolue.

Par là, du moins, cette peine irréparable, que ne peut prononcer sans frémir tout homme qui a réfléchi sur l'incertitude des jugements humains, ou qui a osé examiner les limites du droit des sociétés sur les individus, cette peine sera totalement étrangère à la loi commune ; elle ne se présentera plus à l'esprit des citoyens que comme un sacrifice douloureux, mais nécessaire, exigé rigoureusement pour la sûreté publique, justifié par le droit de la défense naturelle. Du moins, dans les temps paisibles, ces

spectacles sanglants ne mettront plus d'obstacle à
cette douceur dans les mœurs, à ce respect pour ses
semblables, à cette habitude des sentiments frater-
nels, sans laquelle l'amour de la liberté, s'il conserve
son énergie, fait souvent gémir la nature par de
honteux et cruels égarements.

Après avoir ainsi exposé l'organisation et la forme
des pouvoirs qui forment le système constitutionnel,
nous devons les considérer dans leur élément et dans
leur formation.

En qui la constitution reconnaîtra-t-elle la faculté
d'exercer les droits politiques que les hommes ont
reçus de la nature, et qui, comme tous les autres,
dérivent essentiellement de leur qualité d'êtres sensibles, susceptibles d'idées morales, et capables de
raisonner?

Les publicistes se sont partagés, sur cette question,
entre deux opinions opposées. Les uns ont regardé
l'exercice des droits politiques comme une sorte
de fonction publique pour laquelle on pouvait exiger
des conditions appuyées sur l'utilité commune. Ils ont
cru qu'on pouvait confier exclusivement à une portion de citoyens, l'exercice des droits de tous, pourvu
que cette portion n'eût aucun intérêt, ne pût avoir
aucun motif d'en abuser, et surtout dans le cas
où l'on aurait lieu de croire qu'elle les exercerait
mieux pour l'intérêt général de la société. Ils ont
pensé qu'il n'y aurait pas de véritable injustice dans
cette distinction, si ces hommes privilégiés ne pouvaient faire de lois pour eux seuls, surtout si l'exclusion établie par la loi pouvait, en quelque sorte,

être regardée comme volontaire par la facilité à s'y soustraire.

D'autres ont pensé, au contraire, que les droits politiques devaient appartenir à tous les individus, avec une entière égalité, et que si l'on pouvait légitimement en soumettre l'exercice à des conditions, c'était seulement à celles qui seraient nécessaires pour constater que tel homme appartient à telle nation, et non à telle autre; et dans le cas où tous les citoyens ne peuvent voter dans un même lieu, pour déterminer à quelle assemblée chaque individu doit appartenir.

Jusqu'ici, tous les peuples libres ont suivi la première opinion; la constitution de 1791 s'y était aussi conformée, mais la seconde nous a paru plus conforme à la raison, à la justice, et même à une politique vraiment éclairée. Nous n'avons pas cru qu'il fût légitime de sacrifier un droit naturel, avoué par la raison la plus simple, à des considérations dont la réalité est au moins incertaine. Nous avons senti qu'il fallait, ou se borner à des distinctions insignifiantes et sans objet réel, ou donner à ces exclusions une étendue à laquelle un peuple ami de l'égalité, généreux et juste, ne s'avilirait pas à consentir.

Nous n'avons pas cru qu'il fût possible, chez une nation éclairée sur ces droits, de proposer à la moitié des citoyens d'en abdiquer une partie, ni qu'il fût utile à la tranquillité publique de séparer un peuple activement occupé des intérêts politiques, en deux portions, dont l'une serait tout, et l'autre rien, en vertu de la loi, malgré le vœu de la nature, qui, en les faisant des hommes, a voulu qu'ils restassent tous égaux.

Dans les temps anciens, les nations étaient un composé de familles auxquelles on supposait une origine commune, ou qui du moins remontaient à une réunion première. Les droits politiques étaient héréditaires, et c'était par une adoption légale qu'elles s'affiliaient à de nouvelles familles. Maintenant, c'est par le territoire que les nations se distinguent, et ce sont les habitants de ce territoire qui sont essentiellement les membres de chaque association.

On a prétendu que les droits politiques devaient appartenir aux seuls propriétaires des terres. Mais en observant l'ordre actuel des sociétés, on ne peut appuyer cette opinion que sur un seul motif; on peut dire qu'eux seuls existent sur le territoire d'une manière indépendante, et ne peuvent en être exclus par la volonté arbitraire d'autrui. Or, en admettant ce motif, on voit d'abord qu'il s'élève avec une force égale en faveur de ceux qui, par une convention, ont acquis le droit d'exister aussi sur le territoire, d'une manière indépendante, pour un temps déterminé; et si on admet cette conséquence, on voit la force de ce motif s'affaiblir peu à peu, et les limites du temps pendant lequel on exigerait que devrait durer ce décret de résidence, ne pouvoir être fixées que d'une manière incertaine et purement arbitraire. On verrait même bientôt celles où s'arrête cette espèce d'indépendance n'être plus assez marquées pour servir de base à une distinction aussi importante que celle de la jouissance ou de la privation des droits politiques.

La dépendance, qui ne permet pas de croire qu'un individu obéisse à sa volonté propre, pourrait sans doute être un motif légitime d'exclusion ; mais nous n'avons pas cru qu'il fût possible de supposer l'existence d'une telle dépendance sous une constitution vraiment libre, et chez un peuple où l'amour de l'égalité est le caractère distinctif de l'esprit public. Les relations sociales qui supposeraient une telle humiliation, ne peuvent subsister parmi nous, et doivent prendre bientôt une autre forme. Enfin, puisque le code entier de nos lois consacre l'égalité civile, ne vaut-il pas mieux que l'égalité politique y règne aussi tout entière, et serve à faire disparaître ce qui reste de cette dépendance, au lieu de la consacrer, en quelque sorte, dans nos lois nouvelles ?

D'autres considérations ont achevé de nous déterminer : telle est la difficulté de fixer les limites où, dans la chaîne des dépendances qu'entraîne l'ordre social, commence celle qui rend un individu de l'espèce humaine incapable d'exercer ses droits; telle est la crainte de rendre plus dangereuse la dépendance de quelques classes d'hommes qui échapperaient à l'exclusion, celle de donner, pour l'avenir, un prétexte à des exclusions nouvelles; celle enfin de séparer un grand nombre d'individus de l'intérêt social, de les rendre indifférents, ou même ennemis d'une liberté qu'ils ne devraient point partager. Ainsi, nous avons cru que l'intérêt public, d'accord avec la justice, nous

permettait de ne souiller, par aucune tache d'inégalité, le système de nos lois, et, pour la première
fois sur la terre, de conserver dans les institutions
d'un grand peuple toute l'égalité de la nature.

Dans les États peu étendus, la sûreté publique
peut obliger à resserrer, par des conditions plus sévères, l'exercice des droits politiques. On y peut craindre que des étrangers qui, en s'établissant sur le territoire, partageraient ces droits, n'exerçassent une
influence dangereuse, qu'ils ne voulussent jouer le
rôle de citoyens pour faire réussir des projets contraires à l'intérêt de la nation qui les aurait admis à
un partage égal des avantages sociaux; et plus des
peuples voisins diffèrent d'opinions, de mœurs, de
principes, plus cette crainte serait fondée. Mais
elle devient nulle pour un territoire tel que celui
de la France, surtout dans ce système si sage d'une
république unique, déjà unanimement adopté par
la Convention nationale. Ainsi, tout homme âgé
de vingt et un ans, étant né en France, ou déclarant
l'intention d'y fixer son séjour, est admis, après
un an d'habitation sur le territoire, à jouir de tous
les droits de citoyen français, et trois mois de résidence antérieure lui donneront la faculté de les
exercer dans les lieux où il aura fixé sa demeure.
Une absence de six années, qui n'aura point pour
cause un service public, assujettira, pour exercer de
nouveau les droits de citoyen, à une résidence antérieure de six mois.

Nous avons cru devoir borner l'austérité de la loi
à ces simples précautions de police, nécessaires pour

ne pas rendre arbitraire l'admission au droit de citoyen, pour ne pas l'exposer à des contestations, pour l'assujettir à des principes uniformes dans toute l'étendue de la république.

Tout citoyen sera éligible pour toutes les places que confère l'élection du peuple. On exige seulement l'âge de vingt-cinq ans ; cet intervalle entre l'admission à l'exercice des droits politiques et l'éligibilité pour les fonctions publiques, donne le temps nécessaire pour juger les nouveaux citoyens, pour observer leur conduite et reconnaître leurs principes.

Le jeune homme dont l'éducation individuelle et théorique est terminée, jouit des droits personnels qu'il tient de la nature ; alors une sorte d'éducation politique commence pour lui, et l'exercice même de ces premiers droits fait partie de cette seconde éducation.

Soit que l'on considère le droit dans ceux qui élisent et qui doivent l'exercer librement , soit qu'on le considère dans ceux qui peuvent être élus et qui doivent avoir celui de prétendre également aux mêmes avantages, on ne peut, sans porter atteinte à l'égalité politique, établir aucune condition d'éligibilité, à moins qu'elle ne soit évidemment utile.

Sans doute que pour les élections qui ne sont faites que par une portion du peuple, la majorité du peuple entier, et par conséquent la loi qui en exprime le vœu, peut dire à cette portion : Ce n'est pas pour vous seuls, c'est pour tous que vous élisez, et l'intérêt public exige que vos choix soient assujettis à certaines conditions. Sans doute, la majorité peut dire également au plus petit nombre : Nous avons tous le droit de choisir librement, et parmi tous les citoyens; mais nous voulons n'élire que parmi ceux qui réunissent certaines conditions, et nous avons droit de n'admettre qu'une forme d'élections qui nous permette de remplir ce vœu; nous avons donc celui de faire une loi qui, en exigeant ces mêmes conditions, nous dispense d'établir cette forme qui deviendrait embarrassante pour vous-mêmes.

Mais le droit de la majorité, considéré d'après les principes de la justice, n'est pas celui d'avoir une volonté arbitraire; elle ne peut gêner la minorité pour satisfaire un simple caprice, et toute restriction prononcée par la majorité même, ne peut être légitimée que par une utilité évidente. Maintenant, quelles conditions d'éligibilité pourrait-on exiger d'après ce principe? Seraient-elles relatives à l'âge? Mais, soit que le grand nombre suive le torrent des opinions établies, soit qu'il obéisse à la raison, la jeunesse ne sera point préférée. Elle peut être l'âge du génie, celui de l'enthousiasme pour la vertu; mais elle n'est le temps, ni des véritables lumières, ni des vertus épurées par la raison. On préférera quelquefois un homme dont la jeunesse annonce des talents, à celui dont la maturité n'a montré que des facultés médiocres, mais non au citoyen dont le mérite supérieur a reçu le sceau de l'expérience, et acquis l'autorité de la renommée.

Ces conditions auront-elles pour base la richesse? Mais comme nous ne pouvons avoir ni la sottise, ni la bassesse de croire que les hommes riches soient plus inaccessibles aux vices et à la corruption que les pauvres, le seul motif d'une telle loi serait l'utilité de fixer les choix sur les hommes en qui une instruction première, plus étendue, doit faire supposer plus de lumières. Il faudrait donc exiger une assez grande fortune. Ainsi, toutes les conditions de cette espèce, ou sont illusoires, ou conduisent à une véritable oligarchie.

Exigera-t-on, pour certaines places, la preuve d'avoir suivi telles ou telles études, d'avoir satisfait à des examens? Mais ces conditions, presque toujours éludées, ont l'inconvénient de créer des pouvoirs étrangers à l'ordre général de la société; de donner à quelques hommes, à quelques classes de citoyens, une influence contraire à l'égalité.

On pourrait exiger encore qu'une fonction regardée comme plus importante ne pût être confiée qu'à ceux qui en auraient déjà rempli de plus faciles; ne rendre éligibles, par exemple, pour la représentation nationale, que ceux qui auraient obtenu des places dans l'administration d'un département; n'appeler à celle-ci que les citoyens qui ont exercé des fonctions municipales.

Mais ces conditions ont un inconvénient grave : les hommes seraient distingués dans l'ordre politique, non-seulement par les fonctions qu'ils occupent, distinction qui est dans les choses mêmes, mais par les fonctions qu'ils ont occupées, ce qui deviendrait une véritable distinction personnelle, les citoyens admissibles à divers ordres de places formeraient des classes diverses, se coaliseraient bientôt dans l'intention générale de se resserrer, dans celle de ne laisser entrer dans leur classe que les hommes qui conviennent à leur orgueil ou à leurs projets. Il est même aisé de prévoir qu'à la longue on verrait naître une sorte d'hérédité ; les fils des éligibles, pour telle place, trouveraient des facilités pour le devenir eux-mêmes, tandis que mille petits moyens seraient employés pour en repousser les hommes nouveaux.

La pente vers l'hérédité politique est aussi réelle dans la nature, que l'établissement de cette hérédité est un outrage à ses droits ; et cette observation, confirmée par l'histoire de tous les peuples, ne permet pas de regarder comme indifférentes pour la liberté, les institutions qui favoriseraient, même indirectement, cette pente funeste.

Nous nous sommes donc déterminés à n'établir aucune condition d'éligibilité ; nous proposons aux citoyens de conserver tout entière la liberté de leurs choix, et nous les avons crus dignes d'avoir sans danger cette confiance pour eux-mêmes.

Le mode et la forme des élections sont une partie essentielle des lois constitutionnelles ; car, un corps législatif qui pourrait les changer à son gré aurait également le pouvoir de dénaturer la constitution elle-même, de la rendre impraticable s'il voulait la renverser, de se perpétuer malgré elle s'il voulait exercer la tyrannie.

La première question qui se présentait à résoudre, était celle de la possibilité des élections immédiates, de l'utilité de les substituer à celles qui ont été faites, depuis 1790, par des corps électoraux.

Sous l'ancienne constitution, les corps départementaires devaient nécessairement devenir un appui pour le pouvoir royal, et servir à le défendre contre l'assemblée des représentants du peuple. La nature de leurs fonctions devait leur donner un penchant même involontaire pour tout ce qui pouvait augmenter la force du gouvernement, pour tout ce qui paraissait tendre à maintenir la tranquillité, à conserver les choses établies.

D'un autre côté, les électeurs choisis par les citoyens devaient se regarder comme leurs représentants les plus immédiats, voir, en quelque sorte, leur ouvrage dans les députés qu'ils avaient choisis, chercher à devenir dans l'ordre politique quelque chose de plus que de simples électeurs ; mais ils devaient en même temps se réunir au parti populaire des assemblées nationales, et les aider à combattre les usurpations des autres pouvoirs. Sous ce point de vue, ils pouvaient paraître un contre-poids utile pour la liberté, quoique dangereux pour la paix, la tranquillité générale, et même pour l'unité de l'empire.

Mais, puisque la république a remplacé le système incohérent et servile du royalisme limité, lorsque tout doit faire désirer qu'un corps unique, principe de toute l'action sociale, conserve l'unité dans toute sa force, les corps électoraux ne pourraient plus exercer leur influence que contre l'assemblée des représentants de la nation entière ; ils deviendraient, contre cette assemblée et contre les agents nationaux, l'appui des administrations particulières. Leur conservation menacerait sans cesse l'indivisibilité de la république, et donnerait une force dangereuse à tout parti qui voudrait transformer la France en une ligue de républiques confédérées, puisque chaque département offrirait alors une sorte de représentation particulière, qu'il suffirait de rassembler et de mettre en activité pour y créer un centre de pouvoir isolé et indépendant.

Il suffisait donc d'être assuré de la possibilité de se passer des corps électoraux, pour s'empresser de rendre aux citoyens le droit d'élection immédiate qui leur avait été enlevé.

En examinant les diverses formes d'élection qui peuvent être établies, on trouvera qu'elles ne peuvent conduire à faire connaitre ceux que la majorité regarde comme les plus dignes d'une place, si le nombre des candidats n'a d'abord été limité par une déclaration de la majorité, que c'est entre ceux-là seuls qu'elle a cru devoir renfermer son choix, parce qu'elle les considère comme seuls capables d'exercer les fonctions d'une telle place; et pour remplir même imparfaitement cette première condition, il serait nécessaire que chaque électeur désignât, en nombre indéfini, ceux qu'il croit dignes de la place, et que la totalité prononçât sur la capacité de tous ceux qui auraient été présentés, même par un seul. On ne pourrait se dispenser de ce premier jugement sans s'imposer la loi de regarder comme candidats tous ceux que même un seul électeur voudrait désigner. Il faudrait ensuite que chaque électeur prononçât son vœu complet par un jugement comparatif entre tous les candidats pris deux à deux, et que du résultat du vœu de la majorité sur chacun de ces jugements comparatifs, on pût déduire le résultat de son vœu général. Encore faut-il observer que souvent ce vœu ne serait pas tel qu'on le demande, qu'il n'indiquerait pas toujours ceux que la majorité préfère ; car il peut arriver que cette préférence n'existe pas réellement.

Si on songe à la longueur et aux inconvénients de cette première déclaration sur la capacité des candidats, à la difficulté pour les électeurs de former, entre un grand nombre de candidats, une liste par ordre de mérite, au temps qu'il faudrait employer pour tirer de ces listes le vœu de chacun sur tous les candidats, comparés deux à deux, au travail nécessaire pour en déduire un résultat général, on verra que cette méthode, qui peut encore ne conduire qu'à connaître ceux qu'une pluralité relative, et non la majorité, juge les plus dignes, est impraticable même pour une assemblée électorale, la supposât-on composée presque entière d'hommes éclairés et sans passion.

Maintenant, puisque la seule méthode qui tend à faire choisir ceux que la majorité a déclarés les plus dignes, ne peut être employée, puisque les autres méthodes peuvent conduire seulement à faire connaître ceux qu'une majorité plus grande juge très-dignes de la place, nous avons dû choisir, parmi ces méthodes, la plus praticable, la plus simple, la moins sujette à être influencée par les partis et par l'intrigue, celle enfin par laquelle on pouvait le plus sûrement arriver au seul but auquel il soit possible d'aspirer.

Dans celle que nous avons préférée, le vœu de chaque assemblée primaire est porté au chef-lieu du département, pour y former le vœu général des citoyens du département, et le vœu des citoyens de chaque département, porté au lieu où réside le corps législatif, peut y former ensuite le vœu commun des citoyens de la république entière.

Quel que soit le nombre des places à remplir pour une seule et même fonction, chaque citoyen n'aura que deux fois à émettre son vœu, l'une pour former une liste de candidats dont le nombre est fixé, l'autre pour terminer l'élection.

Dans ce premier vœu, il inscrira un nombre déterminé de noms.

Par exemple, s'il s'agit d'élire dans un département les députés à l'Assemblée nationale, chaque citoyen inscrira un nombre de noms égal à celui des députés. La liste des candidats, qui seront en nombre triple, sera formée de ceux qui auront obtenu le plus de voix, et c'est entre ces candidats seuls qu'il faudra choisir.

Ainsi, le nombre des députés étant dix, les trente citoyens qui auront le plus de voix par ce premier vœu, formeront seuls la liste des candidats.

Pour former le second vœu, chaque citoyen nommera d'abord, parmi les candidats, ceux qu'il juge les plus dignes, en nombre égal à celui des places, et ensuite ceux qu'il croit aussi les plus dignes après ces premiers, en nombre encore égal à celui des places.

Ainsi, par exemple, si le nombre des places est dix, chaque citoyen nommera d'abord les dix plus dignes entre les trente candidats, et ensuite les dix plus dignes entre les vingt qui restent.

On formera d'abord le résultat de ces premières voix, et ceux qui auront obtenu la majorité absolue, ou, si leur nombre surpasse celui des places, ceux qui auront obtenu une majorité plus grande seront élus.

Si, par le résultat des premières voix, la totalité des places n'est pas remplie, alors on aura égard aux secondes, et, d'après le résultat général, ceux qui auront obtenu une majorité plus grande seront élus.

Car, dans cette forme d'élection, il y a nécessairement un nombre de candidats égal au moins à celui des places qui, lorsqu'on réunit les deux listes, obtiennent la majorité absolue. Ainsi, supposons que le nombre des places soit toujours dix, on aura égard d'abord aux dix premières voix, et le nombre des électeurs étant 1000, par exemple, comme ils y auront énoncé ou écrit 10,000 noms, on voit que 19 candidats peuvent avoir obtenu plus de 501 suffrages, et qu'ainsi ces premières voix seules peuvent terminer l'élection, et même donner lieu à préférer, entre ceux qui ont la majorité absolue, les candidats qui ont obtenu le plus de voix.

Mais aussi il est possible qu'aucun n'obtienne la majorité, puisqu'il peut arriver que de 30 candidats, les uns n'obtiennent que 334 voix, et les autres, 333.

Alors, on aurait recours aux secondes voix, à la liste subsidiaire; et comme chaque électeur a énoncé 20 noms, la masse entière sera 20,000 dans la même hypothèse; supposons donc que 9 personnes aient réuni l'unanimité, qu'elles emportent 9,000 voix, on voit que les 11,000 voix restantes ne peuvent se partager entre les 21 candidats restants, sans que l'un d'eux au moins ait eu plus de 500 voix, et obtenu la majorité absolue.

Ce mode d'élire n'exige des citoyens que des opérations très-courtes, très-peu compliquées, pour lesquelles on peut encore leur offrir des facilités, en écartant tout ce qui pourrait embarrasser les hommes les plus simples.

Toute la longueur des opérations tombe sur ceux qui sont chargés de former les résultats, soit du vœu des individus, soit de celui des assemblées séparées; et il existe encore des moyens d'abréger et de faciliter ce travail.

Si ensuite on examine la méthode en elle-même, on trouvera qu'en admettant une liste nécessaire de candidats triple du nombre des places, on réduit très-peu la limite réelle de l'élection. Presque aucun de ceux vers lesquels le vœu des citoyens aurait pu se porter, n'en sera exclu.

Il est possible que la liste des candidats ne renferme pas un nombre suffisant de noms, parce que le vœu des citoyens se sera réuni dans un petit nombre d'individus; dans ce cas, qui ne se présentera jamais, malgré cette possibilité physique, on aurait, pour terminer l'élection, des moyens simples et conformes à l'esprit de la méthode.

Dans l'émission des premières voix pour l'élection définitive, le vœu de chaque citoyen s'exprime de la manière la plus naturelle, la plus simple, la plus complète. En effet, l'idée de faire nommer par des vœux successifs des hommes à qui l'on destine des places absolument égales, est absurde en elle-même, parce que, sous l'apparence de conduire à nommer le premier, celui que la majorité préfère à tous les autres, ce qui dans ce cas n'a aucun but utile, elle trompe sur ce résultat même, écarte de celui qu'on doit chercher, en ne faisant point tomber le choix sur les hommes qui, dans l'opinion de la majorité, doivent être appelés à remplir une de ces places. Cette même méthode, non-seulement ne s'oppose pas aux brigues, mais les rend en quelque sorte nécessaires, et livre au hasard les élections qu'elle ne soumet pas à l'influence des partis.

Dans celle que l'on propose ici, ceux qui obtiendraient la place par les premières voix, sont nécessairement jugés par la majorité plus dignes d'en occuper une, que les autres candidats.

Dans les circonstances, au contraire, où l'on sera obligé de recourir à la liste subsidiaire, le vœu de la plus grande majorité indiquera encore ceux que cette majorité a préférés. Son vœu ne sera point aussi prononcé en leur faveur, il le sera seulement plus qu'en faveur d'aucun autre; mais on l'aura obtenu tel qu'il est dans la réalité; et que gagnerait-on à forcer de le prononcer davantage en apparence, à paraître avoir obtenu un vœu qui n'existe pas?

Les suppléants seraient pris d'abord parmi ceux qui, ayant eu la majorité dans les premières voix, auraient été exclus par une majorité plus grande; et si on a recours, pour la totalité ou pour une partie d'entre eux, à la liste subsidiaire, ils seraient élus alors même à la simple pluralité.

Au reste, ce cas serait très-rare, et l'inconvénient qui en résulterait quelquefois pour les derniers suppléants, est plus que compensé par la facilité de terminer l'élection par un seul vœu et par un mode de votation aussi prompt que simple.

Les élections se formant ainsi dans les assemblées séparées, seront bien moins exposées à l'intrigue. Il lui serait presque impossible d'empêcher un homme d'un mérite réel d'être placé sur la liste des candidats, si les suffrages doivent naturellement l'y appeler. Il serait également difficile à une cabale d'empêcher la majorité de se réunir en faveur d'un homme supérieur, ou de la séduire pour un sujet vraiment indigne.

Examinons ensuite cette forme d'élection dans l'hypothèse de deux partis qui divisent les citoyens. En effet, une méthode d'élection qui deviendrait alors vicieuse, ne peut être admise dans une bonne constitution; car s'il est possible d'en écarter les partis politiques, il ne l'est pas d'empêcher les partis d'opinion de s'y former et de s'y perpétuer.

Or, dans cette hypothèse, la méthode que nous proposons offre, au contraire, des avantages très-réels. D'abord le parti le plus nombreux doit nécessairement placer dans la liste des candidats un nombre des hommes qui lui conviennent, au moins égal à celui que le parti opposé pourrait y introduire; mais le premier pourra difficilement s'emparer de la liste entière. Cette liste n'offrira donc point le spectacle, toujours affligeant, de la puissance d'un parti. Ensuite, dans l'élection même, il suffira, pour assurer la prépondérance du parti le plus nombreux, qu'il ait obtenu sur la liste un nombre de noms égal à celui des places : il aura donc nécessairement l'avantage, sans avoir besoin d'employer aucun de ces moyens corrupteurs ou contraires à la tranquillité publique, dont l'usage, longtemps continué dans un pays, finit par y égarer l'esprit public et y mettre la liberté en péril.

Il arrivera tout au plus qu'une portion des places sera donnée aux hommes des deux partis, qui, par leur caractère ou leur sagesse, ont obtenu l'estime ou l'indulgence du parti contraire; c'est-à-dire, à ceux qui, pouvant tenir entre eux une balance utile, empêchent les querelles de parti de dégénérer en divisions funestes.

En un mot, cette forme d'élection ôtant au parti le moins nombreux l'espoir de réussir par la séduction ou par le bruit, donnant au parti contraire une assurance du succès qui le dispense de se servir de ses forces, les élections seront nécessairement encore paisibles, même quand les citoyens seront divisés.

Elles serviront à indiquer la puissance des partis, mais elles ne seront point leur ouvrage.

Les députés formant le corps législatif sont élus dans chaque département, et le nombre en est fixé d'après la population seule. C'est encore un hommage rendu à l'égalité. La disposition qui donnait trois députés à chaque département, tandis qu'un tiers du total était distribué à raison des contributions, corrigeait sans doute l'avantage que cette dernière combinaison offrait aux départements plus riches. Mais nous avons mieux aimé n'introduire aucune inégalité, que d'en avoir une à compenser.

L'idée de faire choisir le conseil national par l'universalité des citoyens devient très-praticable, en suivant cette méthode d'élire, modifiée seulement par la nécessité d'avoir une liste de candidats proportionnellement plus nombreuse, lorsqu'il s'agit d'une place unique, et par celle de pouvoir nommer à la fois plusieurs suppléants pour chaque place.

Or, il nous a paru très-important que ces premiers agents des pouvoirs nationaux fussent choisis par les citoyens eux-mêmes, que la renommée seule présidât à ce choix, que la brigue en fût écartée, et qu'enfin, comme on y aurait été exposé si l'assemblée des représentants du peuple ou un corps unique eût été chargé de cette élection, ces places ne parussent plus réservées presque uniquement aux habitants d'une seule cité. Il est bon que les hommes dont un des premiers devoirs est de resserrer l'union intime de toutes les parties de la République appartiennent également à toutes. Il est bon que les hommes qui traitent des intérêts de la patrie avec les nations étrangères, se montrent à elles, investis de la confiance immédiate de la majorité des citoyens.

La votation à haute voix ne peut être admise dans les assemblées primaires, sans y jeter du désordre et de la confusion. D'ailleurs l'inconvénient de donner à ceux qui votent les premiers, une sorte d'influence sur la voix de ceux qui les suivent, suffirait pour faire rejeter ce mode d'élire. Il suppose de plus une assemblée permanente pendant toute la durée de la votation, ce qui serait imposer aux citoyens une gêne inutile.

Mais le scrutin écrit n'est pas nécessairement un scrutin secret : le nom de chaque citoyen peut être attaché à son vœu écrit, et l'on peut lire ces noms en formant le dépouillement des scrutins.

Nous proposons que le scrutin soit accompagné du nom des votants, dans le vœu qui sert à former la liste des candidats. Il nous a paru qu'il n'y avait aucun inconvénient à ce que chacun répondit de cette partie de son choix à l'opinion publique. Mais nous avons pensé en même temps que l'on ne devait point connaître les noms des votants dans le scrutin d'élection. Dans le premier, qui est une simple indication, il ne peut être dangereux pour la chose publique, que les votants placent quelques noms d'après des considérations personnelles. En ne lisant les noms qu'après que l'élection est terminée, elle n'est point influencée par les murmures, les signes

de désapprobation que certains noms peuvent exciter ; et la publicité de ce premier vœu peut être
utile aux mœurs nationales, sans nuire à la tranquillité des individus, sans donner trop de pouvoir
à l'intrigue.

D'ailleurs, un vœu de présentation renfermant
l'opinion des citoyens sur les meilleurs choix à faire,
il peut être bon que celle des hommes qui ont mérité la confiance ne reste pas inconnue ; il peut
être utile que ceux qui ne connaissent pas assez par
eux-mêmes les hommes dignes des places, puissent
se diriger d'après le jugement avoué et public de citoyens dont ils respectent la probité et les lumières :
et c'est une raison de plus pour préférer le scrutin
écrit et signé au vote à voix haute, dans lequel
chaque citoyen ne connaît le vœu que des membres
de la même assemblée.

Le second vœu, au contraire, est un vœu de préférence, et, par cette raison seule, il est bon de le
soustraire à toute espèce d'influence, de le rendre
indépendant et de l'opinion publique et des engagements qu'on a pu prendre par faiblesse, de faire
en sorte qu'il soit l'expression la plus libre de la volonté de ceux qui le forment.

La simplicité des formes d'élection a permis de les
renouveler fréquemment.

L'utilité de conserver les mêmes principes d'administration, de suivre avec constance les mesures
une fois adoptées, doit céder au danger d'user la
confiance des citoyens ; et dans une nation vraiment libre, c'est dans les principes mêmes du peuple

qu'il faut chercher la base de cette constance si nécessaire. Et quels sont les principes du peuple français? C'est l'amour de la liberté, commun à toutes les nations que l'esclavage n'a pas avilies, et l'amour de l'égalité, qui forme en quelque sorte son caractère particulier ; c'est le respect pour les droits des hommes, consacrés dans une déclaration où le citoyen apprend à connaître ce qu'il a droit d'attendre de tous, ce que tous ont droit d'exiger de lui : or, ces principes bien connus, bien développés, suffisent pour donner à toutes les lois, à tous les actes d'administration, cette constance qu'on attendrait en vain de la longue durée de quelques fonctions.

En établissant ce renouvellement fréquent, nous avons cru ne devoir mettre aucune borne à la rééligibilité. Ces limites pouvaient être utiles lorsque les choix étaient confiés à des corps électoraux; mais dès qu'ils le sont aux citoyens eux-mêmes, une liberté illimitée est, sinon une conséquence de la souveraineté nationale, du moins un hommage que la loi doit rendre à la majesté du peuple, une marque de confiance dont son courage pour la défense de la liberté l'a rendu digne : les précautions jalouses seraient un outrage à son zèle pour le maintien de ses droits.

Cette rééligibilité est d'ailleurs utile pour contrebalancer les inconvénients d'une grande mobilité dans les places : ces deux institutions paraissent liées entre elles et ne devoir jamais être séparées.

Le renouvellement par moitié du conseil exécutif et des directoires de départements, et l'obligation qui leur est imposée de prendre en corps toutes leurs décisions, corrige encore les dangers de cette mobilité si nécessaire, puisqu'il serait dangereux que la durée des places excédât celle de la confiance, seul pouvoir réel dans les constitutions vraiment libres : et c'est pour avoir cherché à en établir d'autres, que tant de constitutions, malgré leurs formes républicaines, n'ont offert qu'une apparence de liberté, et n'ont jamais pu obtenir qu'une existence orageuse et passagère.

Dans les relations extérieures, aucune négociation ne peut être même commencée, aucune convention, même préliminaire, ne peut être provisoirement exécutée que par la volonté expresse de l'Assemblée nationale, assujettie seulement à recevoir du conseil exécutif la connaissance officielle des faits qu'il peut seul lui donner. Ainsi, ce conseil ne pourra employer son pouvoir à l'extérieur pour franchir les bornes étroites où celui qu'il exerce dans l'intérieur est resserré, et nous avons encore évité ce danger, auquel la liberté a été exposée dans d'autres constitutions, auquel même elle a si souvent succombé.

La guerre ne peut être prononcée par le corps législatif qu'en vertu d'une délibération prise par un scrutin signé : une résolution qui soumet à la fois plus d'un peuple à des calamités nécessaires, doit soumettre ceux qui l'ont provoquée ou consentie au jugement de l'opinion de leurs contemporains, à celui de la postérité.

Mais ce n'est pas tout d'avoir établi sur les principes de l'égalité les formes d'une constitution, d'avoir organisé les pouvoirs d'une manière qui assure la liberté et la paix, d'avoir prévenu les projets de l'ambition et de l'esprit de parti, par de fréquents renouvellements, par des élections immédiates que leur forme met à l'abri de la brigue, d'avoir offert au peuple des moyens paisibles de réclamer contre les lois qui blessent ses droits ou ses opinions, d'avoir réglé le mode suivant lequel il pourra se donner une constitution nouvelle si la première lui paraît menacer sa liberté : il fallait encore que les assemblées nationales, plus à portée que les citoyens de sentir les vices de la constitution, de prévoir les abus auxquels elle peut conduire, eussent le droit d'exposer aux citoyens ses défauts ou ses dangers, et de leur demander s'ils veulent qu'une convention nationale s'occupe des moyens de corriger les uns et de prévenir les autres. Il restait enfin à prévenir le peuple contre les dangers de cette indifférence profonde qui souvent succède aux révolutions, contre l'effet de ces abus lents et secrets, qui à la longue dépravent les institutions humaines, enfin contre les vices qui doivent corrompre la constitution la mieux combinée, lorsque, restant la même, les hommes pour qui elle a été faite ont changé par les progrès mêmes des lumières et de la civilisation.

Nous avons donc cru devoir établir dans la constitution un mode de la soumettre à une réforme, indépendamment de la demande du peuple, et à une époque déterminée.

Sans doute, le moment d'une telle réforme serait celui d'une commotion intérieure, si tout à coup on voyait s'élever un corps de représentants, revêtus des pouvoirs réunis de faire des lois et de présenter un plan de constitution, puisque cette accumulation d'autorité lui donnerait l'idée de se mettre d'avance au-dessus de cette constitution qu'il va changer.

Mais on évitera cet inconvénient en laissant tous les pouvoirs subsister sous leur forme ancienne, jusqu'au moment où la constitution nouvelle aurait été acceptée, en chargeant du soin de la rédiger et de la présenter au peuple, une assemblée moins nombreuse, tenant nécessairement ses séances dans une autre résidence, élue pour cette seule fonction, et n'en pouvant exercer aucune autre. Des limites ainsi posées ne peuvent être transgressées. La fonction purement théorique d'examiner une constitution, de la réformer, pour la présenter à une acceptation avant laquelle cette constitution n'est encore qu'un ouvrage de philosophie, n'a rien de commun, rien qui puisse se confondre avec la fonction active de faire des lois de détail provisoirement obligatoires, et de prendre des mesures d'administration générales, immédiatement exécutées.

Si la constitution d'un peuple a pour principe l'équilibre de pouvoirs vicieux qui se combattent ou se coalisent entre eux; si elle donne à diverses classes de citoyens des prérogatives qui doivent se balancer mutuellement; si elle établit des pouvoirs longtemps confiés aux mêmes hommes; si elle crée des corps perpétuels, sans doute l'approche de l'examen de cette constitution sera un moment de trouble, parce que ces divers intérêts créés par elle se feront une guerre active et implacable.

Mais il n'en est pas de même d'une constitution qui a pour base l'unité d'action, le renouvellement fréquent de tous les fonctionnaires par des élections immédiates, et l'égalité la plus entière entre les hommes. Il ne peut être question, dans la confection d'une constitution nouvelle, que de changement dans les formes, de perfectionnement dans l'organisation des assemblées ou des conseils chargés de fonctions publiques, dans la méthode d'en élire les membres, dans le mode suivant lequel ces autorités doivent agir. Quel si grand intérêt pourrait alors produire des troubles? et tous ceux qui pourraient les désirer ou les tenter ne sont-ils pas contenus par ce principe sacré d'une égalité entière, seule base d'une liberté durable, principe gravé dans le cœur de tous les hommes, et qui, conduisant de lui-même à des conséquences claires et à la portée de tous les esprits, ne peut être impunément violé dès qu'une fois il a été reconnu et mis en pratique.

Nous nous sommes bornés, dans ce rapport, à exposer les principes généraux qui nous ont guidés, et les motifs des dispositions les plus importantes.

Une *constitution*, d'après le sens naturel de ce mot, devrait renfermer toutes les lois qui concernent l'établissement, la formation, l'organisation, les fonctions, le mode d'agir, les limites de tous les pouvoirs sociaux.

Mais du moment où l'on attache aux lois renfermées dans la constitution une irrévocabilité qui leur est propre ; du moment où elles ne peuvent être changées, comme les autres lois, par un pouvoir toujours subsistant dans la société, il devient nécessaire de n'y renfermer, parmi les lois relatives au système social, que celles dont l'irrévocabilité ne nuirait pas à la marche de ce système, ne forcerait pas à convoquer trop souvent un pouvoir extraordinaire.

En même temps il faut que les changements qui dépendent de la volonté d'un corps législatif unique, ne puissent lui permettre d'envahir le pouvoir, de corrompre l'esprit même de la constitution, en paraissant ne changer que des formes indifférentes. Ce défaut, dans une constitution où le peuple a des moyens légaux d'en obtenir la réforme, conduirait également à des convocations trop fréquentes de conventions nationales.

Tout ce qui tient au corps législatif, aux limites des pouvoirs, aux élections, aux dispositions nécessaires pour garantir les droits des citoyens, doit donc être développé avec le plus grand détail, et déterminé de manière à ne pas laisser craindre que l'action sociale éprouve des lenteurs, des embarras, ou des secousses.

Une constitution expressément adoptée par les citoyens, et renfermant des moyens réguliers de la corriger et de la changer, est le seul moyen de soumettre à un ordre régulier et durable une société dont les membres, éclairés sur leurs droits, et jaloux de les conserver, viennent de les recouvrer, et ont pu craindre de les reperdre encore.

Devant ces salutaires dispositions doivent également disparaître l'enthousiasme et la défiance exagérée, la fureur des partis et la crainte des factions, la pusillanimité, pour qui toute agitation est la dissolution de l'État, et l'inquiétude qui soupçonne la tyrannie dès qu'elle aperçoit l'ordre ou la paix.

Dans toute grande société qui éprouve une révolution, les hommes se partagent en deux classes : les uns, s'occupant avec activité des affaires publiques, par intérêt ou par patriotisme, se montrent dans toutes les disputes d'opinion, se distribuent dans toutes les factions, se divisent entre les partis : on les croirait la nation entière, tandis que souvent ils n'en sont qu'une faible portion.

Les autres, livrés à leurs travaux, retenus dans leurs occupations personnelles, par la nécessité ou l'amour du repos, aiment leur pays sans chercher à le gouverner, et servent la patrie sans vouloir y faire dominer leur opinion ou leur parti; forcés ou de se partager entre des factions, de donner leur confiance à des chefs d'opinion, ou de se réduire à l'inaction et au silence, ils ont besoin qu'une constitution leur montre d'une manière certaine quel est leur intérêt et leur devoir, afin qu'ils puissent apprendre sans peine vers quel but ils doivent réunir leurs efforts; et dès qu'une fois leur masse imposante s'est dirigée vers ce but commun, la portion active des citoyens cesse de paraître le peuple entier; dès lors les individus ne sont plus rien, et la nation seule existe.

Ainsi, l'on doit s'attendre que tous ceux dont la vanité, l'ambition ou l'avidité ont besoin de troubles, tous ceux qui craignent que l'établissement d'un ordre paisible ne les replonge dans la foule où l'estime publique ne les suivrait pas, tous ceux qui peuvent être quelque chose dans un parti, et ne peuvent rien être dans une nation, on doit s'attendre que tous ces hommes uniront leurs efforts pour retarder, pour troubler, pour empêcher peut-être l'établissement d'une constitution nouvelle. Ils seront secondés par ceux qui regrettent quelque portion de ce que la révolution a détruit, qui disent que la formation d'une république, fondée sur l'égalité, est impossible, parce qu'ils craignent de la voir s'établir, et par ces hommes plus coupables encore, qui ont calculé que la longue durée de nos divisions pouvait seule donner à nos ennemis étrangers des succès funestes à la liberté.

Ainsi, les intrigants de toutes les bannières, les aristocrates de tous les degrés, les conspirateurs de tous les ordres n'auront contre l'établissement d'une constitution nouvelle, qu'une même volonté, emploieront les mêmes moyens, parleront le même langage. S'ils ne peuvent attaquer une disposition trop évidemment utile ou sage, ils chercheront des intentions secrètes à ceux qui l'auront proposée ou défendue; car il est plus facile de faire naître un soupçon, que de détruire un raisonnement; et il faut moins de talents encore pour trouver une calomnie que pour arranger un sophisme.

Mais la Convention détruira ces honteuses espérances : elle se hâtera de présenter au peuple une constitution digne d'elle et de lui ; elle saura démêler les piéges dont on s'empressera de semer sa route.

Les citoyens, qui tous sentent la nécessité d'avoir enfin des lois fixes, s'uniront à elle : ils n'ignorent pas que la gloire de la Convention, que le sort du reste de la vie des hommes qui la composent, est attaché au succès de ce grand acte de la volonté nationale. C'est par là que la nation, que l'Europe, que la postérité jugera nos intentions et notre conduite. Cette idée soutiendra la confiance du peuple, et il prononcera d'après sa raison seule, sur le plan que votre sagesse doit soumettre à son autorité souveraine.

Quant à nous, nous vous présentons notre travail avec la confiance d'hommes qui ont cherché ce qui était juste, ce qui était utile, sans passions, sans préventions, sans esprit de parti, sans aucun retour d'intérêt ou de vanité, mais avec cette défiance de nous-mêmes que devaient nous inspirer et la difficulté d'un tel ouvrage, et toutes celles dont les circonstances actuelles ont pu l'environner.

La souveraineté du peuple, l'égalité entre les hommes, l'unité de la république, tels sont les principes qui, toujours présents à notre pensée, nous ont guidés dans le choix des combinaisons que nous avons adoptées; et nous avons cru que la constitution la meilleure en elle-même, la plus conforme à l'esprit actuel de la nation, serait celle où ces principes seront le plus respectés.

Français, nous vous devons la vérité entière. Vainement une constitution simple et bien combinée, acceptée par vous, assurerait vos droits : vous ne connaîtrez ni la paix ni le bonheur, ni même la liberté, si la soumission à ces lois que le peuple se sera données, n'est pour chaque citoyen le premier de ses devoirs ; si ce respect scrupuleux pour la loi, qui caractérise les peuples libres, ne s'étend pas à celles même dont l'intérêt public ferait solliciter la réforme ; si, chargés de choisir les dépositaires de toutes les autorités, vous cédez aux murmures de la calomnie, au lieu d'écouter la voix de la renommée ; si une défiance injuste condamne les vertus et les talents à la retraite et au silence ; si vous croyez les accusateurs au lieu de juger les accusations ; si vous préférez la médiocrité qu'épargne l'envie, au mérite qu'elle se plaît à persécuter ; si vous jugez les hommes d'après des sentiments qu'il est si facile de feindre, et non d'après une conduite qu'il est difficile de soutenir ; si enfin, par une coupable indifférence, les citoyens n'exercent pas avec tranquillité, avec zèle, avec dignité, les fonctions importantes que la loi leur a réservées. Où seraient la liberté et l'égalité, si la loi qui règle les droits communs à tous n'était également respectée ? et quelle paix, quel bonheur pourrait espérer un peuple dont l'imprudence et l'incurie abandonneraient ses intérêts à des hommes incapables ou corrompus ! Quelques défauts au contraire que renferme une constitution, si elle offre des moyens de la réformer, à un peuple ami des lois, à des citoyens occupés des intérêts, dociles à la voix de la raison, bientôt ces défauts seront réparés, avant même qu'ils aient pu nuire : ainsi, la nature qui a voulu que chaque peuple fût l'arbitre de ses lois, l'a rendu également l'arbitre de sa prospérité et de son bonheur.

PROJET

DE

DÉCLARATION DES DROITS

NATURELS, CIVILS ET POLITIQUES

DES HOMMES.

———————

Le but de toute réunion d'hommes en société étant le maintien de leurs droits naturels, civils et politiques, ces droits sont la base du pacte social : leur reconnaissance et leur déclaration doivent précéder la constitution qui en assure la garantie.

ARTICLE PREMIER.

Les droits naturels, civils et politiques des hommes sont : la liberté, l'égalité, la sûreté, la propriété, la garantie sociale, et la résistance à l'oppression.

ART. II.

La liberté consiste à pouvoir faire tout ce qui n'est pas contraire aux droits d'autrui : ainsi, l'exercice des droits naturels de chaque homme n'a de bornes que celles qui assurent aux autres membres de la société la jouissance de ces mêmes droits.

Art. III.

La conservation de la liberté dépend de la soumission à la loi, qui est l'expression de la volonté générale. Tout ce qui n'est pas défendu par la loi ne peut être empêché, et nul ne peut être contraint à faire ce qu'elle n'ordonne pas.

Art. IV.

Tout homme est libre de manifester sa pensée et ses opinions.

Art. V.

La liberté de la presse, et de tout autre moyen de publier ses pensées, ne peut être interdite, suspendue ni limitée.

Art. VI.

Tout homme est libre dans l'exercice de son culte.

Art. VII.

L'égalité consiste en ce que chacun puisse jouir des mêmes droits.

Art. VIII.

La loi doit être égale pour tous, soit qu'elle récompense ou qu'elle punisse, soit qu'elle protége ou qu'elle réprime.

Art. IX.

Tous les citoyens sont admissibles à toutes les places, emplois et fonctions publiques. Les peuples libres ne connaissent d'autres motifs de préférence dans leurs choix, que les talents et les vertus.

Art. X.

La sûreté consiste dans la protection accordée par la société à chaque citoyen, pour la conservation de sa personne, de ses biens et de ses droits.

Art. XI.

Nul ne doit être appelé en justice, accusé, arrêté ni détenu, que dans les cas déterminés par la loi, et selon les formes qu'elle a prescrites. Tout autre acte exercé contre un citoyen est arbitraire et nul.

Art. XII.

Ceux qui solliciteraient, expédieraient, signeraient, exécuteraient ou feraient exécuter ces actes arbitraires, sont coupables, et doivent être punis.

Art. XIII.

Les citoyens contre qui l'on tenterait d'exécuter de pareils actes ont le droit de repousser la force par la force ; mais tout citoyen appelé ou saisi par l'autorité de la loi, et dans les formes prescrites par elle, doit obéir à l'instant : il se rend coupable par la résistance.

Art. XIV.

Tout homme étant présumé innocent jusqu'à ce qu'il ait été déclaré coupable, s'il est jugé indispensable de l'arrêter, toute rigueur qui ne serait pas nécessaire pour s'assurer de sa personne doit être sévèrement réprimée par la loi.

Art. XV.

Nul ne doit être puni qu'en vertu d'une loi établie, promulguée antérieurement au délit, et légalement appliquée.

Art. XVI.

La loi qui punirait des délits commis avant qu'elle existât, serait un acte arbitraire ; l'effet rétroactif donné à la loi est un crime.

Art. XVII.

La loi ne doit décerner que des peines strictement et évidemment nécessaires à la sûreté générale. Les peines doivent être proportionnées aux délits, et utiles à la société.

Art. XVIII.

Le droit de propriété consiste en ce que tout homme est le maître de disposer à son gré de ses biens, de ses capitaux, de ses revenus et de son industrie.

Art. XIX.

Nul genre de travail, de commerce, de culture, ne peut lui être interdit; il peut fabriquer, vendre et transporter toute espèce de production.

Art. XX.

Tout homme peut engager ses services, son temps; mais il ne peut se vendre lui-même : sa personne n'est pas une propriété aliénable.

Art. XXI.

Nul ne peut être privé de la moindre portion de sa propriété sans son consentement, si ce n'est lorsque la nécessité publique, légalement constatée, l'exige évidemment, et sous la condition d'une juste et préalable indemnité.

Art. XXII.

Nulle contribution ne peut être établie que pour l'utilité générale, et pour subvenir aux besoins publics. Tous les citoyens ont le droit de concourir personnellement, ou par leurs représentants, à l'établissement des contributions.

Art. XXIII.

L'instruction est le besoin de tous , et la société la doit également à tous ses membres.

Art. XXIV.

Les secours publics sont une dette sacrée de la société; et c'est à la loi à en déterminer l'étendue et l'application.

Art. XXV.

La garantie sociale des droits de l'homme repose sur la souveraineté nationale.

Art. XXVI.

La souveraineté est une, indivisible, imprescriptible et inaliénable.

Art. XXVII.

Elle réside essentiellement dans le peuple entier, et chaque citoyen a un droit égal de concourir à son exercice.

Art. XXVIII.

Nulle réunion partielle de citoyens et nul individu ne peuvent s'attribuer la souveraineté , exercer aucune autorité, et remplir aucune fonction publique sans une délégation formelle de la loi.

Art. XXIX.

La garantie sociale ne peut exister si les limites des fonctions publiques ne sont pas clairement déterminées par la loi, et si la responsabilité de tous les fonctionnaires publics n'est pas assurée.

Art. XXX.

Tous les citoyens sont tenus de concourir à cette garantie, et de donner force à la loi, lorsqu'ils sont appelés en son nom.

Art. XXXI.

Les hommes réunis en société doivent avoir un moyen légal de résister à l'oppression.

Art. XXXII.

Il y a oppression, lorsqu'une loi viole les droits naturels, civils et politiques qu'elle doit garantir.

Il y a oppression, lorsque la loi est violée par les fonctionnaires publics, dans son application à des faits individuels.

Il y a oppression, lorsque des actes arbitraires violent les droits des citoyens contre l'expression de la loi.

Dans tout gouvernement libre, le mode de résistance à ces différents actes d'oppression doit être réglé par la constitution.

Art. XXXIII.

Un peuple a toujours le droit de revoir, de réformer et de changer sa constitution. Une génération n'a pas le droit d'assujettir à ses lois les générations futures; et toute hérédité dans les fonctions est absurde et tyrannique.

PROJET

DE

CONSTITUTION FRANÇAISE (1).

La nation française se constitue en République une et indivisible; et, fondant son gouvernement sur les droits de l'homme, qu'elle a reconnus et déclarés, sur les principes de la liberté, de l'égalité et de la souveraineté du peuple, elle adopte la constitution suivante :

TITRE PREMIER.

DE LA DIVISION DU TERRITOIRE.

ARTICLE PREMIER.

La République française est une et indivisible.

ART. II.

La distribution de son territoire actuel en quatre-vingt-cinq départements est maintenue.

(1) Il est peut-être dans ce projet quelques articles qui, au premier aperçu, paraîtront réglementaires; mais ces articles tiennent si essentiellement au plan général, que la réflexion et la discussion pourront les faire regarder comme vraiment constitutionnels. Dans tous les cas, le comité n'a pas dû franchir les

Art. III.

Néanmoins, les limites des départements pourront être changées ou rectifiées sur la demande des administrés; mais, en ce cas, la surface d'un département ne pourra excéder quatre cents lieues carrées.

Art. IV.

Chaque département sera divisé en grandes communes; les communes en sections municipales et en assemblées primaires.

Art. V.

Cette distribution du territoire de chaque département en grandes communes, se fera de manière qu'il ne puisse y avoir plus de deux lieues et demie de l'habitation la plus éloignée, au centre du chef-lieu de la commune.

Art. VI.

L'arrondissement des sections municipales ne sera pas le même que celui des assemblées primaires.

Art. VII.

Il y aura, dans chaque commune, une administration subordonnée à l'administration du département, et dans chaque section une agence secondaire.

idées intermédiaires qui étaient indispensables pour la clarté et le développement de son travail; surtout lorsque, dissous par le décret de son institution au moment même de la présentation de son ouvrage, il ne pouvait plus présenter les articles réglementaires et d'organisation qui en sont les conséquences et le complément.

TITRE II.

DE L'ÉTAT DES CITOYENS, ET DES CONDITIONS NÉCESSAIRES POUR EN EXERCER LES DROITS.

ARTICLE PREMIER.

Tout homme âgé de vingt et un ans accomplis, qui se sera fait inscrire sur le tableau civique d'une assemblée primaire, et qui aura résidé depuis, pendant une année sans interruption, sur le territoire français, est citoyen de la République.

ART. II.

La qualité de citoyen français se perd par la naturalisation en pays étranger, et par la peine de la dégradation civique.

ART. III.

Tout citoyen qui aura rempli les conditions exigées par l'art. 1er, pourra exercer son droit de suffrage dans la portion du territoire de la République où il justifiera une résidence actuelle de trois mois sans interruption.

ART. IV.

Nul ne peut exercer son droit de suffrage pour le même objet dans plus d'une assemblée primaire.

ART. V.

Il y a deux causes d'incapacité pour l'exercice du droit de suffrage : la première, l'imbécillité et la démence, constatée par un jugement ; la seconde, la condamnation légale aux peines qui emportent la dégradation civique.

Art. VI.

Tout citoyen qui aura résidé pendant six années hors du territoire de la République, sans une mission donnée au nom de la nation, ne pourra reprendre l'exercice du droit de suffrage qu'après une résidence non interrompue de six mois.

Art. VII.

Tout citoyen qui, sans avoir eu de mission, se sera absenté pendant une année du lieu où il a son domicile habituel, sera tenu de nouveau à une résidence de trois mois, avant d'être admis à voter dans les assemblées primaires.

Art. VIII.

Le corps législatif déterminera la peine qu'auront encourue ceux qui se permettraient d'exercer le droit de suffrage dans tous les cas où la loi constitutionnelle le leur interdit.

Art. IX.

La qualité de citoyen français et la majorité de vingt-cinq ans accomplis, sont les seules conditions nécessaires pour l'éligibilité à toutes les places de la République.

Art. X.

En quelque lieu que réside un citoyen français, il peut être élu à toutes les places, et par tous les départements, quand bien même il serait privé du droit de suffrage par défaut de résidence.

TITRE III.

DES ASSEMBLÉES PRIMAIRES.

SECTION PREMIÈRE.

Organisation des assemblées primaires.

ARTICLE PREMIER.

Les assemblées primaires, où les Français doivent exercer leurs droits de citoyens, seront distribuées sur le territoire de chaque département, et leur arrondissement sera réglé de manière qu'aucune d'elles n'ait moins de quatre cent cinquante membres, ni plus de neuf cents.

ART. II.

Il sera fait, dans chaque assemblée primaire, un tableau particulier des citoyens qui la composent.

ART. III.

Ce tableau formé, on procédera, dans chaque assemblée primaire, à la nomination d'un bureau, composé d'autant de membres qu'il y aura de fois cinquante citoyens inscrits sur le tableau.

ART. IV.

Cette élection se fera par un seul scrutin, et à la simple pluralité des suffrages. Chaque votant ne portera que deux personnes sur son bulletin, quel que soit le nombre des membres qui doivent former le bureau.

Art. V.

Dans le cas néanmoins où, par le résultat de ce premier scrutin, l'élection des membres du bureau serait incomplète, il sera fait, pour la compléter, un nouveau tour de scrutin.

Art. VI.

Le doyen d'âge présidera l'assemblée pendant cette première élection.

Art. VII.

Les fonctions des membres du bureau seront, 1° de garder le registre ou tableau des citoyens; 2° d'inscrire sur ce registre, dans l'intervalle d'une convocation à l'autre, ceux qui se présenteront pour être admis comme citoyens; 3° de donner à ceux qui veulent changer de domicile un certificat qui atteste leur qualité de citoyen; 4° de convoquer l'assemblée primaire dans les cas déterminés par la constitution; 5° de faire, au nom de l'assemblée, soit à l'administration du département, soit aux bureaux des assemblées primaires de la même commune, les réquisitions nécessaires à l'exercice du droit de censure.

Art. VIII.

Les membres du bureau seront proclamés suivant l'ordre de la pluralité des suffrages que chacun d'eux aura obtenus. Le premier remplira les fonctions de président; les trois membres qui viendront immédiatement après lui rempliront celles de secrétaires, et le reste du bureau, celles de scrutateurs.

En cas d'absence de quelques-uns d'entre eux, ils seront, dans le même ordre, les suppléants les uns des autres.

Art. IX.

A chaque convocation nouvelle d'une assemblée primaire, il ne sera permis de s'occuper d'aucun objet avant que le bureau ait été renouvelé. Tout acte antérieur à ce renouvellement est déclaré nul; les citoyens qui composaient l'ancien bureau pourront néanmoins être réélus.

Art. X.

Le bureau ne sera point renouvelé lorsque les séances de l'assemblée seront simplement ajournées et continuées, et que l'objet pour lequel elle aura été convoquée ne sera pas terminé.

Art. XI.

Nul ne pourra être admis à voter dans une assemblée primaire sur le tableau de laquelle il ne sera pas inscrit, s'il n'a présenté au bureau, huit jours avant l'ouverture de l'assemblée, les titres qui constatent son droit. L'ancien bureau en rendra compte à l'assemblée, qui décidera si le citoyen présenté a rempli ou non les conditions exigées par la Constitution.

SECTION II.

Fonctions des assemblées primaires.

ARTICLE PREMIER.

Les citoyens français se réuniront en assemblées

primaires pour procéder aux élections déterminées par la Constitution.

ART. II.

Les citoyens français se réuniront aussi en assemblées primaires pour délibérer sur les objets qui concernent l'intérêt général de la République, comme, 1° lorsqu'il s'agit d'accepter ou de refuser un projet de constitution ou un changement quelconque à la constitution acceptée;

2° Lorsqu'on propose la convocation d'une convention nationale;

3° Lorsque le corps législatif provoque, sur une question qui intéresse la République entière, l'émission du vœu de tous les citoyens;

4° Enfin, lorsqu'il s'agit, soit de requérir le corps législatif de prendre un objet en considération, soit d'exercer, sur les actes de la représentation nationale, la censure du peuple, suivant le mode et d'après les règles fixées par la Constitution.

ART. III.

Les élections et les délibérations des assemblées primaires qui ne seront pas conformes, par leur nature, par leur objet ou par leur mode, aux règles prescrites par la loi constitutionnelle, seront nulles et de nul effet.

SECTION III.

Règles générales pour les élections dans les assemblées primaires.

ARTICLE PREMIER.

Les élections se feront au moyen de deux scrutins : le premier, simplement préparatoire, ne servira qu'à former une liste de présentation ; le second, ouvert seulement entre les candidats inscrits sur la liste de présentation, sera définitif et consommera l'élection.

ART. II.

Pour le scrutin de présentation, aussitôt que l'assemblée aura été formée, les membres reconnus, le bureau établi, et l'objet de la convocation annoncé, chaque votant recevra, au bureau, un bulletin imprimé, sur lequel on aura inscrit son nom en marge.

ART. III.

Le scrutin sera ouvert à l'instant même, et ne sera fermé que dans la séance du lendemain, à quatre heures du soir. Chaque citoyen écrira ou fera écrire sur son bulletin, un nombre de noms égal à celui des places à élire, et viendra, pendant cet intervalle, le déposer au bureau.

ART. IV.

Dans la séance du second jour, à quatre heures, le bureau procédera à la vérification et au recensement du scrutin, en lisant, à haute voix, le nom de chaque votant et les noms de ceux qu'il aura inscrits sur son bulletin.

Art. V.

Toutes ces opérations se feront publiquement.

Art. VI.

Le résultat du scrutin de chaque assemblée primaire, arrêté et proclamé par le bureau, sera envoyé au chef-lieu du département, où le recensement des résultats du scrutin de chaque assemblée primaire se fera publiquement par les administrateurs.

Art. VII.

La liste de présentation sera formée de ceux qui auront obtenu le plus de voix, en nombre triple des places à remplir.

Art. VIII.

S'il y a égalité de suffrages, le plus âgé sera préféré dans tous les cas; et, s'il n'y a qu'une place à remplir sur la liste, le plus âgé y sera seul inscrit.

Art. IX.

Le recensement général des résultats des scrutins faits par les assemblées primaires, commencera le huitième jour après celui qui aura été indiqué pour l'ouverture de l'élection; et les scrutins des assemblées primaires, qui ne seraient remis à l'administration du département que postérieurement à cette époque, ne seront point admis.

Art. X.

La liste de présentation des candidats ne sera pas définitivement arrêtée immédiatement après le dépouillement des résultats du scrutin des assemblées primaires. L'administration du département sera tenue de la faire imprimer et publier sans délai :

elle ne sera considérée que comme un simple projet, et elle contiendra : 1º la liste des candidats qui auront obtenu le plus de suffrages, en nombre triple des places à remplir; 2º un nombre égal de suppléants, pris parmi ceux qui auront recueilli le plus de voix, après les candidats inscrits les premiers, et en suivant toujours l'ordre de la pluralité.

Art. XI.

Dans les quinze jours qui suivront la publication de cette première liste, l'administration du département recevra la déclaration de ceux qui, y étant inscrits, soit au nombre des candidats, soit au nombre des suppléants, déclareraient qu'ils ne veulent ou ne peuvent pas accepter; le quinzième jour, la liste sera définitivement arrêtée, en remplaçant ceux des candidats qui auront refusé, d'abord par ceux qui seront inscrits au nombre des suppléants, et successivement par ceux qui, après eux, auront obtenu le plus de suffrages, en suivant toujours entre eux l'ordre de la pluralité.

Art. XII.

La liste de présentation ainsi définitivement arrêtée, et réduite au nombre triple des sujets à élire, sera envoyée, sans délai, par l'administration du département, aux assemblées primaires; l'administration indiquera le jour où les assemblées primaires devront procéder au dernier scrutin d'élection; mais, sous aucun prétexte, ce terme ne pourra être plus éloigné que le second dimanche après la clôture de la liste de présentation.

XII.28

Art. XIII.

L'assemblée étant réunie pour le second et dernier scrutin, chaque votant recevra, au bureau, un bulletin à deux colonnes, divisées chacune en autant de cases qu'il y aura de sujets à nommer. L'une de ces colonnes sera intitulée : *première colonne d'élection;* l'autre, *colonne supplémentaire.*

Art. XIV.

Chaque votant inscrira ou fera inscrire sur la première colonne autant d'individus qu'il y aura de places à élire, et ensuite, sur la colonne supplémentaire, un nombre de noms égal à celui inscrit sur la première colonne. Ce bulletin ne sera point signé.

Art. XV.

Les suffrages ne pourront porter que sur les individus inscrits dans la liste de présentation.

Art. XVI.

Dans chaque assemblée primaire, on fera séparément le recensement des suffrages portés sur la première colonne d'élection et sur la colonne supplémentaire.

Art. XVII.

Ces résultats seront envoyés au chef-lieu du département, et n'y seront reçus que jusqu'au huitième jour après celui qui aura été indiqué pour l'ouverture du second scrutin.

Art. XVIII.

L'administration du département procédera publiquement au recensement général des résultats du scrutin, envoyés par les assemblées primaires. On recensera, d'abord, particulièrement et séparément, le nombre des suffrages donnés à chaque candidat sur les premières colonnes d'élection, et ensuite sur les colonnes supplémentaires.

Art. XIX.

Si le nombre des suffrages portés sur la première colonne ne donne la majorité absolue à personne, on réunira la somme de suffrages que chaque candidat aura obtenus dans les deux colonnes ; et la nomination de tous les sujets à élire, ainsi que de leurs suppléants, sera déterminée par l'ordre de la pluralité.

Art. XX.

Si un ou plusieurs candidats réunissent la majorité absolue, par le recensement des suffrages portés sur la première colonne, leur élection sera consommée, et l'on n'aura recours à l'addition des suffrages portés sur les deux colonnes, que pour les candidats qui n'auront pas obtenu la majorité absolue dans la première, et pour les places vacantes, après le premier recensement.

Art. XXI.

Les suppléants seront, d'abord, ceux qui, sur la première colonne, ayant obtenu une majorité absolue, auront le plus grand nombre de suffrages après les sujets élus ; ensuite ceux qui, après les sujets élus, auront eu le plus de suffrages par la réunion des deux colonnes, quand bien même ils n'auraient obtenu que la pluralité relative.

Art. XXII.

Le même mode sera suivi pour les nominations à une seule place, mais en ce cas, 1° lors du scrutin de présentation, chaque votant n'écrira qu'un nom sur son bulletin. 2° La liste de présentation formée d'après ce scrutin contiendra le nom de treize candidats et d'autant de suppléants, jusqu'à ce qu'elle ait été réduite à treize et définitivement arrêtée, conformément aux articles X et XI. 3° Lors du scrutin d'élection, chaque votant écrira ou fera écrire le nom de l'individu qu'il préfère sur la première colonne, et sur la colonne supplémentaire le nom de six autres individus. 4° Si, lors du recensement général des suffrages portés sur la première colonne, l'un des candidats a réuni la majorité absolue, il sera élu. Si personne n'a obtenu la majorité absolue, on réunira les suffrages portés en faveur de chaque candidat sur les deux colonnes : celui qui en aura obtenu le plus sera élu, et les six candidats qui auront eu le plus de suffrages après lui seront ses suppléants, dans l'ordre de la pluralité.

Art. XXIII.

Lors du recensement du dernier scrutin, les bulletins où l'on aurait donné un ou plusieurs suffrages à des citoyens qui ne seraient pas inscrits sur la liste de présentation, ainsi que ceux qui ne contiendraient pas sur chaque colonne le nombre de suffrages exigés, seront annulés.

Art. XXIV.

Le même citoyen pourra être porté à la fois sur plusieurs listes de présentation pour des places différentes.

Art. XXV.

Il y a néanmoins incompatibilité entre toutes

les fonctions publiques. Nul citoyen ne pourra accepter une fonction nouvelle sans renoncer, par le seul fait de son acceptation, à celle qu'il exerçait auparavant.

SECTION IV.

De la police intérieure des assemblées primaires.

ARTICLE PREMIER.

La police intérieure des assemblées primaires appartient essentiellement et exclusivement à l'assemblée elle-même.

ART. II.

La peine la plus forte qu'une assemblée primaire puisse prononcer contre un de ses membres, après le rappel à l'ordre et la censure, sera l'exclusion de la séance.

ART. III.

En cas de voies de fait, d'excès graves, ou de délits commis dans l'intérieur de la salle des séances, le président pourra, après y avoir été autorisé par l'assemblée, décerner des mandats d'amener contre les prévenus, et les faire traduire devant l'officier chargé de la police de sûreté.

ART. IV.

Les citoyens ne pourront se rendre en armes dans les assemblées primaires.

SECTION V.

Formes des délibérations dans les assemblées primaires.

Article premier.

L'assemblée étant formée, le président fera connaître l'objet de la délibération, réduit à une question simple à laquelle on puisse répondre par oui ou par non; à la fin de la séance, il ajournera l'assemblée à huitaine pour porter sa décision.

Art. II.

Pendant l'ajournement, le local où l'assemblée primaire se réunit sera ouvert tous les jours aux citoyens pour discuter l'objet soumis à leur délibération.

Art. III.

La salle sera aussi ouverte tous les dimanches de l'année aux citoyens qui voudront s'y réunir; et le bureau commettra l'un de ses membres, qui donnera aux citoyens lecture des différents actes des autorités constituées, adressés aux assemblées primaires, et qui sera chargé de maintenir l'ordre et le calme dans ces réunions particulières et ces conférences paisibles de citoyens.

Art. IV.

Lorsque l'assemblée sera réunie au jour indiqué pour émettre son vœu, le président rappellera de nouveau l'objet de la délibération, et exposera la question sur laquelle on doit répondre par oui ou par non; le bureau fera afficher dans l'intérieur de la salle un placard contenant l'exposé sommaire de la question soumise à l'assemblée, et sur deux colonnes les mots *oui* et *non*, avec l'explication précise de la volonté que chacun de ces mots exprime.

Art. V.

Chaque votant écrira ou fera écrire sur son bulletin *oui* ou *non*, et le signera ou le fera signer en son nom, par l'un des membres du bureau, avant de le déposer dans l'urne.

Art. VI.

Le scrutin ne sera fermé que dans la séance du soir du second jour, à quatre heures; pendant cet intervalle, chaque citoyen sera libre de se présenter à l'heure des séances qui lui conviendra le mieux, pour émettre son vœu.

Art. VII.

Le dépouillement du scrutin sera fait à haute voix; les membres du bureau qui rempliront les fonctions de scrutateurs proclameront le nom de chaque votant en même temps que son vœu.

Art. VIII.

Lorsque toutes les assemblées primaires d'un seul département délibéreront sur le même objet, le résultat du vœu de chaque assemblée par oui ou par non, sera envoyé à l'administration du département, où le résultat général sera constaté dans les délais et suivant les formes prescrites pour les élections.

Art. IX.

Dans le cas où toutes les assemblées primaires de la République auraient été convoquées pour délibérer sur le même objet, le résultat général des vœux des citoyens de chaque département sera adressé par chaque administration, dans le délai de quinzaine, au corps législatif, qui constatera et publiera ensuite, dans le même délai, le résultat général du vœu des citoyens.

Art. X.

Les actes dans lesquels les formes ci-dessus prescrites n'auraient pas été observées sont nuls.

Art. XI.

Les assemblées primaires seront juges de la validité ou de l'invalidité des suffrages qui seront donnés dans leur sein.

Art. XII.

Les administrations de département prononceront sur les nullités résultantes de l'inobservation des formes ci-dessus prescrites pour les divers actes des assemblées primaires, lorsqu'elles auront procédé à des élections purement locales et particulières à leur département, à la charge d'adresser leurs arrêtés au conseil exécutif, qui sera tenu de les confirmer ou de les révoquer, et sauf le recours dans tous les cas au corps législatif.

Art. XIII.

Lorsque les assemblées primaires délibéreront sur des objets d'intérêt général, ou qu'elles procéderont à l'élection des membres du corps législatif ou des fonctionnaires publics qui appartiennent à la République entière, les administrations de département pourront seulement adresser au corps législatif leurs observations sur les nullités des divers actes

des assemblées primaires, et le corps législatif prononcera définitivement sur leur validité.

TITRE IV.

DES CORPS ADMINISTRATIFS.

SECTION PREMIÈRE.

De l'organisation et des fonctions des corps administratifs.

ARTICLE PREMIER.

Il y aura dans chaque département un conseil
administratif; dans chaque commune, une administration de commune ou municipalité, et dans chaque
section de commune, une agence subordonnée à la
municipalité.

ART. II.

Le conseil administratif du département sera composé de dix-huit membres.

ART. III.

Quatre d'entre eux formeront le directoire.

ART. IV.

L'administration de chaque commune sera composée de douze membres et du maire, qui en sera
le président.

ART. V.

L'agence secondaire de chaque section sera confiée à un seul citoyen , qui pourra avoir des adjoints.

Art. VI.

La réunion des agents secondaires de chaque section avec l'administration municipale , formera le conseil général de la commune.

Art. VII.

Les administrations de commune seront subordonnées à celle du département.

Art. VIII.

L'organisation des municipalités et de leur agence dans les sections , les fonctions particulières qui leur seront attribuées, et le mode de leur élection par les citoyens réunis en assemblées de sections , seront déterminés par une loi particulière, indépendante de la Constitution.

Art. IX.

Les citoyens de chaque commune, assemblés dans leur section , ne pourront délibérer que sur les objets qui intéressent particulièrement leur section ou leur commune ; ils ne peuvent, en aucun cas, administrer par eux-mêmes.

Art. X.

Les administrateurs des départements sont essentiellement chargés de la répartition des contributions directes, de la surveillance des deniers provenant de tous les revenus publics dans l'étendue de leur territoire, de l'examen des comptes de l'administration des communes, et de délibérer sur les demandes qui peuvent être faites pour l'intérêt de leur département.

Art. XI.

Les administrateurs, dans toutes les parties de la République, doivent être considérés comme les délégués du gouvernement national pour tout ce qui se rapporte à l'exécution des lois et à l'administration générale ; et comme les agents particuliers de la portion de citoyens résidant dans leur territoire, pour tout ce qui n'est relatif qu'à leurs intérêts locaux et particuliers.

Art. XII.

Sous le premier de ces rapports, ils sont essentiellement subordonnés aux ordres du conseil exécutif.

Art. XIII.

Le corps législatif déterminera, par des lois particulières, les règles et le mode de leurs fonctions sur toutes les parties de l'administration qui leur est confiée.

Art. XIV.

Ils ne pourront s'immiscer, en aucun cas, dans la partie de l'administration générale confiée par le gouvernement à des agents particuliers, comme l'administration des forces de terre et de mer, la régie des établissements, arsenaux, magasins, ports et constructions qui en dépendent, sauf la surveillance qui pourra leur être attribuée sur quelques-uns de ces objets, mais dont l'étendue et le mode seront déterminés par la loi.

Art. XV.

Le conseil exécutif choisira dans chaque administration de département, parmi les membres qui ne sont pas du directoire, un commissaire national qui sera chargé de correspondre avec le conseil exécutif, de surveiller et de requérir l'exécution des lois : les fonctions de ce commissaire national cesseront lorsqu'il cessera d'être membre de l'administration.

Art. XVI.

Les séances des corps administratifs seront publiques.

Art. XVII.

Les administrateurs du département ont le droit d'annuler les actes des sous-administrateurs, si ces actes sont contraires aux lois.

Art. XVIII.

Ils peuvent également, dans le cas d'une désobéissance persévérante des sous-administrateurs, ou lorsque ceux-ci compromettront la sûreté et la tranquillité publique, les suspendre de leurs fonctions, à la charge d'en instruire sans délai le conseil exécutif, qui sera tenu de lever ou de confirmer la suspension.

Art. XIX.

Les administrateurs ne peuvent, en aucun cas, suspendre l'exécution des lois, les modifier ou y suppléer par des dispositions nouvelles, ni rien entreprendre sur l'action de la justice et le mode de son administration.

Art. XX.

Il y aura dans chaque département un trésorier, correspondant avec la trésorerie nationale, et ayant sous lui un caissier et un payeur. Le trésorier sera nommé par le conseil administratif du département;

le caissier et le payeur, présentés par lui, seront agréés par le même conseil.

ART. XXI.

Les membres des administrations ne peuvent être mis en jugement pour des faits relatifs à leurs fonctions, qu'en vertu d'une délibération du directoire du département pour les administrateurs qui lui sont subordonnés, et du conseil exécutif pour les membres des administrations de département, sauf le recours, dans tous les cas, à l'autorité supérieure du corps législatif.

SECTION II.

Du mode d'élection des administrateurs de département.

ARTICLE PREMIER.

L'élection des administrateurs de département sera faite immédiatement par les citoyens de chaque département réunis dans les assemblées primaires, et suivant le mode prescrit dans la section troisième du titre troisième.

ART. II.

En cas de vacance par mort, démission, ou refus d'accepter dans l'intervalle qui s'écoulera entre les élections, le citoyen nommé sera remplacé par l'un des suppléants, en suivant entre eux l'ordre de la pluralité des suffrages.

ART. III.

La moitié des membres des corps administratifs

sera renouvelée tous les deux ans, trois mois après l'époque fixée pour l'élection du corps législatif.

Art. IV.

Les deux administrateurs qui auront eu le plus de suffrages à chaque élection, seront membres du directoire.

TITRE V.

DU CONSEIL EXÉCUTIF DE LA RÉPUBLIQUE.

SECTION PREMIÈRE.

De l'organisation du conseil exécutif de la République.

ARTICLE PREMIER.

Le conseil exécutif de la République sera composé de sept ministres et d'un secrétaire.

Art. II.

Il y aura, 1° un ministre de la législation ;

2° Un ministre de la guerre ;

3° Un ministre des affaires étrangères ;

4° Un ministre de la marine ;

5° Un ministre des contributions publiques ;

6° Un ministre d'agriculture, de commerce et de manufactures ;

7° Un ministre des secours, travaux, établissements publics, des sciences et des arts.

Art. III.

Le conseil exécutif sera présidé alternativement par chacun des ministres, et le président sera changé tous les quinze jours.

Art. IV.

Le conseil exécutif est chargé d'exécuter et de faire exécuter toutes les lois et décrets rendus par le corps législatif.

Art. V.

Il est chargé de l'envoi des lois et décrets aux administrations et aux tribunaux, d'en faire certifier la réception, et d'en justifier au corps législatif.

Art. VI.

Il lui est expressément interdit de modifier, d'étendre ou d'interpréter les dispositions des lois et des décrets, sous quelque prétexte que ce soit.

Art. VII.

Tous les agents de l'administration et du gouvernement, dans toutes ses parties, sont essentiellement subordonnés au conseil exécutif; mais l'administration de la justice est seulement soumise à sa surveillance.

Art. VIII.

Il est expressément chargé d'annuler les actes des administrateurs qui seraient contraires à la loi, ou qui pourraient compromettre la tranquillité publique ou la sûreté de l'État.

Art. IX.

Il peut suspendre de leurs fonctions les membres des corps administratifs, mais à la charge d'en rendre compte, sans délai, au corps législatif.

Art. X.

En cas de prévarication de leur part, il doit les dénoncer au corps législatif, qui décidera s'ils seront mis en jugement.

Art. XI.

Le conseil exécutif a le droit de destituer, de rappeler, de remplacer ou de faire remplacer les agents civils et militaires qui sont nommés par lui, ou par les administrateurs qui lui sont subordonnés ; et en cas de délit de leur part, d'ordonner qu'ils seront poursuivis devant les tribunaux qui doivent en connaître.

Art. XII.

Le conseil est chargé de dénoncer aux censeurs judiciaires les actes et jugements par lesquels les juges auraient excédé les bornes de leurs pouvoirs.

Art. XIII.

La direction et l'inspection des armées de terre et de mer, et généralement tout ce qui concerne la défense extérieure de l'État, sont délégués au conseil exécutif.

Il est chargé de tenir au complet le nombre d'hommes qui sera déterminé chaque année par le corps législatif ; de régler leur marche, et de les distribuer sur le territoire de la République ; de pourvoir à leur armement, à leur équipement et à leur subsistance ; de faire et passer, pour cet objet, tous les marchés qui seront nécessaires ; de choisir les agents qui doivent le seconder, et de faire observer les lois sur le mode de l'avancement militaire, et les lois ou règlements pour la discipline des armées.

Art. XIV.

Le conseil exécutif fera délivrer les brevets ou commissions aux fonctionnaires publics qui doivent en recevoir.

Art. XV.

Le conseil exécutif est chargé de dresser la liste des récompenses nationales que les citoyens ont droit de réclamer d'après la loi. Cette liste sera présentée au corps législatif, qui y statuera à l'ouverture de chaque session.

Art. XVI.

Toutes les affaires seront traitées au conseil, et il sera tenu un registre des décisions.

Art. XVII.

Chaque ministre agira ensuite, dans son département, en conformité des arrêtés du conseil, et prendra tous les moyens d'exécution de détail qu'il jugera les plus convenables.

Art. XVIII.

L'établissement de la trésorerie nationale est indépendant du conseil exécutif.

Art. XIX.

Les ordres généraux de payement seront arrêtés au conseil, et donnés en son nom.

Art. XX.

Les ordres particuliers seront expédiés ensuite par chaque ministre dans son département, sous sa seule signature, et en relatant, dans l'ordre, l'arrêté du conseil, et la loi qui aura autorisé chaque nature de dépense.

XII.   29

Art. XXI.

Aucun ministre en place, ou hors de place, ne peut être poursuivi en matière criminelle, pour fait de son administration, sans un décret du corps législatif qui ordonne la mise en jugement.

Art. XXII.

Le corps législatif aura le droit de prononcer la mise en jugement d'un ou de plusieurs membres du conseil exécutif dans une séance indiquée pour cet objet unique.

Art. XXIII.

Il sera fait un rapport sur les faits, et la discussion ne pourra s'ouvrir sur la mise en jugement qu'après que le membre inculpé aura été entendu.

Art. XXIV.

En prononçant la mise en jugement, le corps législatif déterminera s'il y a lieu de poursuivre la simple destitution ou la forfaiture.

Art. XXV.

Dans le cas où le corps législatif croira devoir faire poursuivre la simple destitution, il sera rédigé, dans le délai de trois jours, un acte énonciatif des faits qui ne pourront être qualifiés.

Art. XXVI.

Un seul jury national sera convoqué dans la huitaine ; il prononcera ensuite sur les faits non qualifiés : Il y a, ou il n'y a pas lieu à destitution ; et le tribunal, d'après la déclaration du jury, prononcera la destitution du membre du conseil, ou le renvoi dans ses fonctions.

Art. XXVII.

Si le corps législatif ordonne la poursuite de la forfaiture, le rapport sur lequel le décret aura été rendu, et les pièces qui lui auront servi de base, seront remis à l'accusateur national, dans le délai de vingt-quatre heures, et le jury national d'accusation sera convoqué dans le même délai.

Art. XXVIII.

Dans tous les cas, soit de simple destitution, soit de forfaiture, le décret de mise en jugement contre un membre du conseil exécutif emportera de droit la suspension de ses fonctions jusqu'à la prononciation du jugement; et pendant l'instruction, il sera remplacé par l'un des suppléants, choisi par la voie du sort dans le conseil.

Art. XXIX.

Le corps législatif, en prononçant la mise en jugement d'un membre du conseil exécutif, pourra ordonner, s'il le juge convenable, qu'il sera gardé à vue.

Art. XXX.

Les décrets du corps législatif sur la mise en jugement d'un membre du conseil exécutif, seront faits par scrutin signé, et le résultat nominal des suffrages sera imprimé et publié.

Art. XXXI.

La destitution d'un membre du conseil aura lieu pour les cas d'incapacité ou de négligence grave.

Art. XXXII.

En cas de mort, de démission ou refus d'accepter, les membres du conseil exécutif seront remplacés par leurs suppléants dans l'ordre de leur inscription.

Art. XXXIII.

En cas de maladie, et d'après l'autorisation du conseil, ils pourront appeler momentanément à leurs fonctions l'un de leurs suppléants à leur choix.

SECTION II.

Du mode d'élection du conseil exécutif.

Article premier.

L'élection des membres du conseil exécutif sera faite immédiatement par les citoyens de la République dans leurs assemblées primaires.

Art. II.

Chaque membre du conseil sera nommé par un scrutin séparé.

Art. III.

Pour le scrutin de présentation, chaque votant désignera, dans son bulletin, le citoyen qu'il croira le plus capable.

Art. IV.

Le résultat des scrutins de chaque assemblée primaire sera envoyé à l'administration du département, où le recensement se fera dans les formes et dans les délais prescrits par la section III du titre III.

Art. V.

Ce recensement fait, l'administration du département publiera le nom des treize candidats qui auront obtenu le plus de suffrages, pourvu qu'ils en aient recueilli au moins cent.

ART. VI.

Il sera fait une liste subsidiaire des huit candidats qui auront obtenu, après les treize premiers, le plus de suffrages : ces deux listes énonceront le nombre de voix que chacun aura recueillies.

ART. VII.

Les listes des départements qui ne contiendront pas le nombre de treize candidats ayant réuni plus de cent suffrages, demeureront incomplètes, et seront néanmoins valables.

ART. VIII.

Ces listes seront adressées au corps législatif dans le délai de huitaine : il les fera imprimer, et les enverra à tous les départements.

ART. IX.

Un mois après la publication des listes de chaque département, le corps législatif formera une liste générale et définitive de présentation, de la manière suivante.

ART. X.

Il supprimera, sur la liste de chaque département, les candidats qui auraient déclaré ne pouvoir ou ne vouloir pas accepter, et il les remplacera par des candidats pris dans la liste subsidiaire de leur département, suivant l'ordre de leur inscription.

ART. XI.

Il composera ensuite la liste définitive de présentation des candidats qui auront été portés par le plus grand nombre de départements, et à égalité de départements, par le plus grand nombre de suffrages individuels.

Art. XII.

La liste définitive de présentation, pour chaque place du conseil, sera composée de treize candidats.

Art. XIII.

Les assemblées primaires seront convoquées par le corps législatif, pour procéder au scrutin d'élection, trois semaines après la publication de cette liste.

Art. XIV.

Chaque votant portera sur son bulletin à deux colonnes, savoir : sur la première, le candidat qu'il préfère, et sur la seconde, les six candidats qu'il jugera les plus dignes après lui.

Art. XV.

Le recensement des résultats du scrutin des assemblées primaires de chaque département, sera fait par l'administration du département, imprimé, publié et envoyé, dans le délai de huitaine, au corps législatif.

Art. XVI.

Dans la quinzaine après l'expiration de ce délai, le corps législatif proclamera le résultat général des scrutins des départements.

Art. XVII.

Le candidat qui obtiendra la majorité absolue, par le recensement général des suffrages individuels portés sur la première colonne, sera élu. Si aucun des candidats n'obtient cette majorité, elle se formera par la réunion et l'addition des suffrages portés sur les deux colonnes : celui qui en aura obtenu le plus grand nombre sera élu.

Art. XVIII.

Il sera fait, des six candidats qui auront eu le plus de suffrages après le citoyen élu, une liste de suppléants destinés à le remplacer.

Art. XIX.

Les dispositions générales sur les élections, exprimées dans la section III du titre III, seront applicables à tous les cas particuliers qui ne sont pas prévus dans les articles précédents.

Art. XX.

Les membres du conseil seront élus pour deux ans : la moitié sera renouvelée tous les ans ; mais ils pourront être réélus.

Art. XXI.

Les assemblées primaires se réuniront, tous les ans, le premier dimanche du mois de janvier, pour l'élection des membres du conseil, et toutes les élections se feront à la fois et dans les mêmes séances, pour toutes les places du conseil, quoique par un scrutin séparé pour chacune.

Art. XXII.

Après la première élection, les quatre membres du conseil qui devront être renouvelés les premiers, sortiront par la voie du sort ; et les trois membres qui ne seront pas sortis seront renouvelés, ainsi que le secrétaire, à l'élection suivante.

SECTION III.

Des relations du conseil exécutif avec le corps législatif.

ARTICLE PREMIER.

Le conseil exécutif est tenu, à l'ouverture de la session du corps législatif, de lui présenter, chaque année, l'aperçu des dépenses à faire dans chaque partie de l'administration, et le compte de l'emploi des sommes qui y étaient destinées pour l'année précédente ; il est chargé d'indiquer les abus qui auraient pu s'introduire dans le gouvernement.

ART. II.

Le conseil exécutif peut proposer au corps législatif de prendre en considération les objets qui lui paraîtront exiger célérité : il ne pourra néanmoins, en aucun cas, ouvrir son avis sur des dispositions législatives, que d'après l'invitation formelle du corps législatif.

ART. III.

Si dans l'intervalle des sessions du corps législatif, l'intérêt de la République exigeait sa prompte réunion, le conseil exécutif sera tenu de le convoquer.

ART. IV.

Les actes de correspondance entre le corps législatif et le conseil exécutif seront signés du président du conseil et du secrétaire.

ART. V.

Les membres du conseil exécutif seront admis dans le sein du corps législatif, lorsqu'ils auront des

mémoires à lire ou des éclaircissements à donner :
ils y auront une place marquée.

ART. VI.

Le corps législatif pourra aussi appeler un membre
du conseil, pour rendre compte de ce qui concerne
son administration, et donner les éclaircissements et
les instructions qui lui seront demandés.

TITRE VI.

DE LA TRÉSORERIE NATIONALE, ET DU BUREAU DE COMPTABILITÉ.

ARTICLE PREMIER.

Il y aura trois commissaires de la trésorerie nationale, élus comme les membres du conseil exécutif
de la République, et en même temps, mais par un
scrutin séparé.

ART. II.

La durée de leurs fonctions sera de trois années,
et l'un d'eux sera renouvelé tous les ans.

ART. III.

Les deux candidats qui auront obtenu le plus de
suffrages, après celui qui aura été élu, seront ses
suppléants.

ART. IV.

Les commissaires de la trésorerie sont chargés de
surveiller la recette de tous les deniers nationaux,
d'ordonner le payement de toutes les dépenses pu-

bliques, de tenir un compte ouvert de dépense et de recette, avec tous les receveurs et payeurs qui doivent compter avec la trésorerie nationale, et d'entretenir avec les trésoriers des départements et les administrations, la correspondance nécessaire pour assurer la rentrée exacte et régulière des fonds.

Art. V.

Ils ne peuvent rien payer, sous peine de forfaiture, 1° qu'en vertu d'un décret du corps législatif, et jusqu'à concurrence des fonds décrétés par lui sur chaque objet; 2° d'après une décision du conseil exécutif; 3° sur la signature du ministre de chaque département.

Art. VI.

Ils ne peuvent aussi, sous peine de forfaiture, ordonner aucun payement, si l'ordre de dépense, signé par le ministre du département que ce genre de dépense concerne, n'énonce pas la date de la décision du conseil exécutif, et des décrets du corps législatif qui ont ordonné le payement.

Art. VII.

Il sera nommé trois commissaires de la comptabilité nationale, de la même manière, à la même époque, et suivant le mode prescrit pour les commissaires de la trésorerie nationale.

Art. VIII.

Ils seront également nommés pour trois ans; l'un d'eux sera renouvelé chaque année, et ils auront aussi deux suppléants.

Art. IX.

Les commissaires de la comptabilité se feront remettre, aux époques fixées par la loi, les comptes des divers comptables, appuyés des pièces justificatives, et poursuivront l'apurement et le jugement de ces comptes.

Art. X.

Le corps législatif formera chaque année, pour cet objet, une liste de deux cents jurés.

Art. XI.

Pour l'apurement et le jugement de chaque compte, il sera formé, sur cette liste, un jury de vingt et une personnes, parmi lesquelles le comptable aura droit d'en récuser sept, et le conseil exécutif sept autres.

Art. XII.

Si les récusations ne réduisent pas le nombre du jury à sept, les jurés non récusés se réduiront à ce nombre par la voie du sort.

Art. XIII.

L'un des commissaires de la comptabilité présentera les pièces à chaque jury : il lui fera toutes les observations qu'il jugera convenables, et donnera tous les ordres nécessaires pour le mettre en état de porter sa décision.

TITRE VII.

DU CORPS LÉGISLATIF.

SECTION PREMIÈRE.

De l'organisation du corps législatif, et du mode d'élection des membres qui le composent.

ARTICLE PREMIER.

Le corps législatif est un; il sera composé d'une seule chambre, et renouvelé tous les ans.

ART. II.

Les membres du corps législatif seront nommés par les citoyens de chaque département, réunis en assemblées primaires, dans les formes et suivant le mode prescrit par la section III du titre III.

ART. III.

Les assemblées primaires se réuniront, pour cet objet, le premier dimanche du mois de mai de chaque année.

ART. IV.

Le nombre de députés que chaque département enverra au corps législatif sera fixé par la seule base de la population, et à raison d'un député par cinquante mille âmes. Le nombre des suppléants sera égal à celui des députés.

ART. V.

Les nombres rompus donneront un député de plus

à chaque département, lorsqu'ils excéderont vingt mille âmes, et l'on n'y aura aucun égard lorsqu'ils n'excéderont pas ce nombre.

Art. VI.

Tous les dix ans, le corps législatif annoncera le nombre de députés que chaque département doit fournir, d'après les états de population qui lui seront envoyés chaque année; mais dans cet intervalle, il ne pourra être fait aucun changement à la représentation nationale.

Art. VII.

Les députés de chaque département se réuniront, le premier lundi du mois de juillet, au lieu qui aura été indiqué par un décret de la législature précédente, ou dans le lieu même de ses dernières séances, si elle n'en a pas désigné un autre.

Art. VIII.

Si pendant la première quinzaine ils ne se sont pas réunis au nombre de plus de deux cents, ils ne pourront s'occuper d'aucun acte législatif, mais ils enjoindront aux membres absents de se rendre à leurs fonctions sans délai.

Art. IX.

Pendant cet intervalle, les séances se tiendront sous la présidence du doyen d'âge, et, dans le cas d'une nécessité urgente, l'assemblée pourra prendre des mesures de sûreté générale, mais dont l'exécution ne sera que provisoire, et cessera après un délai de quinzaine, si ces mesures ne sont pas confirmées par une nouvelle délibération du corps législatif, après sa constitution définitive.

Art. X.

Les membres qui ne se seront pas rendus dans le délai d'un mois, seront remplacés par leurs suppléants.

Art. XI.

La première quinzaine expirée, en quelque nombre que les députés se trouvent réunis, ou aussitôt qu'ils seront au nombre de plus de deux cents, et après avoir vérifié leurs pouvoirs, ils se constitueront en assemblée nationale législative ; lorsque l'assemblée aura été organisée par l'élection du président et des secrétaires, elle commencera l'exercice de ses fonctions.

Art. XII.

Les fonctions du président et des secrétaires seront temporaires, et ne pourront excéder la durée d'un mois.

Art. XIII.

Les membres du corps législatif ne pourront être recherchés, accusés, ni jugés en aucun temps, pour ce qu'ils auront dit ou écrit dans l'exercice de leurs fonctions.

Art. XIV.

Ils pourront, pour fait criminel, être saisis en flagrant délit ; mais il en sera donné avis, sans délai, au corps législatif, et la poursuite ne pourra être continuée qu'après que le corps législatif aura décidé qu'il y a lieu à la mise en jugement.

Art. XV.

Hors le cas de flagrant délit, les membres du corps législatif ne pourront être amenés devant les officiers de police, ni mis en état d'arrestation, avant que le corps législatif ait prononcé sur la mise en jugement.

SECTION II.

Des fonctions du corps législatif.

ARTICLE PREMIER.

Au corps législatif seul appartient l'exercice plein et entier de la puissance législative.

ART. II.

Les lois constitutionnelles sont seules exceptées de la disposition de l'article précédent.

ART. III.

Les actes émanés du corps législatif se divisent en deux classes : les lois et les décrets.

ART. IV.

Les caractères qui distinguent les lois, sont leur généralité et leur durée indéfinie ; les caractères qui distinguent les décrets, sont leur application locale ou particulière, et la nécessité de leur renouvellement à une époque déterminée.

ART. V.

Sont compris sous la dénomination de loi tous les actes concernant la législation civile, criminelle et de police ;

Les règlements généraux sur les domaines et établissements nationaux ;

Sur les diverses branches d'administration générale et des revenus publics ;

Sur les fonctionnaires publics ;

Sur le titre, le poids, l'empreinte et la dénomination des monnaies ;

Sur la nature et la répartition des impôts, et sur les peines nécessaires à établir pour leur recouvrement.

Art. VI.

Sont désignés sous le nom particulier de décrets, les actes du corps législatif, concernant :

L'établissement annuel de la force de terre et de mer ;

La permission ou la défense du passage des troupes étrangères sur le territoire français, et l'introduction des forces navales étrangères dans les ports de la République ;

La fixation annuelle de la dépense publique ;

La quotité de l'impôt direct, et le tarif de l'impôt indirect ;

Les précautions urgentes de sûreté et de tranquillité ;

La distribution annuelle et momentanée des secours et travaux publics ;

Toute dépense imprévue et extraordinaire ;

Les ordres pour la fabrication des monnaies de toute espèce ;

Les mesures locales et particulières à un département, à une commune, ou à un genre de travaux, tels que la confection d'une grande route, l'ouverture d'un canal, etc., etc. ;

Les déclarations de guerre, la ratification des traités, et tout ce qui a rapport aux étrangers ;

L'exercice de la responsabilité des membres du conseil, des fonctionnaires publics, et la poursuite ou la mise en jugement des prévenus de complots ou d'attentats contre la sûreté générale de la République;

La discipline intérieure de l'assemblée législative;

La disposition de la force armée qui sera établie dans la ville où elle tiendra ses séances.

ART. VII.

Les mesures extraordinaires de sûreté générale et de tranquillité publique ne pourront avoir plus de six mois de durée, et leur exécution cessera de plein droit à cette époque, si elles ne sont renouvelées par un nouveau décret.

SECTION III.

Tenue des séances, et formation de la loi.

ARTICLE PREMIER.

Les délibérations du corps législatif seront publiques, et les procès-verbaux de ses séances seront imprimés.

ART. II.

Les lois et les décrets seront rendus à la majorité absolue des voix.

ART. III.

La discussion ne pourra s'ouvrir que sur un projet écrit.

ART. IV.

Il n'y aura d'exception à cet article que pour les

XII.

arrêtés relatifs à la police de l'assemblée, à l'ordre et à la marche des délibérations, et aux résolutions qui n'auront aucun rapport à la législation et à l'administration générale de la République.

ART. V.

Aucune loi et aucun décret ne pourront être rendus qu'après deux délibérations. La première déterminera seulement l'admission du projet, et son renvoi à un nouvel examen ; la seconde aura lieu pour l'adopter ou le rejeter définitivement.

ART. VI.

Le projet de loi ou de décret sera remis au président par le membre qui voudra le présenter : il en sera fait lecture ; si l'assemblée n'adopte pas la question préalable sur la simple lecture, il sera imprimé, distribué, et ne pourra être mis en délibération que huit jours après la distribution, à moins que l'assemblée n'abrége ce délai.

ART. VII.

Le projet, après la discussion sur le fond, sur les amendements, et sur les articles additionnels, pourra être rejeté, ajourné ou admis.

ART. VIII.

Dans le cas où le projet serait admis, il sera renvoyé à l'examen du bureau, qui sera organisé ainsi qu'il sera établi ci-après.

ART. IX.

Le bureau sera tenu de faire son rapport dans le délai de quinzaine, et il aura la faculté d'abréger ce délai autant qu'il le jugera convenable.

Art. X.

Il pourra présenter, soit le même projet, soit un nouveau projet sur le même objet ; mais s'il présente un nouveau projet, ou des articles additionnels à celui qui aura été admis, ce ne sera que huit jours après la distribution et l'impression de ces propositions nouvelles, qu'il pourra y être délibéré.

Art. XI.

L'assemblée pourra néanmoins accorder la priorité au premier projet qui lui aura été présenté, sur celui du bureau, si elle le juge convenable.

Art. XII.

Toute proposition nouvelle, soit article additionnel ou projet de décret, ne pourra être adoptée et décrétée qu'après avoir été admise et renvoyée au bureau, et après qu'elle aura subi l'épreuve d'un nouveau rapport, conformément à ce qui est prescrit par les articles précédents.

Art. XIII.

Le corps législatif pourra, lorsqu'il le croira utile à la chose publique, abréger les délais fixés par les articles IX et X ; mais cette délibération ne pourra être prise qu'au scrutin et à la majorité des voix.

Art. XIV.

Si l'urgence est adoptée, le corps législatif fixera le jour de la délibération, ou ordonnera qu'elle sera prise séance tenante.

Art. XV.

L'intitulé de la loi ou du décret attestera que ces formalités ont été remplies par la formule suivante :

LOI

Proposée le................, admise et renvoyée au bureau
le..............., rapportée et délibérée le............,
conformément à ce qui est prescrit par la constitution, ou en
vertu de la délibération d'urgence du............

Art. XVI.

Toute loi ou décret qui serait rendu sans que ces
formalités aient été remplies, n'aura pas force de
loi, et ne pourra recevoir aucune exécution.

SECTION IV.

Formation du bureau.

Article premier.

Il sera formé tous les mois, dans le sein du corps
législatif, un bureau composé de treize membres,
qui sera chargé de faire un rapport sur tous les projets de lois ou de décrets qui auront été admis et
qui lui seront renvoyés.

Art. II.

Les membres du bureau seront nommés par un
double scrutin de présentation et d'élection.

Art. III.

La liste de présentation sera de vingt-six noms.

Art. IV.

Le scrutin d'élection se fera par un bulletin à une
seule colonne ; chaque membre de l'assemblée portera sur son bulletin les treize candidats qu'il préfé-

rera, et la nomination sera déterminée par la pluralité des suffrages.

Art. V.

Les membres qui auront été nommés au bureau
ne pourront plus être réélus pendant la durée de la
même législature.

Art. VI.

Chaque bureau restera chargé de faire les rapports
des projets admis qui lui auront été renvoyés dans
le courant du mois pour lequel il aura été formé.

TITRE VIII.

**DE LA CENSURE DU PEUPLE SUR LES ACTES DE LA REPRÉSEN-
TATION NATIONALE, ET DU DROIT DE PÉTITION.**

ARTICLE PREMIER.

Lorsqu'un citoyen croira utile ou nécessaire
d'exciter la surveillance des représentants du peuple
sur des actes de constitution, de législation ou d'administration générale, de provoquer la réforme
d'une loi existante ou la promulgation d'une loi
nouvelle, il aura le droit de requérir le bureau de
son assemblée primaire, de la convoquer au jour
de dimanche le plus prochain pour délibérer sur sa
proposition.

Art. II.

L'acte de réquisition présentera cette proposition
réduite à ses termes les plus simples.

Art. III.

Cette réquisition, pour avoir son effet, devra être revêtue de l'approbation et de la signature de cinquante citoyens résidant dans l'arrondissement de la même assemblée primaire.

Art. IV.

Le bureau à qui la réquisition sera adressée, vérifiera, sur le tableau des membres de l'assemblée primaire, si les signataires de la réquisition ou de l'approbation ont droit de suffrage ; en ce cas, il sera tenu de convoquer l'assemblée pour le dimanche suivant.

Art. V.

Ce jour, l'assemblée étant formée, le président donnera lecture de la proposition : la discussion s'ouvrira à l'instant, et pourra être continuée pendant le cours de la semaine ; mais la décision sera ajournée au dimanche suivant.

Art. VI.

Au jour indiqué, le scrutin sera ouvert par oui ou par non, sur la question : Y a-t-il, ou n'y a-t-il pas lieu à délibérer ?

Art. VII.

Si la majorité des votants est d'avis qu'il y ait lieu à délibérer, le bureau sera tenu de requérir la convocation des assemblées primaires, dont les chefs-lieux sont situés dans l'arrondissement de la même commune, pour délibérer sur l'objet énoncé dans la réquisition.

Art. VIII.

Le bureau sera tenu de joindre à sa réquisition un

procès-verbal sommaire de la délibération de son
assemblée, et une copie collationnée de la demande
du citoyen qui a provoqué la délibération.

Art. IX.

Sur cette réquisition, les membres des bureaux
des assemblées primaires à qui elle sera adressée,
convoqueront leurs assemblées dans les délais prescrits, et en adresseront les résultats au bureau qui a
fait la réquisition.

Art. X.

Si la majorité des citoyens qui ont voté dans les
assemblées primaires de la commune, a déclaré qu'il
y lieu à délibérer sur la proposition, le bureau
adressera à l'administration du département le procès-verbal de ses opérations, et le résultat général
des scrutins des assemblées primaires de la commune qui lui auront été adressés : il requerra en
même temps l'administration de convoquer les assemblées primaires du département, pour délibérer
sur la même proposition.

Art. XI.

La convocation générale ne pourra être refusée :
elle aura lieu dans le délai de quinzaine; les assemblées primaires délibéreront dans les mêmes formes,
et adresseront à l'administration du département le
résultat de leurs délibérations.

Art. XII.

Le dépouillement général se fera publiquement,
et le résultat sera publié et affiché dans le chef-lieu
des assemblées primaires du département.

Art. XIII.

Si la majorité des citoyens décide qu'il y a lieu à délibérer, l'administration du département adressera au corps législatif le résultat de leurs délibérations, avec l'énonciation de la proposition qu'ils ont adoptée, et le requerra de prendre cet objet en considération.

Art. XIV.

Cette réquisition sera sans délai imprimée, distribuée à tous les membres, affichée dans l'intérieur de la salle, et renvoyée à des commissaires pour en faire leur rapport dans huitaine.

Art. XV.

Après le rapport des commissaires, la discussion s'ouvrira sur la question proposée. Elle sera continuée et ajournée à huitaine ; il sera statué, au plus tard dans la quinzaine suivante, sur la question de savoir s'il y a, ou s'il n'y a pas lieu à délibérer sur cette proposition.

Art. XVI.

On votera sur cette question par un scrutin signé, et le résultat nominal des suffrages sera imprimé et envoyé à tous les départements.

Art. XVII.

Si la majorité des voix se décide pour l'affirmative, le corps législatif renverra la proposition adoptée à des commissaires, pour lui présenter un projet de décret dans un délai qui ne pourra pas excéder celui de quinzaine.

Art. XVIII.

Ce projet de décret sera ensuite mis à la discussion, rejeté ou admis ; et, dans ce dernier cas, renvoyé au bureau suivant les règles générales prescrites pour la formation de la loi.

Art. XIX.

Si la majorité des voix rejette la proposition, en déclarant qu'il n'y a pas lieu à délibérer, le résultat nominal du scrutin sera également envoyé à tous les départements. Dans tous les cas, soit que le corps législatif admette la proposition ou la rejette, la délibération sur la question préalable pourra être motivée, et sera envoyée à tous les départements.

Art. XX.

Si la révocation du décret qui a prononcé sur la question préalable, ou de la loi qui aura été faite sur le fond de la proposition, est demandée par les assemblées primaires d'un autre département, le corps législatif sera tenu de convoquer sur-le-champ toutes les assemblées primaires de la République, pour avoir leur vœu sur cette proposition.

Art. XXI.

La question sera réduite et posée dans le décret de convocation, de la manière suivante :

Y a-t-il lieu à délibérer, oui ou non, sur la révocation du décret du corps législatif, en date du........ qui a admis ou rejeté la proposition suivante ?

Art. XXII.

S'il est décidé à la majorité des voix dans les assemblées primaires, qu'il y a lieu à délibérer sur la révocation du décret, le corps législatif sera renouvelé, et les membres qui auront voté pour le décret ne pourront être réélus, ni nommés membres du corps législatif pendant l'intervalle d'une législature.

Art. XXIII.

La disposition de l'article précédent, concernant les membres qui auront voté pour le décret, n'aura pas lieu si la censure n'est exercée, et la révocation demandée, qu'après l'intervalle d'une année, à compter du jour de la prononciation du décret ou de la loi.

Art. XXIV.

Si dans l'intervalle qui peut s'écouler entre le décret et l'émission du vœu général des assemblées primaires, il y a eu une nouvelle élection du corps législatif, et si plusieurs des membres qui auront voté pour le decret ont été réélus, ils seront tenus, immédiatement après que le vœu général sur la révocation du décret aura été constaté, de céder leurs places à leurs suppléants.

Art. XXV.

Si le renouvellement du corps législatif a lieu en vertu de l'article XXII, l'époque de la réélection annuelle sera seulement anticipée. Le nouveau corps législatif finira le temps de la législature qu'il aura remplacée, et ne sera renouvelé lui-même qu'à l'époque des élections annuelles déterminées par la loi.

Art. XXVI.

Après le renouvellement du corps législatif, la nouvelle législature, dans la quinzaine qui suivra l'époque de sa constitution en assemblée délibérante, sera tenue de remettre à la discussion la question de la révocation du décret, dans la forme prescrite par les articles XV et XVI et suivants; et la décision

qu'elle rendra sur cet objet sera également soumise
à l'exercice du droit de censure.

Art. XXVII.

Seront soumises à l'exercice du droit de censure
toutes les lois, et généralement tous les actes de la
législation qui seraient contraires à la constitution.

Art. XXVIII.

Seront formellement exceptés les décrets et les
actes de simple administration, les délibérations sur
des intérêts locaux et partiels, l'exercice de la surveillance et de la police sur les fonctionnaires publics, et les mesures de sûreté générale, lorsqu'elles
n'auront pas été renouvelées.

Art. XXIX.

L'exécution provisoire de la loi sera toujours de
rigueur.

Art. XXX.

Le corps législatif pourra, toutes les fois qu'il le
jugera convenable, consulter de vœu des citoyens
réunis dans les assemblées primaires sur des questions qui intéresseront essentiellement la République
entière. Ces questions seront posées de manière que
la réponse puisse se faire par la simple alternative,
oui ou non.

Art. XXXI.

Indépendamment de l'exercice du droit de censure sur les lois, les citoyens ont le droit d'adresser
des pétitions aux autorités constituées, pour leur
intérêt personnel et privé.

Art. XXXII.

Ils seront seulement assujettis, dans l'exercice de

ce droit, à l'ordre progressif établi par la constitution entre les diverses autorités constituées.

Art. XXXIII.

Les citoyens ont aussi le droit de provoquer la mise en jugement des fonctionnaires publics, en cas d'abus de pouvoirs et de violation de la loi.

TITRE IX.

DES CONVENTIONS NATIONALES.

Article premier.

Une convention nationale sera convoquée toutes les fois qu'il s'agira de réformer l'acte constitutionnel, de changer ou modifier quelqu'une de ses parties, ou d'y ajouter quelque disposition nouvelle.

Art. II.

Le corps législatif sera chargé de cette convocation, lorsqu'elle aura été jugée nécessaire par la majorité des citoyens de la République : il désignera la ville où la convention tiendra ses séances, mais ce sera toujours à la distance de plus de cinquante lieues de la ville où le corps législatif siégera.

Art. III.

La convention et le corps législatif auront le droit de changer le lieu de leurs séances ; mais la distance de plus de cinquante lieues sera toujours observée.

Art. IV.

Dans la vingtième année après l'acceptation de l'acte constitutionnel, le corps législatif sera tenu d'indiquer une convention pour revoir et perfectionner la constitution.

Art. V.

Chaque citoyen a le droit de provoquer l'appel d'une convention pour la réforme de la constitution; mais ce droit est soumis aux formes et aux règles établies pour l'exercice du droit de censure.

Art. VI.

Si la majorité des votants, dans les assemblées primaires d'un département, réclame la convocation d'une convention nationale, le corps législatif sera tenu de consulter sur-le-champ tous les citoyens de la République réunis dans les assemblées primaires; et si la majorité des votants adopte l'affirmative, la convention aura lieu sans délai.

Art. VII.

Le corps législatif pourra aussi, lorsqu'il le jugera nécessaire, proposer la convocation d'une convention nationale; mais elle ne pourra avoir lieu que lorsque la majorité du peuple français aura approuvé cette convocation; les membres de la législature ne pourront, en ce cas, être élus membres de la convention nationale.

Art. VIII.

La convention sera formée de deux membres par département, ayant deux suppléants; ils seront élus de la même manière que les membres des législatures.

Art. IX.

La convention ne pourra s'occuper que de présenter au peuple un projet de constitution, perfectionné et dégagé des défauts que l'expérience aurait fait connaître.

Art. X.

Toutes les autorités établies continueront leur action, jusqu'à ce que la nouvelle constitution ait été acceptée par le peuple, suivant le mode réglé par la constitution existante, et jusqu'à ce que les nouvelles autorités aient été formées et mises en activité.

Art. XI.

Si le projet de réforme de la constitution est rejeté, dans le courant des deux premiers mois qui suivront l'époque où le vœu du peuple aura été constaté, la convention sera tenue de présenter aux suffrages des citoyens les questions sur lesquelles elle croira devoir connaître leur vœu.

Art. XII.

Le nouveau plan formé d'après l'expression de ce vœu, sera présenté à l'acceptation du peuple dans les mêmes formes.

Art. XIII.

S'il est rejeté, la convention nationale sera dissoute de plein droit; et le corps législatif sera tenu de consulter sur-le-champ les assemblées primaires, pour savoir s'il y a lieu à la convocation d'une convention nouvelle.

Art. XIV.

Les membres de la convention ne pourront être

recherchés, accusés, ni jugés en aucun temps, pour ce qu'ils auront dit ou écrit dans l'exercice de leurs fonctions; et ils ne pourront être mis en jugement, dans tout autre cas, que par une décision de la convention elle-même.

Art. XV.

La convention, aussitôt après sa réunion, pourra régler l'ordre et la marche de ses travaux, comme elle le jugera convenable; mais ses séances seront toujours publiques.

Art. XVI.

En aucun cas, la convention ne pourra prolonger ses séances au delà du terme d'une année.

TITRE X.

DE L'ADMINISTRATION DE LA JUSTICE.

SECTION PREMIÈRE.

Règles générales.

ARTICLE PREMIER.

Il y aura un code de lois civiles et criminelles uniformes pour toute la République.

Art. II.

La justice sera rendue publiquement par des jurés et par des juges.

Art. III.

Ces juges seront élus à temps et salariés par la République.

Art. IV.

Ils ne pourront être renouvelés qu'aux époques déterminées par l'acte constitutionnel.

Art. V.

Les fonctions judiciaires ne peuvent, en aucun cas, et sous aucun prétexte, être exercées ni par le corps législatif, ni par le conseil exécutif, ni par les corps administratifs et municipaux.

Art. VI.

Les tribunaux et les juges ne peuvent s'immiscer dans l'exercice du pouvoir législatif; ils ne peuvent interpréter les lois ni les étendre, en arrêter ou suspendre l'exécution ; ils ne peuvent entreprendre sur les fonctions administratives, ni citer devant eux les administrateurs, pour raison de leurs fonctions.

Art. VII.

Les juges ne pourront être destitués que pour forfaiture légalement jugée, ni suspendus que par une accusation admise.

SECTION II.

De la justice civile.

ARTICLE PREMIER.

Le droit des citoyens de terminer définitivement leurs contestations par la voie de l'arbitrage volontaire, ne peut recevoir aucune atteinte par les actes du pouvoir législatif.

ART. II.

Il y aura dans chaque commune au moins un juge de paix.

ART. III.

Les juges de paix sont chargés spécialement de concilier les parties, et dans le cas où ils ne pourráient y parvenir, de prononcer définitivement et sans frais sur leurs contestations. Ils seront renouvelés tous les ans, mais ils pourront être réélus.

ART. IV.

Le nombre et la compétence des juges de paix seront déterminés par le corps législatif.

Néanmoins, les juges de paix ne pourront jamais connaître de la propriété foncière et des matières criminelles, ni exercer aucune fonction de police ou d'administration.

ART. V.

La justice de paix ne pourra jamais être considérée comme une partie de la justice contentieuse.

ART. VI.

Dans toutes les contestations autres que celles qui sont du ressort de la justice de paix, les citoyens seront tenus de les soumettre d'abord à des arbitres choisis par eux.

ART. VII.

En cas de réclamation contre les décisions rendues par les arbitres, en vertu de l'article précédent, les citoyens se pourvoiront devant le jury civil.

Art. VIII.

Il y aura dans chaque département un seul jury civil : il sera composé d'un directeur, d'un rapporteur public, d'un commissaire national, et de jurés. Le nombre de ces officiers du jury pourra être augmenté par le corps législatif, suivant les besoins des départements.

Art. IX.

Le tableau des jurés civils de chaque département sera formé de la manière suivante :

1° Dans chaque assemblée primaire on élira tous les six mois un juré sur cent citoyens inscrits sur le tableau.

2° Cette élection sera faite par un seul scrutin et à la simple pluralité relative.

3° Chaque votant signera son bulletin ou le fera signer en son nom par l'un des membres du bureau, et il n'y portera qu'un seul individu, quel que soit le nombre des jurés que son assemblée primaire devra nommer.

Art. X.

Tous les citoyens résidant dans chaque département seront éligibles par chaque assemblée primaire.

Art. XI.

Chaque assemblée primaire enverra à l'administration du département la liste des citoyens qui auront recueilli le plus de voix, en nombre double des jurés qu'elle doit nommer; et l'administration, après avoir formé le tableau des jurés, sera tenue de le faire parvenir sans délai au directeur du jury.

Art. XII.

Tout citoyen qui aura été inscrit deux fois dans un tableau de jurés, ne pourra être tenu d'en exercer de nouveau les fonctions.

Art. XIII.

Le choix des jurés sera fait sur le tableau général du département par les parties.

En cas de refus, ce choix sera fait par le directeur du jury pour les parties qui refusent.

En cas d'absence, le choix sera fait par le commissaire national pour les parties absentes.

Art. XIV.

Le directeur, le rapporteur, le commissaire national et leurs suppléants seront nommés immédiatement par les assemblées primaires du département, dans les formes et suivant le mode prescrit pour les nominations individuelles. Ils seront nommés pour deux années; ils pourront être réélus.

Art. XV.

Les fonctions principales du directeur du jury seront de diriger la procédure; celles du rapporteur, de faire l'exposé des affaires devant le jury; et celles du commissaire national seront : 1° de requérir et de surveiller l'observation des formes et des lois dans les jugements à rendre, et de faire exécuter les jugements rendus; 2° de défendre les insensés, les interdits, les absents, les pupilles, les mineurs, les veuves et les indigents.

SECTION III.

De la justice criminelle.

ARTICLE PREMIER.

La peine de mort est abolie pour tous les délits privés.

ART. II.

Le droit de faire grâce ne serait que le droit de violer la loi ; il ne peut exister dans un gouvernement libre, où la loi doit être égale pour tous.

ART. III.

En matière criminelle, nul citoyen ne peut être jugé que par les jurés, et la peine sera appliquée par des tribunaux criminels.

ART. IV.

Un premier jury déclarera si l'accusation doit être admise ou rejetée. Le fait sera reconnu et déclaré par le second jury.

ART. V.

L'accusé aura la faculté de récuser, sans alléguer de motifs, le nombre de jurés qui sera déterminé par la loi.

ART. VI.

Les jurés qui déclareront le fait, ne pourront, en aucun cas, être au-dessous du nombre de douze.

ART. VII.

L'accusé choisira un conseil ; s'il n'en choisit pas, le tribunal lui en nommera un.

Art. VIII.

Tout homme acquitté par un jury ne peut plus être repris, ni accusé à raison du même fait.

Art. IX.

Il y aura pour chaque tribunal criminel un président, deux juges et un accusateur public. Ces quatre officiers seront élus à temps par le peuple; ils seront renouvelés tous les deux ans, mais ils pourront être réélus.

Art. X.

Les fonctions de l'accusateur public seront de dénoncer au directeur du jury, soit d'office, soit d'après les ordres qui lui seront donnés par le conseil exécutif ou par le corps législatif:

1° Les attentats contre la liberté individuelle des citoyens ;

2° Ceux commis contre le droit des gens;

3° La rébellion à l'exécution des jugements et de tous les actes exécutoires, émanés des autorités constituées;

4° Les troubles occasionnés et les voies de fait commises pour entraver la perception des contributions, la libre circulation des subsistances et autres objets de commerce;

5° De requérir, pendant le cours de l'instruction, pour la régularité des formes; et avant le jugement, pour l'application de la loi;

6° De poursuivre les délits sur les actes d'accusation admis par les premiers jurés;

7° De surveiller tous les officiers de police du département, qu'il sera tenu d'avertir en cas de négligence, et de dénoncer, dans les cas de fautes plus graves, au tribunal criminel.

SECTION IV.

Des censeurs judiciaires.

ARTICLE PREMIER.

Il y aura des censeurs judiciaires qui iront, à des époques fixes, prononcer dans chaque chef-lieu de département de l'arrondissement qui sera désigné à cet effet :

1° Sur les demandes en cassation contre les jugements rendus par les tribunaux criminels et les jurys civils;

2° Sur les demandes en renvoi d'un tribunal à un autre pour cause de suspicion légitime;

3° Sur les règlements de juges et sur les prises à partie contre les juges.

Ils casseront les jugements dans lesquels les formes auront été violées, ou qui contiendront une contravention expresse à la loi.

ART. II.

Les censeurs seront nommés pour deux années; ils seront élus par les assemblées primaires de chaque département, dans la forme établie pour les nominations individuelles.

ART. III.

Chaque division de censeurs ne pourra être composée de moins de quatre membres, et de plus de sept; ils ne pourront jamais exercer leurs fonctions dans le département qui les aura nommés.

Art. IV.

Ils ne connaîtront point du fond des affaires ; mais après avoir cassé le jugement, ils renverront le procès, soit au tribunal criminel, soit au jury civil qui doit en connaître.

Art. V.

Lorsqu'après deux cassations, le jugement du troisième tribunal criminel ou jury civil sera attaqué par les mêmes moyens que les deux premiers, la question ne pourra plus être agitée devant les censeurs, sans avoir été soumise au corps législatif, qui portera un décret déclaratoire de la loi, auquel les censeurs seront tenus de se conformer.

Art. VI.

Les commissaires nationaux et les accusateurs publics pourront, sans préjudice du droit des parties intéressées, dénoncer aux censeurs les actes par lesquels les juges auraient excédé les bornes de leur pouvoir.

Art. VII.

Les censeurs annuleront ces actes, s'il y a lieu ; et, dans le cas de forfaiture, le fait sera dénoncé au corps législatif par les censeurs qui auront prononcé.

Art. VIII.

Le corps législatif mettra le tribunal en jugement, s'il y a lieu, et renverra les prévenus devant le tribunal qui doit connaître de cette matière.

Art. IX.

Dans le cas où les parties ne se seraient pas pour-

vues contre les jugements dans lesquels les formes
ou les lois auraient été violées, les jugements auront,
à l'égard des parties, force de chose jugée ; mais ils
seront annulés pour l'intérêt public, sur la dénonciation des commissaires nationaux et des accusateurs
publics. Les juges qui les auront rendus pourront
être poursuivis pour cause de forfaiture.

Art. X.

Le délai, pour se pourvoir devant les censeurs
ne pourra, en aucun cas, être abrégé ni prorogé
pour aucune cause particulière, ni pour aucun individu.

Art. XI.

Dans le premier mois de la session du corps législatif, chaque division de censeurs sera tenue d'envoyer au corps législatif l'état des jugements rendus,
à côté de chacun desquels seront la notice abrégée
de l'affaire, et le texte de la loi qui aura déterminé
la décision.

Art. XII.

Dans le cours du mois suivant, le corps législatif
se fera rendre compte du travail des censeurs, des
abus qui pourraient s'être introduits dans l'exercice
de leurs fonctions, et des moyens de perfectionner
la législation et l'administration de la justice.

Art. XIII.

La justice sera rendue au nom de la nation. Les
expéditions exécutoires des jugements des tribunaux criminels et des jurys civils seront conçues
ainsi qu'il suit :

La République française.

A tous les citoyens............ le jury civil ou le tribunal
de............ a rendu le jugement suivant :

Copie du jugement et le nom des juges.

La République française mande et ordonne, etc., etc.

Art. XIV.

La même formule aura lieu pour les décisions
des censeurs, qui porteront le nom d'*actes de censure judiciaire.*

SECTION V.

Du jury national.

Article premier.

Il sera formé un jury national toutes les fois qu'il
s'agira de prononcer sur les crimes de haute trahison : ces crimes seront expressément déterminés
par le code pénal.

Art. II.

Le tableau du jury national sera composé de trois
jurés par chaque département, et d'un nombre égal
de suppléants.

Art. III.

Ils seront élus, ainsi que les suppléants, par les
assemblées primaires de chaque département, suivant les formes prescrites pour les élections.

Art. IV.

Le jury national se divisera en jury d'accusation
et en jury de jugement.

Art. V.

Il ne sera formé qu'un seul jury national, lorsqu'il s'agira de prononcer sur la simple destitution d'un membre du conseil exécutif de la République.

Art. VI.

Les juges du tribunal criminel du département dans l'étendue duquel le délit aura été commis, rempliront, auprès du jury national, les fonctions qu'ils exercent pour le jury ordinaire.

Art. VII.

Lorsqu'il s'agira d'un délit de haute trahison, commis hors du territoire de la République, ou de la forfaiture encourue par un fonctionnaire public hors du même territoire, le corps législatif choisira, par la voie du sort, entre les sept tribunaux criminels les plus voisins du lieu du délit, celui qui devra en connaître.

Art. VIII.

La même règle sera observée, lorsque des motifs impérieux d'intérêt public ne permettront pas que le jury national se rassemble dans le département où le délit aura été commis.

SECTION VI.

Des moyens de garantir la liberté civile.

Article premier.

Les citoyens ne peuvent être distraits des juges que la loi constitutionnelle leur assigne.

Art. II.

La police de sûreté sera organisée par une loi particulière, et ne pourra être confiée qu'à des officiers civils.

Art. III.

Toute personne saisie en vertu de la loi, doit être conduite devant l'officier de police : nul ne peut être mis en état d'arrestation ou détenu, 1° qu'en vertu d'un mandat des officiers de police; 2° d'une ordonnance de prise de corps d'un tribunal; 3° d'un décret d'arrestation du corps législatif; 4° d'un jugement de condamnation à prison ou détention correctionnelle.

Art. IV.

Toute personne conduite devant l'officier de police, sera interrogée sur-le-champ, ou au plus tard dans les vingt-quatre heures, sous peine de destitution et de prise à partie.

Art. V.

S'il résulte de l'examen de l'officier de police qu'il n'y a aucun sujet d'inculpation, la personne détenue sera remise aussitôt en liberté; et s'il y a lieu de l'envoyer à la maison d'arrêt, elle y sera conduite dans le plus bref délai, qui, en aucun cas, ne pourra excéder trois jours.

Art. VI.

Le directeur du jury d'accusation sera tenu de le convoquer dans le délai d'un mois au plus tard, sous peine de destitution.

Art. VII.

Les personnes arrêtées ne peuvent être retenues, si elles donnent caution suffisante, dans tous les cas où la loi n'a pas prononcé une peine afflictive ou corporelle.

Art. VIII.

Le corps législatif fixera les règles d'après lesquelles les cautionnements et les peines pécuniaires seront gradués d'une manière proportionnelle qui ne viole pas les principes de l'égalité, et qui ne dénature pas la peine.

Art. IX.

Les personnes détenues par l'autorité de la loi ne peuvent être conduites que dans les lieux légalement et publiquement désignés pour servir de maison d'arrêt, de maison de justice et de prison.

Art. X.

Nul gardien ou geôlier ne peut recevoir ni retenir aucun homme qu'en vertu d'un mandat, ordonnance de prise de corps, décret d'accusation ou jugement, et sans que la transcription en ait été faite sur son registre.

Art. XI.

Tout gardien ou geôlier représentera la personne du détenu à l'officier civil, ayant la police de la maison de détention, toutes les fois qu'il en sera requis par lui.

Art. XII.

Lorsque la personne détenue ne sera pas gardée au secret en vertu d'une ordonnance du juge, inscrite sur le registre, sa représentation ne pourra être refusée à ses parents et amis, porteurs de l'ordre de l'officier civil, qui sera toujours tenu de l'accorder.

Art. XIII.

Toute personne, autre que celles à qui la loi donne le droit d'arrestation, qui expédiera, signera, exécutera ou fera exécuter l'ordre d'arrêter un citoyen; toute personne qui, dans le cas d'arrestation autorisé par la loi, conduira, recevra ou retiendra un citoyen dans un lieu de détention non publiquement et non légalement désigné; et tout gardien ou geôlier qui contreviendra aux dispositions des articles précédents, seront coupables du crime de détention arbitraire, et punis comme tels.

Art. XIV.

La maison de chaque citoyen est un asile inviolable. Pendant la nuit, on ne peut y entrer que dans les seuls cas d'incendie, ou de réclamation de l'intérieur de la maison; et pendant le jour, outre ces deux cas, on pourra y entrer en vertu d'un ordre de l'officier de police.

Art. XV.

Les tribunaux et toute autre autorité constituée ne pourront, en aucune manière, gêner les citoyens dans l'exercice du droit de s'assembler et de se réunir paisiblement et sans armes, en se conformant aux lois de police.

Art. XVI.

La liberté de la presse est indéfinie. Nul homme ne peut être recherché ni poursuivi pour raison des écrits qu'il aura fait imprimer ou publier sur quelque matière que ce soit, sauf l'action en calomnie de la part des citoyens qui en sont l'objet, contre l'auteur ou l'imprimeur.

Art. XVII.

Nul ne pourra être jugé, soit par la voie civile, soit par la voie criminelle, pour fait d'écrits imprimés ou publiés, sans qu'il ait été reconnu et déclaré par un jury : 1° s'il y a délit dans l'écrit dénoncé ; 2° si la personne poursuivie en est coupable.

Art. XVIII.

Les auteurs conservent la propriété des ouvrages qu'ils ont fait imprimer ; mais la loi ne doit la garantir, après l'impression, que pendant leur vie seulement.

TITRE XI.

DE LA FORCE PUBLIQUE.

Article premier.

La force publique est composée de tous les citoyens en état de porter les armes.

Art. II.

Elle doit être organisée pour défendre la République contre les ennemis extérieurs, et assurer au dedans le maintien de l'ordre et l'exécution des lois.

Art. III.

Il pourra être formé des corps soldés, tant pour la défense de la République contre les ennemis extérieurs, que pour le service de l'intérieur de la République.

Art. IV.

Les citoyens ne pourront jamais agir comme corps armés pour le service de l'intérieur, que sur la réquisition et l'autorisation des officiers civils.

Art. V.

La force publique ne peut être requise par les officiers civils, que dans l'étendue de leur territoire. Elle ne peut agir du territoire d'une commune dans une autre, sans l'autorisation de l'administration du département, et d'un département dans un autre, sans les ordres du conseil exécutif.

Art. VI.

Néanmoins, comme l'exécution des jugements et la poursuite des accusés ou des condamnés n'a point de territoire circonscrit dans une république une et indivisible, le corps législatif déterminera, par une loi, les moyens d'assurer l'exécution des jugements, et la poursuite des accusés dans toute l'étendue de la République.

Art. VII.

Toutes les fois que des troubles dans l'intérieur détermineront le conseil exécutif à faire passer une partie de la force publique d'un département dans un autre, il sera tenu d'en instruire sur-le-champ le corps législatif.

Art. VIII.

Toutes les parties de la force publique employée contre les ennemis du dehors, agiront sous les ordres du conseil exécutif.

Art. IX.

La force publique est essentiellement obéissante. Nul corps armé ne peut délibérer.

Art. X.

Les commandants en chef des armées de terre et de mer, ne seront nommés qu'en cas de guerre, et par commission. Ils la recevront du conseil exécutif. Elle sera révocable à volonté. Sa durée sera toujours bornée à une campagne, et elle devra être renouvelée tous les ans.

Art. XI.

La loi de discipline militaire aura besoin d'être renouvelée chaque année.

Art. XII.

Les commandants de la garde nationale seront nommés tous les ans par les citoyens de chaque commune; et nul ne pourra commander la garde nationale de plusieurs communes.

TITRE XII.

DES CONTRIBUTIONS PUBLIQUES.

ARTICLE PREMIER.

Les contributions publiques ne doivent jamais excéder les besoins de l'État.

Art. II.

Le peuple seul a le droit, soit par lui-même, soit par ses représentants, de les consentir, d'en suivre l'emploi, et d'en déterminer la quotité, l'assiette, le recouvrement et la durée.

Art. III.

Les contributions publiques seront délibérées et fixées, chaque année, par le corps législatif, et ne pourront subsister au delà de ce terme, si elles n'ont pas été expressément renouvelées.

Art. IV.

Les contributions doivent être également réparties entre tous les citoyens, en raison de leurs facultés.

Art. V.

Néanmoins, la portion du produit de l'industrie et du travail, qui sera reconnue nécessaire à chaque citoyen pour sa subsistance, ne peut être assujettie à aucune contribution.

Art. VI.

Il ne pourra être établi aucune contribution qui, par sa nature ou par son mode, nuirait à la libre disposition des propriétés, aux progrès de l'industrie et du commerce, à la circulation des capitaux, ou entraînerait la violation des droits reconnus et déclarés par la Constitution.

Art. VII.

Les administrateurs des départements ou des communes ne pourront, ni établir aucune contribution publique, ni faire aucune répartition au delà des sommes fixées par le corps législatif, ni délibérer ou permettre, sans y être autorisés par lui, aucun emprunt local à la charge des citoyens du département ou de la commune.

Art. VIII.

Les comptes détaillés de la dépense des départements ministériels, signés et certifiés par les ministres, seront rendus publics, chaque année, au commencement de chaque législature.

Art. IX.

Il en sera de même des états de recette des diverses contributions et de tous les revenus publics.

Art. X.

Les états de ces dépenses et recettes seront distingués, suivant leur nature, et exprimeront les sommes touchées et dépensées, année par année, dans chaque département.

Art. XI.

Seront également rendus publics les comptes des dépenses particulières aux départements, et relatives aux tribunaux, aux administrateurs, et généralement à tous les établissements publics.

TITRE XIII ET DERNIER.

DES RAPPORTS DE LA RÉPUBLIQUE FRANÇAISE AVEC LES NATIONS ÉTRANGÈRES, ET DE SES RELATIONS EXTÉRIEURES.

ARTICLE PREMIER.

La République française ne prendra les armes

que pour le maintien de sa liberté, la conservation
de son territoire et la défense de ses alliés.

Art. II.

Elle renonce solennellement à réunir, à son territoire, des contrées étrangères, sinon d'après le vœu
librement émis de la majorité des habitants, et dans
le cas seulement où les contrées qui solliciteront
cette réunion ne seront pas incorporées et réunies
à une autre nation, en vertu d'un pacte social, exprimé dans une constitution antérieure et librement
consentie.

Art. III.

Dans les pays occupés par les armes de la République française, les généraux seront tenus de maintenir, par tous les moyens qui sont à leur disposition, la sûreté des personnes et des propriétés, et
d'assurer aux citoyens de ces pays la jouissance
entière de leurs droits naturels, civils et politiques.
Ils ne pourront, sous aucun prétexte et en aucun
cas, protéger de l'autorité dont ils sont revêtus le
maintien des usages contraires à la liberté, à l'égalité, et à la souveraineté des peuples.

Art. IV.

Dans ses relations avec les nations étrangères, la
République française respectera les institutions garanties par le consentement de la généralité des
peuples.

Art. V.

La déclaration de guerre sera faite par le corps législatif, et ne sera pas assujettie aux formes prescrites pour les autres délibérations; mais elle ne

pourra être décrétée qu'à une séance indiquée au
moins trois jours à l'avance, par un scrutin signé, et
après avoir entendu le conseil exécutif sur l'état de la
République.

Art. VI.

En cas d'hostilités imminentes ou commencées,
de menaces, ou de préparatifs de guerre contre la
République française, le conseil exécutif est tenu
d'employer, pour la défense de l'État, les moyens
qui sont remis à sa disposition, à la charge d'en
prévenir le corps législatif sans délai. Il pourra
même indiquer, en ce cas, les augmentations de
forces, et les nouvelles mesures que les circonstances
pourraient exiger.

Art. VII.

Tous les agents de la force publique sont autorisés, en cas d'attaque, à repousser une agression
hostile, à la charge d'en prévenir sans délai le conseil exécutif.

Art. VIII.

Aucune négociation ne pourra être entamée, aucune suspension d'hostilités ne pourra être accordée,
sinon en vertu d'un décret du corps législatif, qui
statuera sur ces objets après avoir entendu le conseil
exécutif.

Art. IX.

Les conventions et traités de paix, d'alliance et de
commerce, seront négociés, au nom de la République française, par des agents nationaux, nommés
par le conseil exécutif, et chargés de ses instructions; mais leur exécution sera suspendue et ne

pourra avoir lieu qu'après la ratification du corps législatif.

Art. X.

Les capitulations et suspensions d'armes momentanées, consenties par les généraux, sont seules exceptées des articles précédents.

LA NATION

FRANÇAISE

A TOUS LES PEUPLES.

FÉVRIER 1793.

LA NATION

FRANÇAISE

A TOUS LES PEUPLES.

La nation française, calomniée par les tyrans, doit exposer aux yeux des peuples ces maximes de la raison et de la justice universelle qui ont dirigé sa conduite ; elle doit leur montrer que jamais elle n'a voulu, que jamais elle n'a pu même avoir un intérêt séparé de l'intérêt commun de l'humanité, et sans doute alors elle ne sera pas obligée de se justifier auprès d'eux d'avoir ressaisi ses droits, ni d'avoir voulu les aider à reconquérir ceux qu'ils ont perdus.

Un long despotisme avait lassé la patience des Français, sans étouffer leur raison ni leur courage. Une assemblée, convoquée suivant les formes anciennes, se confiant sur le progrès des lumières, sur la force de l'esprit public, a conçu le projet hardi d'une réforme générale. Un instant a suffi pour briser le joug des prêtres, des nobles, des gens de loi et des financiers. Le trône restait encore ; on avait cru qu'il pouvait subsister avec la liberté. Mais bientôt le peuple a renversé ce trône, à l'abri duquel se forgeaient les poignards des conspirateurs, et les foudres des despotes ligués contre la France. L'Assemblée législative, respectant les bornes de ses fonctions, a invité les citoyens à former une Convention nationale investie de pouvoirs moins limités. Un consentement unanime du peuple a ratifié cette invitation.

Les nouveaux députés ont été librement choisis par tous les habitants de la France sans exception, sans qu'aucune restriction mît des bornes à leurs droits ou gênât l'exercice de leur suffrage; et jamais, depuis l'origine des sociétés, une autorité plus légitime n'a réglé les destinées d'un grand peuple.

Fidèle à la cause de l'égalité et de la liberté, la Convention nationale a détruit cette royauté qui outrageait l'une et menaçait l'autre; fidèle à la justice, elle a puni le roi, qui avait trahi l'indulgente confiance du peuple.

Ainsi, la nation française n'a fait qu'user des pouvoirs qu'elle tenait de la nature; ainsi, la Convention n'a pas excédé les siens, puisqu'une nation ne peut ni perdre, ni aliéner, ni abdiquer, même pour un temps, le droit de changer sa constitution et ses lois; puisqu'elle ne peut renoncer au droit de juger et de punir le magistrat infidèle qui aurait conspiré sa ruine; puisque jamais une impunité si scandaleuse n'a souillé le code même des peuples les plus avilis.

Or, ces vérités, qu'on ne peut nier sans déclarer que le genre humain peut devenir la propriété de quelques familles, ces vérités appartiennent à tous les peuples comme à nous ; elles sont le garant de leurs droits comme des nôtres.

Citoyens de toutes les nations, déchirez ce bandeau dont vos yeux ont été trop longtemps couverts. Vos monarques, vos gouvernements, vos assemblées représentatives, en s'élevant contre nos maximes, ont enfin avoué le projet d'établir ou d'éterniser la tyrannie.

La forme de votre constitution et de votre gouvernement vous paraît suffire pour assurer votre liberté. Mais si vos rois, vos magistrats héréditaires vous gouvernent avec quelque apparence de justice ; si ce que vous appelez votre prospérité est à vos yeux le fruit de leur zèle et de leurs lumières, êtes-vous sûrs que demain vous ne découvrirez pas, dans cette constitution, des vices destructeurs de votre liberté ? Êtes-vous sûrs que les dépositaires de vos pouvoirs n'y trouveront pas un jour des moyens de vous opprimer ? Êtes-vous sûrs que vos rois et vos magistrats seront toujours justes ; que demain un tyran imbécile ne remplacera pas un monarque que vous croyez sage et bienfaisant ?

Vous préférez à une liberté plus grande la paix dont vous jouissez, et cette paix vous console des abus qui sont la suite inévitable de vos gouvernements actuels. Mais êtes-vous sûrs que ces abus ne feront pas des progrès rapides ? Et ces gouvernements, qui osent ériger en principe que vous n'avez pas le droit de les réformer ; ces gouvernements, qui prodiguent votre or et votre sang contre un peuple dont le crime est de défendre les droits de tous les peuples ; ces gouver-

nements méritent-ils donc une si aveugle confiance?
Ils vous ménagent aujourd'hui; mais, délivrés de la
crainte d'une nation dont les maximes vous rappel-
leraient trop fortement toute l'étendue de vos droits,
vous les verriez bientôt, sûrs de l'impunité, suivre,
avec autant de perfidie que d'audace, leurs systèmes
oppresseurs.

Ils craignent les principes français! Hommes de
tous les pays, daignez donc comprendre enfin quels
sont ces principes : l'inaliénabilité de la souveraineté
du peuple, même pour un temps limité, l'impres-
criptibilité absolue des droits des hommes, l'égalité
naturelle dans toute son étendue, voilà ce qui nous
distingue de toutes les nations qui savent aussi
qu'elles ont des droits, qui comme nous parlent de
liberté et de constitutions garantes de leurs franchises. Mais craindre l'introduction de ces principes,
n'est-ce pas se déclarer les ennemis du genre humain? n'est-ce pas avouer le projet de l'avilir et de
l'opprimer sous le joug des distinctions, des coutumes antiques et des préjugés consacrés par la superstition?

N'est-ce pas dire aux hommes : Vous n'aurez de
liberté que celle qu'il sera de notre intérêt de vous
laisser? C'est à nous à en marquer les bornes; c'est
à nous de déterminer jusqu'à quel point nous permettrons à votre âme de s'élever, à vos esprits de
s'éclairer. Tout peuple qui osera passer ces limites
sera notre ennemi; car une puissance inconnue nous
a livré l'espèce humaine pour en disposer au gré de
nos caprices.

Les droits que la faiblesse ou l'erreur de vos pères ont abandonnés, sont à jamais perdus pour vous; les efforts que vous ferez pour les recouvrer seront punis comme des crimes; mais nos tentatives pour vous enlever ceux qui vous restent demeureront impunies, et cette impunité honteuse nous la transformerons en un caractère sacré; nous vous forcerons de l'adorer.

Vos gouvernements vous exagéreront nos malheurs; ils vous annonceront que vous allez les éprouver tous, si vous voulez être aussi libres que nous. Mais ils ne vous diront pas que ces maux ont été la suite de la résistance de notre ancienne cour, des corps qui opprimaient et dépouillaient le peuple, des gouvernements étrangers qui offraient leurs secours à nos ennemis; car vous verriez trop clairement alors que ces maux qu'ils vous présagent avec une hypocrite pitié, sont ceux par lesquels ils se prépareraient à vos punir, si vous vouliez reprendre vos droits.

Ils cherchent à vous effrayer, à vous irriter contre nous, par le récit des crimes qui ont accompagné notre révolution. Mais qui en a plus gémi, qui les a plus détestés que nous? Ces crimes particuliers, suites inévitables des discordes civiles, ne peuvent, comme ceux de la guerre, être imputés, de quelque côté qu'ils soient commis, qu'aux hommes dont les prétentions injustes ont rendu ces fléaux nécessaires. Si les amis de la liberté, dans un égarement passager; si ses hypocrites partisans, dans leurs projets ambitieux, se livrent à des excès, ces excès sont encore le crime des tyrans dont la résistance coupable a forcé d'ensanglanter la route de la liberté. Quelques-uns de ces délits sont restés impunis! Mais les armées étrangères menaçaient la première ville de la République; mais ces armées traînaient à leur suite une troupe de conspirateurs; mais ces conspirateurs avaient parmi nous des complices prêts à se montrer, si un moment de trouble leur eût présenté l'espérance du succès; mais la trahison du roi, que nous avons puni depuis, nous avait exposés presque sans défense à nos ennemis, et dans ces circonstances périlleuses le silence de la loi n'était-il pas un sacrifice douloureux, mais nécessaire?

Ce n'est pas seulement sur notre conduite intérieure qu'on nous a calomniés; vous auriez vu trop tôt que, pour l'intérêt même de votre indépendance, vous deviez respecter la nôtre, et qu'il n'y aurait plus ni liberté ni paix sur la terre, si chaque gouvernement se croyait en droit d'employer la force pour établir chez les nations étrangères, les principes qu'il croit utiles à ses propres intérêts. Ce piége trop grossier n'eût pu longtemps vous séduire; et pour exciter vos mains à déchirer le sein de la France, il a bien fallu vous dire que les Français étaient les ennemis de votre repos.

Cependant la nation française a respecté, chez les autres peuples, les droits qu'elle réclame pour elle-même.

Elle a renoncé aux conquêtes, parce qu'elle sait qu'un peuple qui veut rester libre doit craindre d'avoir des sujets; parce qu'elle n'ignore pas que forcer des étrangers à partager, même avec égalité, les droits de nos citoyens, ce serait encore attenter à leur indépendance. Mais le droit de se réunir à un autre peuple, en vertu du consentement mutuel de la majorité de chacun d'eux, est une conséquence nécessaire de celui qu'ils avaient également de faire et de changer leurs lois; et une ignorance affectée des premières notions du droit naturel a pu seule faire confondre ces réunions avec ces brigandages que l'orgueil honore du nom de conquêtes, pour en déguiser la honte et le crime.

Sans doute ces réunions augmentent aussi la puissance d'un peuple; mais qu'importe cette puissance, si, pour l'intérêt de sa propre liberté, son respect rigide pour la souveraineté des autres nations est la base de sa politique; et cette puissance n'est-elle pas un bien pour elles-mêmes, si ce peuple regarde comme un gage de sa propre félicité chaque pas que ses voisins pourront faire vers une liberté moins imparfaite, vers une égalité plus entière ?

Lisez ce décret du 19 novembre, ce prétexte de tant de calomnies :

« La Convention nationale déclare, au nom de la « nation française, qu'elle accordera fraternité et se-« cours à tous les peuples qui voudront recouvrer « leur liberté, et charge le pouvoir exécutif de don-« ner aux généraux les ordres nécessaires pour por-« ter secours à ces peuples, et défendre les citoyens « qui auraient été vexés ou qui pourraient l'être pour « la cause de la liberté.

« La Convention nationale décrète que le pouvoir

« exécutif donnera des ordres aux généraux de la
« République, pour faire imprimer et proclamer en
« toutes les langues, dans toutes les contrées qu'ils
« parcourront avec leurs armées, le décret rendu. »

Mais les rois de l'Europe s'étaient réunis pour détruire la République française; mais les insolentes
déclarations des serviles instruments de leur vengeance annonçaient le projet de nous arracher nos
droits, de nous livrer à nos anciens tyrans; mais,
dans leurs conquêtes passagères, ils avaient aboli
les lois établies par la volonté du peuple; ils les
avaient remplacées par celles même que cette volonté avait détruites. Mais ils s'étaient déclarés les
défenseurs de ce vil ramas de prêtres et de nobles,
qui étalaient aux yeux des nations étrangères le spectacle aussi révoltant qu'instructif du degré de dé-
pravation auquel l'orgueil héréditaire et l'hypocrisie
mercenaire peuvent porter l'espèce humaine; mais
ils les encourageaient à terminer par le brigandage
et par le meurtre ce que le mensonge et la trahison
avaient tenté vainement; mais ils avaient appelé
contre la France le secours de cette foule de princes
esclaves et despotes, dont l'avarice et la bassesse
trafiquent avec les rois du sang de leurs malheureux sujets.

Quand bien même on pourrait concevoir quelque
parité entre des tyrans qui abusent de la force pour
propager la servitude, et des citoyens qui usent du
droit de recouvrer leur liberté, lorsque nous avons
appelé à nous les hommes libres de tous les pays,
en leur promettant de défendre leur liberté, de se-

conder leurs justes efforts, nous n'aurions fait encore qu'user d'une juste représaille.

La guerre ne serait-elle donc permise que pour asservir les peuples? Ne deviendrait-elle injuste que quand elle est entreprise pour les délivrer? Ainsi, lors même que ces gouvernements ennemis du peuple français veulent essayer de parler le langage de la raison, de prendre le masque de la justice, ils ne peuvent encore s'empêcher de montrer que la haine de la liberté est l'unique principe qui les dirige. Mais qu'importent leurs opinions ou leur langage; nous nous sommes annoncés comme les défenseurs des nations qui voudraient recouvrer leur liberté. Citoyens de tous les pays, esclaves ou libres, répondez-nous; est-ce là nous déclarer vos ennemis?

Le décret du 15 décembre a été la source de nouvelles inculpations. Nous pourrions dire encore que les princes ligués contre nous, en rétablissant sur notre territoire la royauté proscrite par nos lois, nous autorisaient à détruire sur le leur les institutions contraires à la liberté. Mais nous n'avons pas même besoin de cette excuse.

Il existe entre les peuples de l'Europe des règles solennellement reconnues, auxquelles toutes les nations civilisées se sont imposé le devoir de se conformer. Eh bien! ces lois violées à notre égard avec si peu de pudeur, ces mêmes lois nous les respectons à l'égard de tous les peuples. Mais les adoucir en leur faveur, ce n'est pas les violer.

L'homme qui ne voit dans les autres hommes que des égaux; celui qui baisse à regret la tête sous le joug imposé par ses pères ; celui qui sait adorer un Dieu sans fléchir le genou devant des prêtres ; celui enfin qui veut n'avoir pour souverain que le peuple dont il fait lui-même partie ; cet homme ne doit pas être traité par nous comme le citoyen d'une nation ennemie, comme le sujet d'un despote. Si donc un peuple consent à devenir vraiment libre ; s'il veut se donner une constitution fondée sur l'égalité, seule base sur laquelle notre confiance puisse s'appuyer, et qui ne nous laisse à craindre ni les préjugés des castes privilégiées, ni les égarements de la superstition, ni le fanatisme de la royauté, dès lors ce peuple devient pour nous une nation amie, dès lors nous marchons ensemble à la conquête de la liberté.

Des obstacles s'opposent-ils à la manifestation de la volonté souveraine, dépositaires passagers de la force publique sur son territoire, c'est à nous de les aplanir devant lui. L'autorité que nous nous sommes réservée se borne à lui donner les moyens d'émettre librement son vœu, à exiger de lui qu'il le prononce. Nous pouvions le traiter comme un peuple sujet ; nous lui demandons s'il préfère d'être notre ami.

C'est donc pour avoir adouci le droit rigoureux de la guerre qu'on nous accuse d'avoir offensé ceux des nations, et l'on nous dénonce aux peuples parce que nous leur avons offert les moyens de déclarer comment ils veulent être libres.

Cette loi, sans doute, renferme des dispositions sévères à l'égard des nobles et des prêtres du culte romain; mais ces hommes ne se sont-ils pas montrés individuellement les ennemis de la nation française? Nous était-il permis d'employer nos forces à faire payer ces mêmes redevances que nos lois ont flétries comme des usurpations? Pouvions-nous laisser aux corporations ecclésiastiques des richesses déjà destinées à nous faire la guerre? Le territoire où les nobles et les prêtres conserveraient assez de crédit pour rester autre chose que des hommes, est-il un pays où nous puissions nous flatter de trouver des alliés?

Quand les usages de la guerre nous permettraient de percevoir pour nous-mêmes les contributions subsistantes, nous les avons supprimées parce qu'elles avaient été imposées par une autorité illégitime. Nous ne les avons pas rétablies, même provisoirement, parce que ce droit n'appartient qu'au peuple même qui doit les acquitter.

Nous nous sommes réservé de traiter avec les dépositaires légitimes de l'autorité, dans une constitution nouvelle, sur la juste indemnité que nous pouvions prétendre, sur la portion des dépenses de la guerre que les nations affranchies par nous devaient supporter. Et ce sont ces ménagements scrupuleux pour les droits des hommes, ce respect pour la souveraineté des peuples, que l'on ose travestir en actes de tyrannie!

La France a jusqu'ici déclaré la guerre, mais c'est après avoir fait, pour l'éviter, tout ce que l'intérêt de sa sûreté pouvait lui permettre. Devait-elle attendre que des ennemis perfides, réunissant contre elle toutes leurs forces, préparant dans son sein de honteuses intelligences, l'épuisant en préparatifs de défense, décidassent du moment où elle paraîtrait leur offrir une proie plus facile?

L'empereur avait sollicité une ligue contre la France; il avait réussi à la former. Le projet de détruire la liberté française était ouvertement annoncé dans le traité de Pilnitz.

Les rassemblements d'émigrés étaient désavoués, mais protégés par la cour impériale. Ses ministres traitaient publiquement avec leurs émissaires; ses troupes, disposées pour les soutenir, forçaient la France à tenir sur ses frontières des armées dont l'inactivité favorisait les manœuvres employées pour les corrompre, et facilitait les complots ou la désertion des officiers.

La France a demandé vainement l'assurance que la ligue formée contre elle serait rompue; elle a demandé vainement la dispersion des émigrés, ou du moins la promesse que les troupes autrichiennes ne s'y opposeraient pas, si nous la tentions à force armée; et les réponses officielles de Vienne n'ont été que de nouvelles promesses de soutenir le roi contre la nation, et des offres de protection pour les conspirateurs, déguisées avec une maladresse volontaire.

C'est sans aucun prétexte, c'est pour signaler sa haine contre la liberté et son dévouement à la maison d'Autriche, que le roi de Prusse a prodigué le sang de ses soldats, qu'il a épuisé les trésors arrachés à son peuple, sous prétexte de le défendre contre l'ambition autrichienne.

Chambéry et Turin étaient depuis longtemps l'asile des Français, qui y préparaient en sûreté les moyens d'exciter des troubles dans nos départements méridionaux, et d'y faire déployer l'étendard de la révolte. Un ministre français dont on craignait la vigilance avait été refusé sous d'absurdes prétextes.

Si le roi de Sardaigne n'a pas attaqué la France, c'est que la présence de ses troupes dans la Savoie, auxquelles les garnisons autrichiennes du Milanais étaient prêtes à se réunir, suffisait pour nous forcer de conserver une armée sur les frontières ; c'est qu'il n'avait pas besoin de déclarer la guerre, pour faciliter le succès de l'invasion de ses alliés par une diversion utile, sans danger pour ses États, sans dépense pour son trésor.

Depuis le commencement de la révolution, l'Angleterre paraissait aux amis de la liberté l'alliée naturelle de la France.

L'ancienne animosité nationale avait fait place, dans le cœur des Français, au sentiment d'une douce fraternité. Le peuple anglais semblait y répondre ; plus d'une fois on avait vu flotter dans nos fêtes patriotiques les pavillons réunis des trois grands peuples libres. Mais cette union, dont la jouissance des mêmes droits était le nœud sacré, blessait l'ambition inquiète du gouvernement britannique. Il ne voyait qu'avec crainte une autre nation anglaise fleurir sous une constitution républicaine, tandis que le pouvoir royal était resserré en France dans des limites plus étroites qu'en Angleterre, et que l'unité du corps législatif, l'égalité des citoyens, défendaient la liberté contre les attentats et les perfidies du trône.

Le roi d'Angleterre et ses ministres, cachant leurs intentions ennemies sous une apparente neutralité, montrèrent de l'intérêt pour la personne de Louis, et parurent ne pas s'apercevoir qu'il existât en France une nation. Les orateurs dévoués à leurs passions s'occupèrent, dans leurs discours, non à plaindre le roi des Français, mais à calomnier le peuple. Ils feignaient de croire que la France avait disparu de l'Europe depuis qu'elle y paraissait comme une nation libre. Mais quelle était donc cette amitié de George pour Louis? Lorsque les armées autrichiennes menaçaient nos frontières; lorsque le roi de Prusse, l'allié de l'Angleterre, y joignait les siennes, quels efforts a faits le gouvernement anglais pour arrêter cette guerre contre un pays où Louis était roi, contre un peuple dont Louis ne pouvait séparer les intérêts des siens sans se déclarer parjure? Qu'a-t-il fait pour prévenir les dangers personnels auxquels il était si évident que cette guerre allait exposer le roi des Français? Rien.

Cette amitié royale n'était-elle donc qu'une hypocrisie perfide? ou George savait-il que Louis était d'intelligence avec les ennemis de la nation française?

Cependant l'indignation du peuple renverse ce trône.

Ses représentants suspendent les fonctions royales; une Convention est appelée, et la royauté est abolie. Nos ennemis pénètrent dans le sein de la France, et semblent la menacer d'une conquête; mais bientôt leurs succès ont un terme, et les Français victorieux occupent les Pays-Bas, Liége, la Savoie et Mayence.

Quelle a été, pendant ces événements, la conduite du gouvernement anglais? Pour la bien juger, il faut se rappeler qu'il existe en Angleterre une antique opinion, qui suppose à la couronne des droits séparés de ceux de la nation. Les lois constitutionnelles ne sont qu'une transaction passée entre le peuple et la famille des rois, et ce contrat est à jamais obligatoire pour les descendants de ceux qui l'ont formé. Le consentement du roi est aussi nécessaire que celui du peuple, pour changer les conditions de ce pacte réciproque.

Cette opinion, qui a conduit Strafford et Laud à l'échafaud, qui a coûté la vie à Charles Ier, et le trône à Jacques II; cette opinion, qui a longtemps armé un parti de Jacobites contre la maison de Hanovre, n'a jamais cessé d'être celle de la cour d'Angleterre. Et c'est d'après ce principe que, ne regardant comme légitime ni la suspension du pouvoir royal prononcée par l'Assemblée législative, ni même l'abolition de la royauté décrétée par la Convention nationale, elle a refusé de reconnaître comme ministre de la République française celui qu'elle avait reconnu pour ambassadeur du roi. Ainsi, cette première insulte à la liberté française était encore plus un outrage aux droits du peuple anglais.

Nos succès forcèrent le ministère britannique à quitter le masque de sa politique incertaine et timide : ils ne lui permettaient plus d'espérer qu'il lui suffirait d'aider de ses vœux et de ses intrigues la ligue formée contre la France. Il fallait y prendre une part active, ou s'exposer au malheur de voir les droits des peuples l'emporter sur les rois et leurs projets usurpateurs. Dès lors les préparatifs de la guerre, le soin d'en ménager les prétextes, les moyens de la faire désirer, ou du moins souffrir avec patience par la nation anglaise, devinrent l'objet unique des combinaisons ministérielles.

On supposa des troubles causés par la contagion des principes français, et l'on fit croire à leur réalité par les précautions extraordinaires employées pour les prévenir. Les Français ennemis de leur patrie sont accueillis avec transport. Un bill autorise le roi à choisir ceux des étrangers à qui le libre séjour du territoire britannique serait encore permis; et l'Angleterre, qui se vantait autrefois d'être l'asile de la liberté persécutée, ne reçoit plus dans son sein que les hommes sur le front desquels ses ministres ont reconnu le sceau de la servitude.

Tandis qu'on encourage la fabrication des faux assignats, la circulation des vrais est défendue par une loi contraire à tous les principes du commerce et violatrice de la liberté. Cependant on était parvenu à rendre odieuse la nation française, à force de répandre et de multiplier les calomnies. Si quelques citoyens anglais osaient montrer le désir de voir les abus se corriger, la liberté s'appuyer sur une base plus solide, et l'égalité cesser d'être outragée, ils étaient désignés comme des ennemis du

repos de leur patrie. On excitait contre eux des tumultes populaires. Cette doctrine si consolante et si
vraie, que les hommes tiennent leurs droits de la
nature, était poursuivie comme un crime. Ainsi, en
inspirant à la partie de la nation la moins éclairée,
sa haine contre la France, le ministère britannique
avait encore le triple avantage et de détruire dans
l'opinion les principes de liberté qu'il redoutait, et
d'arrêter le progrès des lumières dont il était effrayé,
et d'accoutumer le peuple à souffrir avec patience,
à voir presque avec joie les usurpations de son gouvernement, les atteintes portées à ses franchises, et
les lois contraires à sa liberté.

La loi sur les étrangers, la défense de laisser sortir des bâtiments chargés de grains pour la France,
étaient des violations directes du traité de commerce
dont, surtout depuis notre révolution, l'Angleterre
retirait presque seule tous les avantages. A ces outrages, à ces infractions des traités, la France n'opposait que la raison et la patience. On arrêtait au
milieu de la paix, par un acte arbitraire, les subsistances destinées pour elle, et son ministre proposait
en son nom une convention qui abolit pour jamais
l'usage de la course en temps de guerre. Mais le cabinet de Saint-James ne traite qu'avec des rois; il
ne reconnaît pas les peuples libres, et c'est pour
obéir à ce noble principe qu'il a froidement sacrifié
les intérêts du commerce, et volontairement aggravé,
pour la nation anglaise, les maux de la guerre qu'il
préparait.

Enfin, la nation française a cru devoir juger et

punir un de ses fonctionnaires publics, qui l'avait trahie; et parce que cet homme avait porté le nom de roi, le ministre anglais a signifié l'ordre de sortir du territoire à l'ambassadeur de France, régulièrement accrédité au nom de la République. Ainsi, les rois ont un caractère sacré, supérieur à la volonté des peuples. Ainsi, dès qu'il s'agit d'un roi, ceux qui portent le même titre sont dispensés de reconnaître la souveraineté des nations voisines. Ainsi, tous les peuples qui ont le malheur d'accorder une fois ce titre, ne peuvent plus espérer d'exercer leur liberté qu'au gré des rois étrangers.

Chaque nation dépend à la fois de tous les rois, et une chaîne éternelle, indestructible, attache l'humanité entière au joug de quelques familles. Il n'est donc aucune démarche du gouvernement anglais qui ne soit un attentat contre les droits du genre humain; il n'en est aucune qui ne montre tout le délire du despotisme dans celui qui l'a ordonnée, toute la bassesse de la servitude dans ceux qui l'ont souscrite.

La France ne pouvait souffrir ce dernier outrage. Différer de déclarer la guerre n'était pas prolonger la paix, mais donner seulement à l'Angleterre l'avantage de fixer le moment des hostilités.

Le stathouder des Provinces-Unies, esclave à la fois de la Prusse et de l'Angleterre, n'a plus de volonté quand les leurs se sont réunies. Sa feinte neutralité avait été rompue dès longtemps, et par la faveur accordée aux fabricateurs de faux assignats, et par les obstacles mis au transport des armes destinées à notre défense.

Alléguera-t-on contre la France l'occupation des Pays-Bas? Mais de quel droit exigerait-on qu'elle respectât un territoire soumis à l'Autriche, lorsque l'Autriche a envahi le sien? De quel droit exigerait-on qu'elle laissât ces provinces offrir aux armées de ses ennemis un asile inviolable?

Pourquoi la nation indépendante des Belges n'aurait-elle pas le droit de briser le joug autrichien? L'Angleterre ne l'a-t-elle pas reconnu dans la nation batave, qui l'a exercé avec tant de gloire? Les peuples n'auraient-ils donc que le droit de changer de prince, et non celui de n'en vouloir aucun? Est-ce dans le code de la nature, ou dans les intérêts de leur ambition, que les maisons de Brunswick et de Nassau ont trouvé ces principes du nouveau droit public qu'elles veulent établir par la guerre?

Pourquoi le peuple souvérain de la Belgique, pourquoi les Français, ses défenseurs, n'auraient-ils pas le libre usage des fleuves que la nature a formés pour les besoins des hommes, et non pour l'orgueil de quelques sénats, ou l'avidité de quelques commerçants? Et comment les honteux traités souscrits par la maison d'Autriche dans sa haine contre la France, pourraient-ils obliger à la fois et les Français et les Belges?

Pendant longtemps l'Espagne n'a caché ni sa haine contre notre liberté, ni son intention d'aider l'Autriche et la Prusse à la détruire, oubliant avec quelle générosité la nation française avait armé pour sa défense, au milieu des orages de la révolution; lorsque tant de motifs semblaient nous autoriser à regarder le *pacte de famille*, d'après ses dispositions et son titre même, comme une conspiration de rois qui ne pouvait lier les peuples.

Cependant le cabinet de Madrid parut un moment avoir changé de principes. L'expectative du trône constitutionnel, réservée par l'acte même qui l'avait établi, pouvait mériter quelques ménagements.

Mais après la destruction de la royauté, ils n'ont plus été employés que pour cacher les préparatifs dirigés contre nous. Ces préparatifs, les outrages que les Français ont essuyés en Espagne, et que son gouvernement a ordonnés ou refusé de réparer; la perfidie avec laquelle il a excité ou prolongé les troubles de Saint-Domingue; le refus enfin de reconnaître la République française, tout nous dit qu'en prévenant une attaque perfide nous ne ferons qu'user du droit d'une défense légitime, et opposer la conduite franche d'un peuple libre, au machiavélisme d'une cour despotique.

Espagnols, quels prétextes alléguera votre roi en vous ordonnant de combattre vos alliés les plus fidèles? Il veut venger la mort de Louis.

C'est donc pour défendre les crimes des rois contre la justice des peuples; c'est pour les intérêts d'une famille étrangère, que votre sang va couler encore. Les maisons d'Autriche et de Bourbon, à qui une aveugle destinée vous a livrés, ne l'ont-elles pas assez prodigué depuis trois siècles, et vous seront-elles aussi funestes par leur union que par leur longue rivalité?

C'est au nom de Dieu qu'on vous excite à combattre contre la liberté du genre humain, comme si Dieu avait créé les hommes pour les rois, comme si ces droits sacrés, que les Français ont ressaisis, attachés par le ciel même à notre nature, n'étaient pas le plus précieux de ses bienfaits.

On vous dit que nous avons détruit la religion, parce que nous l'avons servie en réformant des abus temporels, qui avaient rendu ses ministres un objet de scandale et de mépris ; parce que nous avons voulu qu'elle fût la consolation des peuples, mais qu'elle cessât d'être, entre les mains des despotes hypocrites, un des instruments de la tyrannie. Vous croyez servir votre religion en vous unissant avec des hommes d'une croyance différente, pour les aider à dévaster nos campagnes, à verser notre sang ; et vous nous accusez d'outrager le ciel, parce que, nous pardonnant mutuellement nos erreurs, nous nous réunissons avec nos frères, quels que soient leurs opinions et leurs cultes, pour jouir paisiblement des mêmes droits avec une entière et douce égalité.

Mais laissons ces prétextes allégués par vos tyrans. Voulez-vous connaître leurs véritables motifs? La France, soumise au despotisme d'un Bourbon, garantissait à vos rois l'éternelle durée de votre esclavage. Placés aujourd'hui entre la France républicaine et la mer, pour devenir aussi libres que nous, il vous suffit de le vouloir ; et votre monarque étonné cherche en vain autour de lui qui désormais pourra le défendre contre vous, lorsque l'excès de ses déprédations aura enfin lassé votre trop longue patience.

Ainsi, forcés de vous combattre, c'est votre liberté que nous défendrons contre vous-mêmes; les prétendus intérêts nationaux, source de tant de guerres, ont disparu à nos yeux devant l'intérêt sacré de la liberté universelle du genre humain, et il n'existe en quelque sorte, pour nous, que deux nations, celle des hommes libres et celle des esclaves volontaires.

Peuples, voilà nos principes et notre conduite. Comparez-les aux principes et à la conduite de vos gouvernements, et jugez entre eux et nous.

Vos intérêts sont les nôtres. Si l'on attaque notre liberté, c'est pour porter à la vôtre des coups plus sûrs; si l'on insulte nos droits, c'est qu'on craint que vous ne vouliez les partager; et c'est à vous surtout que vos gouvernements font la guerre. Nos yeux se sont ouverts; notre raison, notre volonté, ne peuvent être subjuguées par la force; on peut nous vaincre: Rome a vu plus d'une fois ses ennemis à ses portes; mais on ne peut nous asservir. Vous, au contraire, si vous rejetez la lumière qui s'offre à vous, vos tyrans, revenus de leur première terreur, trouveront bientôt les moyens de prolonger pour vous les ténèbres de la servitude.

Nous répandons notre sang; mais la liberté doit en être la récompense; et quand vous versez le vôtre, c'est pour appesantir vos fers, c'est pour vous priver de l'appui qui vous aiderait à les briser. Les sacrifices que l'intérêt public exige de chacun de nous, il les fait pour lui-même : la conservation de ses droits est un prix au-dessus de ses pertes. Mais vos trésors prodigués ne feront qu'augmenter vos misères et la rapacité de vos tyrans. Ils vous parlent de la paix! Mais vous ne l'avez plus; et puisqu'il faut sacrifier la vie de vos frères, puisqu'il faut que le fruit de votre industrie, de vos épargnes, vous soit enlevé, que du moins ces maux nécessaires ne soient pas perdus pour vous. On a voulu que vous fassiez la guerre; eh bien! il n'en est qu'une qui soit juste et dont le succès puisse réparer les malheurs attachés à ce fléau destructeur : c'est celle des hommes contre les tyrans.

Réunissez-vous dans une volonté commune; que partout la voix souveraine des peuples se fasse entendre, et les trônes disparaîtront devant elle.

Mais c'est en respectant les droits des autres hommes, que vous vous montrerez vraiment dignes de reprendre les vôtres. C'est sous les étendards de la justice et de l'humanité, que la liberté se plaît à reconnaître ses défenseurs.

Si des crimes ont souillé quelques moments de notre révolution, que du moins notre exemple vous apprenne à les éviter. Si nous avons éprouvé des malheurs, essuyé des dangers, nos secours, notre zèle, pourront vous en préserver; nous nous consolerons en voyant que nos maux vous ont été utiles; nous jouirons avec vous de ce bonheur plus pur et plus facile, que nos sacrifices et nos pertes vous auront préparé; et notre gloire la plus douce sera d'avoir aplani pour vous cette route de la liberté, couverte de notre sang et de nos victoires.

SUR LA NÉCESSITÉ

D'ÉTABLIR EN FRANCE

UNE

CONSTITUTION NOUVELLE.

MARS 1793 (1).

(1) *Chronique du mois.*

SUR LA NÉCESSITÉ
D'ÉTABLIR EN FRANCE

UNE

CONSTITUTION NOUVELLE.

Après la mort de Charles Ier, Fairfax, au nom de l'armée, pressa le long parlement d'établir une constitution républicaine, et il ne fut pas écouté.

Une portion considérable de cette même armée insista et présenta une pétition nouvelle, fondée sur les mêmes principes, mais plus conforme à la raison, à la justice, aux vrais intérêts du peuple. Ces hommes, qu'on appela *niveleurs*, y déclarèrent qu'ils ne prétendaient que l'égalité des droits, et qu'ils proscrivaient toute idée de communauté de biens, de nivelage des fortunes, d'atteinte aux propriétés. Cromwell s'offrit au parlement pour leur imposer silence, et les dissipa par la force armée, sous prétexte d'indiscipline.

Ce parlement, dont la majorité était bien intentionnée, mais qui ne pouvait se résoudre à renoncer au pouvoir, s'excusait sur la nécessité de s'occuper de la guerre; cependant on songeait quelquefois à

34.

la nécessité non moins pressante d'établir une constitution, et de céder la place à une nouvelle assemblée de représentants.

Un jour qu'on discutait cette question, Cromwell, qui sentait qu'elle allait bientôt se terminer, chassa ses collègues au nom de Dieu, et prit pour prétexte qu'ils voulaient se perpétuer, quoiqu'ils s'occupassent alors de se dissoudre. Le peuple le crut, parce que les lenteurs du parlement donnaient à ce mensonge une apparence de vérité. Cromwell imagina de substituer aux représentants de la nation, des notables qu'il appela des diverses parties de l'Angleterre. Ces notables eurent encore la manie de faire une constitution, et de réformer la justice, ce qui valut à Cromwell l'appui des gens de loi. Alors il prit le parti de chasser cette nouvelle assemblée, que la nécessité de ne pas scandaliser le peuple par de trop mauvais choix, l'avait empêché de trop mal composer.

Ses partisans, après avoir écarté leurs collègues par la force, présentèrent une constitution à leur manière, qui faisait de Cromwell un roi sous le nom de Protecteur, et plaçait à côté de lui une représentation nationale. Le peuple avait besoin de ce fantôme, et il fallut bien le lui donner.

On avait pris toutes les précautions pour que mylord Protecteur eût le temps de bien préparer les élections : le projet était adroitement combiné pour que le peuple pût encore se croire libre, que la forme républicaine parût conservée, et que cependant tout le pouvoir résidât dans les mains de Cromwell.

Les choix ne furent pas tels qu'on l'espérait, et le nouveau parlement s'occupa des moyens de restreindre dans de justes bornes la dictature protectorale. Cromwell soutint qu'on ne pouvait, sous peine de péché mortel, lui refuser des droits que le ciel lui avait donnés; que Dieu, qui avait évidemment voulu que Charles fût détrôné, s'était ensuite déclaré en faveur de la toute-puissance du Protecteur; et ce parlement fut encore chassé.

On est étonné de la patience avec laquelle les nombreux amis de la liberté, répandus dans les comtés et dans l'armée, souffraient toutes ces insultes. Mais ils n'avaient aucun point de ralliement; mais il aurait fallu faire une révolution nouvelle; et d'ailleurs, parmi ceux qui avaient fait la guerre contre les Stuarts, qui avaient contribué à la mort de Charles ou à sa détention, les hommes faibles voyaient avec plaisir le pouvoir royal placé, sous un autre titre, entre les mains d'un chef personnellement intéressé dans leur cause, et qui, eût-il même le nom de roi, ne pourrait jamais chercher à venger celui qu'il remplaçait.

Après quelques années, Cromwell, embarrassé des instruments de sa tyrannie, tourmenté du projet de rendre héréditaire dans sa famille le titre de Protecteur, et même d'y faire substituer celui de roi, eut besoin d'un parlement. Des commissaires qui, sous le nom de majors généraux, et sous prétexte de prévenir les conspirations des royalistes, avaient exercé dans tous les comtés un pouvoir arbitraire, dirigèrent toutes les élections. Cependant la liste des

membres du parlement effrayait encore le Protecteur; il eut l'audace de faire refuser l'entrée de la
chambre à cent d'entre eux, que son conseil n'avait
trouvés ni assez zélés patriotes, ni assez bons serviteurs de Dieu.

La bassesse, la corruption ou la peur des autres,
alla jusqu'à justifier cet attentat contraire aux droits
essentiels du peuple, et même à l'acte qui avait établi
le protectorat. Soixante seulement refusèrent de siéger
dans ce corps avili.

On trouva bientôt un homme assez lâche pour demander le rétablissement de la royauté; mais il eut
encore la pudeur de laisser en blanc, dans sa pétition, le titre du chef unique qu'il fallait donner à la
nation; et le parlement ne rougit pas de remplir ce
blanc par le mot *King*.

Cromwell, qui avait eu la faiblesse de désirer ce
titre, n'eut pas l'imprudence de l'accepter. Il craignit
le soulèvement d'une partie de l'armée, l'abandon
de ses amis fatigués de ne travailler que pour lui
seul. On lui fit sentir que ce serait le trône de
Charles Stuart, et non le sien, qu'il aurait préparé.

Alors il se borna modestement au titre de Protecteur, et au droit de nommer son successeur; ce
qui était pour lui le droit de faire espérer la préférence à ceux dont il croyait avoir besoin.

Empêcher l'établissement d'une constitution républicaine, avilir la représentation nationale, tels
furent les moyens de Cromwell; et le récit de ces
faits, qui présentent des rapprochements singuliers,
est la préface la plus utile qu'on puisse mettre à des

réflexions sur la nécessité de donner bientôt à la France une constitution nouvelle.

I. On n'a vu aucun peuple subsister paisiblement en corps de nation, si ce n'est à l'abri d'institutions consacrées, soit par l'habitude, soit par la superstition, ou de lois difficilement révocables.

En effet, sans quelque fixité dans les lois, il ne peut y avoir ni égalité, ni liberté, ni prospérité publique. Il ne peut y avoir d'égalité, parce qu'il faut plus ou moins de temps aux citoyens pour acquérir la connaissance des lois, et pour disposer leurs affaires ou leur manière de vivre d'après les moyens d'agir que ces lois leur donnent ou leur laissent.

Il n'y a point d'égalité, parce que celle de la loi ne devient réelle qu'après que les habitudes sociales ont eu le temps de se former d'après elle.

Il ne peut y avoir de liberté : un citoyen est libre sous la loi, parce qu'elle est une convention qu'il a volontairement formée, puisqu'il a consenti au mode suivant lequel cette loi est faite. Mais il a consenti à soumettre ses actions à une règle, parce qu'alors il peut les combiner de manière à rendre insensible la gêne que cette règle lui impose; et il ne peut vouloir que cette règle, toujours changeante, lui impose chaque jour un joug dont ni l'habitude, ni une conduite dirigée par la raison, ne puisse alléger le poids.

Il ne peut y avoir de prospérité publique, parce qu'elle n'est que le résultat des efforts de chaque individu pour augmenter sa prospérité particulière; et ces efforts ne peuvent être que très-faibles, si des lois certaines ne garantissent à chacun le fruit qu'il peut recueillir des siens.

II. Sans une constitution, un peuple flotte nécessairement entre la tyrannie et l'anarchie : il reste dans l'anarchie, s'il n'accorde à personne la confiance qu'il ne peut donner à la loi ; il tombe dans la tyrannie, si, dans un moment de lassitude, il s'abandonne à quelques hommes.

III. Sans une constitution qui permette de rassembler toutes les forces, de les combiner, de les diriger vers un même but, un peuple ne peut résister à ses ennemis, sans être obligé de doubler les efforts qui auraient suffi pour sa défense.

IV. La paix intérieure ne peut renaître, tant que les citoyens n'auront pas, dans une constitution adoptée par eux, un point central autour duquel ils puissent se rallier. Les lois particulières ne seront point protégées par la volonté commune, tant qu'elles n'auront pas pour soutien l'autorité de cette loi générale et reconnue.

Le gouvernement n'aura point d'activité, tant qu'il restera privé d'un appui certain contre les résistances particulières ; il n'aura pas de force, tant qu'il n'existera pas une barrière qui, en prévenant les dangers de l'usurpation, écarte la défiance.

La grande majorité des citoyens français est pénétrée de ces vérités. Elle veut une constitution ; elle veut que cette constitution soit républicaine, fondée sur le principe de l'égalité naturelle, d'une entière unité, et de la souveraineté toujours subsistante du peuple.

Mais ce vœu est bien loin d'être unanime, et des portions, plus ou moins nombreuses, éloignent au contraire l'établissement d'une constitution, parce qu'elles ne peuvent en espérer une conforme à leurs intérêts.

Ce sont, 1º les aristocrates proprement dits, c'est-à-dire, ceux qui veulent le rétablissement de l'ancien régime plus ou moins modifié.

Ceux-là sont unis de cœur au régent du royaume, qui, pour séduire le peuple français, lui promet de rétablir la noblesse, les droits seigneuriaux, la chasse exclusive, les dîmes, le clergé et les parlements. Dans l'intérieur, ils cachent leurs sentiments, mais s'unissent à tous les autres partis, pour agiter le peuple et avilir ses représentants.

2º Les royalistes : il faut à ceux-là un roi, deux chambres, pour être à l'abri des innovations; et des distinctions entre les citoyens, qui mettent le pouvoir entre les mains des riches.

Ils préféreraient Louis XVII, pour éviter un prétendant dont l'existence force le porteur de couronne à jouer la popularité.

3º Les monarchistes, c'est-à-dire, ceux qui veulent le gouvernement d'un seul, parce que ce gouvernement, par les places qu'il oblige de créer, par les moyens de corruption qu'il met entre les mains du monarque, par l'existence qu'il donne à deux partis, favorise l'intrigue, ouvre un champ plus vaste à l'ambition personnelle, à l'avidité.

Ces partis divisés entre eux s'accordent à s'efforcer de retarder l'établissement d'une constitution

républicaine, dans l'espérance de persuader plus aisément à la nation fatiguée, que cette constitution
ne convient pas à un grand peuple, et de fonder
sur cette vieille erreur le système qui favorise leurs
vues.

4° Les hommes que l'intérêt a jetés dans la cause
populaire. Ils veulent perpétuer un ordre de choses
où la confiance d'une société, l'opinion d'une ville,
suffisent pour donner un crédit qui agisse sur la
France entière.

Une constitution bien ordonnée, qui réunirait le
peuple en une seule masse, qui rendrait les pouvoirs
établis par elle indépendants des factions partielles,
des petites coalitions; une telle constitution rédui-
rait leurs espérances dans des limites trop étroites.

Ils ont besoin au contraire d'une constitution qui
divise la nation au lieu de la réunir, qui donne aux
grandes villes une influence presque exclusive. Or,
ils sentent que la France est trop éclairée pour adopter une constitution de ce genre, autrement que par
la lassitude de n'en avoir aucune.

5° Enfin, cette lie des nations, qui ne se montre
que dans leurs grandes agitations :

> « Ainsi, lorsque les vents, ces fiers tyrans des eaux,
> « De la Seine ou du Rhône ont soulevé les flots,
> « Le limon croupissant dans leurs grottes profondes,
> « S'élève en bouillonnant à la face des ondes. »

Le règne des lois, l'établissement régulier d'une
constitution marqueraient, pour ces hommes, le

terme de leur existence politique; et il est naturel qu'ils cherchent à le retarder.

Ces diverses classes doivent donc se réunir, même sans se concerter, et tendre au même but avec des projets différents.

Ils doivent s'occuper d'abord de faire naître ou de prolonger les agitations du peuple. Dès qu'un plan de constitution raisonnable est offert à la discussion publique, ils doivent y supposer des intentions secrètes et coupables ; ils doivent y chercher ce qui peut contredire des préjugés, irriter les passions, s'attacher surtout à ce qui serait vraiment utile, et se bien garder d'attaquer les défauts réels qu'il serait facile de corriger. Ils ne doivent négliger aucun moyen d'avilir l'assemblée chargée de donner ou de présenter une constitution, afin de lui ôter la confiance des citoyens, avant qu'elle puisse terminer son ouvrage, et de la forcer à céder sa place à des successeurs qu'ils s'efforceront d'avilir encore. Ils doivent y semer la division, y nourrir les haines, y rendre les discussions tumultueuses, y faire prendre l'habitude d'une marche incertaine, incohérente, tantôt lente jusqu'à l'incurie, tantôt précipitée jusqu'à l'imprudence.

Les désordres qui ont la disette ou le haut prix des subsistances pour cause, ou pour prétexte, seront une des armes qu'ils emploieront avec le plus d'activité et d'espérance de succès. C'est l'objet sur lequel il existe le plus de préjugés, le plus de facilité d'agiter le peuple, et de rendre ses agitations durables et dangereuses.

D'ailleurs plusieurs circonstances augmentent ce danger. 1° La crainte des violences, le peu de confiance dans les lois, empêchent la libre circulation de s'établir. 2° Lorsque l'on paye en monnaie métallique, les vendeurs préfèrent l'argent à la denrée, parce qu'il a une valeur plus fixe; et maintenant que l'on paye en assignats, ils doivent par la même raison préférer de garder leurs denrées; et il est aisé de prévoir tout ce que des craintes vagues peuvent ajouter à ce motif réel. 3° Des intrigues ont persuadé aux citoyens peu instruits, que tout rassemblement était investi d'une sorte de souveraineté, et d'après cette absurde doctrine, lors même que, par leur résistance à la loi, ils attaquent directement la souveraineté du peuple entier, ils s'imaginent l'exercer.

Telle est la liste des ennemis que doit avoir toute constitution dans laquelle on ne verra pas, d'avance, le germe de sa prompte destruction, et qui sera fondée sur l'égalité des citoyens, la souveraineté du peuple, l'unité d'une grande république.

En effet, dans une telle constitution, les talents réels peuvent conduire à la gloire, les services obtenir de la reconnaissance, la vertu s'entourer de l'estime publique; mais elle n'offre aucune grande récompense au charlatanisme, à l'intrigue, à l'hypocrisie politique. On y verrait des citoyens révérés par leurs égaux, mais point de citoyens puissants : quelques hommes y jouiraient des bénédictions, des acclamations du peuple, aucun n'en pourrait faire l'instrument de ses intérêts ou de ses passions.

A ces ennemis intérieurs se joignent les émissaires des despotes, et leurs agents aveugles ou corrompus. C'est d'eux que vient la doctrine, qu'il faut laisser encore deux ans la France sans consti-tution, parce qu'ils jugent ce terme plus que suffi-sant pour assurer la réussite de leurs projets des-tructeurs. Eux seuls peuvent croire le peuple français assez stupide pour consentir volontairement à rester deux années, ou dans l'anarchie, ou sous le joug de quelques meneurs insensés ou perfides.

Avoir indiqué les obstacles qui s'opposent à l'éta-blissement d'une constitution, c'est presque avoir donné les moyens de les vaincre.

Que le peuple, sourd aux dénonciations, aux décla-mations, aux révélations des intentions d'autrui, au panégyrique des siennes propres, n'écoute plus que des raisonnements ou des faits appuyés de preuves.

Qu'il se défie de ceux qui, pour faire triompher leur opinion, ne réfutent pas celles de leurs adver-saires, mais accusent leur conduite ou leurs pro-jets; que les représentants du peuple, oubliant ces divisions nées de l'amour-propre et de l'intérêt de quelques hommes, s'occupent sans relâche de réta-blir l'ordre dans les finances et dans les autres par-ties de l'administration.

Qu'ils s'empressent de publier ces lois nécessaires dans toute constitution fondée sur le droit naturel; qu'ils se hâtent d'établir l'égalité dans les partages, de fixer pour les successions l'ordre le plus favo-rable à la division des fortunes, d'assurer un héri-tage aux enfants nés hors du mariage, sans porter

atteinte à l'exécution des conventions matrimo-
niales; que l'établissement de l'instruction nationale
et des secours publics donne enfin l'assurance de
voir une égalité réelle garantir celle qui a été prononcée par la loi.

Qu'ils fassent cesser cette inquiétude sur les propriétés, qui, en arrêtant les emplois de capitaux utiles à
la société, tarit les sources de l'industrie, et anéantit
pour les hommes laborieux, une grande partie de
leurs moyens de subsistance.

Qu'enfin, s'ils sont forcés de faire des lois qui
blessent les opinions ou les passions d'une partie
du peuple, ils en aient le courage; mais qu'alors ils
n'oublient pas que le soin de l'éclairer est aussi un
de leurs devoirs, et que les représentants des nations
ne sont pas dignes de les gouverner, s'ils ne sont
pas capables de les instruire; car ce n'est pas à leur
volonté, mais à leurs lumières, qu'elles ont voulu se
soumettre.

CE QUE LES CITOYENS

ONT DROIT D'ATTENDRE

DE LEURS REPRÉSENTANTS.

10 AVRIL 1793.

CE QUE LES CITOYENS

ONT DROIT D'ATTENDRE

DE LEURS REPRÉSENTANTS.

Nos revers dans la Belgique, la trahison d'un général perfide, les événements qui, dans plusieurs départements, ont troublé la tranquillité publique, ne peuvent être considérés par les républicains vraiment dignes de ce nom, que comme une leçon utile.

Il était difficile de croire qu'il n'existât point, en France, un parti royaliste. Il devait lever le masque à la suite d'un de ces malheurs, inévitables dans une guerre qui se fait à la fois sur plusieurs points éloignés. Ce parti était funeste, par son silence même, en inspirant d'injustes défiances ; on le voyait partout, précisément parce qu'il ne se montrait nulle part à découvert.

Nos ennemis extérieurs étaient maîtres du moment où ils forceraient la République française à éprouver cette nouvelle crise : ils ont choisi celui où des troubles intérieurs pouvaient suspendre le zèle des Français appelés, par la loi et par la patrie, à la défense des frontières ; celui où nos armées, jusqu'alors

victorieuses, avaient été forcées à une retraite; celui
où la Convention nationale paraissait divisée, où
des levains de discorde, préparés peut-être par eux-
mêmes, entre Paris et les départements, commen-
çaient à fermenter; où le complot formé par leurs
émissaires, pour disperser la Convention nationale,
pour en massacrer les membres, était prêt à éclore;
où des craintes inspirées aux citoyens, sur la sûreté
de leurs propriétés, menaçaient de tarir les ressources
nationales.

Mais leur complot contre la Convention a échoué;
le danger de la patrie y fera taire l'amour-propre et
les passions personnelles; tous ses membres s'uniront, non d'opinion, mais de volonté.

Paris et les départements sentiront le besoin d'une
réunion nécessaire au salut public. Tous les citoyens
verront que leur intérêt commun est de ménager,
d'augmenter nos ressources actuelles, de les employer tout entières à la défense de la patrie, au
rétablissement de la paix intérieure; ils n'auront pas
de peine à comprendre combien, dans un moment
où la vente de propriétés immenses est notre seul
moyen de soutenir la guerre, il est important que
l'on croie pouvoir les acquérir ou achever de les
payer avec une entière sûreté.

Ceux qui s'occupent des affaires publiques, comme
représentants du peuple, comme fonctionnaires,
comme membres des sociétés populaires, s'aperce-
vront, sans doute, qu'il n'était pas temps encore de
se diviser pour leurs opinions sur les choses ou sur
les hommes; et que tous ceux qui aiment leur patrie

doivent agir de concert, puisqu'ils tendent au même but, l'établissement d'une république fondée sur les droits de l'homme, conservant aux citoyens l'égalité des droits politiques, au peuple la jouissance de sa souveraineté, à la nation une entière unité. Ces trois dernières conditions distinguent les républicains français des hommes des autres pays, qui sont ou qui croient être libres.

En Amérique, en Angleterre même, on peut dire que les individus jouissent de l'égalité des droits civils, mais celle des droits politiques n'y est pas établie. On convient en Angleterre du principe de la souveraineté du peuple, mais on ne lui a laissé aucun moyen régulier de jamais l'exercer.

Enfin, bien qu'un corps de républiques confédérées puisse être un État vraiment libre, cette forme ne peut convenir à la France; elle en exposerait à la fois, et la sûreté, et la tranquillité intérieure.

Quels sont maintenant les moyens de faire marcher la nation française vers ce but unique, auquel tendent les citoyens les plus divisés par leurs opinions et leurs passions ?

I. Le premier de tous est de lui présenter une constitution républicaine, dans laquelle on lui réserve un mode régulier de la réformer ou de la changer.

Mais c'est d'une constitution en général qu'il s'agit ici, et non de tel ou tel plan en particulier; c'est d'un système d'organisation, conforme à ce qu'on sait être le vœu général du peuple, remplissant les conditions qu'impose l'état actuel de la France, et non du système particulier de tels ou tels hommes.

En effet, il ne sera pas difficile d'éviter, dans une constitution nouvelle, ces vices grossiers, ces causes d'une prompte destruction, ces germes d'abus oppresseurs de la liberté, qui empêcheraient la nation de l'adopter ou de s'y rallier ; et quant à ces défauts plus cachés, à ces causes secrètes, à ces abus que le temps amène ou découvre, aucune institution humaine n'en est exempte, et une constitution qui renferme un mode de réformation, en offre elle-même le remède.

Une constitution adoptée aurait l'avantage précieux d'offrir aux citoyens, aux soldats, un point fixe auquel ils s'attacheraient au milieu des divisions, des querelles que la différence des opinions, le choc des prétentions et des amours-propres, continueront de produire.

Ces divisions existent dans tous les pays libres ; mais elles n'y sont qu'utiles, si l'attachement et la soumission à une constitution établie y maintiennent l'unité sociale, y assurent l'exécution des lois.

Ce n'est pas à des citoyens qui viendraient d'adopter une constitution nouvelle, qu'un scélérat hypocrite oserait proposer de reprendre celle que leur raison ou leur amour de la liberté ont également proscrite.

Les bornes des pouvoirs étant mieux déterminées, on ne serait plus agité, tantôt par les efforts des ambitieux pour étendre les leurs, tantôt par d'injustes défiances que nourrit la facilité des usurpations.

C'est aussi par là qu'on peut espérer de combattre

plus sûrement le royalisme intrigant et caché. Tant qu'il croira n'avoir à renverser qu'une assemblée de représentants investis de tous les pouvoirs, sachant bien qu'à mesure que ces assemblées se succéderaient, leur crédit diminuerait, qu'elles s'aviliraient de plus en plus, qu'il s'élèverait des doutes sur leur légitimité, il ne renoncera point à ses espérances; il continuera d'attaquer, non la République, mais telle ou telle portion de la représentation nationale; car il n'ignore pas que ce succès, plus facile, le conduirait à son but, le rétablissement du trône, par l'opinion de l'impossibilité d'une grande république.

Les puissances étrangères perdraient plusieurs des moyens qu'elles ont de nous nuire.

1° Elles ne pourraient plus séduire ni les peuples, ni ceux qui les gouvernent, en nous peignant comme une nation livrée à l'anarchie, dont on ne peut craindre que des efforts momentanés, mais non une action durable et bien combinée.

2° Nous aurions plus de facilité pour faire adopter aux peuples nos principes, lorsqu'ils verront que ces principes nous ont conduits à un gouvernement régulier, à une législation fixe; lorsqu'on ne pourra plus les leur présenter comme des chimères philosophiques qui, toutes les fois qu'on a tenté de les réaliser, ont ébranlé les fondements de la société, et tari les sources de la prospérité publique.

Tout homme qui observe sans prévention, a dû s'apercevoir que nos ennemis ont deux manières d'exciter des troubles : la première, en protégeant de véritables conspirations, comme celle du camp de Jalès, comme celle qui vient d'éclater dans les départements de la Vendée, de la Mayenne, de la Loire; la seconde, en fomentant toutes les causes de division ou d'anarchie, sans chercher à donner aucune direction aux mouvements qui peuvent en résulter. Cette seconde manière, qu'ils emploient avec succès, depuis 1789 au moins, est peut-être la plus dangereuse, parce que se bornant alors à flatter, à exaspérer les passions de tous les partis, à propager toutes les fausses opinions, leurs agents se confondent avec les citoyens égarés, avec les intrigants de toutes les classes.

Ils cherchent à diviser d'intérêt les riches et les pauvres, dont cependant l'intérêt commun est l'établissement de l'ordre et la prospérité publique. Ils excitent la défiance des uns et la haine des autres, parce qu'ils savent que c'est là l'écueil fatal contre lequel ont échoué les efforts des peuples qui ont vainement voulu reconquérir la liberté ou la conserver; parce qu'ils savent qu'en Angleterre, c'est en calomniant les niveleurs, c'est en les accusant de vouloir attenter aux propriétés, qu'on parvint à rendre odieux ceux qui, connaissant la vraie liberté, savaient par quel moyen il fallait l'assurer à leur patrie; ceux enfin qui voulaient sincèrement établir une constitution républicaine.

Ils calomnient les amis de la liberté, et s'acharnent avec plus de fureur contre ceux qui, capables de former des plans et de les suivre, pourraient, s'ils avaient la confiance du peuple, sauver l'Élat dans des circonstances orageuses et difficiles.

Or, il est aisé de voir que de tels moyens perdent toute leur force dès l'instant où il existe une constitution adoptée par le peuple, où tous les pouvoirs agissent suivant le mode qu'elle leur a fixé, et restent dans les limites qu'elle leur a données.

Une constitution nous est nécessaire encore, si nous voulons opposer des alliés à la ligue formée contre nous. Cette ligue, en menaçant notre indépendance, a déjà détruit celle du corps germanique et de la Pologne. La Suède, le Danemark, Venise et la Suisse, ne peuvent espérer de conserver la leur, si, même après avoir heureusement résisté à nos ennemis, la guerre nous laisse dans un état d'épuisement et de faiblesse.

Ces puissances le savent; les hommes éclairés de chaque nation n'ignorent pas combien ce moment leur est favorable pour s'affranchir à jamais du joug des grandes monarchies.

Il suffirait d'enlever à la maison d'Autriche quelques fiefs, depuis Huningue jusqu'à Trieste, pour mettre Venise et la Suisse en état de braver toute sa puissance.

La Pologne rentrerait dans ses anciennes limites; la Suède se ressaisirait des provinces qu'elle a perdues, et l'indépendance du Nord serait rétablie.

Mais les gouvernements de ces mêmes pays, tant que la France n'aura pas une constitution, craindront de ne pouvoir, en traitant avec elle, trouver une assez entière sûreté.

Jusqu'ici, les étrangers voient une nation puissante, courageuse, ivre de la liberté, faisant du droit naturel la base de sa politique; mais ils n'y voient point un gouvernement assez solidement établi pour mériter leur confiance, pour répondre de quelque persévérance dans les mesures une fois adoptées ; et ils se bornent à des vœux secrets pour l'affaiblissement des puissances coalisées. Peut-être quelques gouvernements, forcés par leurs propres périls, s'uniront à nous, mais plus tard, avec plus de réserve, et sans entraîner avec eux ceux qui ne se croient pas compris dans les premiers projets des puissances co-partageantes.

Les articles présentés au nom des citoyens qu'on a conduits à la rébellion par le fanatisme et par de perfides insinuations, suffisent pour montrer combien nous avons besoin d'une constitution nouvelle.

Qu'on lise ces articles avec attention, on verra qu'ils ont pour base la déclaration des droits mal entendue, et je ne sais quel système de confédération municipale, imaginé autrefois par les fanatiques ligueurs ; système qui a perdu leur parti, et que cependant on a essayé de reproduire à Paris.

Ceux qui en parlaient, il y a quelques mois, n'ont aucune espèce de rapport avec les hommes qui ont essayé depuis de le faire valoir dans la ci-devant Bretagne ; mais c'est une raison de plus pour se hâter, par l'établissement d'une constitution, de mettre un terme à la propagation de ces chimères politiques, dont on voit, par cet exemple, que nos ennemis déclarés savent se faire une arme dangereuse.

II. Il ne suffit pas de se hâter d'offrir une constitution à la nation française, la Convention a d'autres devoirs à remplir, et elle ne peut, sans danger pour la chose publique, en négliger aucun.

L'un des plus importants est de perfectionner les mesures générales de sûreté intérieure. Depuis le commencement de la révolution, les fonctionnaires publics ont paru constamment manquer de vigilance et d'activité : les citoyens ont voulu y suppléer, et dès lors qu'en est-il résulté? Un esprit de défiance et de dénonciation, plus dangereux qu'utile. On ne se défie de personne, quand on se défie de tout le monde; et les dénonciations importantes se perdent dans la foule des délations absurdes et calomnieuses. D'ailleurs, il a dû en résulter encore des poursuites précipitées qui ont souvent fait disparaître les preuves, et détruit jusqu'aux vraisemblances, tandis que de plus adroits conspirateurs, calomniateurs bruyants des meilleurs citoyens, parvenaient sous le masque à détourner la vigilance, et à cacher des complots réels.

Le vice des moyens employés jusqu'ici tient en grande partie à une erreur : on a cru que, dans les moments où le danger public ne permet plus de suivre les principes de justice naturelle qui conviennent à une société paisible, on devait s'abandonner au hasard, comme s'il n'y avait pas aussi des principes de justice applicables aux lois de guerre, à la police d'une ville assiégée. Par exemple, une action indifférente en elle-même peut être mise au nombre des délits, et soumise aux peines les plus graves, dans les circonstances où elle expose la sûreté de l'État ; alors le délit moral n'est pas d'avoir fait cette action matérielle, mais d'avoir fait sciemment une chose que la volonté générale a déclaré être dangereuse, d'avoir par là augmenté volontairement le danger ou l'inquiétude.

Ainsi, on a pu traiter comme un délit, même capital, l'action très-insignifiante de rentrer en France après en être sorti, sans blesser en rien, par là, les lois de la justice naturelle.

Si on examine nos lois sur les émigrés ou les déportés, sur les certificats de résidence ou de civisme, sur les passe-ports, sur l'attribution de la police de sûreté aux corps administratifs, sur le jugement des conspirateurs, sur les pouvoirs des commissaires de la Convention ou du pouvoir exécutif, sur les fonctions du comité de sûreté générale, on y verra un grand nombre de dispositions qui, par leur injustice, leur minutie, leur incohérence, par une sévérité inutile ou même illusoire, nuisent à la sûreté intérieure, loin de pouvoir prévenir les dangers qui la menacent. Un examen de ces lois serait donc un travail utile, presque nécessaire, et il ne faut pas croire que ce travail fût long ou difficile, qu'on fût obligé de détruire ce qui est décrété, de chercher des mesures nouvelles ; le plus grand vice de ce qui existe, est d'avoir été fait d'une manière isolée, et il ne faudrait que raccorder, que lier entre elles, que simplifier ces mesures éparses et compliquées.

Les moyens de défense ne doivent pas moins occuper la Convention.

Dans une république, il vaut mieux s'assurer d'avoir des soldats braves, attachés à la cause commune, que de rassembler un grand nombre de soldats. Les rois, avec leur discipline servile et barbare, peuvent former d'assez bonnes troupes avec des hommes sans courage, enrôlés malgré eux, indifférents au parti qu'ils défendent; mais les défenseurs d'un peuple libre doivent être des citoyens d'élite, des hommes qu'on punisse en leur refusant l'honneur de servir la patrie, et non en les forçant de rester sous leurs drapeaux. Le patriotisme du soldat n'a existé nulle part, pas même à Rome, sans la confiance dans ses chefs. Ainsi, tout homme qui, par de vaines déclamations, par des délations sans preuves, a l'imprudence ou la perfidie d'affaiblir cette confiance, sert la cause de nos ennemis, et trahit celle de la liberté.

C'est aux généraux à veiller sur la conduite des chefs particuliers; c'est aux représentants du peuple à veiller sur les généraux; mais la défiance du soldat, nécessairement peu éclairée, ne peut être que dangereuse.

Il faut donc que cette vigilance des législateurs soit assez active pour dissiper toutes les inquiétudes pour mériter que tous les soupçons des bons citoyens soient déposés dans le sein de leurs représentants.

Suppléons au nombre des soldats par la force et l'adresse de notre artillerie; cherchons à étonner la routine de nos adversaires par de nouveaux moyens d'attaque et de défense.

Les finances exigent tous les soins des représentants du peuple. Jamais une nation n'a fait la guerre avec plus de ressources réelles, puisqu'il nous reste encore plusieurs milliards en fonds de terre disponibles, et que ces fonds, qui ne peuvent être immédiatement appliqués aux dépenses publiques, sont représentés par un papier qui s'éteint à mesure que le prix de ces fonds est versé dans le trésor national. Mais ces extinctions ne suivent pas la marche rapide de nos besoins. Telle est la cause unique du mal, et il peut devenir funeste par l'accroissement continu du prix des denrées, qui conduit nécessairement à la misère et à la désorganisation.

A peine ce mal était-il sensible au commencement de l'Assemblée législative. Ceux qui en prévoyaient les progrès sollicitaient d'avance des remèdes. Cependant ces progrès devenaient chaque jour plus effrayants; le zèle des citoyens éclairés ne se ralentit pas, mais leurs efforts furent inutiles. L'Assemblée, obligée de combattre jusque dans son sein contre le parti de la cour, n'eut pas le temps de s'occuper de cet objet; ses efforts auraient d'ailleurs été inutiles; les intrigants dévoués au château auraient trouvé, dans les préjugés des bons citoyens, de quoi faire écarter toutes les propositions salutaires.

Aujourd'hui, le mal ne permet plus d'attendre : je suis loin de le croire incurable; mais il est un principe qu'il ne faut pas perdre de vue. C'est avec l'intérêt des hommes, et non avec leurs vertus ou leurs passions, que nous avons à traiter; c'est d'après les calculs de la personnalité, et non d'après le zèle du patriotisme, qu'il faut juger l'effet que produiront les opérations.

Il est de plus un danger auquel des mesures imprudentes nous exposeraient, le danger d'ajouter aux effets de la multiplication des assignats, ceux de leur avilissement.

Leur masse seule a suffi pour causer la perte qu'ils éprouvent en ce moment, surtout si l'on fait attention à la différence réelle qui existe entre ce genre de monnaie et la monnaie métallique, et aux spéculations sur les progrès de cette perte, auxquels on ne voyait pas que les assemblées nationales s'occupassent de remédier.

Cette observation, très-rassurante en elle-même, suffit pour montrer combien on doit mettre de maturité dans la discussion et le choix des moyens, sans oublier cependant que la maturité n'est pas de la lenteur. La nature de cette guerre, où des esclaves en délire servent contre eux-mêmes la cause de la tyrannie, exposerait tous les Français à la perte entière de leur propriété, si les infâmes projets des rois pouvaient se réaliser. Aucun homme de bon sens ne doute de cette vérité ; il suffit donc de donner à l'intérêt personnel des moyens de conserver ce que les rois, les nobles et les prêtres veulent nous voler, et des moyens tels que trop d'inégalité ne rende pas injustes ces sacrifices nécessaires, que le mode suivant lequel on les exige ne les rende pas ruineux.

III. Quelques hommes voudraient que la Convention, uniquement occupée de ce qu'exige la défense de l'État, renvoyât à un temps plus paisible ces travaux nécessaires, pour que les lois civiles, crimi-

nelles, administratives, pour que les établissements
de secours ou d'instruction , concourussent à l'affermissement de nos principes politiques, la liberté,
l'égalité, l'unité de la République. Ce serait une grande
erreur : c'est par des lois sages que la Convention
peut seulement obtenir la confiance dont elle a besoin , pour le succès de ses mesures militaires ou
politiques. En montrant des lumières et du zèle
pour le bien public dans ces travaux législatifs, que
les citoyens apprécient sans passion , elle méritera
de voir la même estime la suivre et la soutenir dans
ces résolutions rigoureuses que la nécessité peut
exiger d'elle.

IV. Les représentants d'une nation libre doivent
se conformer à son esprit général; mais ils doivent
aussi conserver la force de le maintenir, de le diriger, de le perfectionner, sans quoi ils s'exposent à
devenir bientôt les instruments passifs, non de la volonté du peuple, mais de la fantaisie de quelques-
unes de ses portions.

L'esprit actuel de la nation française est l'amour
de l'égalité et de l'indépendance personnelle, la haine
de toute autorité qui présente la moindre apparence d'arbitraire ou de perpétuité, le désir de voir
toutes les institutions nouvelles favoriser les classes
les plus pauvres et les plus nombreuses, et celui de
fraterniser avec les hommes de tous les pays qui
aiment la liberté, ou qui veulent la recouvrer. Tel
doit être un peuple éclairé sur ses droits, jaloux
de les maintenir; et ceux qui s'intéressent à sa prospérité n'auraient rien à désirer, si le respect pour

la justice, si la soumission à la loi, si le zèle pour l'ordre public, faisaient également partie de cet esprit général. Mais le sentiment de la justice, quoique naturel à l'homme, s'affaiblit et se déprave dans ceux qui ont gémi sous le despotisme. Mais les Français, longtemps accoutumés à n'obéir qu'à des hommes, n'ont pu prendre en si peu de temps l'heureuse habitude de ne voir que la loi dans celui qui commande en son nom. Mais le zèle pour l'ordre public est faible dans ceux qui n'ont pas encore joui des bienfaits de l'union, de l'ordre et de la liberté, qui n'ont jamais vu régner la paix qu'à côté de l'esclavage.

L'exemple de la Convention fortifierait à cet égard l'esprit général, sans risquer d'affaiblir les élans du patriotisme.

Que, dans ses discussions, elle écoute avec patience même les fausses subtilités qui se couvrent du nom sacré de la justice. Qu'elle ne croie plus qu'il y ait à les mépriser, de l'élévation d'esprit ou de l'habileté politique. Qu'elle n'avilisse plus le mot *révolutionnaire*, en paraissant le faire servir de voile à ce que l'exacte équité aurait désavoué.

Que, sévère à l'égard des fonctionnaires publics, elle montre à ceux même qui leur auront résisté avec de bonnes intentions et avec justice, le point où ils se sont écartés de la soumission due à la loi. Que jamais elle ne se laisse soupçonner de pouvoir partager cette opinion absurde, qu'il existe entre l'ordre et la liberté une incompatibilité réelle; qu'elle cherche, au contraire, à détruire ce préjugé si funeste à la liberté, lorsqu'après de longues agitations, le retour de l'ordre devient un besoin impérieux pour la généralité du peuple.

V. Les divisions qui se sont montrées dans la Convention, ont affaibli d'autant plus l'autorité de la représentation nationale, qu'elles n'ont pas de fondement réel, et qu'aucun caractère constant n'y fait reconnaître une majorité habituelle.

Tous les membres ont un même objet : l'établissement d'une république fondée sur l'égalité et le maintien de la plus entière unité.

Personne n'a songé, ni à partager la France en républiques confédérées, ni à soumettre les départements à la capitale, ni à établir, sous une forme quelconque, une autorité indépendante de la représentation nationale.

Des discours indiscrets, des exagérations dont quelques hommes se sont fait une malheureuse habitude, ont pu donner à ces accusations un prétexte que la haine et la prévention ont évidemment saisi.

Comment donc des députés, dont les intentions sont les mêmes, peuvent-ils paraître divisés en partis violemment opposés? Le voici :

Dans les premiers temps de la révolution, quelques courtisans, quelques intrigants du parlement ou de la cour, se jetèrent dans le parti populaire, le dominèrent quelques instants, et surtout exercèrent leur influence sur les sociétés des amis de la constitution. Ces hommes y portèrent cet art de la calomnie dont ils avaient l'habitude, et dont ils connaissaient toutes les ruses. Ne pouvant, ni entraîner par leur éloquence, ni triompher dans les discussions par leurs lumières ou leurs talents, ils employèrent leur adresse à supposer à leurs adversaires ou à leurs rivaux des intentions secrètes et perverses. Au lieu de prouver leur opinion, de résoudre les objections qu'on leur proposait, ils trouvaient plus court d'établir que ceux qui n'étaient pas de leur avis trahissaient la cause du peuple, et voulaient détruire la liberté. Les conséquences, souvent fausses, qu'ils attribuaient aux opinions contraires aux leurs, étaient toujours présentées comme l'intention formelle de ceux qui soutenaient ces opinions. Avant qu'on agitât même une question, ils en avaient fait, pour les citoyens, une affaire de parti. Des villes, situées aux extrémités de la France, avaient émis leur vœu, et l'Assemblée constituante n'avait pas eu encore le temps d'examiner.

Un décret obtenu par ces moyens était célébré comme une victoire; on paraissait vouloir subjuguer les législateurs et non les persuader; on donnait même souvent l'air d'un triomphe à ce qui n'était que le simple résultat de l'opinion générale.

L'impulsion une fois donnée a dû se perpétuer, parce que les ennemis intérieurs ou étrangers de la liberté française, ont senti quelle ressource ils en pouvaient tirer pour égarer les citoyens, pour avilir les assemblées nationales.

Ainsi, une recherche puérile sur les intentions des hommes, a remplacé l'examen réfléchi des objets en eux-mêmes. Ainsi, les plus grandes questions ont

XII.										36

été quelquefois emportées par les passions et non décidées par la raison. Ainsi, les haines, les préventions particulières ont dégénéré en factions funestes à la chose publique. Ainsi, les discussions ont été transformées en une lutte de passions personnelles. Ainsi, des imputations violentes ont pris la place des raisonnements, et la défiance est devenue une raison péremptoire de rejeter avec humeur, au lieu d'être seulement un motif d'examiner avec plus de scrupule.

Pour remédier à ce mal, il ne s'agit donc pas de sacrifier ses affections individuelles ou ses opinions sur les hommes : il s'agit seulement d'avoir le courage de les oublier dans les discussions, soit des comités, soit de la Convention, soit des sociétés populaires.

Pourquoi aussi n'essayerions-nous pas de nous corriger de notre crédulité pour ce ramas de fables calomnieuses que même on n'a pas l'adresse de savoir varier? Ne les entendons-nous pas répéter jusqu'au dégoût, par des hommes que le lieu de leur naissance, les princes auxquels ils ont été attachés, les ministres dont ils ont été les complices, les grands dont on les a vus autrefois les humbles protégés, nous désignent comme suspects de n'avoir jamais cessé d'appartenir à nos ennemis?

Une assemblée où il n'existe point une majorité à peu près certaine dans un même sens, est exposée à un inconvénient très-grave, celui de prendre des mesures incomplètes et mal combinées. On se hâte de faire passer une résolution, parce qu'on craint de s'exposer à voir passer le lendemain la résolution contraire. On oublie combien il est utile au succès de la décision la plus sage, d'avoir entendu les objections qui peuvent s'élever contre elle ; car c'est le moyen le plus sûr d'en connaître ou d'en corriger les défauts.

Par exemple, si les citoyens se sont plaints souvent de la lenteur avec laquelle on poursuivait les hommes frappés de décrets d'accusation, c'est, en grande partie, parce que ces décrets n'ont pas été rendus d'après un rapport où les pièces auraient été indiquées et analysées. Alors, il n'aurait plus fallu de temps pour les rassembler, il n'y aurait plus eu d'incertitude sur celles qu'il fallait envoyer au tribunal.

La très-grande publicité des séances de nos assemblées, dont plusieurs journaux répètent tous les détails, est utile et même nécessaire ; mais elle a été la source d'un autre mal. Il est très-naturel de chercher à occuper les autres de soi. C'est même un tribut que les hommes les plus inaccessibles à la vanité, ont presque tous payé à la faiblesse humaine ; ils ne sont devenus supérieurs à l'amour-propre qu'après avoir été désabusés de ses jouissances. On veut donc se montrer souvent quand on craint de n'avoir pas une occasion de se montrer d'une manière assez brillante. Deux cents membres de l'Assemblée constituante y ont pris la parole plus souvent que Mirabeau. L'usage de renvoyer toutes les affaires un peu importantes à un comité augmente ce mal, parce qu'il en résulte une espèce de privilége exclusif. Le seul remède serait d'établir dans la marche de l'assemblée un ordre constant, qu'elle s'imposât à elle-même la loi de ne changer que rarement ; alors, chacun pouvant préparer une opinion sur l'objet qui l'intéresse, et ayant une juste espérance de pouvoir l'énoncer, l'empressement de parler avant d'avoir examiné diminuerait peu à peu. Il serait puéril d'exiger d'un grand nombre d'hommes le sacrifice de leur amour-propre ; mais serait-il impossible d'obtenir d'eux d'avoir un amour-propre mieux entendu ?

Toute assemblée représentative, dont les membres ne pourraient conserver l'indépendance entière de leurs opinions, où ils seraient obligés de garder le silence quand ils ne veulent être les instruments d'aucun parti, et qu'ils ne peuvent en être la dupe, une telle assemblée n'a plus cette liberté qu'exigent la nature de ses fonctions et le succès de ses travaux. Or, le plus léger doute sur la liberté d'une assemblée délibérante, ôte à ses décisions cette autorité de confiance, non moins nécessaire que l'autorité qui vient de la loi, et celle-ci même ne pourrait alors subsister longtemps.

Ainsi, ne point souffrir, et surtout ne point mériter qu'il s'élève le moindre doute sur la liberté de ses délibérations, est un des premiers devoirs d'une assemblée chargée des destinées d'un grand peuple. Ainsi, non-seulement tout attentat contre ses membres, qu'elle laisserait impuni, toute violence qui ne serait pas réprimée, mais toute démission qui ne paraîtrait pas volontaire, toute révocation partielle, toute apparence d'avoir cédé aux menaces, annoncerait une faiblesse coupable, et dans ceux dont les ennemis auraient été l'objet de ces complots, un honteux sacrifice des intérêts du peuple aux plus lâches des passions personnelles, à celles qui prennent leur source dans l'orgueil et dans la haine.

Quelques hommes se permettent de traiter comme un patriote glacé ou suspect, celui qui refuse de coopérer à des mesures qu'ils regardent comme justes et nécessaires. Mais personne n'a le droit d'imposer aux autres ni sa morale ni ses opinions. On peut, avec un amour égal pour la liberté, différer d'avis sur la légitimité des moyens de l'assurer et de la conquérir.

Épaminondas refusa d'entrer dans la conjuration contre les trente tyrans de Thèbes; il craignait que cette entreprise, légitime en elle-même, ne fût souillée par le meurtre de citoyens innocents. Le lendemain, quand la crainte d'une garnison lacédémonienne faisait hésiter le peuple entre ses libérateurs et ses tyrans, Épaminondas parut sur la place publique, rallia les citoyens à la cause de la liberté, et chassa les Spartiates de la citadelle.

Il serait également injuste de traiter de tyrannie les exagérations où le zèle de la liberté peut aussi entraîner quelques hommes, et de calomnier ce zèle au lieu de chercher à le régler en l'éclairant.

On doit de l'indulgence à ceux qui portent leurs regards et sur l'avenir et sur l'opinion des nations étrangères; car un avenir de quelques années appartient à ceux qui existent aujourd'hui, et l'opinion des peuples étrangers peut donner une force très-réelle à celui qui ne veut pour lui-même que les droits communs à tous.

Mais on doit une indulgence égale aux hommes qui, plus fortement frappés de ce qui les entoure, craignent de négliger leurs intérêts les plus pressants, en portant leurs vues sur un champ trop vaste.

C'est précisément parce que les hommes exagèrent en sens contraire, qu'on peut espérer d'obtenir, par leur réunion, des résolutions que la raison et la prudence puissent approuver.

L'intolérance des opinions, la fureur de faire dominer les siennes, si elles pouvaient se trouver réunies à un esprit juste, éclairé, capable de combinaisons étendues, l'égareraient bientôt, et le conduiraient à des excès que, rendu à lui-même, il désavouerait en rougissant.

Telles sont les réflexions que je soumets à mes collègues; écarté de la tribune par l'impossibilité de parler, sinon dans une discussion tranquille, j'ai cru devoir employer un autre moyen de leur dire des vérités que je crois pouvoir être utiles.

Je pourrais peut-être aussi les occuper un moment de mes calomniateurs; mais j'aime mieux parler aux citoyens de leurs intérêts que des miens.

Je servirai la cause de la liberté comme un homme fortement convaincu que le sort du genre humain, pendant plusieurs générations, dépend du succès de la révolution actuelle. Je défendrai l'égalité des droits: elle seule, par des moyens paisibles et sûrs, peut conduire à cette égalité dans les moyens de bonheur, qui est le vœu de la nature, et qu'une société bien ordonnée étend et perfectionne.

Étranger à tout parti, m'occupant à juger les choses

et les hommes avec ma raison et non avec mes passions, je continuerai de chercher la vérité et de la dire.

J'ai toujours pensé qu'une constitution républicaine, ayant l'égalité pour base, était la seule qui fût conforme à la nature, à la raison et à la justice; la seule qui pût conserver la liberté des citoyens et la dignité de l'espèce humaine. Au moment où la première fuite de Louis XVI a fait tomber le bandeau dont les yeux d'une grande partie de la nation étaient encore couverts, j'ai cru que le moment était venu d'établir une constitution républicaine, et je l'ai demandée hautement, en démasquant aux yeux du peuple tous les sophismes sur lesquels on voulait étayer la prétendue nécessité de conserver la monarchie. Les événements m'ont prouvé depuis que la seule constitution sous laquelle l'homme jouisse d'une véritable liberté, est aussi la seule qui puisse assurer la paix intérieure et l'indépendance de la nation française; que toute autre, quelque bonheur qu'elle puisse procurer aux nations qui l'ont adoptée, serait pour nous une source éternelle de troubles et de misères; qu'elle conduirait au despotisme par l'anarchie et la guerre civile. L'intérêt de la sûreté s'unit donc, en ce moment, à celui de la liberté, pour attacher tous les Français à la république. Ce qui pouvait n'être, il y a quelques années, qu'une opinion fausse, serait aujourd'hui une véritable trahison, non-seulement parce que la volonté nationale a prononcé, mais parce qu'elle n'aurait pu prononcer autrement sans perdre la patrie.

Que ceux des Français qui ont cru autrefois le
trône compatible avec la liberté, réfléchissent sur
la conduite actuelle du gouvernement anglais, et
qu'ils voient si ce système de corruption au dedans
et de trahison au dehors, de mépris pour les droits
de l'homme et de protection pour des brigands,
peut convenir à des hommes qui portent le sentiment de la liberté dans le cœur, et qui ont connu
les douceurs de l'égalité.

LES DÉPUTÉS

DU DÉPARTEMENT DE L'AISNE

A LA CONVENTION NATIONALE,

AUX CITOYENS

DE LEUR DÉPARTEMENT.

AVRIL 1793.

LES DÉPUTÉS

DU DÉPARTEMENT DE L'AISNE

A LA CONVENTION NATIONALE,

AUX CITOYENS

DE LEUR DÉPARTEMENT.

Un général perfide a trahi la cause de la liberté, et cette trahison a jeté la lumière sur les manœuvres employées, depuis 1789, pour réduire la révolution à un changement de dynastie; a dévoilé les intentions secrètes de ceux qui espéraient, par l'excès du désordre, nous forcer de recevoir le roi auquel ils s'étaient vendus. Nous sommes chargés de maintenir la liberté et l'égalité; cette mission est trop belle pour ne pas la remplir; ainsi, plus les obstacles se multiplient, et plus notre courage doit s'accroître.

Déjà une partie des citoyens de plusieurs départements s'étaient armés contre la République. Une conspiration d'émigrés, de ci-devant nobles et de prêtres, restés dans le sein de la France, pour le déchirer plus sûrement, avait préparé ces soulèvements ; et ils auraient éclaté d'une manière plus dangereuse, si le conseil exécutif, si le comité de sûreté générale, instruits depuis plusieurs mois de l'existence du complot, n'en eussent brisé la trame, en faisant arrêter les chefs avant l'époque qu'ils avaient marquée.

Dans toute la France, on essaye de diviser en deux partis les citoyens, réunis par la haine de la royauté, par la ferme résolution de maintenir l'égalité républicaine. C'est vers ce but que nos ennemis dirigent leurs efforts, malheureusement trop secondés par des Français que leur passion même pour la liberté rend plus faciles à égarer. Tantôt on persuade à une portion du peuple, qu'elle peut exercer seule sa souveraineté, afin qu'elle s'élève contre les lois faites au nom du peuple entier par ses représentants; tantôt on abuse du mot sacré d'égalité pour l'armer contre la propriété, parce qu'on sait combien de fois ces mêmes erreurs ont précipité les nations dans l'esclavage, combien de fois les efforts généreux des amis de la liberté se sont brisés contre cet écueil.

Si l'augmentation de la masse des assignats a fait hausser les prix; si le défaut de confiance, suite de ces mêmes désordres qu'on s'est plu à provoquer, ont ralenti l'activité du commerce, et intercepté ou embarrassé les communications, on en profite pour répandre, sur les subsistances, des terreurs qui finiraient par changer en une réalité funeste ces apparences de disette.

Les citoyens pourraient éviter ces piéges en se liant fortement à la Convention, et on cherche à lui enlever la confiance du peuple; elle est le seul pouvoir émané de la volonté nationale, et nos ennemis espèrent que, s'ils affaiblissent une autorité qui n'a de base réelle que cette confiance, ils pourront plus aisément nous diviser et nous vaincre.

Au milieu de ces maux dont la réunion des citoyens dans un même esprit, dans une même volonté, est l'unique remède, nous nous adressons à vous avec d'autant plus d'espoir d'en être écoutés, que, divisés quelquefois dans nos opinions, nous ne l'avons jamais été dans nos principes. Rien n'a pu altérer entre nous cette estime que se doivent des hommes qui concourent au même but, et qui veulent également la liberté de leur pays.

La France a besoin d'une constitution qui, réunissant tous les citoyens dignes de la liberté, donne aux dépositaires de la puissance publique les moyens de repousser les ennemis étrangers, et de rétablir la paix intérieure. Elle a besoin d'une constitution qui, assurant les droits de tous, mette enfin un terme aux craintes exagérées, comme aux espérances coupables, et ramène, entre les membres d'une même nation, cette mutuelle confiance, sans laquelle la société ne peut ni prospérer, ni même subsister. Nous emploierons tous nos efforts pour vous faire jouir promptement de ce bienfait, et nous les emploierons sans amour-propre, sans chercher à faire dominer nos opinions personnelles. Nous ne songerons pas même à partager l'honneur d'avoir fait une constitution digne d'être offerte au peuple français. Qu'elle assure l'égalité et la liberté républicaines, qu'elle ramène le règne de la loi, nous ne voulons point d'autre récompense.

Mais nous vous demandons de soutenir notre zèle, d'appuyer de l'autorité de votre opinion cette nécessité si évidente, de terminer promptement ce grand ouvrage.

Pendant que la Convention se livre à ce travail que vous exigez d'elle, comment soutiendrait-elle ce poids immense des affaires publiques, que tant de trahisons viennent d'aggraver, si la confiance des citoyens paraissait l'abandonner? Eh bien, nous osons vous le dire : cette confiance, elle mérite de la conserver.

Nous y avons vu un zèle ardent et sincère pour adopter les mesures dignes d'un peuple libre, pour présenter aux citoyens qui souffrent, des lois consolatrices. Nous y avons vu une unanimité constante pour proscrire la royauté et pour vouloir une république, une, indivisible, comme le seul ordre de choses qui convienne à la nation française.

Dans le procès de Louis, unanime sur le droit qu'avait la nation de le juger et de le punir, sur la nécessité de le soumettre à un jugement, sur la nature et les preuves de ses crimes, unanime même dans l'opinion qu'il méritait la peine la plus grave, la Convention n'a été divisée que sur les conséquences politiques de l'exécution de son jugement; elle ne l'a été que par zèle pour vos intérêts, par respect pour vos droits; et le vœu de la majorité une fois déclaré, est devenu celui de la Convention entière.

Nous avons gémi comme vous, quand nous y avons entendu accueillir la voix de la calomnie, quand nous y avons vu la dignité des représentants du peuple, s'avilir quelquefois dans une discussion tumultueuse ; nous avons gémi, quand ces divisions ont ravi à la Convention nationale le pouvoir de maintenir autour d'elle une paix constante, de prévenir toutes les violations de la loi, quand le respect pour le droit de pétition nous a forcés d'entendre les citoyens égarés, nous donner, comme des moyens de sauver la patrie, des mesures propres à opérer sa ruine. Mais, citoyens, il y a loin de ces désordres à cette corruption, à cette faiblesse, qui seules pourraient légitimer la perte de votre confiance.

N'y voyez, comme nous, qu'une effervescence des passions, contre laquelle ni l'instruction, ni l'habitude des vertus républicaines, ni l'amour pour les lois, sources de sa prospérité, ne peuvent défendre un peuple qui, brisant à la fois toutes ses antiques chaînes, a passé, presqu'en un seul jour, de l'esclavage à la liberté, de l'avilissement à l'égalité, de l'oppression à la souveraineté.

Les restes du parti royaliste, les puissances étrangères, citoyens, voilà vos véritables ennemis ! voilà ceux que vous devez détruire ou repousser : ne perdez point, à combattre des chimères, les forces dont vous avez besoin contre des dangers trop réels.

Voyez dans la Convention des hommes unanimement dévoués à périr avec la liberté, à tout sacrifier pour la sauver, qui ont besoin d'être encouragés par votre confiance, mais qui veulent la mériter.

Jusqu'ici vous leur avez donné l'exemple de l'union. Attachés à la République seule, vous n'avez jamais paru vous apercevoir de ces partis qu'on essaye vainement de former dans son sein. Et quel pourrait donc être l'objet de ces partis, lorsque nous voulons tous une république, lorsqu'une haine égale pour la royauté, une même horreur pour les distinctions héréditaires nous enchaînent à la cause de l'égalité? Qui de vous, qui de nous veut avoir un autre maître que la loi? Ne voulons-nous pas tous également que tous les citoyens exercent les mêmes droits, que tous jouissent, dans la plus entière étendue, de ceux que la justice et la raison universelle ont reconnu appartenir à l'homme en société?

Tous les Français ne conviennent-ils pas que la sûreté, la liberté, la propriété, l'égalité, la souveraineté du peuple sont les premiers de ces droits? Qui de nous ignore que l'homme, vraiment libre, est celui qui met son orgueil dans une soumission volontaire aux lois de sa patrie; que le citoyen ne mérite ce nom respectable qu'en sachant maintenir et défendre dans autrui les droits reconnus et garantis par la volonté générale? Qui de nous ne déteste, comme un lâche et coupable hypocrite, celui qui cache, sous le masque du respect pour la loi, un secret penchant pour la tyrannie, celui qui couvre du nom d'amour de la liberté ses attentats contre les règles éternelles de la justice, et qui se vante de servir sa patrie, quand il veut anéantir les fondements sacrés de la société?

Citoyens! ceux qui cherchent à vous éclairer sur

vos devoirs, comme sur vos droits et vos intérêts; ceux qui veulent qu'une instruction suffisante vous appelle tous à une jouissance réelle de ces droits; ceux qui proposent des lois propres à former, à épurer la morale publique; ceux qui, approfondissant les principes de la législation, de l'économie politique, cherchent à combiner les moyens d'augmenter vos ressources et de réparer vos maux : voilà vos véritables amis. Votre rectitude naturelle, votre amour de la liberté qui ne sait point se séparer des principes de la morale, vous préserveront de placer dans cette même classe ceux qui chercheraient à vous entourer de soupçons, à vous fatiguer de vaines terreurs, à vous livrer au supplice d'une vague et calomnieuse défiance; ceux qui essayeraient de vous persuader qu'on peut servir la liberté en outrageant l'humanité et les lois; ceux qui voudraient vous occuper de leur orgueil, vous rendre les instruments de leurs passions; lorsque tous vos moments, toutes vos pensées doivent appartenir à la patrie.

Ainsi, vous étoufferez ces germes de division qu'on cherche à répandre, et l'exemple de votre union, que rien n'a pu altérer jusqu'ici, sauvera la République.

Mais cette union, cette adhésion constante au vœu de la majorité de la Convention, ce vœu unanime pour qu'elle puisse suivre paisiblement ses travaux, cette volonté qu'elle soit libre et respectée, cette résolution de défendre l'intégrité de la représentation nationale, de réprimer les artisans de dis-

corde, les fabricateurs de calomnie, les persécu-
teurs des lumières, les corrupteurs de la morale,
ces sentiments qui sont dans vos cœurs comme dans
ceux de tous les vrais amis de la liberté, il est temps
que vous les manifestiez avec concert, avec énergie. Il
est temps de montrer ce véritable vœu du peuple, puisque tant d'imposteurs osent prendre sur eux de l'interpréter au gré de leurs projets et de leurs passions.

Vos frères ont volé à la défense des frontières, ils
vous défendent contre les tyrans étrangers : défen-
dez-les, défendez leurs familles contre les ennemis
cachés et non moins dangereux !

Citoyens, la Convention sait combien le poids de
la guerre, la nécessité de multiplier les assignats, les
embarras des subsistances, le défaut de réparation
des grandes routes, fatigueraient des hommes dont
l'amour de la liberté, dont l'inflexible horreur pour
la tyrannie, ne soutiendraient pas le courage. Elle
s'occupe d'adoucir ces maux et de les réparer ; elle
s'occupe à prévenir les maux plus éloignés que la
prudence peut prévoir. Elle prépare ces lois, sans
lesquelles la constitution la mieux combinée ne vous
conduirait qu'à l'apparence de l'égalité ; ces mesures
d'administration nécessaires pour lier, par une
chaîne éternelle, la liberté et la paix, la morale du
peuple et la prospérité nationale.

Ces travaux, médités dans le silence, nous ont
souvent consolés ; souvent, au milieu des cris de la
calomnie, nous avons pu nous dire : Le jour n'est
pas loin, où le peuple français saura à quel point
nous avons été occupés de son bonheur ; le jour

n'est pas loin, où, prononçant entre nous et ceux qui ont cherché à le tromper pour l'opprimer, pour partager ses dépouilles, une seule de ses bénédictions effacera le souvenir de tout ce que ses ennemis ont voulu accumuler sur nos têtes, d'inquiétudes et de dégoûts.

Un des membres de cette députation a l'honneur de souffrir pour la cause de la liberté. Choisi pour une commission dangereuse, qui ne pouvait être confiée qu'à des hommes d'un patriotisme incorruptible et d'un courage éprouvé, le crime de *Dumouriez* l'a livré avec ses collègues à nos ennemis, qui n'ont pas rougi de partager la honte d'une trahison, pourvu que leur royal orgueil pût insulter aux droits des peuples, et ajouter un outrage de plus à ceux dont ils doivent compte à l'humanité.

Nous le regrettons sans le plaindre, et au milieu des douleurs de l'amitié, nous jouissons de son courage et de cette épreuve glorieuse à laquelle la fortune a soumis sa vertu sans pouvoir ni l'ébranler, ni la flétrir.

La Convention, occupée de prévenir un crime irréparable, a pris pour otage ceux des princes de l'Empire que le sort de la guerre a fait tomber entre nos mains, et, dans cette juste représaille, elle a du moins la consolation de n'avoir pas été forcée de punir les citoyens des fautes de leurs rois. Des princes et les parents des coupables souffrent seuls d'une rigueur nécessaire, et la nation française, dans la chaleur même de son ressentiment, s'est souvenue de sa générosité naturelle.

Citoyens ! la liberté du représentant que vous aviez choisi dépend de votre courage. L'orgueilleuse politique de nos ennemis, sourde à la voix de la raison, de la justice, de l'honneur et de l'humanité, ne sait écouter que l'intérêt et la crainte. C'est par des victoires qu'il faut répondre aux *Stahremberg* et aux *Aukland*. C'est à La Haie qu'il faut porter la terreur que ces lâches esclaves croient nous inspirer. C'est là que vous trouverez la liberté de vos représentants, ou la vengeance.

DISCOURS

PRONONCÉ A LA CONVENTION,

SUR LA CONVOCATION D'UNE

NOUVELLE CONVENTION

NATIONALE,

DANS LE CAS OU LA CONSTITUTION NE SERAIT PAS FINIE
DANS UN TEMPS DÉTERMINÉ.

13 MAI 1793.

DISCOURS

PRONONCÉ A LA CONVENTION,

SUR LA CONVOCATION D'UNE

NOUVELLE CONVENTION

NATIONALE,

DANS LE CAS OU LA CONSTITUTION NE SERAIT PAS FINIE
DANS UN TEMPS DÉTERMINÉ.

----o----

CITOYENS,

Vous ne pouvez vous dissimuler les dangers où
nos troubles intérieurs et nos divisions intestines
exposent la République. Une ligue puissante nous
assiége de toutes parts; mais que pourra-t-elle, si
les Français, qui tous veulent la liberté, savent enfin se réunir pour la défendre? A quoi nos ennemis
ont-ils dû la vaine apparence de quelques succès? A
des négligences, à de honteuses dilapidations, à des
trahisons que nos dissensions seules ont encouragées
par l'espoir du succès ou de l'impunité. Ce sont les
Français qui ont préservé l'Europe de la féroce tyrannie des Huns; et la tyrannie fanatique des suc-

cesseurs de Mahomet s'est arrêtée devant eux. Qu'une même volonté les rallie, et pour la troisième fois ils sauveront la liberté de l'Europe, que les barbares osent espérer encore d'en bannir pour jamais. Mais quel remède opposer à ces troubles que chaque instant voit s'accroître, à ces divisions qui semblent chaque jour s'envenimer davantage? Ce remède, la nation entière vous l'a indiqué; c'est l'établissement d'une constitution républicaine.

Le moment où le peuple français pourra se reposer sur des lois fixes, revêtues de son approbation, est celui où vous verrez disparaître, et les conspirations, et les révoltes, et les ambitions particulières, et ces passions personnelles qui sont dégénérées en fléaux publics.

C'est alors que doivent finir, et les rêves de l'orgueil des rois ligués contre nous, et les absurdes espérances de l'aristocratie. C'est alors que tous les Français, connaissant enfin sous quelles lois, douces, égales et justes, ils pourront exercer leur liberté, jouir de leurs biens, se livrer à leurs travaux et développer leur industrie, il ne sera plus au pouvoir du fanatisme religieux ou de l'hypocrisie politique, de tromper l'ignorance ou d'égarer le patriotisme.

Citoyens, vous voulez tous satisfaire à ce vœu du peuple; votre devoir le commande, vous y serez fidèles. Mais vous devez plus encore : vous devez vous hâter d'apprendre à la France, à ses ennemis, que ce devoir sera rempli, que rien n'aura la force de vous en détourner, que vous-mêmes vous ne voulez pas avoir le funeste pouvoir de tromper l'attente de la nation.

Il faut que, si des passions osent encore se faire entendre au milieu de vous, elle ne puisse plus craindre de vous voir entraîner hors de la route qu'elle vous a tracée. Il faut que les ennemis de la liberté française, les artisans de conspirations, les intrigants avides du pouvoir, les contre-révolutionnaires déguisés en patriotes, les agents des rois étrangers, les partisans secrets du fédéralisme ou de la royauté, les hommes qui ont besoin de prolonger le désordre, ne puissent plus se flatter ni de vous égarer, ni de vous perdre; il faut même qu'au delà de vous, ils aperçoivent encore un nouvel obstacle au succès de leurs complots. Il faut que les puissances ennemies perdent l'espérance de voir arriver ce moment qu'elles attendent et qu'elles préparent, ce moment d'anarchie où la France, fatiguée de n'avoir pas de constitution, n'ayant plus d'espoir de la recevoir de vous, et privée d'un centre de réunion, serait livrée, dans chacune de ses parties, à tout ce que l'erreur, la défiance, les passions, les trahisons pourraient employer de moyens pour la diviser et la déchirer.

J'ai cherché une mesure qui pût remplir cet objet important : celle que je vais vous développer est simple; elle ne peut exposer ni la République à aucune secousse, ni la liberté à aucun danger. Vous avez promis de sauver la patrie, et je ne vous conseillerai point de remettre en d'autres mains le dépôt que vous avez accepté. Je ne vous parlerai point d'inviter le peuple à prononcer sur nos divisions personnelles, car ce serait l'exposer à les partager. Je ne vous proposerai aucune de ces résolutions qui annonceraient que vous désespérez, ou de la chose publique ou de vous-mêmes : mais je vous dirai : Montrez-vous à la nation comme des hommes qui se sentent dignes de la confiance qu'ils ont obtenue, qui se croient en état de remplir leur devoir, mais qui, également éloignés de la présomption et de la faiblesse, jugeant avec impartialité les obstacles qu'ils trouvent dans eux-mêmes, et ceux que le sort peut leur préparer, veulent, autant qu'il est en eux, mettre le salut public à l'abri, et des événements, et de leurs propres passions.

Citoyens, je propose donc de fixer un terme suffisamment éloigné, auquel les assemblées primaires seront convoquées pour accepter ou rejeter la constitution, si nous en avons terminé le projet, pour nous remplacer par des élections nouvelles si ce grand ouvrage n'a pu être achevé.

Si vous prenez ce parti, dès lors toutes ces inculpations si peu méritées de vouloir perpétuer le pouvoir dans vos mains, de profiter des maux publics pour satisfaire vos intérêts, votre ambition, vos passions même, dès-lors tous ces prétextes de tant de calomnies s'évanouiront devant vous. Qui pourrait en effet vous reprocher encore, et cette cumulation de tous les pouvoirs, et cette autorité extraordinaire d'un de vos comités, et ces pouvoirs si étendus, délégués à vos commissaires ? Je ne partage point les craintes que ces résolutions ont inspirées, les soupçons qu'elles ont fait naître ; mais, quelle qu'en soit l'injustice, leur existence seule vous fait un devoir de les dissiper.

Dès lors, la nation consolée verra le terme où elle aura enfin des lois fixes; elle connaîtra du moins celui où l'erreur de ses choix pourra être réparée.

Dès lors, tous ces projets d'avilir, de disperser la représentation nationale, d'en attaquer l'intégrité pour l'accuser bientôt après de ne plus exercer qu'une autorité illégitime, devenus sans objet réel,. perdront l'appui des hommes de bonne foi, qu'on aurait pu égarer, en calomniant ou vos intentions, ou votre courage.

Dès lors, nos ennemis étrangers verront avec terreur qu'ils ne peuvent espérer de vous vaincre en vous divisant. Enfin, ce centre d'unité si nécessaire à la République française, et contre lequel se dirigent tant d'efforts, sera mis à l'abri de tous les orages.

Vous le savez, malgré le vœu, j'ose dire unanime, des citoyens, pour une république une et indivisible, pour un centre unique d'autorité et de forces, chaque jour nous voyons le patriotisme même altérer cette unité par des mesures partielles que le péril excuse sans doute, mais dont l'habitude deviendrait bientôt dangereuse.

Tant qu'on ne verra point l'époque où un ordre durable, établi par la volonté nationale, pourra répondre à chaque partie de la République, de sa tranquillité, de sa sûreté, comment voulez-vous que chacune d'elles ne cherche pas les moyens de se sauver elle-même, et que la force nationale ne se dissipe pas en efforts incohérents et mal combinés?

Lorsque cette époque fixée par vous arrivera, ou le projet de constitution sera terminé; et comme un même esprit d'amour pour l'égalité nous anime tous, comme ce projet offrira au peuple français des principes qui sont les siens, vous aurez rempli tous vos devoirs; rendus à vos foyers, les bénédictions des citoyens y deviendront votre juste récompense; ou vous serez remplacés, parce que vous n'aurez pu achever votre travail, et alors les citoyens verront encore avec reconnaissance que vous aurez sacrifié votre gloire au salut de la patrie.

Dans l'intervalle, les événements qui suspendront cette partie importante de vos travaux, les vains débats qui pourront les interrompre ou les retarder, ne produiront plus ni les mêmes inquiétudes, ni les mêmes défiances. On ne vous reprochera plus avec la même amertume, un mal auquel vous aurez vous-mêmes, fixé un terme. On saura que l'intérêt de votre gloire, qui ne pourra plus être balancé par aucun autre, d'accord avec l'intérêt public, vous commande de ne pas laisser en d'autres mains l'honneur de présenter au peuple français une constitution républicaine. Une confiance plus entière vous accompagnera dans vos travaux : on vous plaindra des obstacles que vous éprouverez, au lieu de vous accuser d'en faire naître. Le découragement ou l'inquiétude les auraient multipliés sous vos pas, l'espérance que vous aurez ranimée s'empressera de vous aider à les vaincre.

Cromwell n'eût osé dissoudre le parlement d'Angleterre, si cette assemblée eût offert une constitution au peuple, si même elle eût seulement fixé le terme où de nouveaux représentants seraient appelés pour achever l'ouvrage qu'elle n'aurait pu terminer.

Monck n'eût point établi la royauté, si ce même parlement, répétant cette même faute une seconde fois, n'eût laissé ce général perfide maître de l'instant où une nouvelle représentation serait convoquée. Le crime avait tramé ces conspirations; mais elles n'ont réussi que par la faute des hommes dont il avait égaré la bonne foi trop crédule. Otez tout prétexte aux hypocrites calomnies des conspirateurs; ôtez-leur les moyens de tromper, vous leur aurez enlevé le pouvoir de nuire.

Abandonner au hasard, c'est-à-dire à l'intrigue ou aux ennemis de la liberté, la fixation de l'époque d'une convocation nouvelle, dans un pays qui n'a point de constitution reconnue par le peuple, c'est s'exposer à voir, ou l'unité disparaître, ou une assemblée choisie en tumulte, au gré de quelques intrigants, trahir les intérêts qu'elle serait chargée de défendre.

Dans une telle circonstance, limiter le temps de l'exercice de vos pouvoirs, c'est vous assurer qu'ils ne seront jamais méconnus; c'est augmenter la force de votre autorité de tout ce que vous lui aurez ôté en durée; c'est la consacrer aux yeux du peuple, en la dépouillant de tout ce qu'elle peut faire craindre d'arbitraire ou de dangereux pour la liberté.

Je propose de fixer pour terme le premier novembre, parce qu'un espace de cinq mois ne m'a paru ni assez étendu pour fatiguer la patience des citoyens par une trop longue attente, ni assez resserré pour nous exposer à une précipitation dangereuse; parce que, dans cette saison, aucun événement de la guerre, aucun complot des puissances ennemies ne pourra troubler les opérations des assemblées primaires; parce que, si la constitution n'est pas terminée, l'assemblée nouvelle, réunie au 15 décembre, aura encore le temps d'achever votre ouvrage et de terminer la paix ou de préparer les forces nécessaires pour une troisième campagne; enfin, s'il nous était permis de nous occuper de nous-mêmes, parce qu'on ne pourrait nous accuser d'avoir cherché à quitter nos fonctions dans un temps de l'année où les périls extérieurs peuvent devenir plus pressants, où les orages intérieurs peuvent éclater d'une manière plus effrayante.

En fixant une époque, vous ne renoncez point à l'espérance de satisfaire plus tôt l'impatience des citoyens : vous leur donnez seulement une assurance que leur attente ne sera point trompée, que l'on ne verra point la France sans lois fixes, sans pouvoirs déterminés, sans constitution, obligée de soutenir encore une fois les efforts de l'Europe conjurée. Croyez-vous que vos successeurs, préparés par vos discussions, pressés par le vœu de la nation, ne se hâteraient point de remplir ses espérances?

Enfin, quoi qu'il puisse arriver, vous auriez du moins, par votre exemple, garanti pour toujours le peuple français de tous les dangers d'un pouvoir indéfini, et dès lors illimité dans sa durée.

Je ne propose point de déclarer inéligibles les membres de la Convention actuelle, parce que le vœu du peuple doit rester libre, parce qu'on ne peut, sans attenter à ses droits, le limiter dans sa confiance, le priver des hommes dont les lumières ou les vertus ont obtenu son estime; parce que, même en considérant cette exclusion comme un simple engagement pris par nous, nous devrions, par respect pour le suffrage du peuple, laisser à ceux qu'il pourrait choisir, le droit de ne le refuser que par des motifs personnels qu'ils soumettraient à son jugement.

On objectera peut-être que les intrigues redoubleront pour nous empêcher de terminer notre ouvrage : mais connaissant d'avance le temps qui nous reste, nous y résisterons avec plus de courage; mais ces intrigues seront alors beaucoup plus dirigées contre nous, et bien moins contre la chose publique; mais elles auront pour objet un retard limité, au lieu d'un terme indéfini; et la nouvelle assemblée, instruite par notre exemple, saura mieux que nous les prévenir ou les combattre.

On dira qu'à l'approche du terme, nous précipiterons nos décisions : mais un long examen les aura précédées, mais chacun de nous a médité sur toutes les questions importantes que peut offrir la discussion d'un plan de constitution ; et d'ailleurs ce plan ne doit-il pas être présenté à la nation, qui, en le refusant, nous punirait de nos erreurs, et se préserverait du mal qu'elles auraient pu lui faire ?

Le moment où vous sentiriez que la patience des citoyens touche à son terme, ne serait-il pas pour vous celui d'une précipitation bien plus dangereuse? Enfin, ou il faut sacrifier à des motifs plus impérieux la crainte de cette précipitation, ou admettre pour principe général, que le pouvoir de préparer les lois constitutionnelles, fût-il même réuni au pouvoir législatif le plus étendu, doit avoir, par sa nature même, une durée indéfinie; et quel ami de la liberté voudrait avouer une telle maxime?

Si mon zèle pour l'égalité républicaine, pour la conservation de l'unité de la République, ne m'a point égaré, citoyens, en adoptant cette résolution, vous verrez le peuple entier se rallier autour de vous; vous verrez se rattacher à la cause de la patrie ceux que la crainte, l'intérêt personnel en ont momentanément éloignés; vous verrez se calmer ceux que l'excès de leur zèle précipite trop souvent dans des défiances exagérées, et au moment où vous vous montrerez à la nation occupés de vos devoirs, et vous plaçant, pour les remplir, au-dessus des événements et de vous-mêmes, elle reprendra ce calme et cette sécurité aussi nécessaires à sa défense qu'à son bonheur.

PROJET DE DÉCRET.

La Convention nationale, considérant qu'au moment où les citoyens renouvellent leurs efforts et leurs sacrifices pour la défense de la liberté, il est de son devoir de leur en montrer le but et le prix;

que l'incertitude de l'époque où elle présentera la constitution à l'acceptation du peuple alimente les espérances tyranniques des ennemis étrangers, et fournit aux conspirateurs domestiques un prétexte de calomnier la représentation nationale; de rejeter sur elle ou de faire envisager comme durables les maux qui sont la suite inévitable du passage orageux et rapide de l'oppression à l'égalité; considérant que le moyen le plus efficace de confondre les ennemis de la liberté française, est de leur montrer qu'au milieu même de tous les genres de guerres et de divisions, il existe un centre indestructible de forces et de volontés pour organiser et maintenir la République; considérant enfin qu'elle prépare d'avance le règne des lois, en s'en imposant à elle-même qui mettent le salut public à l'abri de tous les événements, de toutes les erreurs et de toutes les passions, décrète ce qui suit :

ARTICLE PREMIER.

Dans le cas où les assemblées primaires n'auraient pas été antérieurement convoquées pour accepter ou rejeter un plan de constitution présenté par la Convention nationale, il sera formé une nouvelle Convention, et à cet effet, les assemblées primaires se réuniront à l'époque du premier novembre prochain, sans qu'il soit besoin d'aucune autre convocation.

ART. II.

La nouvelle Convention sera composée de la même manière que la Convention actuelle, et ses membres

élus sous les mêmes formes, conformément à l'acte
de l'Assemblée législative, du..... août 1792.

Art. III.

S'il y a lieu à la formation d'une Convention nouvelle, elle ouvrira ses séances le 15 décembre prochain.

NOTE.

Ou la Convention nationale présentera au peuple
un plan de constitution; et alors, si ce plan est accepté, elle sera remplacée par une législature; s'il
est refusé, elle le sera par une Convention; ou bien
n'ayant pu arrêter ce plan de constitution à une
époque qu'elle aurait fixée, elle sera remplacée par
une Convention appelée par elle-même; ou enfin
n'ayant point terminé son plan, et ayant lassé la patience du peuple qui veut une constitution, elle sera
forcée de se dissoudre.

L'effet du décret que j'ai proposé serait de prévenir ce dernier événement, le seul qui puisse être
dangereux pour l'unité de la République et pour la
liberté.

Notre mission est de présenter au peuple une constitution, et non de la lui faire attendre jusqu'à ce
qu'il nous convienne de la lui donner.

Nous trahirions bien plus sa confiance, en ne
mettant point de bornes à la durée d'un pouvoir illimité, qu'en fixant l'époque où les citoyens pourront, soit nous le continuer, soit le déposer en
d'autres mains.

En un mot, puisque le peuple n'a pu fixer lui-même ces bornes, puisque tout pouvoir indéfini quant à sa durée, et dont le mode de révocation n'est pas déterminé, est évidemment incompatible avec la liberté, c'est pour nous un devoir rigoureux de suppléer à ce que le peuple n'a pu faire. Puisque la nation a le droit incontestable de retirer ce pouvoir, nous lui devons un moyen d'exercer ce droit d'une manière régulière, égale, uniforme, simultanée.

Ce n'est point quitter un poste que de demander à ceux qui vous y ont placés s'ils veulent vous y conserver; ce n'est point l'abandonner lâchement que de leur demander la réponse à cette question pour le moment du moindre danger. Un général qui dirait : A l'époque où les armées rentrent dans leurs quartiers, vous examinerez si je puis vous être encore utile, pourrait-il être accusé de lâcheté ou d'indifférence ?

N'y a-t-il donc que sept cent cinquante Français qui aient des lumières et du patriotisme, qui aiment l'égalité, qui aient la royauté en horreur? Croit-on que le choix du peuple ne tombera pas sur ceux d'entre nous qui sont les plus capables de servir ou de sauver la patrie? Je ne comprends pas encore comment les hommes qui craignent toujours que la majorité réelle du peuple ne fasse de mauvais choix, n'aime pas la liberté, peuvent vouloir sincèrement une constitution démocratique. Que serait-ce qu'une république où cette majorité réelle ne ferait pas constamment la loi? Qui donc aurait le droit de substituer une volonté particulière à la sienne, sous prétexte qu'on peut l'égarer?

Y a-t-il une si grande perfidie à proposer d'empêcher tels ou tels individus de représenter la nation française, si elle ne veut plus être représentée par eux? Est-ce bien véritablement la longue durée de la Convention actuelle que craignent nos ennemis? Ne serait-ce pas plutôt l'existence assurée d'une représentation nationale investie de la confiance du peuple?

Je sais combien il est précieux pour la liberté que cette représentation soit, comme la Convention actuelle, républicaine jusqu'à l'enthousiasme; et c'est précisément pour s'assurer cet avantage, qu'il ne faut par s'exposer à la voir dissoudre par la force de l'opinion nationale, qu'un trop long retard du projet de constitution aurait aliénée d'elle.

L'intérêt que nous avons tous de terminer cet ouvrage n'aurait-il pas une activité bien plus grande, si nous perdions toute idée de prolonger indéfiniment le temps qui nous reste? Ne résisterions-nous pas plus fortement à tout ce qui pourrait nous en détourner? Cette pensée, que chaque jour le terme approche, n'effrayerait-elle pas les passions, l'amour-propre, la loquacité, l'esprit de parti? Et n'est-ce pas là le moyen le plus efficace de nous assurer que la constitution sera présentée par nous, malgré les efforts des ennemis de la liberté?

Du moins en proposant cette résolution, j'aurai rempli deux devoirs : l'un, d'avertir mes collègues des dangers que je crois très-réels; l'autre, de dé-

clarer que je ne puis regarder comme légitime l'u-
sage indéfiniment prolongé d'un pouvoir, s'il n'est
justifié que par le silence de ceux qui l'ont conféré.

C'est l'excuse banale des rois; elle ne suffit pas à
des hommes libres.

LA CONVENTION

NATIONALE

AUX CITOYENS CORSES.

23 MAI 1793.

Le procès-verbal de la Convention, du 23 mai 1793, p. 123, dit qu'un rapporteur du comité de salut public rend compte de l'état du département de la Corse, dans lequel Paoli avait arboré l'étendard de la révolte; et d'un arrêté du conseil exécutif de ce département. Le même député propose un projet de décret, qui est adopté sur-le-champ. Ce décret approuve :

1° L'arrêté du conseil exécutif de la Corse ;

2° Ordonne que deux commissaires pris dans le sein de la Convention seront adjoints aux trois commissaires envoyés dans ce département;

3° Que tous les accusés de contre-révolution, ou d'avoir conspiré contre la République, seront traduits dans les prisons de l'État;

4° Qu'une adresse sera faite aux citoyens égarés de la Corse.

La minute de cette *adresse*, rédigée par Condorcet, est aux annexes du procès-verbal du 23 mai 1793.

CITOYENS,

Un roi vous avait forcés de partager notre esclavage, et nous vous avons appelés à partager notre liberté. L'indépendance vous eût exposés à perdre ces droits que nous vous avons rendus, et vous avez librement préféré de vous réunir à une nation puissante dont les lois, égales pour toutes les portions de son territoire, comme pour tous les hommes, ne peuvent vous laisser craindre aucune de ces injustices des grands peuples, dont leur histoire offre tant d'exemples.

Le lien qui nous unit ne sera jamais rompu; aucun intérêt politique, s'il pouvait en exister de tels, ne nous ferait consentir à vendre à des tyrans ceux que leur volonté a faits nos frères, ceux qui ont partagé avec nous les avantages et les périls de notre glorieuse révolution.

Mais, citoyens, cette même égalité entre tous, qui vous assure à jamais vos droits, exige qu'aucun homme ne soit au-dessus des lois, qu'il ne puisse tenir, soit de la reconnaissance publique, soit de sa renommée, le privilége de se soustraire à leur empire. Vous sentez ce qu'exige de vous, en ce moment, la sévérité de ce principe, premier garant de notre liberté commune; vous n'aimeriez pas un homme à qui vous pourriez croire que son innocence ne suffit pas; et vous savez qu'un illustre et ancien défenseur des droits de l'homme peut attendre de tout citoyen français, même plus que de la justice.

Citoyens, une des plus fortes armes de vos ennemis, c'est le fanatisme. L'antique alliance de la tyrannie royale et du despotisme sacerdotal, semble s'être resserrée au moment où nous avons osé attaquer de front ces deux fléaux du genre humain. Les prêtres se sont chargés de tromper ceux que les armes des rois ne peuvent vaincre; mais leur hypocrite langage ne vous séduira point. Vous savez que, toujours prêts à trafiquer de ceux dont ils ont égaré la conscience, si vous les écoutez aujourd'hui, demain ils chercheront quel tyran leur payera plus cher le pouvoir de vous opprimer.

La déclaration des droits vous assure la liberté de vos opinions et de votre culte; ne craignez pas que nous voulions jamais y porter atteinte. Mais Dieu a fait les hommes pour la liberté, et les prêtres qui conspirent avec les tyrans ne sauraient être ses ministres.

La Convention nationale décrète que la présente adresse sera traduite en langue italienne.

LA CONVENTION

NATIONALE

AUX

ARMÉES DE LA RÉPUBLIQUE (1).

23 MAI 1793.

———

Citoyens,

Votre fidélité et votre courage ont préservé la République des dangers où un général perfide l'avait exposée, et vos mépris l'ont puni d'avoir osé écrire que vous consentiriez à égorger vos frères pour vous donner un roi. Un roi à des Français !

Une expérience d'autant plus instructive que peu de mois ont suffi pour la rendre complète, n'a-t-elle donc pas prouvé à la nation la plus confiante et la plus généreuse, que ni les serments, ni la clémence,

---

(1) Ce morceau est imprimé au procès-verbal, tome XII, page 309.

La minute, de la main de Condorcet, est aux archives du royaume, dans les annexes du procès-verbal du 23 mai 1793, page 125.

ni les bienfaits n'enchaînaient les rois; qu'un roi veut gouverner par la corruption, quand il ne peut commander par la force; et qu'il conspire contre la liberté quand il désespère de pouvoir l'opprimer? Ah! désormais l'invincible horreur de la royauté distinguera les Français entre les peuples libres, comme jadis elle a distingué les Romains.

Guerriers républicains, vous apprendrez à cette foule de guerriers esclaves, enchaînés, achetés ou séduits par des tyrans, que la puissance des rois doit s'abaisser ou se briser devant le génie de l'égalité; qu'aucune portion d'une terre consacrée à cette divinité bienfaisante, ne sera jamais souillée par le féroce et stupide orgueil d'un pouvoir héréditaire.

Soldats de l'égalité, que ce cri de guerre des Français: Vivre libre et sans roi, répété par vos bouches victorieuses, fasse pâlir les tyrans sur leurs trônes ébranlés par nos armes et par votre exemple. Et vous les verrez bientôt respecter une nation républicaine qu'ils n'ont pu ni vaincre, ni égarer, ni séduire.

JOURNAL

D'INSTRUCTION SOCIALE.

1793.

PROSPECTUS.

Dans un moment où tous les CITOYENS sont appelés à la discussion de leurs intérêts et à la défense de leurs droits, rien ne peut être plus utile que de les prévenir, et contre les erreurs où l'ignorance pourrait les entraîner, et contre celles où, dans l'espoir d'en profiter, des hommes avides et ambitieux chercheraient à les faire tomber.

Les individus, comme hommes, comme membres d'une société politique, ont entre eux des rapports, d'où naissent leurs droits et leurs devoirs. Il existe d'autres rapports entre les individus et la société dont ils font partie. Enfin, les besoins des hommes et leur industrie ont fait naître de nouveaux rapports entre eux et les choses qu'ils peuvent produire, perfectionner, consommer ou employer.

De là naissent trois branches d'une même science, qui a pour objet général la connaissance des droits, des devoirs et des intérêts de l'homme dans l'état de société.

Nous adopterons, pour les distinguer, les dénominations de *Droit naturel*, de *Droit politique*, d'*Économie publique*.

Toutes les sciences ont une partie pratique. De chacune d'elles découle un art, dont les règles sont la conséquence des principes de la science. Cet art a pour but de combiner et de choisir les moyens d'exécuter sûrement ce que les principes ont fait reconnaître pour vrai, pour juste, pour utile.

Ainsi, la morale ou l'art de se bien conduire dérive du droit naturel; l'art social, du droit politique, et l'art d'administrer a pour base la science de l'économie publique.

Tels sont les objets sur lesquels il est utile que tous les citoyens aient des notions précises, qu'ils n'en aient que de justes, qu'ils n'adoptent que des théories saines et vraies; et le but de ce journal est de fixer ces notions, de déterminer ces théories.

Une des principales causes du peu de progrès des sciences morales et politiques, et surtout de la difficulté d'en répandre, d'en faire adopter les vrais principes, c'est l'imperfection de la langue qu'elles emploient.

Comme elles sont formées de mots employés dans l'usage commun, où ils n'ont en général qu'un sens vague et incertain, il est difficile d'amener les hommes à leur donner, dans l'étude d'une science, le sens précis qu'ils doivent y avoir. D'un autre côté, il paraîtrait barbare de créer des termes techniques pour exprimer des idées simples et communes. Une analyse des mots, employés dans ces sciences, est donc un des moyens les plus sûrs d'en faciliter l'étude, et d'en accélérer les progrès. Nous disons une analyse, et non une définition.

En effet, une définition, lorsqu'elle est possible, n'est que le résultat d'une analyse qu'elle suppose et qu'elle rappelle. Avant d'attacher un mot à une idée complexe, il faut l'avoir développée et circonscrite; il faut que ceux qui doivent s'entendre, en prononçant le même mot, reçoivent la même idée; et l'analyse seule peut remplir cette condition.

Ainsi, la langue politique, l'analyse des idées qu'expriment les mots de cette langue, sera un des premiers objets du *Journal d'Instruction sociale*.

On y joindra le développement des principes de droit naturel, du droit politique et de l'économie publique, ainsi que l'exposition des moyens qui dérivent de ces principes, pour se diriger dans sa conduite, pour organiser ou administrer une société.

Dans toutes les sciences, il existe des théories reconnues, qu'il suffit d'exposer avec leurs preuves. Mais il existe aussi des questions sur lesquelles l'opinion n'est pas fixée.

La discussion de ces questions, quand même elle ne conduirait qu'à prévenir des décisions précipitées, en inspirant un doute salutaire, doit également entrer dans un journal d'instruction.

D'ailleurs, si l'on s'assujettissait à un ordre absolument méthodique; si la suite des articles du journal présentait un traité complet sur chaque science, on perdrait le principal avantage d'une publication périodique, celui d'occuper les lecteurs des objets pour lesquels les circonstances de chaque moment leur inspirent plus de curiosité, de les éclairer sur ce qu'ils ont actuellement besoin de connaître.

On exposera, on discutera les opinions qui, par elles-mémes, ou par le nom de leurs auteurs, peuvent avoir sur les esprits une influence générale. On combattra les erreurs qui menaceraient d'acquérir une importance dangereuse.

Duhamel est chargé de la langue des sciences morales et politiques, et de présenter des vues, soit sur la méthode d'enseigner ces sciences, soit sur l'art de discuter; *Condorcet* et *Sieyès* développeront les principes du droit naturel et politique, de l'économie publique, de l'art social.

Comme il est impossible que plusieurs hommes aient sur tout les mêmes opinions, il arrivera quelquefois d'en présenter de différentes sur les mêmes questions; mais ces différences n'en rempliraient que mieux l'objet de ce journal, dont le but est d'éclairer et non d'enseigner ce qu'il faut croire.

On demandera, sans doute, à qui ce journal sera utile, à qui il est destiné, par qui il pourra être lu.

La partie du journal consacrée à exposer les moyens d'instruire les autres et de s'instruire soi-même, et à fixer, par une analyse exacte, le sens des mots dont se forme la langue de la morale et de la politique; cette partie doit être, par sa nature même, à l'usage de tous les hommes, à la portée de tous les esprits.

Elle sera utile dans l'éducation, et en même temps elle servira à faire disparaître cette différence de langage qui, entre des hommes appelés à l'exercice des mêmes droits, produit une inégalité très-réelle.

Dans les autres parties du journal, lorsqu'il s'agira de développer des théories, on aura soin de remonter assez haut pour se rendre intelligible, même à ceux qui ne sont point préparés par des études antérieures.

S'il s'agit de questions à discuter, d'opinions à exposer, alors on s'imposera la loi de suppléer aux connaissances que ces discussions exigent, par une courte exposition des principes généraux qui doivent y servir de guide.

Ainsi, c'est à tous les hommes ayant quelque habitude de réfléchir et d'exercer leur raison que ce journal est destiné. Il sera également à la portée et des enfants de douze ans, dont l'instruction n'aura pas été négligée, et des hommes les moins éclairés, s'ils sont capables de l'application nécessaire pour s'instruire.

Dans les sociétés populaires, qui ont si bien servi la cause de la liberté, qui lui seront encore si utiles, la lecture de ce journal aurait l'avantage de leur faire connaître, sur les questions qu'elles voudraient examiner et discuter, l'état actuel des connaissances humaines, les opinions qui partagent les hommes éclairés, les raisons sur lesquelles ces opinions sont appuyées.

XII.   39

Si, dans une science quelconque, vous proposez à l'homme le plus instruit de discuter une question ou de la résoudre, à moins qu'elle n'ait été déjà l'objet de ses recherches, ou qu'elle n'y ait un rapport immédiat, il aura besoin de temps et d'études préliminaires pour vous bien répondre.

Or, c'est ce temps, ce sont ces études que la lecture du journal, peut épargner dans les circonstances où l'empressement de discuter et d'avoir une opinion, ne permettrait point de recourir à d'autres moyens de s'instruire.

On aura, de plus, l'avantage d'y trouver les questions importantes, débarrassées de tout ce dont les préjugés anciens et les nouvelles passions ont pu les embarrasser.

Les hommes ignorants, mais ayant des mœurs simples, ont, en général, l'esprit juste; leur bon sens saisit ou démêle la vérité. Mais l'habitude leur a donné des préjugés d'autant plus difficiles à déraciner, que leurs idées sont renfermées dans un cercle plus étroit. Il leur est bien difficile aussi de ne pas se laisser entraîner par des sophismes qui leur sont présentés avec l'art propre à les séduire, de trouver des réponses à ces sophismes, de deviner même qu'il en existe. Ainsi, combattre les préjugés qui corrompent la raison de la partie du peuple la moins instruite, le prémunir d'avance contre les sophismes de ses hypocrites protecteurs, c'est, sans doute, un moyen de prévenir ses égarements et les maux qui doivent en résulter pour lui-même.

Les ouvrages philosophiques ont pour but, les

uns le progrès, les autres la propagation des lumières. Les premiers ne sont écrits que pour les hommes déjà instruits de tout ce qui est connu, parce
qu'en général eux seuls peuvent acquérir ces connaissances nouvelles et en profiter.

Les autres doivent être mis à la portée du plus
grand nombre des lecteurs; mais le travail nécessaire pour atteindre à ce degré de clarté a des difficultés réelles, et le peu de gloire qu'il en résulte
ne dédommage pas de ce qu'il en a coûté pour les
vaincre. Heureusement, lorsqu'il s'agit d'objets importants pour le bonheur public, le plaisir d'avoir
été utile offre des jouissances plus douces que celles
de la gloire. Le temps employé à faire entendre la
vérité, même la plus simple, à détruire les erreurs,
même les plus grossières, ne paraîtra jamais un
temps perdu aux vrais amis de l'humanité.

Et lorsque ces erreurs pourraient corrompre la
masse entière d'un grand peuple, lorsqu'elles pourraient l'exposer à des trahisons, lorsque la connaissance de ces vérités, en devenant plus générale, peut
le sauver de ces dangers; alors toute idée personnelle doit disparaître devant ces grands intérêts.

La vérité n'est utile ni à l'orgueil, ni à l'ambition, ni à l'avidité, ni aux passions particulières des
individus; elle ne fait le bien d'un seul qu'en faisant
celui de tous. Voilà pourquoi tant d'hommes se sont
occupés de séduire les nations, et que si peu ont
cherché à les détromper et à les éclairer. Il semblait
que l'esprit d'inégalité s'était glissé, en quelque sorte,
même dans la philosophie, comme si la vérité ne

devait être le patrimoine que de quelques hommes.

Satisfaits de la gloire de l'avoir trouvée, ils ne cherchaient à la répandre que parmi ceux dont le suffrage flattait leur amour-propre. Souvent même ils se plaisaient à la cacher; on voulait bien avoir des disciples ou des lecteurs, mais on abandonnait la masse entière des hommes à son inattention et à ses erreurs.

Ainsi, des préjugés, depuis longtemps détruits pour les sages, continuaient d'asservir les nations. De nouvelles vérités agrandissaient la sphère de la raison humaine; mais elles demeuraient inutiles au bonheur des hommes qui ne les connaissaient pas.

Cependant il ne peut y avoir ni vraie liberté, ni justice, dans une société, si l'égalité n'y est pas réelle; et il ne peut y avoir d'égalité, si tous ne peuvent acquérir des idées justes sur les objets dont la connaissance est nécessaire à la conduite de leur vie. L'égalité de la stupidité n'en est pas une, parce qu'il n'en existe point entre les fourbes et leurs dupes; et que toute société qui n'est pas éclairée par des philosophes est trompée par des charlatans.

Nous ne pouvons en avoir ici qu'une espèce à combattre : les charlatans politiques. Tous ne sont pas des César ou des Cromwell; mais, en ce genre, il suffit d'un médiocre talent, et souvent d'un bien petit intérêt, pour faire beaucoup de mal. Tous suivent la même marche; tous veulent être les favoris du peuple, afin d'en devenir les tyrans. Tous calomnient la vertu, jusqu'à ce qu'ils aient le pouvoir de la persécuter. Tous haïssent les talents qui ne s'avilissent pas à les servir. Tous craignent que les lumières ne se répandent, parce qu'ils ne peuvent vaincre qu'en combattant dans les ténèbres.

Montrer au peuple les piéges où ces hommes veulent l'engager, est donc un des premiers devoirs des écrivains qui se dévouent à la cause de la vérité et de la patrie.

Jamais la tyrannie ne s'est établie, ni maintenue que par l'erreur, et parce que les moyens ou le courage de détromper le peuple ont manqué aux amis de la liberté.

Nous nous garderons bien de nous faire, auprès des lecteurs, le moindre mérite d'employer ou d'éviter la métaphysique, d'afficher ou de dépriser la philosophie. La raison est une, et n'a qu'un langage. On peut lui donner différents noms, suivant les objets auxquels on l'applique; mais elle ne change pour cela ni de nature, ni de méthode.

Au reste, le but de ce journal n'est pas de donner des opinions, mais de mettre à portée de s'en former une.

Nous ne demandons pas que les hommes pensent comme nous; mais nous désirons qu'ils apprennent à penser d'après eux-mêmes. Ce n'est pas un catéchisme politique que nous voulons enseigner; ce sont des discussions que nous soumettons à ceux qu'elles intéressent, et qui doivent les juger.

SUR LE SENS DU MOT

RÉVOLUTIONNAIRE.

1er JUIN 1793 (1).

De *révolution*, nous avons fait révolutionnaire ; et ce mot, dans son sens général, exprime tout ce qui appartient à une *révolution*.

Mais on l'a créé pour la nôtre, pour celle qui, d'un des États soumis depuis plus longtemps au despotisme, a fait, en peu d'années, la seule république où la liberté ait jamais eu pour base une entière égalité des droits. Ainsi, le mot *révolutionnaire* ne s'applique qu'aux révolutions qui ont la liberté pour objet.

On dit qu'un homme est révolutionnaire, c'est-à-dire, qu'il est attaché aux principes de la révolution, qu'il agit pour elle, qu'il est disposé à se sacrifier pour la soutenir.

Un esprit révolutionnaire est un esprit propre à produire, à diriger une révolution faite en faveur de la liberté.

Une loi révolutionnaire est une loi qui a pour

(1) *Journal d'Instruction sociale.*

objet de maintenir cette révolution, et d'en accélérer ou régler la marche.

Une mesure révolutionnaire est celle qui peut en assurer le succès.

On entend alors que ces lois, ces mesures, ne sont pas du nombre de celles qui conviennent à une société paisible; mais que le caractère qui les distingue, est d'être propres seulement à un temps de révolution, quoique inutiles ou injustes dans un autre.

Par exemple, une loi qui proscrirait, en France, les noms de famille, de manière que chacun portât un nom personnel, auquel il ajouterait, dans les actes, celui de son père, afin d'éviter une confusion contraire au bon ordre, une telle loi pourrait s'appeler révolutionnaire. En effet, dans un pays éclairé, où les principes de l'égalité naturelle seraient consacrés par une longue habitude, il serait absurde de craindre la perpétuité des noms, et dès lors il y aurait une légère injustice à la défendre.

Mais en France, où les préjugés d'inégalité sont plutôt comprimés qu'anéantis, où la haine qu'ils inspirent est trop violente pour qu'ils soient encore tombés dans tout le mépris qu'ils méritent; en France, cette loi pourrait être utile : elle ôterait tout espoir de ressusciter, soit la noblesse, soit même les distinctions de naissance.

A Rome, où l'inégalité était consacrée par la constitution, et par presque toutes les institutions sociales, on avait systématiquement arrangé la perpétuité des noms de famille. On portait celui de la tige, puis de la branche, puis quelquefois d'une seconde ramification. Mais, dans les pays où l'on jouissait d'une liberté égale, dans ceux où l'on gémissait sous l'égalité de la servitude, dans la république d'Athènes, comme en Perse, les noms de famille étaient inconnus. Il était d'usage, en Grèce, dès les temps les plus reculés, d'ajouter le nom du père. C'est ainsi que, dans Homère, on distingue les deux Ajax; et nous ne voyons aucune trace qu'on ait éprouvé le besoin d'une autre distinction.

On aurait tort, au contraire, d'appeler révolutionnaire la loi qui admettrait les enfants nés hors du mariage à partager, avec égalité, dans le bien de leur mère et dans celui du père qui les aurait reconnus. Ce n'est pas que cette loi ne fût très-utile pour la révolution; mais cette même loi est impérieusement exigée par les premiers principes de la justice naturelle, et on ne doit pas la distinguer des autres lois justes et sages qui conviennent à tous les pays et à tous les temps.

On a trop souvent abusé du mot *révolutionnaire*. Par exemple, on dit, en général : *Il faut faire une loi révolutionnaire, il faut prendre des mesures révolutionnaires.* Entend-on des lois, des mesures utiles à la révolution? On n'a rien dit. Entend-on des mesures qui ne conviennent qu'à cette époque? On dit une chose fausse; car, si une mesure était bonne à la fois, et pour l'état de calme, et pour celui de révolution, elle n'en serait que meilleure.

Entend-on une mesure violente, extraordinaire, contraire aux règles de l'ordre commun, aux principes généraux de la justice? Ce n'est pas une raison suffisante de l'adopter; il faut de plus prouver qu'elle est utile, et que les circonstances l'exigent et la justifient.

Il peut être bon de remonter à l'origine de cet abus du mot *révolutionnaire*.

Quand il fut question d'établir la liberté sur les ruines du despotisme, l'égalité sur celles de l'aristocratie, on fit très-sagement de ne pas aller chercher nos droits dans les capitulaires de Charlemagne, ou dans les lois Ripuaires; on les fonda sur les règles éternelles de la raison et de la nature.

Mais bientôt la résistance des partisans de la royauté et des abus obligea à prendre des moyens rigoureux que les circonstances rendaient nécessaires : alors, les anti-révolutionnaires crurent embarrasser leurs adversaires, en alléguant ces mêmes principes de justice naturelle avec lesquels on les avait si souvent battus; on entendait, sans cesse, invoquer la déclaration des droits par ceux qui en avaient trouvé la proposition absurde et dangereuse.

Comme on ne pouvait souvent leur répondre qu'avec une logique assez fine, et qu'on ne se croyait pas toujours sûr du succès, on imagina le mot de *loi de circonstance*, qui, devenant bientôt ridicule, fut remplacé par celui de *loi révolutionnaire*.

Les anciennes lois de presque tous les peuples ne sont qu'un recueil d'attentats de la force contre la justice, et de violations des droits de tous en faveur des intérêts de quelques-uns ; la politique de tous les gouvernements n'offre qu'une suite de perfidies et de violences; en conséquence, les philosophes se contentaient presque toujours de combattre ce système d'injustice et d'oppression, en établissant les principes de la morale universelle. Ils les employaient dans leur généralité métaphysique. Ils s'occupaient d'autant moins des exceptions, qu'ils voyaient sans cesse les oppresseurs croire justifier tous les abus, tous les crimes, en les présentant comme des exceptions exigées par une impérieuse nécessité.

Ainsi, dans l'embarras de distinguer ce que les circonstances rendaient légitime, on trouva plus court d'en tirer une excuse vague, et de faire embrasser avec chaleur, comme nécessaire, ce dont on ne savait trop comment prouver la justice.

Il est peut-être temps, aujourd'hui, de substituer des règles plus fixes à cette marche, commode, mais dangereuse.

Lorsqu'un pays recouvre sa liberté, lorsque cette révolution est *décidée*, mais non *terminée*, il existe nécessairement un grand nombre d'hommes qui cherchent à produire une révolution en sens contraire, une *contre-révolution*, et qui, confondus avec la masse des citoyens, deviendraient dangereux, si on leur permettait d'agir de concert, de réunir à eux tous ceux qui, partageant leurs sentiments, sont retenus par la crainte ou la paresse. Voilà donc un danger contre lequel il est juste de se défendre; ainsi, toute action, même indifférente, qui augmente ce danger, peut devenir l'objet d'une loi répressive, et toute action qui tend à le prévenir peut légitimement être exigée des citoyens.

Le pacte social a pour objet la jouissance égale et entière des droits qui appartiennent à l'homme; il est fondé sur la garantie mutuelle de ces droits. Mais cette garantie cesse à l'égard des individus qui veulent le dissoudre; ainsi, quand il est constant qu'il en existe dans une société, on a droit de prendre les moyens de les connaître, et quand on les connaît, on n'est plus restreint à leur égard que par les limites du droit de la défense naturelle. De même, si un droit plus précieux est menacé; si, pour le conserver, il est nécessaire de sacrifier l'exercice d'un autre droit moins important, exiger ce sacrifice n'est pas violer ce dernier droit; car il cesse alors d'exister, puisqu'il ne serait plus, dans celui qui le réclamerait, que la liberté de violer dans autrui un droit plus précieux.

Dans l'incendie de Londres, en 1766, on ne coupa point le feu, parce que la loi défend d'abattre les maisons; on laissa brûler les meubles et les marchandises des absents, parce qu'elle défend d'enfoncer les portes. N'imitons pas cet exemple.

Mais en Angleterre, quand on veut violer la loi, quand on veut que le roi puisse librement exercer des actes de tyrannie, on suppose une conspiration. C'est ce qu'on a vu se répéter deux fois dans les dernières années de Charles II; ce que George Ier ne manqua point de faire; ce que George III imite si glorieusement dans ce moment même; et l'on doit également éviter cet exemple en sens contraire.

Plus la loi *révolutionnaire* s'écarte des principes

rigoureux de la justice commune, plus on doit la renfermer dans les limites de la sévérité nécessairement exigée par la sûreté publique. En Angleterre, on fit un crime capital de la seule action de dire la messe. Cette loi ne fut jamais exécutée, et n'a servi qu'à légaliser des rigueurs arbitraires.

Dans un bon système de législation, les lois ordinaires conservent leur force, tant qu'elles ne sont pas révoquées; mais les lois révolutionnaires, au contraire, doivent porter avec elles le terme de leur durée, et cesser d'être en vigueur si, à cette époque, elles ne sont renouvelées. Dans un temps où l'on pouvait regarder tout papiste comme un ennemi, la nation anglaise put légitimement leur défendre d'avoir des armes; mais la loi subsista longtemps après le moment où, devenue absurde et tyrannique, elle n'était plus qu'un moyen de viles délations, d'exactions honteuses.

Les lois, les mesures révolutionnaires, sont donc, comme les autres, asservies aux règles sévères de la justice; elles sont des lois de sûreté, et non de violence. Ainsi, la liberté de changer de lieu, même sans motif d'utilité, celle de l'émigration, celle de disposer à son gré des denrées qu'on a recueillies ou achetées, quoique fondées sur le droit naturel, ne peuvent être opposées à nos lois sur les passe-ports, sur les émigrés, sur les subsistances, si la conservation de la société a rendu ces lois nécessaires; c'est donc en elles-mêmes qu'il faut les examiner.

N'est-il pas vrai, par exemple, que dans les raisonnements sur lesquels on appuie le principe très-vrai de la justice et de l'avantage d'une liberté illimitée pour le commerce des subsistances, on n'a jamais examiné l'hypothèse où les denrées seraient évaluées en une monnaie dont les circonstances rendraient la valeur réelle décroissante, de manière qu'il pût exister du profit à garder une denrée, quand bien même l'abondance devrait bientôt en faire baisser le prix réel? On n'a pas examiné l'hypothèse où la masse des achats, payés ou avancés par le trésor public, deviendrait assez considérable pour éloigner les acheteurs particuliers, forcés à plus d'économie, et comparé le danger de fixer un *maximum* à celui de voir multiplier ces achats, et de faire nourrir une grande nation par son gouvernement. Si on a complétement réfuté la crainte chimérique du monopole ou des accaparements, on n'a pu considérer l'hypothèse où plusieurs grandes puissances, réunies contre une seule nation, parce qu'elle veut être libre, auraient avoué le projet de l'affamer, parce qu'elles désespéreraient de la vaincre; où ces puissances pourraient espérer de trouver des complices dans la nation même; où ces complices pourraient, avec un succès égal, soit employer des manœuvres de commerce, soit les supposer pour amener la terreur et le pillage; où enfin, pour la première fois, peut-être, un *pacte de famine* serait devenu possible d'une autre manière que par des lois prohibitives.

Enfin, la puissance de la loi, dans un pays qui n'a point de constitution consacrée par quelques années d'habitude, peut-elle se calculer comme dans celui où le respect pour la loi établie jusqu'à ce qu'une autorité légitime l'ait réformée, est devenu une des premières vertus du citoyen?

Ne croyons pas justifier tous les excès en les rejetant

Sur la nécessité, l'excuse des tyrans.

Mais gardons-nous aussi de calomnier les amis de la liberté, en jugeant les lois qu'ils font adopter, les mesures qu'ils proposent, d'après des règles qui ne sont vraies, dans toute leur étendue, que pour des temps tranquilles.

Si le zèle, même pour la plus juste des causes, devient quelquefois coupable, songeons aussi que la modération n'est pas toujours sagesse.

Faisons des lois *révolutionnaires*, mais pour accélérer le moment où nous cesserons d'avoir besoin d'en faire. Adoptons des mesures *révolutionnaires*, non pour prolonger ou ensanglanter la révolution, mais pour la compléter et en précipiter le terme.

L'altération du sens des mots en indique une dans les choses mêmes.

Aristocratie signifie le gouvernement des sages. Des vieillards gouvernaient, par l'autorité de leur expérience, des peuplades pauvres et peu nombreuses. Un petit nombre de riches gouvernèrent avec orgueil ces peuplades transformées en villes opulentes et populeuses; dès lors, aristocratie est devenue justement le synonyme de tyrannie.

Les vieillards présentaient aux dieux les vœux de leurs familles; un prêtre, suivant l'étymologie de ce mot, était un ancien. Il y a loin de là à des gens qui vendent des prophéties, inventent des miracles, volent les biens de la terre en promettant le ciel, et assassinent les hommes au nom de Dieu.

SUR L'IMPÔT PROGRESSIF.

1er JUIN 1793 (1).

L'impôt proportionnel est celui qui augmente dans la même raison que la valeur imposée; ainsi, par exemple, un impôt sur le revenu est proportionnel, s'il en est toujours le dixième; c'est-à-dire, si le revenu de 100 liv. en paye 10, et que celui de 1,000 en paye cent.

On a donné le nom d'impôt progressif à celui qui augmente plus qu'en proportion de la valeur imposée; comme si, par exemple, 1,000 liv. de revenu payaient un vingtième; que pour le revenu qu'on aurait de plus, jusqu'à 2,000 liv., on payât deux vingtièmes; trois pour le revenu qu'on aurait au-dessus de 2,000 liv. jusqu'à 3,000, et ainsi de suite.

Les règles suivant lesquelles croît cette proportion peuvent être variées à l'infini.

On voit qu'un impôt progressif peut se décomposer en plusieurs impôts proportionnels, dont le premier, par exemple, affecterait la totalité des revenus; le second, la portion seulement qui excède une certaine somme; le troisième, ce qui excède encore une autre limite.

Ainsi, dans l'exemple ci-dessus, tous les revenus payent un vingtième; ce qui excède 1,000 liv., en paye un second; ce qui excède 2,000 liv., un troisième, etc.

(1) *Journal d'Instruction sociale.*

On voit aussi qu'on peut arrêter où l'on veut cette loi d'augmentation, ou le nombre de ces impôts successifs.

L'impôt proportionnel peut être considéré comme un impôt sur les choses ; il reste le même, quel qu'en soit le possesseur. Un revenu de 100 liv. passant de la main d'un individu qui n'en a point d'autre, dans celle d'un autre individu qui a 100,000 liv. de rente, paye toujours la même somme.

L'impôt progressif est nécessairement personnel ; 100 liv. payent plus lorsqu'elles appartiennent à un homme qui a 100,000 liv. de rente, que lorsqu'elles passent à celui qui n'avait rien.

Si l'impôt n'était établi que sur le produit net d'une terre, s'il était à peu près le même chaque année, comme, par exemple, entre un cinquième et un quart de ce produit, alors il ne serait réellement payé par personne.

En héritant, en achetant 100 liv. de revenu en terre, je n'hériterais, je n'achèterais, dans la réalité, qu'un revenu entre 80 et 75 liv.; je pourrais même l'affermer, pour une valeur moyenne entre ces deux extrêmes, 77 liv. 10 sous, par exemple, en chargeant le fermier de l'imposition.

Il en serait de même d'une avance qui, en bonifiant une terre, en augmenterait le produit net de 100 liv.; ce serait une augmentation réelle de 80 à 75 liv. que cette avance me vaudrait.

Tel est le vrai système des économistes, qui n'a été calomnié que pour n'avoir pas été entendu.

Ils ont prouvé de plus que les impôts, quels qu'ils

fussent, étaient toujours payés réellement par ce produit net ; mais que ceux qui ne l'affectaient pas directement étaient plus onéreux, exigeaient de plus grands frais, soumettaient à de plus grandes gênes, entraînaient plus d'exactions ou d'injustices, et ne pouvaient être répartis qu'avec inégalité.

Mais ils n'ont jamais prétendu le prouver que d'un impôt à peu près constant pendant un certain nombre d'années. En effet, lorsqu'un impôt indirect diminue le produit net des terres, par un changement dans le prix des denrées ou des salaires, dans le taux de l'intérêt, il faut du temps pour que tous ces changements puissent s'effectuer d'une manière générale, et que l'équilibre se rétablisse. Par exemple, l'impôt avancé par le fermier ne retombe sur le produit net, sur la part du propriétaire, qu'au moment d'un nouveau bail.

Une taxe extraordinaire, exigée une seule fois, si la crainte de la voir répéter n'entre dans aucune spéculation, est réellement payée par celui même à qui elle est directement demandée.

Supposons maintenant un impôt sur toute espèce de somme annuellement disponible, de quelque manière qu'on se la procure, le travail, l'industrie, le commerce, des placements de capitaux, des fonds de terre, des émoluments de place : il est clair d'abord que la partie de ce revenu, nécessaire à la subsistance de la famille, ne peut être imposée. On peut sans doute me demander un impôt sur un produit net, ne fût-il que de quelques livres, et on ne m'empêche point par là de gagner par mon travail même beaucoup au delà du nécessaire; on ne me demande qu'une portion d'un avantage dont je jouis sans qu'il m'en coûte aucune peine.

Mais il n'en est pas de même du revenu dans lequel on comprend tous les moyens de subsister. C'est donc sur l'excédant seul que l'impôt doit être placé. Évaluons ce nécessaire à 400 liv., et supposons l'impôt proportionnel à l'excédant, et d'un vingtième; celui qui a 800 liv. payera le vingtième de 400 liv. ou 20 liv., c'est-à-dire le quarantième du total; celui qui a 2,400 liv. payera 100 liv. ou un vingt-quatrième du total, et ainsi de suite. Voilà donc un impôt proportionnel sur la portion du revenu excédant 400 liv., mais progressif sur le revenu entier; et cette distribution est absolument conforme aux principes de la plus rigoureuse justice.

Ceux qui approchent du nécessaire ne payeraient alors presque rien; les petites erreurs sur l'évaluation de leurs facultés ne pourraient avoir un effet sensible.

Ce serait donc une réforme utile dans notre contribution mobilière, que d'exempter absolument une certaine somme de revenu présumé, et de n'imposer proportionnellement que l'excédant. Alors cette contribution deviendrait un véritable impôt progressif.

Mais n'y a-t-il pas un autre degré de richesse au delà duquel seulement doit commencer le payement d'une portion des contributions publiques, lorsqu'il n'est pas encore possible de se contenter d'un seul impôt sur le produit net des terres, lorsqu'il n'est pas encore possible d'en fixer le montant d'une manière assez constante pour qu'il n'affecte que la propriété même, et n'influe point sur le sort du propriétaire?

D'abord les dépenses publiques ne sont pas toutes rigoureusement nécessaires; il en est qui ne sont qu'utiles; et, dans ce cas, elles ont pour limites le point où l'utilité de la dépense devient égal au mal produit par la contribution. Or il existe des dépenses dont l'utilité n'est au-dessus des privations occasionnées par l'impôt, que pour ceux auxquels il n'ôte qu'un véritable superflu.

Ensuite la même dépense ne peut-elle pas avoir pour le riche une utilité dont il profite seul, sans qu'il perde rien de l'utilité commune à tous? Telle est, par exemple, dans la dépense des grandes routes, la commodité pour les riches de se porter rapidement d'un lieu à un autre pour des voyages d'agrément; tandis que l'utilité de ces mêmes routes pour le transport des denrées, l'activité du commerce, les voyages d'affaires, est la même pour tous.

Vous n'encouragerez pas véritablement les arts utiles, sans encourager, dans les produits de ces arts, une perfection qui ne sera jamais une jouissance que pour le riche; et cependant il n'en profite pas moins du plus grand degré de bonté qu'acquièrent en même temps les productions communes de ces arts. Vous ne pouvez même encourager l'agriculture, prise dans un sens général, sans faire des essais qui n'aboutiront aussi qu'à multiplier pour le riche des jouissances d'agrément.

Il serait donc très-juste de dire : Tous les revenus seront proportionnellement imposés ; mais au-dessus d'un certain terme, l'excédant payera proportionnellement une autre contribution. Celle-ci sera destinée à ces dépenses dont l'utilité, quoique réelle, ne peut dédommager celui à qui elle coûterait des privations pénibles. Elle sera destinée à faire payer par les riches certains avantages exclusifs qu'ils retirent de dépenses faites, à la vérité, pour l'utilité générale, mais dont il résulte nécessairement des jouissances qui ne peuvent être que pour eux seuls. Voilà encore un second sens dans lequel l'impôt progressif est conforme à la justice.

Cependant la nature même a marqué des bornes à cette espèce d'impôts. S'ils empêchent l'homme riche d'augmenter ou de conserver sa fortune ; si dès lors ils l'obligent de recourir à ces moyens secrets de s'enrichir, toujours nuisibles à la prospérité nationale, ils tarissent les sources de l'industrie ; s'ils offrent un assez grand intérêt pour inviter à chercher des moyens d'éluder la loi, ils corrompent les mœurs publiques ; s'ils forcent l'homme opulent à diminuer sa dépense, à dissimuler sa richesse, ils ruinent plusieurs branches d'industrie nécessaires à la subsistance actuelle du pauvre laborieux, ils produisent le goût d'amasser des trésors, de les augmenter en cachette, de ne les employer qu'à séduire et à corrompre. Un tel impôt aurait l'effet des lois somptuaires rigoureusement exécutées, celui de rendre vraiment dangereuse l'aristocratie des richesses.

Aussi c'est l'aristocratie qui a presque partout

établi ces lois, afin de concentrer, de perpétuer la richesse dans certaines familles, de forcer à l'employer pour l'ambition, et non pour le plaisir.

Je sais que l'existence des grandes fortunes est nuisible par elle-même; qu'il est utile qu'elles se rapprochent de l'égalité; je sais que, sans cela, l'égalité même des droits ne peut être entière et réelle. Je sais que les grandes fortunes ne sont point nécessaires à cette activité d'industrie, à cette heureuse distribution de travaux, à cette circulation, à cet accroissement de capitaux, de richesses, qui permet au sol de se couvrir d'une population plus nombreuse, et qui augmente, pour chaque génération, les moyens d'aisance et de bien-être. Mais aussi la destruction subite, le déplacement de ces fortunes, et même le changement instantané de leur emploi, dérangeant la marche de l'industrie, la distribution actuelle du travail, le cours établi du commerce, peuvent réduire le sol d'un pays à ne plus nourrir qu'une population beaucoup plus faible, peuvent condamner plusieurs générations au malheur, pour revenir lentement ensuite à une prospérité que l'on atteindrait beaucoup plus tôt et avec bien moins de sacrifices, en détruisant l'inégalité de fortunes par des moyens plus doux, qui même seraient plus efficaces.

Il est bon, en effet, d'observer que ces fortunes cachées, tenues en réserve pour satisfaire l'ambition et l'avarice, se perpétueraient plus longtemps que s'il avait été permis au luxe de les employer, à la fantaisie de les dissiper.

Il est donc nécessaire à la prospérité commune de régler l'impôt progressif de manière à ne rendre pas inutile, pour un individu, l'acquisition d'une nouvelle portion de terre, le placement d'un nouveau capital, à ne point l'obliger de chercher dans les fonds étrangers, dans l'agiotage, l'emploi de ses fonds, à ne pas lui donner la tentation de cacher sa fortune par de fausses ventes.

Supposons maintenant que pour 30,000 liv. on acquière communément un bien-fonds rapportant 1,000 liv., on sent qu'il ne peut être question que d'un terme moyen; ainsi, les uns ont acquis pour cette même somme jusqu'à 1,100 liv., et les autres seulement 900 liv. de revenu.

Dès lors qu'arriverait-il à l'homme riche qui, en achetant un bien, payerait un impôt additionnel d'un dixième? Rien, sinon d'être obligé ou d'attendre une occasion plus favorable, s'il veut placer au taux commun, ou de se contenter d'un intérêt un peu moindre. On fait de plus grands sacrifices à la convenance.

De même, quel avantage trouverait un homme à changer sa manière de vivre, s'il ne perdait, en faisant connaître sa fortune, qu'une petite portion de ses jouissances, et par conséquent que celle où il tiendrait le moins? Par cette raison, il faut encore que l'intérêt de cacher sa fortune, produit par l'impôt progressif, n'ajoute pas trop à celui que donnait déjà la masse de l'impôt plus général.

Avec ces précautions, l'impôt progressif non-seulement est juste, mais il est utile, parce qu'il soulage le pauvre dont il diminue les charges, sans le punir de ce faible soulagement par des coups funestes portés à la circulation et à l'industrie. Autrement il arriverait que vous ôteriez à une famille laborieuse la moitié du produit de ce travail dont elle tire sa subsistance, pour lui épargner un impôt de quelques livres.

Les richesses et le travail se distribuent, sur le territoire d'une grande nation, suivant un ordre naturel que les institutions politiques n'altèrent presque jamais qu'aux dépens de l'utilité générale. Cet ordre est favorable à l'égalité; il faut donc, pour le porter au plus haut degré, favoriser le vœu de la nature, et non le contrarier. Laissons donc les richesses se partager, se dissiper, et ne forçons pas à les conserver en forçant à les cacher; ne diminuons pas la véritable richesse du pauvre laborieux, un travail assuré et constant dans le genre où l'habitude, et un apprentissage souvent coûteux et pénible, lui ont fait acquérir le plus d'industrie, en détournant les capitaux ou les revenus de leur usage accoutumé.

On voit qu'il n'est question jusqu'ici que d'impôts annuels, qui peuvent entrer dans l'ordre habituel des finances d'une nation, et non de ces ressources extraordinaires qui ne peuvent être employées qu'une fois.

On peut alors agir avec moins de réserve, quant aux sommes exigées; mais on doit craindre d'user de ces ressources, parce qu'elles en épuisent de plus importantes. L'utilité des sacrifices que peuvent faire les riches sera toujours bien au-dessous de celle qu'on peut retirer de leur crédit, surtout quand une nation a bien moins besoin de ressources nouvelles, que de moyens de réaliser celles qu'elle a déjà, et de diminuer une masse trop grande de papier-monnaie à laquelle on n'a pu assurer qu'une extinction très-lente.

C'est le cas où se trouve la France. Ainsi, diminuer la masse des assignats, en hâter l'extinction au moyen d'avances faites par les riches, tel est actuellement le véritable intérêt de la nation française, et le seul moyen qu'elle puisse employer pour user de toutes ses ressources actuelles, sans altérer celles qu'il peut être utile de lui ménager dans l'avenir.

L'enthousiasme de la liberté a souvent produit d'heureuses révolutions politiques ; mais tout bouleversement, dans l'organisation sociale est funeste à ceux qui osent le tenter, à la cause qu'ils soutiennent, comme au peuple qui l'éprouve. Jusqu'à ce terme, la société reste entière au milieu des orages qui semblent menacer de la détruire. Des maux partiels et passagers sont bientôt réparés par une activité nouvelle, conséquence nécessaire de ces agitations.

Un emprunt forcé, même d'une somme égale à la portion du revenu présumé qui excède un terme fixé, produirait des avantages immenses, en diminuant la masse des assignats. On pourrait le renouveler tant qu'il resterait des biens nationaux à vendre, et cette mesure ne nuirait point à la prospérité publique par le bouleversement des fortunes particulières.

On donnerait des billets portant 3 ou 3 et demi pour cent d'intérêt, et reçus en payement des biens nationaux de toute espèce. Chaque individu taxé trouverait à emprunter, parce que le prêteur pourrait se réserver le droit de veiller sur l'emploi des billets, et que dès lors il aurait une hypothèque spéciale et première sur un bien national, sans affaiblir les droits qu'il acquerrait sur le reste de la fortune de l'emprunteur.

Il pourrait en résulter quelque embarras et quelque sacrifice; mais comme il s'agit évidemment, pour chacun, de la conservation du tout, il serait difficile de se plaindre. Supposons une masse de propriétaires menacés d'un danger commun; de celui, par exemple, de voir leurs propriétés détruites par des inondations; supposons que, pour éviter ce danger, ils aient besoin seulement d'acheter comptant des terrains, des usines dont la libre disposition est indispensable pour le succès de travaux nécessaires, mais dont ensuite la valeur leur restera tout entière; ces propriétaires ne s'empresseraient-ils pas d'emprunter pour faire ces acquisitions? ne se répartiraient-ils pas ces emprunts entre eux à peu près à proportion des pertes qu'ils peuvent craindre? Eh bien, ce que ces hommes feraient pour leur avantage personnel, parce qu'ils peuvent s'entendre, est précisément ce que nous proposons ici d'imposer aux citoyens riches, qui sont en trop grand nombre pour se concerter aisément sur les intérêts communs à tous.

On y trouverait encore l'avantage d'augmenter la

concurrence pour la vente des biens nationaux, en créant un papier qui ne puisse servir à d'autres usages; ce qui est d'autant plus avantageux, que les biens des particuliers ne partageraient pas cette concurrence.

On multiplierait le nombre des acquéreurs, ce qui n'est pas à négliger, non pour les biens ecclésiastiques ou domaniaux, mais pour ceux des émigrés. Intéressez les hommes riches à ce que ces biens se vendent, et vous verrez bientôt se calmer même les inquiétudes qui peuvent rester encore aux hommes moins opulents.

On a beaucoup trop perdu de vue qu'après avoir nécessairement blessé, par la révolution, beaucoup de préjugés et d'intérêts, il était temps de chercher des moyens d'y rattacher, par l'intérêt même, tout ce qui n'est pas essentiellement ennemi de l'égalité et de la raison; autrement bientôt tous les avantages obtenus s'oublient, et on se souvient de toutes les pertes. Alors on est tenté de prendre tous les mécontents pour des ennemis, et on les force à le devenir.

Conservons par la sagesse ce que nous avons acquis par l'enthousiasme, et sachons faire aimer notre liberté républicaine à ceux même qui sont assez malheureux pour ne pas en connaître le sentiment.

SUR LES ÉLECTIONS.

1ᵉʳ JUIN 1793 (1).

Dans une société libre et fondée sur l'égalité, la prospérité publique, la sûreté de l'État, la conservation même des principes de cette société dépend de la bonté des choix populaires.

Si la masse des représentants et des fonctionnaires est composée d'hommes animés de l'esprit public, éclairés, honnêtes, les vices des formes constitutionnelles ne peuvent avoir une influence dangereuse ; et on aura le temps de les réformer avant qu'ils aient pu nuire.

Si, au contraire, des hommes corrompus, des ignorants présomptueux, sont portés aux places, alors les meilleures lois deviennent un faible rempart contre l'ambition et l'intrigue ; et le peuple qui juge sainement, mais qui ne juge que les résultats, se dégoûte, non de la liberté, mais de la tyrannie anarchique à laquelle on en a donné le nom.

Malgré tous les vices de la constitution anglaise, la force inhérente à toute représentation nationale, dans un pays où la presse est libre, met le ministère dans l'impossibilité de résister à la majorité de la chambre des communes, surtout si, après une convocation nouvelle, elle se trouve animée du même esprit. Le mode d'élection, pour les membres de ce

(1) *Journal d'Instruction sociale.*

corps, est donc une des premières causes qui conduisent l'Angleterre à la servitude.

Si on nous disait : Un peuple puissant était rassemblé dans les environs d'une seule ville ; les citoyens s'y réunissaient souvent sur la place publique ; et là, toutes les autorités établies s'abaissaient
devant leur volonté souveraine ; ils nommaient eux-
mêmes leurs généraux et leurs magistrats, et ne
leur conféraient qu'une autorité de peu de durée ;
le peuple était armé et accoutumé à la guerre, il
composait seul la force publique : ne croiriez-vous
pas qu'il a dû conserver sa liberté, sa souveraineté ?
Eh bien ! tel était le peuple romain, et rien n'a plus
contribué à le faire tomber dans l'esclavage, que les
formes vicieuses de ses délibérations et de ses élections.

Ainsi, au moment où la nation française va se
donner une constitution, l'analyse des divers modes
d'élire que l'on peut choisir, et des résultats qu'ils
doivent produire, mérite, sans doute, d'occuper les
amis de la patrie.

C'est là ce qui décidera si nous serons gouvernés
par la raison ou par l'intrigue, par la volonté de
tous ou par celle d'un petit nombre, si la liberté
sera paisible, ou si elle s'égarera dans de pénibles
agitations.

J'ai cru devoir traiter ce sujet de nouveau, et
l'approfondir autant que j'en suis capable.

J'ai examiné les questions les plus importantes,
relatives au mode d'élire, dans un ouvrage de calcul,
publié en 1785 ; j'ai présenté de nouvelles vues sur

ces mêmes questions dans plusieurs écrits imprimés, soit avant, soit depuis la Révolution. Mais je me crois encore bien éloigné d'avoir atteint le terme.

On ne peut faire, en ce genre, des pas utiles, si l'on n'appuie l'analyse métaphysique, les observations morales, les résultats de l'expérience, sur le calcul des combinaisons et la théorie mathématique des probabilités. Toute autre méthode ne conduirait qu'à des conséquences incertaines et vagues. La possibilité pratique, même de telle ou telle méthode, ne peut être admise ou rejetée avec quelque assurance, si on ne se livre point à l'examen des moyens artificiels, en quelque sorte, de simplifier, d'abréger les opérations.

Ni l'étendue de ce journal, ni sa nature, ne me permettent d'y insérer mon travail en entier, et je me bornerai à en donner un extrait.

La théorie générale des élections, la comparaison des résultats de cette théorie avec le but qu'on doit se proposer, et les obstacles qu'il faut vaincre, enfin l'application des principes à la pratique, telle est la division de cet ouvrage.

Théorie des élections.

Pour un homme qui choisirait seul, mais qui voudrait s'astreindre à une marche régulière, une élection est le résultat d'une suite de jugements sur tous les candidats, comparés deux à deux. Les candidats sont, pour lui, ceux qu'il juge dignes de la place, et entre lesquels il doit fixer son choix.

Un vote d'élection est de même le résultat de ces jugements rendus à la majorité. Un homme seul pèse, dans chaque jugement, les motifs de préférence entre deux candidats. Dans une élection, les voix de chacun, pour ou contre, représentent ces motifs, et alors on les compte au lieu de les peser. Un homme qui, comparant deux individus entre eux, préfère le second au premier, puis, comparant ce second à un troisième, donne la préférence à ce dernier, ne peut, sans se contredire, ne pas le préférer aussi au premier. Cependant, s'il comparait ensuite immédiatement le premier et le troisième, peut-être trouverait-il des motifs de préférer le premier; et alors il serait obligé d'examiner ce jugement, d'en balancer les motifs avec ceux des deux autres qui ne peuvent subsister en même temps, et de sacrifier celui qu'il juge le moins probable.

Dans le cas d'une élection entre trois candidats, il est possible que les trois jugements de la majorité sur ces concurrents, comparés deux à deux, ne puissent subsister ensemble, quoique le résultat des jugements de chaque votant ne renferme aucune contradiction. La possibilité peut aisément s'en prouver par des exemples, et s'expliquer par cette seule observation, que la majorité en faveur de chacune des propositions admises n'est pas formée des mêmes individus. Alors il faut abandonner la proposition qui a une moindre majorité, et s'en tenir aux deux autres. C'est ainsi que, sur tous les objets où l'on ne peut atteindre qu'à une probabilité plus ou moins grande, on doit rejeter une proposition probable en elle-même, si elle en exclut une qui l'est davantage.

La bonté du résultat d'une élection, quoiqu'il renferme une proposition contraire à un des jugements de la majorité, peut rester très-probable. En effet, cela n'arrive que dans une combinaison où il est certain que la majorité s'est trompée au moins une fois. Alors la probabilité de la bonté du résultat est celle que la majorité ne s'est trompée qu'une fois, et dans une telle proposition.

Il est inutile d'avertir que cette contradiction entre les jugements de la majorité, qui se présente dans le cas de trois candidats, doit se présenter bien plus aisément quand ils sont en plus grand nombre, et qu'alors plusieurs de ces jugements peuvent être en contradiction avec les autres; d'où il suit que, dans ce cas, la majorité a dû nécessairement se tromper plus d'une fois; mais les conséquences sont les mêmes.

Pour que, dans une assemblée d'électeurs, chacun puisse donner son vœu en entier, c'est-à-dire comparer deux à deux les mêmes candidats, ou, ce qui revient au même, en former la liste suivant l'ordre de mérite, il faut que cette liste soit déterminée, c'est-à-dire que chacun sache ceux sur lesquels les autres votants peuvent émettre une opinion.

Mais il n'est pas nécessaire que chacun fasse toutes ces comparaisons, compose une liste complète; il peut en regarder un certain nombre comme égaux entre eux, soit qu'il les juge tels d'après un examen, soit que, ne les connaissant pas, il ne puisse ou ne veuille pas les juger.

XII. 41

Cette condition ne gène en aucune manière la liberté, puisqu'elle exige seulement que chacun arrête, une fois définitivement, quels sont ceux entre lesquels il croit devoir choisir. La liste de tous ceux qui seraient ainsi présentés offrirait alors à chacun tous les candidats entre lesquels les autres votants pourraient aussi vouloir juger; ensuite il déciderait, avec une entière liberté, comment il peut prendre part à ce jugement, quels sont ceux entre lesquels il ne veut pas rester indécis, ou ceux qu'il veut rejeter le plus fortement, en les plaçant après tous les autres.

Tous les modes d'élection où chacun ne donne qu'un vote incomplet, conduisent à des résultats contraires au vœu qu'aurait eu la majorité, si on avait recueilli des votes complets.

La bonté des résultats de ces votes incomplets peut, sans doute, avoir quelque probabilité; mais elle ressemble à celle d'une proposition qui n'a été examinée qu'à demi; et nous ne devons adhérer à une proposition probable que dans le cas où l'on aurait découvert l'impossibilité de combiner de nouvelles données, et tant que dure cette impossibilité.

Mais on manquerait également le but, si l'on forçait chaque votant d'émettre, non le vœu complet qu'il forme réellement, mais un vœu complet dans un sens absolu, c'est-à-dire de fixer un ordre de préférence entre tous les candidats, même entre ceux qu'il ne connaît pas. En effet, il est clair qu'alors il rangerait ceux-là au hasard, et qu'ainsi son jugement pourrait faire préférer celui qui ne l'aurait pas été, s'il n'avait pas jugé. Dans le premier cas, on ne compte point des jugements qui auraient dû l'être ; dans le second, on en compte qui n'ont point été rendus. Dans le premier, on agit comme si on avait exclu au hasard une portion des votants ; dans le second, comme si on donnait au hasard une double voix à quelques-uns d'entre eux.

Voici donc quelle serait, dans la théorie, la marche d'une élection : après avoir déterminé ceux entre lesquels on est convenu de choisir, chacun émettrait son vœu complet, soit de préférence, soit d'indifférence.

On formerait le tableau des jugements de la majorité entre les candidats pris deux à deux, et on en tirerait le résultat, c'est-à-dire l'ordre de mérite dans lequel la majorité les a placés. Si ces jugements ne peuvent subsister ensemble, on abandonnerait ceux qui ont obtenu la majorité la plus faible.

Cette marche est précisément la même que suivrait un individu qui voudrait faire un choix avec scrupule, en suivant une méthode générale, régulière, uniforme dans tous les cas.

En général, comme la méthode d'atteindre la vérité est une, il faut que les procédés d'une assemblée délibérante se rapprochent, autant qu'il est possible, de ceux que suit l'esprit d'un seul individu, dans l'examen d'une question.

Ce principe peut avoir d'autres applications importantes ; il nous conduit ici à développer un mode d'élection en quelque sorte naturel, ayant toute la perfection que permet la nature même des choses.

C'est à ce mode qu'il faut comparer tous ceux que l'on peut proposer d'y substituer par des considérations tirées du temps que l'on peut employer aux élections, du degré de lumière de ceux auxquels on les confie, de la difficulté d'écarter d'eux l'influence de l'intrigue, de la nécessité de conserver entre eux une véritable égalité, et de les intéresser à remplir cette fonction avec zèle, avec scrupule.

CLASSES DE LA SOCIÉTÉ

N'ONT QU'UN MÊME INTÉRÊT.

8 JUIN 1793 (1).

Une des principales causes qui ont amené, conservé, rétabli la tyrannie d'un seul ou de plusieurs, est l'apparente opposition d'intérêts entre les diverses classes qui existent naturellement dans une société.

Il est facile d'arrêter, par la force de la loi, les injustices que produisent les intérêts privés, ou les passions personnelles ; mais il l'est bien moins d'empêcher les passions qui agitent des classes nombreuses, les intérêts qui les divisent, de troubler l'ordre général de la société, de prêter un appui aux projets des ambitieux, de fournir des prétextes pour instituer des pouvoirs qui blessent les droits des hommes, ou menacent la liberté.

J'ai dit : les diverses classes qui existent naturellement dans la société, parce que la loi ne doit en créer, en souffrir aucune de celles qui sont l'ouvrage des institutions sociales, comme des maîtres et des esclaves, une noblesse et une bourgeoisie héréditaire, etc., etc. Mais la distribution des travaux ou des richesses, celle des individus sur le territoire, produit nécessairement des hommes pou-

(1) *Journal d'Instruction sociale.*

vant vivre sans travail, et d'autres n'ayant que leur travail pour vivre ; des cultivateurs, des manufacturiers et des commerçants ; des entrepreneurs, des ouvriers et des consommateurs ; des propriétaires de fonds et des capitalistes. Une partie des citoyens est répandue dans les campagnes, le reste s'est réuni dans des villes ; une de ces villes devient, par le fait, une sorte de chef-lieu national.

Si donc chacune de ces distinctions, nécessaires dans la fortune, dans les professions, dans la manière de vivre, donnait à chacune des classes qui en résultent des intérêts réellement opposés, la société entière serait perpétuellement agitée par une guerre sourde entre ces classes ennemies ; mais, au contraire, si cette opposition est imaginaire, si toutes ces classes n'ont qu'un même intérêt, il suffira de leur prouver cette vérité pour tarir la source des dangers dont le préjugé contraire menaçait la tranquillité publique, ou la liberté, des obstacles qu'il opposait à la prospérité générale.

En Angleterre, où l'on se croit gouverné par des pouvoirs qui se balancent, on s'occupe de balancer aussi les intérêts opposés ; on y cherche à maintenir l'équilibre entre l'intérêt commercial et l'intérêt territorial. Les ministres ne permettent pas à la nation de savoir que si des pouvoirs agissent, c'est qu'ils s'accordent, et que, si des intérêts concourent à un but commun, c'est qu'ils sont les mêmes.

Je vais donc essayer de prouver que ces prétendues oppositions d'intérêts n'existent pas ; que le développement des facultés de l'homme, le progrès de la civilisation, qui en est la suite, ne tendent point naturellement à séparer les hommes, mais à les rapprocher ; que les rapports sociaux, d'accord avec les sentiments de la nature, les portent, par l'intérêt de leur propre bonheur, à le chercher dans celui des autres ; et que l'homme ne peut devenir ennemi de l'homme que par l'effet des lois injustes, ou des institutions corruptrices.

Je parlerai d'abord de la prétendue opposition d'intérêts entre les riches et les pauvres, entre une ville devenue chef-lieu national par le fait, et le reste du territoire : on sait que ces deux erreurs sont, dans ce moment, une des principales causes des orages qui nous agitent, des maux dont nous sommes menacés.

L'intérêt de celui qui vit de son travail, de son industrie, est de n'en point manquer, de voir s'établir une concurrence active entre ceux qui en ont besoin. Il est également intéressé à ce qu'aucun trouble dans la société, aucun bouleversement dans les fortunes, ne dérange ni l'ordre des choses, qui lui assure du travail, ni la concurrence qui en maintient ou en élève le salaire.

Son intérêt est donc que celui qui peut vivre sans travail, d'un revenu acquis ou reçu, puisse employer son revenu et ses capitaux, soit pour sa dépense, soit même pour augmenter sa fortune par des moyens utiles à l'industrie, et que la crainte de perdre sa propriété ne le détermine pas à dissimuler sa richesse, ou à thésauriser.

L'intérêt de celui qui vit sans travail est de

conserver, et même d'augmenter sa propriété, surtout s'il a plusieurs enfants. Mais si l'aisance n'accompagne pas l'industrie laborieuse, cette industrie diminue, et avec elle les jouissances du riche. Mais si l'ordre vicieux de la société condamne une classe nombreuse à la misère, alors, ou la propriété est menacée, ou le riche est obligé de nourrir le pauvre; ce qui est beaucoup plus cher que de l'empêcher de le devenir. Calculez ce que la taxe des pauvres, en Angleterre, a coûté pour fournir à leur consommation, et voyez quelle énorme différence dans ces effets, si les mêmes capitaux avaient été employés pour l'industrie.

Il est, sans doute, de mon intérêt que, si j'ai besoin d'un travail, je le paye meilleur marché : mais est-il de mon intérêt que les salaires soient bas dans le pays que j'habite? Non. Dans le premier cas, le salaire commun d'un tel travail étant, par exemple, 10 livres, c'est-à-dire, entre 9 et 11 livres, il est de mon intérêt d'être du nombre de ceux qui ne le payent que 9 livres. Mais il n'en serait pas que le prix commun de ce travail tombât à 6 livres, par le défaut de concurrence et la diminution de l'industrie.

Il est absurde de prétendre que c'est un grand bonheur de ne rien avoir, pourvu qu'on ait à côté de soi un homme qui ait beaucoup; mais il est vrai que, sans l'espérance et la possibilité d'augmenter sa fortune, sans l'assurance de pouvoir l'employer librement, toute activité cesserait : on détruirait donc, pour celui qui a très-peu, une ressource très-importante, celle de pouvoir, en dépensant une petite somme pour acquérir un plus haut degré d'industrie, augmenter, dans une proportion très-grande, le prix de son travail; qu'on diminuerait la masse des travaux, et par conséquent de tous les moyens de subsistance et de bien-être.

La distribution des travaux dans les sociétés policées, leur division, si nécessaire pour le maintien ou l'accroissement soit de la population, soit de la prospérité publique, a pour résultat nécessaire, non qu'il y ait des pauvres, mais qu'une partie des individus emploie ses capitaux pour acquérir une industrie; non qu'il existe une classe nombreuse d'hommes n'ayant que leurs bras, mais qu'il en existe une n'ayant que leurs bras et une industrie acquise.

Aucun des moyens de placer de petits capitaux n'est aussi avantageux, surtout pour ceux que la nature a favorisés; et si ces avantages, considérés surtout par rapport aux familles, sont subordonnés au hasard, on peut, par l'établissement des caisses d'économie, les soustraire en grande partie à son empire.

Si tous les hommes plaçaient leurs capitaux en terres ou en rentes, au lieu de les placer en industrie, un plus grand nombre sans doute aurait une propriété; mais cette propriété serait insuffisante aux besoins de la plupart des individus, ne les dispenserait pas d'un travail alors peu lucratif, et ils seraient réellement moins riches que s'ils n'avaient que de l'industrie.

Voulez-vous que l'agriculture fasse des progrès?

il faut que vous ayez des cultivateurs ou des propriétaires en état de faire de grosses avances.
Voulez-vous que le commerce fleurisse? il faut que
vous ayez des hommes qui puissent y placer des
capitaux considérables. Et ces progrès, dus aux
propriétaires, aux cultivateurs, aux capitalistes plus
riches, sont utiles, sont nécessaires à la prospérité
des cultivateurs moins aisés, et des petits commerçants. Il ne s'agit pas ici de maintenir une grande
inégalité; il s'agit seulement de tout abandonner
à la volonté libre des individus, de seconder, par
des institutions sages, la pente de la nature, qui tend
à l'égalité, mais qui l'arrête au point où elle deviendrait nuisible. Alors la fortune ne se fixe point dans
un certain nombre de familles, dans une classe
d'hommes; mais elle circule dans la masse entière,
et elle y circule sans ces grands déplacements qui,
s'ils sont subits, dérangent le cours des travaux, de
l'industrie, du commerce; et, en détruisant la fortune d'un grand nombre de riches, tarissent les ressources d'un plus grand nombre de ceux qui ne le
sont pas.

L'intérêt de tous est que les fortunes se divisent;
mais il l'est aussi que chacun puisse accroître la
sienne autrement que par la thésaurisation, et surtout qu'il puisse se croire sûr de la conserver et d'en
jouir.

AUX CITOYENS

FRANÇAIS,

SUR LA

NOUVELLE CONSTITUTION.

JUIN 1793.

AVERTISSEMENT.

Cet écrit servit de prétexte à l'ex-capucin Chabot pour dénoncer Condorcet à la tribune de la Convention, le 8 juillet 1793. On trouvera, aux pages 653, 654 et 674, les endroits que cette dénonciation, de Chabot, signale particulièrement comme dangereux et *atroces*. Au surplus, l'extrait du *Moniteur* (page 677), que nous joignons à l'écrit de Condorcet, fournira sur ce sujet tous les renseignements désirables.

AUX CITOYENS

FRANÇAIS,

SUR LA

NOUVELLE CONSTITUTION (1).

Deux plans de constitution ont été présentés à la Convention nationale.

L'un a été rédigé par neuf de ses membres choisis à la pluralité des suffrages, avant qu'aucune division scandaleuse n'eût agité l'assemblée; et cette liste contenait les noms d'hommes connus, en Europe, par leurs talents ou leurs ouvrages, chers à la France par des services rendus à la liberté.

C'est après plusieurs mois d'un travail assidu que leur plan a été présenté, et l'exposition des motifs qui les ont guidés dans le choix des moyens d'organisation sociale, a prouvé qu'ils ne s'étaient déterminés sur les points importants, qu'après de mûres réflexions et une discussion approfondie.

Un nouveau comité de six membres, également choisi par l'assemblée, après avoir examiné les divers projets qu'il a pu rassembler, a demandé la

(1) Cette nouvelle constitution avait été présentée à la Convention, au nom des cinq membres désignés par le Comité de Salut public, le 10 juin 1793, par Héraut de Sechelles, député de Paris. Elle fut adoptée le 24 du même mois, mais ne fut jamais en vigueur.

priorité pour celui du comité de constitution ; et la Convention, libre encore, l'a jugé digne de cette préférence.

Le second plan, rédigé à la hâte par cinq commissaires désignés par le comité de salut public, a été amendé et accepté par ce comité dans une seule séance.

L'assemblée l'a décrété ensuite après une faible discussion, et des variations complaisamment accueillies.

Mais dans quel temps ce travail a-t-il été rédigé et accepté? Dans un moment où la liberté des représentants du peuple avait été ouvertement outragée; où, entourés de soldats, retenus par la force des armes dans le lieu de leurs séances, ils avaient été contraints, pour éviter un plus grand crime, d'ordonner l'arrestation de 27 de leurs collègues, et où dès lors l'intégrité de la représentation nationale ne subsistait plus; dans un moment où la liberté de la presse était anéantie par des censures inquisitoriales, par le pillage des imprimeries; où le secret des lettres était violé avec une audace que jamais le despotisme n'avait connue, où par conséquent il n'existait de liberté, ni au dedans, ni au dehors de l'assemblée, pour aucune des manières connues d'exprimer sa pensée et de manifester la vérité. Et non-seulement ces outrages n'ont point été réparés, ces crimes sont restés impunis, mais le jour où la nouvelle constitution devait définitivement être présentée, a été signalé par de nouveaux attentats.

Si donc on demande dans lequel des deux plans de constitution le peuple français peut reconnaître le vœu de la Convention nationale, il est évident que c'est uniquement dans le premier. Ne croiriez-vous pas mieux connaître mes intentions, par ce que vous exposerait un homme à qui j'aurais donné ma confiance dans un moment où j'étais libre, que si je vous les manifestais directement, mais sous la dictée de la tyrannie?

Examinons maintenant les deux plans en eux-mêmes.

On a reproché avec justice au premier de contenir des articles qui auraient dû n'être que réglementaires; et sans doute ils auraient pu être remplacés par un petit nombre de prescriptions générales, qui, renfermant l'esprit de ces articles, marquant le but qu'ils devaient atteindre, auraient assuré aux citoyens une égale garantie de leurs droits, à la République les mêmes gages d'une prospérité durable.

La nouvelle constitution est plus courte : mais ce n'est point en surmontant les difficultés, c'est en les éludant qu'on a obtenu cette brièveté; c'est en substituant à des détails d'organisation, non les principes dont ces détails doivent être la conséquence, mais des maximes insignifiantes et vagues.

L'égalité des droits politiques entre les citoyens, la facilité de les acquérir, la distinction des assemblées primaires où le peuple exerce la souveraineté, d'avec toutes les autres réunions politiques; l'unité du corps législatif; le fréquent renouvellement des fonctionnaires publics; l'étendue donnée aux élections populaires; l'éligibilité commune à tous pour toutes les places ; la rééligibilité indéfinie ; les précautions contre l'abus de la force armée, tels sont les objets sur lesquels les deux plans s'accordent. On n'y peut observer que de légères différences peu importantes, mais presque toutes à l'avantage du premier.

On a senti dans tous deux la nécessité de séparer en deux classes les actes du corps législatif : des *lois* sur lesquelles le peuple exerce un droit de censure, des *décrets* qui n'y sont point assujettis.

Dans le premier plan, cette distinction a été faite avec beaucoup de précision et de clarté ; les droits et les intérêts du peuple ont été pesés avec scrupule. On avait vu combien il serait dangereux pour la sûreté et la prospérité de la nation, d'assujettir à la décision immédiate des citoyens, l'établissement de la dépense annuelle, et celui de l'impôt qui doit la payer.

On avait vu que la répartition de l'impôt direct, étant un jugement entre les divers départements, le tarif des impôts indirects, une opération de calcul faite d'après des relevés de produits antérieurs, d'après des tableaux du prix des différentes denrées dans les divers pays de l'Europe, ou des observations sur la marche du commerce et des manufactures, etc.; qu'enfin la fixation de la dépense publique de chaque année, étant faite en grande partie sur des évaluations de denrées, sur des devis de construction ou de fournitures, sur des comptes rendus de l'état des établissements publics, des magasins, etc., il était absurde de faire juger par des citoyens ce qu'ils ne peuvent connaître. On leur soumettait les lois dont ils pouvaient apprécier la bonté par les seules lumières de la raison, et non des actes d'administration dont l'utilité ne peut être appréciée que sur des données qu'il était difficile au corps législatif de leur communiquer, qu'il leur était impossible d'examiner. On avait vu que des assemblées dispersées ne pouvant voter que par *oui* ou *non*, il serait souvent impossible d'établir dans le cours de l'année, soit la répartition, soit la dépense ; mais en même temps la législation de l'impôt était soumise à la censure populaire. En effet, alors il s'agit d'une véritable loi, et c'est là surtout que l'on peut craindre l'oppression.

Dans le nouveau plan, rien n'annonce que l'on ait songé ni à ce qui serait utile, ni à ce qui était praticable. La négligence a même été portée au point de soustraire à la censure plusieurs classes de dépenses, en y laissant soumis tous les moyens d'y pourvoir.

Ne voit-on pas qu'en donnant au corps législatif le droit d'ordonner immédiatement les dépenses extraordinaires, il donnera ce nom à toutes celles qu'il jugera nécessaires, ou qu'il aura intérêt de ne pas exposer à un examen? Une telle disposition conduit donc infailliblement à perpétuer le désordre des finances.

Le seul article du second plan qui présente un avantage apparent, et qui a été ajouté par l'assemblée, c'est celui où l'on soumet à cette censure la déclaration de guerre ; mais comme ni la guerre dé-

fensive, ni les secours donnés en exécution des traités, ne peuvent être compris dans l'article, la renon-
ciation aux conquêtes, aux guerres d'ambition que
l'on trouve dans le premier projet, était bien préférable à cette mesure, qui peut précipiter la nation
dans des guerres d'enthousiasme ou d'humeur, et
qui soustrait le corps législatif à toute responsabilité
morale.

En examinant la manière dont le peuple, dans les
deux projets, exerce sa censure sur les lois faites ou
préparées, on y voit une ressemblance presque entière. Les avantages sont à peu près les mêmes; cependant, dans le mode établi par le comité, la censure populaire est organisée d'une manière plus
régulière, plus propre à prévenir toutes les secousses. Ce plan renferme encore, sur la formation
des simples décrets, plusieurs précautions utiles pour
en éviter l'incohérence et la précipitation, précautions auxquelles les nouveaux rédacteurs n'ont rien
substitué.

Le nouveau plan de constitution ne parle point de
l'indemnité des députés; cependant peu d'articles
sont plus importants : car si les députés ne sont pas
payés, ils ne seront choisis que parmi les riches, ou
parmi ceux qui ont d'heureuses dispositions pour le
devenir.

Suivant le nouveau plan, le corps législatif s'assemble dans le lieu où celui qui l'a précédé a tenu
ses séances. Dans le premier projet, la loi devait fixer
ce lieu, et c'était seulement dans le cas où elle n'aurait rien prononcé, que la résidence restait la même.

Sans doute, il est utile à l'universalité de la République que le lieu de la résidence des pouvoirs
généraux de la nation soit habituellement le même;
mais il serait dangereux d'en faire un privilége, dangereux encore d'établir ce privilége d'une manière
indirecte.

A-t-on voulu montrer par là sous quelle influence
le nouveau plan avait été rédigé (1)?

Il n'est personne qui ne sente l'importance d'un
mode d'élection qui assure, sinon de bons choix, du
moins des choix conformes au vœu de la majorité
des citoyens, pour toutes les places qui, comme celles
de députés au corps législatif, de juges, d'administrateurs, exigent que ceux qui les remplissent
aient la confiance générale, tandis qu'un autre mode
d'élection assurerait à chaque citoyen, que parmi
les jurés ou dans le conseil général de sa commune,
quelle que soit son opinion, son parti, sa profession,
il trouvera des hommes sur l'impartialité desquels
il puisse se reposer.

Personne n'ignore combien, relativement à cette
confiance publique, seul ressort efficace et sûr dans
une constitution populaire, à l'importance de soustraire les élections aux ruses de l'intrigue, à la fureur
des brigues, à l'influence des partis, aux moyens de
corruption ou de terreur, une élection immédiate
faite par les citoyens séparés en petites assemblées,

(1) Les articles du nouveau plan, sur les prérogatives des députés, sont copiés d'après le premier, où le mot ridicule d'inviolabilité était aussi supprimé : il est assez plaisant que le rapporteur du dernier comité ait imaginé de lui en faire un mérite.

a d'avantages sur celles qui seraient confiées à des corps électoraux.

Mais les élections immédiates exigent des formes très-simples, et il n'était pas facile de concilier cette simplicité avec un mode combiné de manière à exprimer constamment le vœu de la majorité.

D'après la méthode proposée par le premier comité, en se rendant huit fois chaque année au chef-lieu de son assemblée primaire, chaque citoyen pouvait voter dans toutes les élections; chacune d'elles n'exigeait que des opérations très-simples; des moyens techniques auraient facilité et l'émission du vœu et le dépouillement du scrutin. On supprimait entièrement avec les corps électoraux tout ce qu'il peut en résulter d'intrigues, de corruption, de moyens de troubles et d'anarchie.

Les choix ne se faisaient qu'à la majorité; le scrutin d'élection n'étant pas signé, en garantissait l'indépendance; les députés d'un même département, les membres d'une même administration étaient élus par une seule opération, ce qui évitait à la fois, et les inconvénients des élections successives, et le danger de faire élire à des places importantes par une trop petite masse de citoyens.

Cette partie du premier plan avait été combinée avec beaucoup de soin. Qu'a-t-on fait dans le second? On a encore passé à côté des difficultés au lieu de les résoudre. Les députés au corps législatif sont élus un à un, par une petite portion de citoyens, moyen sûr de livrer les élections à l'intrigue, et les les places à la médiocrité.

On a conservé le mode d'élection inventé par les commissaires du conseil en 1789, mode dont l'effet est de forcer les citoyens à choisir entre deux hommes que souvent la majorité aurait voulu exclure également. On croirait qu'à l'exemple de ces commissaires, les réviseurs de 1791, comme ceux de 1793, n'ont songé qu'à condamner le peuple à faire de mauvais choix (1) : le mode du premier comité laissait une supériorité d'influence aux grandes villes, relativement à la formation de la liste des éligibles. Dans le nouveau on donne l'élection presque entière aux villes même médiocres, et l'influence des campagnes est presque nulle. Le premier comité peut être excusable de n'avoir pu détruire absolument l'avantage que des communications plus rapprochées et plus faciles donnent naturellement aux citoyens des grandes villes pour se réunir dans une même intention; mais le second l'est-il d'avoir étendu cet avantage à celles de cinq à six mille habitants, en augmentant celui des villes plus considérables?

De plus, il rétablit les corps électoraux d'après l'idée niaise que certains fonctionnaires publics ne doivent pas être élus immédiatement par le peuple, de peur qu'ils n'obtiennent trop de confiance.

Enfin, l'intention de conduire à de mauvais choix, et de les mettre à la disposition absolue des

____

(1) La plus mauvaise méthode ne peut s'opposer au vœu très-prononcé d'une grande majorité; ainsi, pour un petit nombre de choix, la réputation de talent, de patriotisme et de probité, a dû triompher; mais ces triomphes sont devenus plus rares à mesure que l'art de la calomnie s'est perfectionné.

associations particulières, n'aurait rien inventé de mieux que ce résultat de la précipitation et du défaut de réflexion.

Que signifie cette liberté laissée à chaque citoyen de voter à haute voix ou par écrit, suivant sa fantaisie, comme si les mêmes actes faits en vertu du même droit ne doivent pas être soumis à une même forme, comme si le maintien de la liberté et de l'égalité ne l'exigeait pas? A-t-on voulu s'assurer par là qu'aucune élection ne serait ni régulière, ni paisible?

Le conseil exécutif, dans le premier projet, était dans une dépendance du corps législatif aussi grande que la nécessité de n'établir aucun pouvoir arbitraire avait pu le permettre. Par là, l'unité de volonté et d'action était conservée. Le petit nombre des membres du conseil suffisait pour répondre à l'activité des opérations.

On lui donnait tous les moyens de vigilance et d'action, mais aucun pouvoir direct. Fort, quand il obéissait à l'impulsion de la représentation nationale, il s'anéantissait devant elle, du moment où il aurait essayé de s'en séparer.

Peut-être aurait-il fallu, du moins pendant quelques années, donner au corps législatif la fonction de faire la liste de présentation pour les membres du conseil; mais l'inconvénient d'ailleurs passager de la confier à l'universalité des citoyens serait bien moins grave qu'il ne le paraît au premier coup d'œil.

Croit-on que la France ne renferme que des hommes dont la médiocrité ne puisse atteindre à

une réputation étendue; qu'aucun citoyen n'y mérite de fixer les regards de la nation entière? Croirait-
on que, si elle choisissait elle-même, il fût si aisé de
dominer son opinion par de lâches dénonciations,
par d'absurdes calomnies? On a dit aussi contre les
élections immédiates, que les citoyens n'iront pas
aux assemblées primaires; et qui l'a dit? Ce sont
ces mêmes hommes qui sans cesse flattent le peuple,
qui répètent qu'il est grand et presque infaillible,
lorsqu'ils espèrent l'entraîner à des violences; mais
qui, dès qu'il est question de ne pas le restreindre
dans l'exercice de ses droits, n'en parlent plus que
comme d'un troupeau d'animaux lâches et stupides.
Amis du peuple, quand il leur présente une masse
qu'ils espèrent agiter, ils le dédaignent, lorsque dis-
persé il n'obéit plus qu'à sa raison.

Ils nomment droits du peuple, les actes de tyrannie exercés par une de ses portions; mais s'agit-
il des véritables droits du peuple entier, alors on est
étonné de retrouver dans leur bouche les insolentes
maximes de l'aristocratie. Ils appellent *le peuple* les
hommes corrompus ou égarés qu'ils rassemblent en
groupes, qu'ils entassent dans les tribunes; mais le
peuple souverain dans ses assemblées primaires est
pour eux un juge terrible qu'ils haïssent parce qu'ils
le craignent.

Et pourquoi les citoyens négligeront-ils les élections, s'ils croient qu'un véritable intérêt les y appelle? Qui donc les en a écartés jusqu'ici, sinon la
domination bruyante exercée dans les assemblées,
sinon le sentiment confus de la nullité de leur vœu

personnel, quand ils ne sont entrés dans aucune coalition, sinon la crainte des délations, des tracasseries, des vengeances auxquelles des différences d'opinion peuvent les exposer? C'est pour cela que, dans le premier plan de constitution, on avait établi un mode d'élire qui n'astreignait les votants qu'à déposer un billet dans une urne, qui, par là, donnait une influence égale sur l'élection à l'homme paisible et au bruyant déclamateur; et voilà ce qu'on n'a pas entendu, ou ce qu'on a voulu détruire dans la nouvelle rédaction.

Le conseil exécutif du second projet est choisi par le corps législatif, sur une présentation faite par les corps électoraux du département.

Ceux qui gouvernent véritablement, agents subalternes de ce conseil, ne peuvent ni avoir l'activité nécessaire, ni obtenir la confiance qu'exigent leurs opérations. La lenteur d'un conseil de vingt-quatre individus jette nécessairement toutes les affaires dans la plus incurable stagnation.

Ce n'est pas là organiser un gouvernement, c'est le paralyser, c'est créer d'excellentes places pour des hommes paresseux et corrompus. On donne aux vingt-quatre la nomination des administrateurs *comptables* de la trésorerie nationale, de peur que la surveillance des commissaires *responsables* choisis par le corps législatif ne fût un trop grand obstacle aux déprédations, si ces agents secondaires avaient été dans leur dépendance. Le premier plan donnait au peuple le choix immédiat de ces commissaires, et mettait ainsi le trésor public à l'abri même de la corruption des législateurs. Cette seule différence suffit pour apprendre aux citoyens, dans lequel des deux comités ils doivent reconnaître les véritables amis de la liberté; et les énormes dilapidations de nos ministres de la guerre, en montrant combien de telles précautions sont nécessaires, ne laissent aucun doute sur la cause secrète de tant de persécutions et de calomnies.

A la vérité, en formant le corps législatif de députés élus par de petites portions du peuple, en liant par la forme d'élection le conseil exécutif aux départements et à leur administration, le nouveau plan a créé un pouvoir rival de la représentation nationale. La nation demandait un gouvernement vigilant, actif, mais qui jamais ne pût obtenir un crédit dangereux. La question est ici complétement résolue en sens contraire.

Le jury national, tel qu'il se présente dans le premier plan, est combiné de manière à ce que les fonctionnaires publics accusés soient jugés avec promptitude et avec impartialité. Il était impossible d'attacher un sens raisonnable aux articles proposés par le nouveau comité. Ces articles ont été écartés, et rien ne les remplace; ainsi rien ne garantit, ni les citoyens contre l'oppression des administrateurs ou des juges, ni les fonctionnaires publics contre la tyrannie des corps législatifs.

Nulle part, le droit d'un certain nombre de récusations non motivées n'est assuré aux citoyens. Je sais que ce droit a été méconnu dans l'établissement du tribunal extraordinaire de Paris, formé le lendemain d'un attentat impunément commis par des brigands contre la liberté de la presse.

Mais une violation des droits des hommes, arrachée par la violence, ne devait pas être consacrée par le silence de l'acte constitutionnel.

Le premier plan du comité établissait pour les procès civils, 1° la nécessité d'un arbitrage ; 2° pour les cas où les parties n'accéderaient pas à la décision des arbitres, un jugement par jurés. Ces jurés, dont les assemblées primaires formaient le tableau, devaient être choisis par les parties ; dès lors toutes les objections sur la nécessité que les juges doivent connaître les anciennes lois, tous les prétextes pour avoir des tribunaux particuliers de commerce, etc., cessaient d'exister. Les arbitres pouvaient rendre un jugement d'équité ; si les parties ne consentaient pas à s'y soumettre, la loi seule devait prononcer.

On lui donnait pour ministres des hommes choisis par les citoyens, désignés pour chaque cause par les parties, et par là on écartait des jugements la partialité, la corruption, et cette influence des richesses, si dangereuse, et à laquelle, si on rejette le jury civil, on ne peut plus opposer que des institutions contraires à l'égalité.

Dans le nouveau plan, on conserve les juges sous le nom d'arbitres publics, comme si cette hypocrisie de mots pouvait détruire le vice de ce système.

Pour écarter les jurés civils, on a fait craindre le danger de tomber dans l'excès de la démocratie ; car les mêmes hommes qui auraient voulu que le peuple devînt un tyran , ne peuvent plus cacher leur crainte de le voir demeurer libre.

D'ailleurs, quel rapport entre la démocratie et les jurés civils? Ils seraient également bons à Constantinople et à Glaris.

Mais il faut bien que ceux qui veulent dominer aient des places à donner, et tout le monde ne peut se croire destiné au conseil des vingt-quatre.

Aussi les administrations de district qui compliquent si inutilement les ressorts du gouvernement, supprimées par le premier comité, ont-elles été rétablies.

Les rapports de la France avec les nations étrangères étaient déterminés, dans le premier plan, d'après les principes rigoureux du droit des gens.

Dans le second, on y a substitué des maximes de tribune. La dernière, dans sa généralité vague, présente même une absurdité; car il en résulterait, en la prenant à la lettre, l'impossibilité de faire la paix, sans une restitution préalable.

En effet, lors même qu'on devait l'obtenir par la paix , les circonstances peuvent être telles, qu'il soit impossible d'en faire un des préliminaires du traité. De plus, ne sait-on pas que les principes du droit des gens doivent être réciproques entre les nations, comme ceux du droit politique ou civil entre les citoyens d'une même république?

D'ailleurs, où serait l'humanité, où serait la justice, de dévouer plusieurs millions d'hommes à de longs malheurs, plutôt que de consentir à une cession de territoire? Il est grand, il est digne d'une

nation généreuse, de s'exposer à de grands sacrifices, et même à des dangers réels, avant de souffrir
une séparation si douloureuse; mais il n'est ni raisonnable, ni juste d'en faire une loi constitutionnelle. Que toute cession ait besoin d'être consentie
par le vœu national, et l'on aura complétement respecté les droits qu'une partie de l'association peut
avoir sur la masse de l'association tout entière.

Le premier plan consacrait un assez grand nombre
d'articles à la garantie de la liberté civile; mais un
projet rédigé, décrété sous l'influence des factieux
qui violaient cette liberté avec tant d'audace, pouvait-il imposer aux autorités établies ce frein si nécessaire? Aussi se borne-t-on dans ce projet à garantir
la liberté des pétitions et celle de former des sociétés
populaires, parce que ces mêmes factieux en dominent quelques-unes, et qu'ils ont appelé du nom de
pétition les ordres qu'ils ont osé donner aux représentants du peuple.

Un plan de constitution, malgré des lacunes, des
incohérences, ou même des dispositions dangereuses
pour la liberté, pourrait être adopté, si d'ailleurs il renfermait des moyens sûrs et paisibles de réformation.

Le premier projet avait cet avantage.

Il soumettait la Constitution à une réforme après
un intervalle de vingt ans. La majorité des citoyens
avait dans tous les temps le droit de l'exiger, et pour
qu'ils fussent interrogés sur cette question, il suffisait que, soit la majorité dans un département, soit
le corps législatif, crussent sentir la nécessité d'un
changement.

Enfin, la Convention, qui devait s'occuper de cette réforme, était bornée à cette seule fonction, et placée dans un lieu éloigné de celui des séances du corps législatif.

Ainsi la réforme pouvait s'opérer sans qu'il en résultât aucun dérangement dans l'action des pouvoirs établis, sans confier à aucun d'eux une autorité extraordinaire. Elle était préparée par des hommes dont on écartait tout intérêt étranger à la gloire d'avoir fait un bon ouvrage; tous les germes de corruption, toutes les semences de troubles en étaient écartés. Une convention moins nombreuse, formée de citoyens élus pour cet objet seul, aurait été à la fois plus éclairée et plus paisible.

La résidence du corps législatif et du gouvernement doit être habituellement fixée dans une ville qui devienne dans le fait une espèce de chef-lieu national, et ce chef-lieu doit être une très-grande ville; autrement il le deviendrait bientôt, et il n'y aurait eu d'avantage pour personne de créer cette ville nouvelle aux dépens de celles qui existaient déjà.

On ne pourrait établir de fréquents changements de résidence, sans détruire des capitaux immenses employés en édifices publics, en bâtiments particuliers, en établissements de commerce, sans ruiner une foule d'individus, en déroutant le cours de leurs spéculations, de leur industrie, de leurs travaux.

Mais ce même chef-lieu devient le centre où les intérêts et les passions viennent se combattre avec plus d'activité. Il doit exciter la jalousie des autres villes; ceux qui y exercent une autorité partielle doivent y affecter une sorte de prépondérance, et ce sont autant de raisons pour en éloigner les hommes chargés de préparer les lois constitution-nelles ; car, par cette seule disposition, toute jalou-sie cesserait, tous les soupçons disparaîtraient. Cette même ville conserverait ses avantages ; mais elle les conserverait, parce que des hommes soustraits à son influence auraient jugé loin d'elle que l'utilité com-mune le demandait, et que la nation entière l'au-rait jugé comme eux.

Cette séparation salutaire était dans le nouveau plan, mais elle en a disparu.

Dans celui qui a été décrété, la fonction de pré-parer les réformes constitutionnelles est unie aux fonctions déjà si étendues du corps législatif, et, par cela seul, toute tentative de réforme devient l'épo-que d'une révolution nouvelle, comme si on avait voulu dégoûter le peuple de perfectionner sa liberté et ses lois.

C'est sous l'influence du chef-lieu national que ces réformes seront toujours préparées, comme si on avait voulu éterniser ces semences de division et de haines qui nous sont aujourd'hui si fu-nestes.

D'ailleurs, la nouvelle constitution n'est pas né-cessairement soumise à un examen après un espace de temps déterminé ; et comme, d'un autre côté, la réforme doit nécessairement en être orageuse, on consacre en quelque sorte la perpétuité des vices de cette constitution ; on s'assure qu'ils ne seront attaqués qu'après être devenus insupportables, et lorsque, fortifiés par le temps, la destruction en sera devenue incertaine et difficile.

Il faut encore que la réforme soit demandée dans plus de la moitié des départements, de manière que l'ancien établissement doit subsister, quand même il serait devenu odieux à la moitié de la République.

Enfin, le corps législatif n'a pas le droit de consulter le peuple sur la nécessité de cette réforme; en vain l'aurait-il aperçue, en vain les dangers de la liberté lui feraient un devoir d'en avertir les citoyens, il faut attendre que l'évidence et l'excès du mal aient réveillé la nation.

Mais ce n'est pas tout : un seul article anéantit presque en entier ce droit de censure, de réclamation, exercé par le peuple dans les assemblées primaires. On exige, lorsqu'elles se forment spontanément, la présence de plus de la moitié des citoyens. Or, si on fait attention au nombre des vieillards, des infirmes, des malades, de ceux qui sont en voyage, de ceux que leurs affaires ou leur travail retiennent nécessairement, on verra que cette condition est presque impossible à remplir. Si on s'abandonne à l'ordre naturel, il sera facile à un parti, à une association particulière de remplir les formes de la loi; mais elles ne le seront que difficilement, tant que l'opinion, tant que la volonté spontanée du peuple agiront seules. En exigeant la présence d'un tiers ou même d'un quart, on eût évité l'inconvénient réel de laisser usurper à un petit nombre de citoyens l'autorité d'une assemblée primaire, et l'on eût conservé en même temps aux droits du peuple toute leur intégrité. Les articles correspondants du premier projet de constitution remplissaient également ce double objet.

Citoyens, pesez ces observations, et vous verrez que l'un de ces plans est fait pour la nation, l'autre pour assurer le pouvoir d'une association particulière. L'un a pour but l'égalité d'influence la plus entière : on y a voulu qu'une égalité de fait donnât de la réalité à l'égalité des droits; l'autre donne toute l'influence aux villes, parce que cette même association espère y conserver plus de pouvoir. Vous jugerez lequel des deux projets a conservé aux citoyens, avec plus de scrupule, tout l'exercice de leurs droits politiques qu'il leur est utile de se réserver, lequel a garanti leurs droits naturels avec le plus de soin. Vous apercevrez que tout ce qui est bon dans le second projet est copié du premier, et qu'on n'a fait que pervertir et corrompre ce qu'on a voulu corriger.

Vous sentirez, surtout, qu'en vous enlevant la possibilité de réformer les erreurs de ce nouveau plan, sans produire une révolution nouvelle, en vous ôtant l'espérance d'obtenir jamais une constitution préparée dans le calme, et loin de toute influence, on a porté une atteinte irréparable, et à vos droits, et à la prospérité publique.

Au contraire, si le premier plan vous paraît renfermer de grands défauts, et que, cependant, vous l'adoptiez aujourd'hui, demain une convocation nouvelle peut s'occuper de les réparer.

Indiquez ces défauts, et vous les verrez disparaître

sans que le cours ordinaire des pouvoirs établis en soit troublé, sans que cet examen puisse être la cause ou le prétexte d'agitations nouvelles, sans que les soins de la guerre et du gouvernement soient négligés, ou fassent négliger et retarder cette réforme.

Eh! quelle funeste ressemblance entre ce qui se passe aujourd'hui, et les derniers mois de l'Assemblée constituante! Aujourd'hui comme à cette époque, sa volonté de présenter à la France une constitution vraiment populaire a fait place à des vues d'une politique particulière; aujourd'hui comme à cette époque, on paraît craindre de donner au peuple trop de droits à exercer; on renferme de même dans des maximes vagues et incohérentes ceux qu'on veut bien lui laisser; l'autorité du pouvoir exécutif, et non son activité, est également devenue l'objet chéri des rédacteurs.

On a eu le même soin de rendre illusoires les moyens de réforme; on a de même réduit au silence ceux qui auraient défendu vos droits avec le plus de lumières et de zèle. La violation de la liberté de la presse a également accompagné les deux révisions; la force armée a également appuyé le parti des réviseurs. Ceux de 1791 avaient aussi longtemps flatté le peuple, et ont fini de même par l'outrager.

Citoyens, le refus d'accepter une constitution exposerait la patrie à de grands malheurs; mais vous avez à choisir entre deux projets; jugez les circonstances où ils ont été rédigés, examinez lequel des deux vous donne une garantie plus assurée de vos droits, vous expose le moins à l'influence des asso-

ciations et des partis. Voyez, surtout, quel est celui
qui vous offre les moyens les plus certains, les plus
paisibles d'obtenir une réforme salutaire, et pro-
noncez entre l'ouvrage d'un comité choisi par la
Convention libre, et celui qu'on a fait adopter à la
Convention tyrannisée.

N'oubliez pas, surtout, une dernière considération :
voyez ce conseil des *vingt-quatre,* chargé de choisir
les ministres, aussi étranger qu'un roi à la marche
habituelle et journalière de l'administration, si semblable en tout au monarque de 1791, privé de l'inviolabilité et du droit de refuser les lois, prérogatives dont il aurait été imprudent de réveiller l'idée.
Remarquez en même temps que ce corps est placé
au milieu de la République comme un obstacle à
toute activité dans les affaires, à tout ordre dans
l'administration, à toute unité de vues et de principes, et jugez ensuite si des hommes qui auraient
cherché à préparer le piédestal d'un nouveau roi
n'auraient pas voulu aussi un conseil exécutif, dont
le gouvernement dégoûtât bientôt la nation de l'autorité de *plusieurs,* et qu'il fût plus facile de remplacer
par un monarque, sans déranger aucun des autres
ressorts de la machine politique (1).

Voyez aussi ce corps législatif séparé de la division
départementaire, lorsque tout le reste de la constitution y est fortement attaché; voyez avec quelle
facilité ces élus de chaque département, destinés à

______

(1) C'est ce paragraphe que Chabot appelle « *la plus grande
atrocité de cet écrit infâme.* »

être les éléments du conseil exécutif, peuvent former en un instant le premier congrès d'une république confédérée; et si vous voulez que la France soit républicaine, si vous voulez qu'elle ne forme qu'un seul peuple, vous n'adopterez pas une combinaison bizarre qui, suivant le hasard des circonstances, peut vous conduire également aux deux écueils que vous devez éviter, la division en États confédérés, et la monarchie.

Français, celui qui vous adresse ces réflexions vous devait la vérité, et il vous l'a dite. Il ne s'est point nommé, parce que la presse, comme la parole, a cessé d'être libre, et que votre intérêt exige de cacher à vos ennemis le nom de vos défenseurs.

EXTRAIT DU MONITEUR

DU 10 JUILLET 1793.

CONVENTION NATIONALE.

SÉANCE DU 8 JUILLET 1793.

« Chabot, au nom du Comité de sûreté générale (1), demande la parole pour dénoncer un fait qui est une suite de la conspiration de Brissot et de ses adhérents. Ce sont les mêmes hommes que l'on entendait sans cesse autrefois crier à l'anarchie, parce que ces cris servaient à couvrir leurs complots. Ils veulent aujourd'hui comprimer les élans du patriotisme; ils veulent empêcher que le peuple français ait des lois; ils veulent l'agiter et l'empêcher d'accepter une constitution à laquelle il est permis à des académiciens de ne pas applaudir, mais que tous les bons Français s'empressent d'accueillir avec enthousiasme et reconnaissance. Je tiens en main, dit l'orateur, un écrit d'un de vos membres qui avait cherché

(1) Le Rapport officiel de ce Comité n'existe point aux archives du royaume, ainsi que vérification en a été faite.

à soulever le département de l'Aisne, de cet homme
qui, parce qu'il a siégé à côté de quelques savants
de l'Académie, s'imagine devoir donner des lois à la
République française : de *Condorcet.*

« Vous avez déjà découvert une partie des trames
de cette secte scélérate; mais vous serez étonnés de
l'audace avec laquelle on décrie cet ouvrage sublime,
dont les défauts, s'il y en a quelques-uns, disparaîtront bientôt devant la raison publique. Cet écrit est
intitulé : Aux citoyens français sur la nouvelle
constitution. Je vais noter quelques paragraphes.
Il commence par excuser lui et ses collègues de
conspiration, et par leur donner, ainsi qu'à lui,
la qualité « d'hommes connus en Europe par leurs
« talents et par leurs ouvrages, d'hommes chers à
« la France par les services qu'ils ont rendus à la li-
« berté (1); » et moi je m'engage à prouver qu'ils
ont sapé la liberté, loin de l'avoir servie. Voici comment il s'exprime en calomniant votre Comité : Le
plan, rédigé à la hâte par cinq commissaires désignés
par le Comité de salut public, accepté dans une seule
séance par le Comité de salut public, a été accepté
par l'Assemblée après une faible discussion, dans le
moment où la liberté des représentants était ouvertement outragée, où elle avait été contrainte, pour
éviter de plus grands crimes, d'ordonner l'arrestation de vingt-cinq de vos collègues; non-seulement
cet outrage n'aurait pas été réparé, mais le jour
même où la constitution a été présentée, il a été si-

(1) Ci-dessus, page 653.

gnalé par un nouvel attentat (1), etc., etc. Il vous
représente ensuite comme ayant dilapidé les finances.

« Ne voit-on pas, dit-il, qu'en donnant au corps
législatif la faculté d'ordonner immédiatement des
dépenses extraordinaires, il donnera ce nom à toutes
ses déprédations?

« Il vous représente ensuite comme ayant établi la
Constitution seulement pour les riches et non pour
les sans-culottes; il vous reproche de n'avoir pas
assigné d'indemnité aux députés, afin, dit-il, de
n'appeler dans l'Assemblée législative que les riches,
comme si le traitement des fonctionnaires publics
n'était pas consigné dans la Déclaration des droits,
d'une manière moins équivoque que ne le ferait
M. le marquis de Condorcet et sa séquelle. Il
vous présente comme ayant voulu donner à Paris
un privilége, par l'article qui porte que les députés
se réuniront dans le lieu des séances de l'ancien corps
législatif.

« Dans cet écrit encore, on calomnie votre mode
d'élection; on prétend qu'il n'y aura plus d'espérance pour les hommes à grands caractères, à
grandes vues, pour les philosophes, comme M. le
marquis de Condorcet et Brissot.

« Mais la grande atrocité se trouve dans la dernière
page de cet écrit infâme (2). On vous présente comme
ayant réservé par votre projet de constitution un

(1) Pages 654 et suivantes.
(2) Page 674.

piédestal à un nouveau roi, vous qui avez exposé vos têtes pour faire tomber celle du dernier tyran : on dit que l'organisation de votre conseil exécutif renferme des germes de royauté, et que vous avez eu l'intention secrète de favoriser l'audace de quelques scélérats qui prétendaient monter sur le trône. Voilà comme on calomnie, voilà comme on outrage un travail auquel Condorcet, il est vrai, et quelques scélérats, n'ont pas voulu prendre part, mais qui n'en sera pas moins accepté par la nation, comme émané des représentants du peuple. Vous avez décrété la peine de mort contre celui qui ferait circuler une fausse constitution. Eh bien, Condorcet fait circuler celle de l'ancien comité des neuf; iL prétend qu'elle est meilleure que la vôtre, et que les assemblées primaires doivent l'accepter.

« Je demande que Condorcet soit mis en état d'arrestation, qu'il soit traduit à la barre pour y être entendu, et que les scellés soient mis sur ses papiers : on trouvera les traces de la conspiration. (*On applaudit et on demande à aller aux voix.*)

« N... — J'ajoute que je tiens en main un paquet signé par de Vérité, membre du côté droit, remis par lui au bureau de contre-seing, et contenant l'écrit qui vous est dénoncé. Je demande, puisqu'il envoie cette peste dans les départements, qu'il soit lui-même mis en état d'arrestation.

« GRYOMARD. — Je demande si l'écrit qui vous est dénoncé est intitulé *Projet de constitution*, ou si c'est simplement un écrit sur la Constitution, et s'il est signé de Condorcet; car si ce ne sont que des réflexions sur la Constitution, c'est bien différent d'une falsification du projet de constitution. On a le droit de publier son opinion sur un acte qui n'est pas encore une loi, et que vous avez vous-mêmes soumis à la discussion et à l'acceptation libre de tous les citoyens.

« CHABOT. — Je vais répondre à l'observation du préopinant. Je dirai d'abord que l'écrit que je tiens n'est pas un plan de constitution, mais que M. Condorcet offre aux assemblées primaires le projet du comité des neuf comme préférable au vôtre ; qu'il les·engage à ne pas même délibérer sur la loi proposée par les représentants du peuple ; que dans cet écrit il déchire à pleines mains et votre Comité et la Convention elle-même. Les administrateurs du district d'Abbeville nous ont envoyé cet écrit contenu dans une lettre de de Vérité qui siége de ce côté (*désignant le côté droit*). Ce paquet, envoyé à l'adresse de Boucher d'Ailly, maire d'Abbeville, leur avait été remis par le maître de poste. Nous n'avons pas la preuve juridique que cet écrit soit de Condorcet, mais on y trouve absolument les mêmes phrases que dans une lettre originale que je tiens à la main, qui est écrite et signée de Condorcet, et qu'il envoyait aux administrateurs du département de l'Aisne, pour mettre le feu dans ce département, et l'engager à faire marcher une force armée sur Paris.

« La discussion générale est fermée.

« La Convention nationale décrète que les citoyens « Caritat de Condorcet et de Vérité seront mis en

« arrestation chez eux et les scellés apposés sur tous
« leurs papiers. »

Signé: FRANÇOIS CHABOT (1).

LETTRE DE CONDORCET

A

LA CONVENTION NATIONALE (2).

—

Citoyens mes collègues,

J'ai fui la tyrannie sous laquelle vous gémissez
encore; si la Convention n'eût voulu que m'inter-
roger, je lui aurais répondu; mais un décret d'arrestation rendu même sans aucun de ces prétextes
qui ont quelquefois servi d'excuse au despotisme,
m'avertit que la hache du 2 juin n'a pas cessé d'être
levée sur vos têtes. Quand la Convention nationale
n'est pas libre, ses lois n'obligent plus les citoyens.
Je répondrai à mes accusateurs quand le ministre

(1) L'original de ce décret, de l'écriture de Chabot, est aux
archives du royaume, et inséré au procès-verbal, page 59.

(2) Imprimé de 4 pages in-8°, avec vignette en tête, sans date,
ni nom d'imprimeur. Bibliothèque de la chambre des députés.
Personnages de la révolution. Carton n° 316. Condorcet, 2ᵐᵉ
n° 10, et bibliothèque du Louvre, série C, n° 729.

qui a disposé d'une partie de l'armée de la nation pour en assiéger les représentants ; quand le maire de Paris, qui a renoncé à une autorité légitime pour recevoir, d'une poignée de factieux, celle d'attenter à la souveraineté du peuple ; quand le commandant général dont les baïonnettes et les canons vous ont dicté un décret injuste ; quand ces lâches triumvirs auront satisfait à la nation outragée. Les hommes qui m'ont accusé ont été forcés d'avouer qu'ils n'avaient pu le faire qu'en violant à la fois, et le secret des lettres et la liberté de la presse ; et chacun des actes dictés par les triumvirs à votre Comité de sûreté générale est une insulte à cette même déclaration des droits que vous présentez aujourd'hui au peuple français.

Je ne m'abaisserai point à faire l'apologie ni de mes principes ni de ma conduite ; je n'en ai besoin ni pour la France ni pour l'Europe.

Mais je demanderai pourquoi tous ceux qui, en 1791, ont voulu l'abolition de la royauté, et qui n'ont pas souillé par de honteuses rétractations (1) l'honneur d'avoir combattu pour une si belle cause, sont aujourd'hui presque exclusivement voués à la persécution.

Je demanderai pourquoi l'on écarte avec tant de soin ceux dont les lumières et l'imperturbable républicanisme opposeraient une plus forte résistance au rétablissement de la royauté. Ne veut-on renfer-

______

(1) Comme Robespierre et Vadier. (Cette note est dans l'imprimé.)

mer dans les prisons, ne s'occupe-t-on à les préparer avec tout l'art des embastilleurs, que pour
nous condamner au supplice d'entendre proclamer
un roi?

Mais vous n'avez pas même la liberté d'entendre
cette lettre; on vous a ordonné de renvoyer celles
de vos collègues opprimés à votre Comité de salut
public, c'est-à-dire à ce que les triumvirs ont pu
trouver parmi vous d'esclaves plus dociles.

Signé : Condorcet.

DÉCRET

DE

LA CONVENTION NATIONALE

DU 3 OCTOBRE 1793 (1).

« La Convention nationale, après avoir entendu
son Comité de sûreté générale sur les délits imputés
à plusieurs de ses membres, décrète ce qui suit :

« Article premier. La Convention nationale accuse
comme étant prévenus de conspiration contre l'u-
nité et l'indivisibilité de la République, contre la

(1) *Moniteur.* Collection officielle in-4°, tome XVI, page 104.

liberté et la sûreté du peuple français, les députés
dénommés ci-après :

Brissot,

Vergniaud,

Gensonné,

Dupont,

Carra,

Brûlard, ci-devant marquis de Sillery,

Caritat, ci-devant marquis de Condorcet.

Etc., etc.

« ART. 2. Les dénommés en l'article ci-dessus seront
traduits devant le tribunal révolutionnaire, pour y
être jugés conformément à la loi. »

TABLE DES MATIÈRES.